Baedeker

Allianz Reiseführer



# Spanien

## Norden · Jakobsweg

www.baedeker.com

Verlag Karl Baedeker

# TOP-REISEZIELE ★★

**Nordspaniens Liste der Highlights ist lang: Strände und Bergpanoramen, Kathedralen und Klöster, Naturparks und Canyons, Weingärten und stimmungsvolle Städte. Wir haben für Sie zusammengestellt, was Sie auf keinen Fall versäumen dürfen.**

### 1 ★★ Bilbao

Einst graue Maus unter Spaniens Städten, nun Topadresse mit dem hypermodernen Guggenheim-Museum und dem Weltkulturerbe Puente Colgante, der »Schwebebrücke«. ▸ Seite 159

### 2 ★★ San Sebastián

Mit ihren Stränden und Aussichtsbergen besitzt die baskische Küstenstadt eine selten reizvolle Lage und bewahrt sich auf ganz eigene Art das Flair eines mondänen alten Seebades. ▸ Seite 298

### 3 ★★ Pamplona

Hier wird nicht nur Hemingway wieder lebendig, hier tobt nicht nur die bekannteste Fiesta des Landes – Navarras Kapitale bietet auch eine schöne Altstadt samt trutzigem Mauerring und mächtiger Kathedrale. ▸ Seite 265

**Nicht stehen bleiben und nicht rückwärts laufen ...**

*... so lauten die beiden wichtigsten Regeln bei den frühmorgendlichen sommerlichen Stierläufen in Navarras Hauptstadt Pamplona.*

**4 ✶✶ Monasterio de Leyre**
Hoch über den Ufern des Stausees von Yesa liegt das einsame Bergkloster im Schatten der Sierra de Leyre – die romanische Krypta und das reich dekorierte Westportal sind Wunderwerke in Stein. ► **Seite 228**

**5 ✶✶ San Juan de la Peña**
Als Urgrund von Legenden und Grablege aragonesischer Könige ist das an einen Felsüberhang gebaute Bergkloster ein Begriff. ► **Seite 224**

**6 ✶✶ Castillo de Loarre**
Für viele Kenner der Iberischen Halbinsel ist die Burg von Loarre das mächtigste und prachtvollste Felsenkastell im ganzen Land. ► **Seite 221**

**7 ✶✶ Zaragoza**
In der am Ebro gelegenen aragonesischen Metropole wird Spaniens erstes Marienheiligtum verehrt. Die Weltausstellung 2008 hat das Stadtbild sichtbar verändert. ► **Seite 349**

**8 ✶✶ Spuren der Dinosaurier**
Über die südöstliche Rioja, vor allem die Gegenden um Enciso und Cornago, verteilen sich versteinerte Dinosaurierspuren, die für Urzeit-Fans allein schon die Reise nach Spanien lohnen. ► **Seite 186**

**9 ✶✶ Logroño**
Die muntere Hauptstadt der Rioja ist ein Treffpunkt von Jakobspilgern sowie Liebhabern von Tapas und Wein – mit zahlreichen Kneipen in der Calle del Laurel. ► **Seite 240**

**10 ✶✶ Weingärten der Rioja**
Dank ihrer edlen Tropfen ist die Rioja weltweit in aller Munde. Die bekanntesten Weingärten und schönsten Bodegas findet man im Gebiet zwischen Logroño und Haro. ► **Seite 231, 247**

**11 ✶✶ Santo Domingo de la Calzada**
Wer niemals geglaubt hat, dass es in einer Kathedrale einen echten Hühnerstall geben könnte, wird im riojanischen Santo Domingo de la Calzada eines Besseren belehrt – kurios, kurios ...
► **Seite 381**

**12 ✶✶ Burgos**
Die stimmungsvolle Altstadt wird von der Kathedrale beherrscht, ein in jahrhundertelanger Bauzeit entstandener sakraler Mammutbau mit dem Grab des Nationalhelden El Cid. ► **Seite 168**

**13 ✶✶ Santo Domingo de Silos**
Rundherum eine schroffe Bergszenerie, tief unten im Tal das geschichtsträchtige Kloster mit seinem schönen Kreuzgang.

Und die Mönche von Santo Domingo de Silos tragen noch regelmäßig gregorianische Gesänge vor. ► Seite 178

**14 ✱✱ León**
In der gotischen Kathedrale wandert der Blick von einem herrlichen Glasfenster zum nächsten. Im Pantheon der Könige haben die Malereien bald ein ganzes Jahrtausend unbeschadet überdauert. Und im »Feuchten Viertel« bleibt keine Kehle trocken. ► Seite 233

**Ziel aller Jakobspilger**
*und damit eines der wichtigsten Monumente der Christenheit ist die höchst eindrucksvolle Kathedrale in Santiago de Compostela.*

**15 ✱✱ Las Médulas**
Goldgier hat eine bizarre Felslandschaft geschaffen – die Römer höhlten hier ganze Berge aus, um an das begehrte Edelmetall zu kommen. ► Seite 284

**16 ✱✱ Santiago de Compostela**
Der Kult um das Grab des heiligen Jakobus hat Galiciens Hauptstadt zu dem gemacht, was sie heute ist: eine der lebhaftesten Städte Spaniens, in der Wallfahrtstrubel und studentischer Alltag Hand in Hand gehen. ► Seite 310

**17 ✱✱ Rías Gallegas (Rías Altas / Rías Bajas / Costa da Morte)**
Die tief ins Land eindringenden Meeresbuchten Galiciens bilden eine wildroman-

tische Traumkulisse. Dazu gehört auch das sagenumwobene Kap Fisterra, das »Ende der Welt«. ▸ Seite 289, 294, 326

**18 ✶✶ Lugo**
Auf die Römer geht die als Kulturerbe der Menschheit ausgewiesene historische Stadtmauer zurück. Sie ist komplett begehbar und gibt herrliche Blicke auf die Türme der Kathedrale sowie auf die verwinkelte Altstadt frei. ▸ Seite 251

**19 ✶✶ Praia das Catedrais**
Felsformationen machen den im nordöstlichsten Zipfel Galiciens gelegenen Strand bei Ebbe wirklich zum »Strand der Kathedralen«, so der deutsche Name für die Praia das Catedrais. Doch auch bei Flut lohnt die Aussicht über die oftmals wild schäumende See. ▸ Seite 293

**20 ✶✶ Costa Verde**
Die »grüne Küste« Asturiens macht ihrem Namen alle Ehre – sattgrüne Wiesen und Weiden zwischen dem Blau des Atlantiks und den imposanten Höhenrücken der Kantabrischen Kordillere. ▸ Seite 207

**21 ✶✶ Oviedo**
In den Altstadtkneipen hebt asturischer Apfelwein die Stimmung. Und am Stadtrand lohnen frühmittelalterliche Gotteshäuser einen Besuch. ▸ Seite 260

**22 ✶✶ Picos de Europa**
Urgewaltig wirft sich das verkarstete Faltengebirge zu den »Spitzen Europas« auf. Der Nationalpark ist ein Naturparadies mit einer vielgestaltigen Pflanzen- und Tierwelt. Und im Sonnenlicht blinken verträumte Bergseen. ▸ Seite 277

**23 ✶✶ Santillana del Mar**
Uriger geht es kaum als in diesem alten Bilderbuchstädtchen – mit historischen Adelspalästen, einer ehrwürdigen Stiftskirche samt romanischem Kreuzgang und mit vielerlei Geschäften. ▸ Seite 328

**24 ✶✶ Santander**
Kantabriens Hauptstadt hat einiges zu bieten, so auch tolle Panoramen und die Playa del Sardinero, einen der schönsten Strände Spaniens. ▸ Seite 304

**Ein »Strand der Kathedralen«**
*mit imposanten Felsbildungen erstreckt sich am nordöstlichen Zipfel von Galicien.*

# DIE BESTEN BAEDEKER-TIPPS

**Die Highlights Nordspaniens zu kennen, ist wichtig für eine gelungene Reise. Richtig spannend aber wird es, wenn man ein bisschen mehr weiß als die meisten anderen: die besten Nordspanien-Tipps von Baedeker.**

**! Meeresfrüchte satt**
Die südlichen Rías sind ein Mekka für Liebhaber von Fisch und Meeresfrüchten. ► **Seite 153**

**! Sünden in Astorga**
In der alten Bischofsstadt kann man zum Sünder werden, denn beim Blick in die Auslagen der Konditoreien wider steht kaum jemand. ► **Seite 156**

**! Burgos und der Cid**
Nationalheld El Cid ist unsterblich. In Burgos begegnet er Besuchern auf Schritt und Tritt. ► **Seite 172**

**In der Rioja,**
*einem der berühmtesten Weinbaugebiete der Welt, gedeihen Trauben vorzüglich.*

**! Schöne Aussichten**
Das bunte Treiben in Jaca genießt man am besten von den Arkaden bei der Kathedrale. ► **Seite 223**

**! Grüne Abwechslung**
Ergänzend zu den kulturellen Highlights gibt es in León Möglichkeiten für herrliche Spaziergänge durch den Stadtpark und auch an den Ufern des Río Bernesga entlang. ► **Seite 238**

**! Bodega mit Skulpturen**
Die am Stadtrand von Logroño gelegene Bodega Ontañón bringt ihre Besucher wirklich auf den Geschmack. Dies betrifft nicht nur die Güte der kredenzten edlen Tropfen, sondern auch die hier ausgestellte Kunst. ► **Seite 245**

**! Unterkunft im Freien**
Einen der schönsten und best ausgestatteten Campingplätze Nordspaniens findet man etwa eine Autostunde südlich von Logroño. ▸ Seite 247

**! Lukullus im Museum**
Im Weinbaumuseum in Briones kommen Schlemmer und und Weinzähne voll auf ihre Kosten. Und oebndrein gibt's noch einen herrlichen Ausblick als Zugabe. ▸ Seite 132

**! Geführte Ausritte**
In der Ortschaft Navarrete in der Rioja kann man tolle Ausritte in die Weingärten unternehmen. ▸ Seite 250

**! Hemingways Spuren**
In Pamplona hat »Papa« Hemingway oft im »Café Iruña« an der Plaza del Castillo gesessen. So mancher Tourist folgt diesem Vorbild. ▸ Seite 268

**El Cid**
*ist wohl der bekannteste spanische Nationalheld.*

**! Nichts für Klaustrophobe**
ist die wildromantische Klamm südlich von Las Arenas de Cabrales in der Provinz Asturien. ▸ Seite 132

**! Am Kap der guten Aussicht**
In Kantabriens Hauptstadt Santander bietet das Cabo Mayor atemberaubende Ausblicke. ▸ Seite 309

**! Wandervögel**
Im baskischen Naturpark Valderejo schwärmen Wanderer in die Schlucht des Río Purón aus. ▸ Seite 348

**Vom Cabo Mayor**
*in Santander genießt man eine wunderbare Aussicht.*

# HINTERGRUND


14 Picos, Rías und Rioja
18 Fakten
19 Natur
28 Bevölkerung · Politik · Wirtschaft
36 Geschichte
37 Von der Frühzeit zu den Goten
38 Die Mauren und die Reconquista
40 Aufstieg und Fall der Weltmacht
41 19. und 20. Jahrhundert
44 *Special: Das Baskenland und der Terror*
46 Das demokratische Spanien
48 Kunst und Kultur
56 *3 D: Puente Colgante*
60 Berühmte Persönlichkeiten


**Castro de Baroña**
*Relikte einer keltischen Siedlung.*
▸ Seite 36

**Jakobsmuscheln**
*gehören zu den schmackhaftesten Meeresfrüchten.*
▸ **Seite 84**

## PRAKTISCHE INFORMATIONEN

70 Anreise · Vor der Reise
74 Ausgehen
74 Auskunft
76 Badestrände
80 Mit Behinderung unterwegs
81 Elektrizität
81 Essen und Trinken
82 *Special: Appetithäppchen*
86 *Special: Spitzengewächse*
88 Feiertage · Feste · Events
90 *Special: Feste & Traditionen*
94 Geld
94 Gesundheit
94 Mit Kindern unterwegs
97 Knigge
98 Literatur · Film
101 Medien
101 Naturschutzgebiete
104 Notrufe
104 Pilgern
107 Post · Telekommunikation
108 Preise · Vergünstigungen
108 Reisezeit
109 Shopping
112 Sprache
121 Übernachten
124 Urlaub aktiv
128 Verkehr
131 Zeit

## TOUREN

134 Touren durch Nordspanien
136 Unterwegs in Nordspanien
140 Tour 1: Der Jakobsweg
144 Tour 2: Die große Atlantikroute
147 Tour 3: Baskenland, La Rioja und Navarra
149 Tour 4: Pyrenäen und Ebro-Becken
152 Tour 5: Die südlichen Rías Gallegas

### Preiskategorien

***Hotels***
Luxus: ab 140 €
Komfortabel: 80 – 140 €
Günstig: bis 80 €
(für eine Übernachtung im Doppelzimmer, ohne Frühstück)

***Restaurants***
Fein & teuer: ab 20 €
Erschwinglich: 12 – 20 €
Preiswert: unter 12 €
(für ein Hauptgericht ohne Getränke)

**Cangas de Onís**
*Brücke mit dem Siegeskreuz des Pelayo*
▸ **Seite 280**

# REISEZIELE VON A bis Z


**156** Astorga
**159** Bilbao · Bilbo
**162** *3 D: Guggenheim-Museum*
**168** Burgos
**174** *Special: Von Helden und Heiligen*
**183** Calahorra
**187** La Coruña · A Coruña
**192** *Special: Zu den schönsten Leuchttürmen*
**197** Costa de Cantabria
**201** Costa Vasca
**207** Costa Verde
**212** Estella
**215** Gijón
**217** Huesca
**222** Jaca
**227** Laguardia
**233** León
**240** Logroño
**251** Lugo
**254** Ourense · Orense
**260** Oviedo
**265** Pamplona · Iruñea
**277** Picos de Europa
**281** Ponferrada
**287** Pontevedra
**289** Rías Altas
**294** Rías Baixas
**298** San Sebastián · Donostia
**304** Santander
**310** Santiago de Compostela
**312** *3 D: Catedral de Santiago*
**316** *Special: Pilgern zum Grab des Jakobus*
**328** Santillana del Mar
**331** Santo Domingo de la Calzada
**337** Vigo
**341** Vitoria · Gasteiz
**349** Zaragoza

**356** Glossar
**359** Register
**366** Bildnachweis
**367** Verzeichnis der Karten und grafischen Darstellungen
**367** Impressum


**Luarca**
*Malerisches Fischerdorf*
▸ **Seite 208**

# Hintergrund

KURZ UND KNAPP, VERSTÄND-
LICH GESCHRIEBEN UND RASCH
NACHZUSCHLAGEN: WISSENSWERTES
ÜBER NORDSPANIEN, ZU LAND
UND LEUTEN, GESELLSCHAFT,
POLITIK UND WIRTSCHAFT, KUNST,
GESCHICHTE UND ALLTAGSLEBEN.

# PICOS, RÍAS UND RIOJA

**Wilde Schluchten und sattgrüne Weiden, mächtige Burgen und alte Klöster, beste Weine und eine erstklassige Küche – Spaniens Norden bietet alle Zutaten für eine erlebnisreiche Reise.**

»Drei Gläschen Wein am Tag müssen einfach sein«, sagt Bodegaführer Jesús zu Beginn des Rundgangs und lacht. »Eins für die Gesundheit, eins fürs Vergnügen und eins für die gute Ruhe!« Dann öffnet er die Tore zum »Allerheiligsten« der Bodegas Ontañón am Stadtrand von Logroño. Dem Besucher steigen Holz- und Fruchtaromen in die Nase, sein Blick fällt auf Tausende mit edlem Riojawein gefüllte Eichenfässer. Die Tour für die Sinne findet ihren Höhepunkt in der »cata«, der Verkostung. Noch einmal geht Jesús auf das Bouquet des edlen Tropfens ein, schwenkt sein Glas und hebt es, ganz nach dem Motto »fiel a la buena vida«, »treu dem guten Leben« ...

**Gehaltvolle Trauben** *für edle Tropfen werden im weltberühmten Weinbaugebiet Rioja geerntet.*

## Bühnen der Lebenslust

Nicht nur der Wein steht für puren Genuss. Auf ihren Plätzen und Promenaden zeigen sich Städte und Dörfer als Bühnen der Lebenslust. Ausgehen, feiern, es sich gut gehen lassen – mit dieser Auffassung unterscheidet sich der Norden nicht vom wesentlich stärker frequentierten Süden des Landes. Landschaft und Kultur sind aber doch unterschiedlich.

Spaniens Norden versetzt auch mit seinem landschaftlichen Wechselspiel zwischen Atlantik und Hochgebirge ins Staunen, mit seinen zahlreichen Kirchen und Klöstern, mit urigen Unterkünften und ausgezeichneten Restaurants, mit wilden Fiestas und gepflegten Traditionen. Im Gegensatz zu Spaniens Süden gibt es hier weder Flamenco noch Hotelburgen, die flächendeckend den Blick auf das Meer versperren. Allerdings ist es im Norden auch nicht so sonnig und das Meer beileibe nicht so warm wie im Süden.

## Füllhorn voller Natur und Kultur

*← Einmalige Lage: San Juan de Gaztelugatxe*

Während einer Reise durch den Norden der Iberischen Halbinsel darf man sich auf vielerlei Überraschungen freuen. Kaum hat man die »Hexenhöhle« in den Pyrenäen verlassen, steuert man bereits auf

**Die »Spitzen Europas«**
*sind bis in den Frühsommer hinein von Schnee bedeckt.*

**Das Castillo de Loarre**
*präsentiert sich als eindrucksvolles Festungsbauwerk aus dem 11. Jahrhundert.*

**Tapas**
*heißen die leckeren Appetithäppchen, die es in vielen Lokalen gibt.*

**Cabo Fisterra**
*Mit einer höchst imposanten Küstenszenerie wartet das nordspanische »Ende der Welt« auf.*

**Dudelsackspieler**
*sieht man in Nordspanien wieder öfter, so auch bei Festlichkeiten in der Stadt Gijón.*

**Wahrzeichen Nordspaniens**
*sind die Hórreos genannten uralten Vorratsspeicher auf Stelzen.*

das nächste verwunschene Flusstal oder auf einen idyllisch gelegenen See zu. Hoch in den Lüften kreisen Gänsegeier und in der warmen Jahreszeit sind die Storchennester auf Stadtmauern und Kirchtürmen reich besetzt. Und dann zeigen noch etliche versteinerte Dinosaurierspuren in der Rioja, dass sich schon die urzeitlichen Riesen im heutigen Nordspanien ausgesprochen wohl gefühlt haben.
Die Atlantikschönheiten San Sebastián und Santander bezaubern mit herrlichen Sandstränden. Das moderne Guggenheim-Museum hat Bilbao zu neuem Ruhm verholfen, Pilger sind auf dem Jakobsweg zwischen Roncesvalles und Santiago de Compostela unterwegs, Burgos und León scheinen einen stillen Wettstreit um die schönste gotische Kathedrale auszufechten.
Wer in den Norden reist, hat weniger einen typischen Strandurlaub als vielmehr eine überwältigende Natur- und Kulturlandschaft vor Augen. Überall gibt es Spannendes zu entdecken: die imposant geschwungene Fußgängerbrücke an Bilbaos Campo Volantin, die romanische Kapelle Santa María de Eunate in Navarra oder die eindrucksvollen Felsen an der Praia das Catedrais im Nordosten Galiciens. Und im Hinterland verläuft der Jakobsweg. Zwischen den majestätischen Pyrenäengipfeln und der Pracht von Santiago de Compostela mit dem legendären Grab des Apostels Jakobus reihen sich Kulturschätze wie Perlen auf einer Schnur aneinander. Geschichtsträchtige Klöster, hübsche Dörfer, namhafte Städte wie Pamplona, Logroño und Santo Domingo de la Calzada, das »Eiserne Kreuz« sozusagen als Dach des Weges, mächtige Wehrburgen, Einsiedeleien. Früher wie heute dehnt man den Jakobsweg westlich von Santiago de Compostela noch gern bis zum Cabo Fisterra aus, dem sagenumrankten »Ende der Welt« an Galiciens wilder Küste.

**Mit Sack und Pack:** *Jakobspilger vor der Kathedrale in Santiago de Compostela*

## Sprachliche Vielfalt

Apropos Galicien: Ziemlich gleichbedeutend mit dem Hochspanisch (castellano) ist dort Galicisch (galego) Amtssprache, ebenso im Baskenland das Baskische (euskera). Der Gebrauch der eigenen Sprache symbolisiert ein Stück regionale Verbundenheit, Ausdruck der eigenen Identität. Ein Zeichen, das Auswärtige zunächst verwirrt, da es in die Schriftsprache hineinwirkt und viele Straßenschilder zweisprachig gehalten sind.

# Fakten

**Was sind Rías und wo erheben sich die Picos de Europa? Was kreucht und fleucht im Norden Spaniens? Was steckt hinter dem Terror der Separatistenorganisation ETA? Welche Feste sollte man miterlebt haben? Mit seinen grünen Wiesen, Weiden und Wäldern und auch mit seinen Traditionen entspricht das Reisegebiet ganz und gar nicht dem Klischee von Spanien.**

# Naturraum

Das landschaftlich vielgestaltige Nordspanien reicht von den **Pyrenäen** nach Westen bis zur stark zergliederten Küste Galiciens mit ihren typischen **Rías**, jenen »ertrunkenen« Flusstälern, die jetzt als Buchten tief ins Land dringen. Von Süden her stoßen im Raum Kastilien und León die Ausläufer von Spaniens großer Hochebene, der **Meseta**, hinzu, während weiter nördlich die **Cordillera Cantábrica** (Kantabrische Kordillere) das Hochland vom Atlantik abschirmt. Etwa 20 % dieses Gebietes sind heute als Natur- und Nationalparks besonders geschützt.

## Landschaften und Regionen

**Aragonien (Aragón)**

Das einstige Königreich Aragón wird im Norden von der Gebirgsbarriere der **Pyrenäen** geprägt, die im Hauptkamm mit dem **Pico de Aneto** (3404 m) und dem **Monte Perdido** (3355 m) ihre größten Höhen erreicht. In dem landschaftsgeschichtlich interessanten Raum **Ordesa** kann man nachvollziehen, wie eiszeitliche Gletscherströme die hiesigen Täler U-förmig ausgehobelt haben. Der 1640 m hohe **Pass von Somport** zwischen dem französischen Oloron-Ste-Marie und der Stadt Jaca ist einer der ältesten Pyrenäenübergänge.

Typisch für das aragonesische Pyrenäenvorland sind kleinere Bergzüge um den 1770 m hohen **Pico de Oroel** (südlich von Jaca) und die **Sierra de la Guara** mit dem 2078 m hohen **Puntón de Guara** (nordöstlich von Huesca).

Weiter südlich fallen die Berge zum fruchtbaren **Ebrobecken** ab. Der Ebro, der in der Kantabrischen Kordillere entspringt, ist der zweitlängste Fluss der Iberischen Halbinsel. Er hat einen Einzugsbereich von rund 83 500 Quadratkilometer und mündet nach zirka 930 km langem Lauf ins Mittelmeer. An der Einmündung des **Río Gállego** in den Ebro liegt die aragonesische Hauptstadt **Zaragoza**.

### ? WUSSTEN SIE SCHON ...?

- ... dass einige Städte in Spanien und Deutschland auf ihre Art zur Völkerverständigung beitragen? Städtepartnerschaften haben Bilbao (Bilbo) und Duisburg, Gernika und Pforzheim, Oviedo und Bochum, Pamplona und Paderborn, San Sebastián (Donostia) und Wiesbaden sowie Santo Domingo de la Calzada und Winnenden.

**Navarra**

Die Region reicht von den westlichen Pyrenäen bis hinunter ins Ebrotal. Im Norden bildet der Pyrenäen-Hauptkamm die Grenze zu Frankreich. Im Grenzgebiet der beiden einstigen Königreiche Aragón und Navarra erhebt sich die **Mesa de los Tres Reyes** 2424 m hoch. Die landschaftlich reizvollen Täler von Hecho, Ansó, Roncal und Sa-

*← Die Schalenklappe der an Nordspaniens Küsten vorkommenden Muschelart Pecten maximus ist das Erkennungszeichen der Jakobspilger.*

lazar verlaufen etwa parallel in nordsüdlicher Richtung. Ein besonderes Charakteristikum dieser Landschaft sind größere Buchenwälder.
In den Vorbergen der Pyrenäen an der Grenze von Aragón und Navarra ist der Río Aragón zur **Embalse de Yesa** aufgestaut. Die **Embalse de Itoiz** bei Aoiz nimmt das Wasser der beiden Pyrenäenflüsse Irati und Urrobi auf. Ein Kanal führt von hier ins trockenere Mittelland von Navarra. Bei Estella liegt der türkisfarben schimmernde **Embalse de Alloz**. Bei Lumbier beeindrucken tiefe Schluchten wie die **Foz de Arbayún** und die **Foz de Lumbier**. Westlich des 1057 m hohen Passes von Ibañeta verlieren die Pyrenäen an Höhe und laufen in Richtung Atlantik bzw. Golf von Biscaya aus.
Ein besonderes Phänomen im südlichen Navarra ist die Halbwüste der **Bardenas Reales** (südöstlich von Tafalla), ehe sich der vom Río Ebro durchzogene tiefe Süden des Landes mit der fruchtbaren Uferlandschaft namens **Ribera** anschließt.
Navarras Hauptstadt **Pamplona (Iruñea)** breitet sich auf rund 450 m Höhe in einem Becken im Pyrenäenvorland aus. Den Westen Navarras bildet ein vom Weinbau geprägtes Hügelland.

**La Rioja**

Zwischen dem Baskenland und Navarra im Norden sowie Kastilien-León im Süden und Westen sowie Aragón im Südosten erstreckt sich die durch ihre vorzüglichen Weine berühmt gewordene Rioja als zweitkleinste Region Spaniens (nach den Balearen). Der gesamte Norden der Rioja liegt im fruchtbaren Ebrobecken mit seinen 400 – 600 m hohen **Weinbergen**. Hier liegt auch **Logroño**, die Hauptstadt der Rioja.
Im Süden des Ebrobeckens, das stellenweise schon mediterranes Klima aufweist, beginnt eine ungewöhnliche Topografie. Mehrere Flusstäler laufen auf einige beachtlich hoch aufragende Gebirgszüge im Übergangsraum nach Kastilien-León zu. Die als Naturpark ausgewiesene **Sierra de Cebollera** ist bis zu 2142 m hoch, die **Picos de Urbión** erreichen 2228 m und die **Sierra de la Demanda** gipfelt als Teil der Iberischen Kordillere im 2271 hohen San Lorenzo. Typisch für die Gegend sind auch tiefe Taleinschnitte. Im Vegetationsbild herrschen Buche, Eiche, Esche und Ahorn vor.

**Baskenland (País Vasco, Euskadi)**

Zwischen dem **Golf von Biskaya** im Norden und dem oberen Ebrotal im Süden bzw. von den westlichen Ausläufern der Pyrenäen bis in den östlichen Teil des Kantabrischen Gebirges breitet sich das Land der Basken aus. Der stark industrialisierte **Ballungsraum Bilbao (Bilbo)** sowie die beiden Großstädte **Vitoria (Gasteiz)** und **San Sebastián (Donostia)** machen es zur dichtestbesiedelten Region Nordspaniens.
An der baskischen Küste, der **Costa Vasca**, wechseln sich Sandstrände (Zarautz) mit Felsklippen (z. B. rund um das Cabo Matxitxako) und diversen Flussmündungen ab. Bei Hondarribia strömt der Río Bidasoa in den Atlantik, in San Sebastián der Río Urumea, bei Deba der gleichnamige Fluss, nördlich von Gernika der Río Oka (Biosphärenreservat Urdaibai) und in Bilbao der Río Nervión. Die Ausläufer

*Vom Monte Igueldo hat man einen tollen Blick auf die Bucht von San Sebastián.*

einzelner Bergzüge drängen bis an die Küste heran. Im Landesinneren herrscht Mittelgebirgscharakter vor. Eine markante Erhebung ist der 1482 m hohe **Monte Gorbeia** zwischen Vitoria und Bilbao. Höchster Berg des Baskenlandes ist jedoch der 1551 m hohe Aitxuri im **Aizkorri-Massiv**.

Das Wasser der Flüsse sowie deren Energiepotenzial ermöglichten schon relativ früh die **Industrialisierung** des Baskenlandes. Doch über weite Strecken zeigt es noch **bäuerliche Prägung** mit saftigen Schaf- und Rinderweiden sowie großen Raps- und Rübenfeldern. In den **ausgedehnten Waldgebieten** herrschen Kiefern, Buchen, Eukalyptus, Kastanien, Eichen und Steineichen vor.

**Kantabrien (Cantabria)**

Ausgesprochen hügelig und bergig präsentiert sich die historische Landschaft und heutige Region Kantabrien, die westlich an das Baskenland schließt. Sie wird geprägt von der **Cordillera Cantábrica** (Kantabrische Kordillere), einem markanten Gebirgszug, der in seinem östlichen Teil noch relativ niedrig ist, im Westen aber als Kammgebirge in Erscheinung tritt, das in den schroff aufragenden **Picos des Europa** gipfelt. Diese nur knapp 50 km vom Meer entfernten Bergspitzen sind bis zu 2648 m hoch. Reichliche Niederschläge sorgen für kräftiges Grün. Wiesen, Weiden, Apfelbaumkulturen und Buchenwälder verleihen der Landschaft ihren besonderen Reiz. Dazwischen schlängeln sich Flüsse und Bäche, gibt es weit ausgeräumte Täler und enge Schluchten.

An der von der Kordillere vorgezeichneten **Costa de Cantabria** münden etliche wasserreiche Flüsse ins Meer. Darüber hinaus findet man an diesem Küstenabschnitt einige der schönsten Strände Nordspaniens, so bei der kantabrischen Hauptstadt Santander, bei Suances und im Raum Laredo.

**Asturien (Asturias)**

Das einstige Fürstentum Asturien zieht sich am Golf von Biskaya entlang und wird größtenteils vom Kantabrischen Gebirge geprägt, das im Grenzbereich zu Kantabrien in den **Picos de Europa** alpine

*Für Genießer: einsame Strandbucht an der malerischen Costa Verde*

Höhen erreicht. Die Bergzüge sind teils wild zerklüftet. Hohe Pässe führen nach Süden, doch nur der 1379 m hohe Pajarespass, über den die Hauptstraße von Oviedo nach León führt, verbindet Asturien mit Innerspanien. Im Übrigen hat das Kantabrische Gebirge hier die Funktion einer Klimascheide. Sie schirmt die Region von der sommertrockenen **Meseta** ab.

Im Zentrum von Asturien, dem das ozeanische Klima viel saftiges Grün verleiht, breitet sich das **Becken von Oviedo** aus, das sich als fruchtbare und hügelige Landschaft bis an die Küste erstreckt.

Größere Städte gibt es außer der Hauptstadt Oviedo und der Hafenstadt Gijón nicht, dafür zahlreiche kleine Fischerorte an der mit Recht so genannten **Costa Verde**, jenem malerischen, von tiefen Einschnitten, wilden Klippen und beschaulichen Strandbuchten geprägten Küstenabschnitt. Ganz im Westen gibt die tief ins Land eindringende Ría de Ribadeo einen Vorgeschmack auf Galicien. Auch hier sorgen Wiesen und Weiden für erfrischendes Grün.

Asturien ist noch stark landwirtschaftlich geprägt. Eine große Rolle spielen der **Obstbau**, die Erzeugung von Apfelwein (sidra), die Rinderzucht und Schweinehaltung für die Milcherzeugung bzw. Fleischproduktion. Zentren der Schwerindustrie sind Gijón und Avilés. Ferner haben die **Steinkohle-, Zink- und Eisenerzvorkommen** im Landesinnern bis heute große wirtschaftliche Bedeutung.

**Kastilien und León (Castilla y León)**

Diese größte historische Landschaft Spaniens reicht vom Kantabrischen Gebirge bis ins Zentrum Iberiens. Im vorliegenden Band findet lediglich ihr nördlicher Teil Beachtung mit den Provinzen León, Pa-

lencia und Burgos. Geprägt wird diese dünn besiedelte Region vom nördlichen Teil der **Meseta** (Große Tafel), also jener sich etwa 780 bis 900 m ü. d. M. ausbreitenden Hochebene, die weite Teile Zentralspaniens einnimmt. Diese Landschaft ist geprägt von einem Klima mit ausgesprochen kontinentalem Charakter: Im Winter ist es hier oft eiskalt und im Sommer nicht selten glutheiß. Dementsprechend schütter zeigt sich die Vegetation. Es gibt nur wenige Bäume, karge Schafweiden und steinige, schwer zu bearbeitende Feldern. Eine künstliche Bewässerung der Felder wird durch den **Kastilien-Kanal** ermöglicht.
Die nordwestlichen Ausläufer der Meseta gehen bei Astorga über in den Landstrich namens Maragatería und die **Montes de León** mit dem berühmten Cruz de Ferro (1504 m). Etwa auf halber Strecke zwischen Ponferrada und Lugo bilden diese den Übergang ins Galicische Bergland.

**Galicien (Galicia)**

Das aus einem uralten, stark erodierten Granitmassiv bestehende Bergland von Galicien nimmt die Nordwestecke der Iberischen Halbinsel ein. Obwohl es an einigen Stellen über 1000 m hoch ist und in der **Peña Trevinca** sogar 2124 m erreicht, ist es durchschnittlich 200 bis 500 m hoch und hat Mittelgebirgscharakter. Waldige Tallandschaften werden von Bergzügen umrahmt; dazwischen breiten sich

*Heuernte in Galicien*

Hochflächen aus, in die Flüsse enge und steile Täler gegraben haben. Der Fluss Miño/Minho durchmisst die breite, zwischen Gebirgsmassive eingetiefte mittelgalicische Grabenzone.

Rías ► Seinen besonderen Charakter erhält Galicien durch die tief ins Land eindringenden Meeresbuchten der Rías. Dabei handelt es sich eigentlich um **alte Flusstäler**, die infolge Meeresspiegelanstiegs und/oder Landabsenkung vom Ozean überflutet worden sind. Diese Buchten, von denen einige vorzügliche Sandstrände aufweisen, sind Zufluchtstätten an der oft sturmgepeitschten Küste und **geschützte Häfen**, so etwa im Falle von Vigo und La Coruña. Bei den galicischen Meeresarmen, den Rías Gallegas, gilt es, mehrere größere Bereiche zu unterscheiden: die Rías Altas zwischen der asturischen Grenze und La Coruña, die Meeresarme am Artabrischen Golf (La Coruña, El Ferrol), die Meeresarme der sog. **Costa da Morte** (Todesküste), das Kap Fisterra sowie die **Rías Baixas** von der Todesküste bis hinunter zur Ría de Baiona. Es gibt vereinzelt auch Küstengebirge, so etwa die über 600 m hoch ansteigende **Serra da Capelada** nordöstlich von El Ferrol.

Kulturland ► Ausgedehnte Wälder aus Kiefern, Kastanien, Eichen und wiederaufgeforstetem Eukalyptus, sattgrüne, oft von Brombeerhecken eingefasste Viehweiden und Maisfelder prägen eine Kulturlandschaft, deren Wahrzeichen die wie kleine Heiligtümer aussehenden Maisspeicher (hórreos) sind. Auch Roggen und Kartoffeln werden angebaut. Sieht man von den großen Hafenstädten und Fischereizentren La Coruña und Vigo ab, so ist eine gewisse wirtschaftliche Rückständigkeit unverkennbar. Dafür spielen die Erzeugung von Fleisch und Milch, der Weinbau sowie die Aquakultur und die Fischverarbeitung eine bedeutendere Rolle. An einigen Stellen wird auch noch Bergbau (Zinn, Wolfram) betrieben.

## Klima

**Feucht und grün** Zum spanischen Klima fallen den meisten Menschen wohl nur die Begriffe Sonne, Hitze und Trockenheit ein. Dass es aber auch das andere, das regenreiche und grüne Spanien gibt, ist weniger bekannt. Grund für das feuchte Klima am Nordrand sind atlantische Tiefdruckgebiete, deren aus Nordwesten heranziehende Ausläufer sich an den Bergen Galiciens, Asturiens und des Baskenlandes sowie in den Pyrenäen abregnen. Der so entstehende Luv-Lee-Effekt bewirkt eine Klimascheide. Diese trennt die immerfeuchten Küstenprovinzen vom wechselfeuchten Klima der nördlichen Meseta und des Ebrobeckens. Anklänge an das Mittelmeerklima finden sich lediglich auf der nördlichen Meseta, wo es im Sommer wenig regnet und die Sonne generell sehr häufig scheint.

### ? WUSSTEN SIE SCHON …?

- … dass die galicische Hafenstadt Vigo mit durchschnittlich 2000 l/m² Niederschlag im Jahr eine der regenreichsten Städte Europas ist?

**Niederschläge**

Im Nordstau des Kantabrischen Gebirges fallen im Jahresmittel über 1500 l/m², im Hinterland von La Coruña sogar enorme 2500 l/m², wobei hier bis zu 140 Regentage im Jahr gezählt werden. Durch die abschirmende Wirkung der Berge nehmen die Niederschläge nach Süden und Südosten erheblich ab. Das 900 m ü. d. M. gelegene León erhält nur noch 560 l/m² an lediglich 78 Tagen. Juli und August sind die trockensten, Dezember und Januar die feuchtesten Monate (3 bis 7 bzw. 9 bis 16 Regentage). Schon Ende September weicht das Sommerwetter einer fast ununterbrochenen Folge von Regenfronten. Schwere Sturmtiefs laden im Herbst und Winter mit orkanartigen Winden besonders in Westgalicien sintflutartige Wassermengen ab. Örtlich können bis zu 200 l/m² binnen eines Tages zusammenkommen, wodurch mitunter katastrophale Überflutungen ausgelöst werden. Erst im Mai, wenn sich das Azorenhoch nach Nordosten ausdehnt, wird das Wetter wieder erträglicher.

**Temperaturen**

Der mäßigende Einfluss des Atlantiks sorgt das ganze Jahr über für sehr ausgeglichene Temperaturen. Durch die abschirmende Wirkung der Berge sind die Sommer auf der nördlichen Meseta wärmer und die Winter deutlich kühler als an der Küste.

◄ Sommer

Von Juni bis September erreichen die Tagestemperaturen bei fast ununterbrochen wehendem Seewind angenehme 23 – 25 °C, in den Tälern des Binnenlandes und auf der nördlichen Meseta um 27 °C. Nachts kühlt es auf 13 – 17 °C ab. Allerdings können sommerliche Hitzewellen die Quecksilbersäule selbst direkt an der Küste auf 40 °C hochtreiben, landeinwärts sowie an der baskischen und kantabrischen Küste mit Föhneffekt noch darüber. Eine Besonderheit des nordspanischen Sommers: An der Ostflanke des Azorenhochs weht oft tagelang ein strammer Nord- bis Nordostwind, der im Nordstau der Berge eine flache Bewölkung verursacht, aus der es anhaltend nieseln oder leicht regnen kann. Im Lee der Höhenzüge trocknen dann heiße Fallwinde mit stürmischen Böen und Temperaturen bis über 35 °C die Wälder aus, wodurch die Waldbrandgefahr stark zunimmt. Verheerende Brände gab es letztmals 2006 in Galicien.

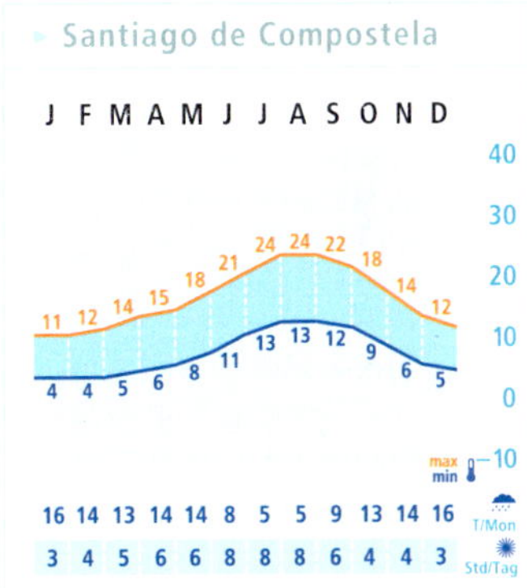


◄ Übrige Jahreszeiten

Von Ende September bis Mai ist das Wetter unter häufigem Tiefdruckeinfluss oft unfreundlich. Bei viel Regen und Sturm, wenig Sonne, aber milden Temperaturen, fühlt sich das Wetter eher nach

Irland als nach Spanien an. Selbst im kältesten Monat Januar erreichen die Tageswerte an der Küste noch 11 – 13 °C. Auf winterliche Verhältnisse trifft man erst in Höhenlagen ab etwa 1000 m ü. d. M. Frost und Schnee sind deshalb für die nördliche Meseta durchaus ein Thema. Zwischen Burgos und León werden an Januartagen 5 – 7 °C gemessen, während die Quecksilbersäule nachts oft in den leichten Minusbereich absinkt. Mit Schnee ist von Anfang Dezember bis in den März hinein zu rechnen, mit Nachtfrösten bis Anfang April. Durch die immer milder werdenden Winter ist Schnee in den letzten Jahren selbst in den Hochlagen der Berge zur Mangelware geworden.

**Sonnenschein und Nebel** Beim Sonnenschein ist die Region León mit über 2600 Stunden pro Jahr nordspanischer Spitzenreiter, das Baskenland zwischen San Sebastián und Bilbao mit nur 1600 Sonnenstunden pro Jahr Schlusslicht. Ansonsten werden verbreitet rund 1900 Stunden erreicht. Mit weit über 200 Stunden sind Juli und August die sonnigsten Monate, gefolgt vom Juni. Nur maximal 190 Stunden (August) erreicht das Baskenland.

Nebel tritt im Sommer und Herbst am häufigsten auf. An der Westküste verursacht der vorbeifließende kalte Portugalstrom oft Seennebel. Landeinwärts bilden aufliegende Wolken oft dichte Nebel. Besonders viele Nebeltage (85 – 97) werden rund um San Sebastián und in der Region Santiago de Compostela gezählt. Selbst im August gibt es hier ein 30-prozentiges Nebelrisiko.

## Pflanzen und Tiere

**Flora** Üppige Niederschläge halten das Pflanzenkleid frisch. In den Pyrenäen und ihrem Vorland gibt es noch große Laub-, Nadel- und Mischwaldbestände. Außer Kiefern, Fichten, Buchen, Kastanien und Eichen (auch Stein- und Pyrenäeneichen) gedeihen hier Birken, Pappeln, Linden, Trauerweiden, Ahorn, Erlen, Wacholder und Buchsgewächse. Wegen ihrer Früchte sehr geschätzt sind Walnuss- und Granatapfelbäume. Vor allem in Galicien und Asturien wurden und werden große Flächen mit schnell wachsendem Eukalyptus aufgeforstet. Auf Plätzen in Städten und Dörfern lassen sich Einheimische besonders gern unter Schatten spendenden Platanen nieder.

Gelber und weißer Ginster sowie Heidekrautgewächse bringen ab dem Frühjahr Farbe in die Natur. Unter den Blütenpflanzen sind Narzissen und Orchideen zu erwähnen, die jedoch an immer weniger Standorten auftreten.

**Fauna** Von der einstmals starken Verbreitung der Braunbären im Norden Spaniens zeugen heute nur noch wenige Dutzend Exemplare im asturischen Naturpark Somiedo. Und ein Skelett im Naturwissenschaftlichen Museum der baskischen Hauptstadt Vitoria (Gasteiz) erinnert an jene Bären, die früher einmal im Gebiet um den Monte Gorbeia gelebt haben.

*Ginster und Heidekraut sind typisch für die Küstenvegetation in Nordspanien.*

Während man Bären kaum noch zu Gesicht bekommt, kann man häufiger **Rotfüchse, Steinmarder, Luchse, Wildkatzen** und Dachse beobachten. Auch Rotwild und Wildschweine gibt es noch in größerer Zahl. In Hochgebirgsregionen leben noch einige Steinböcke, Gämsen und Murmeltiere. Auch Fischotter gibt es an einigen Wasserläufen.
Mit etwas Glück bekommt man in den Buchten am Atlantik oder auch auf offener See Delfine zu Gesicht. Die Küstengewässer sind eigentlich recht artenreich, nur inzwischen ziemlich leergefischt. Und doch kann man hie und da noch einen wilden Atlantiklachs oder einen Steinbutt angeln. Schon eher findet man allerlei Meeresfrüchte, so etwa **Miesmuscheln, Jakobsmuscheln, Herzmuscheln, Venusmuscheln** und **Austern**.
Im Gegensatz zu den Säugetieren zeigt sich die Vogelwelt äußerst artenreich. Dies gilt gleichermaßen für Küsten und Gebirge. Schutzgebiete wie der baskische Parque Natural Valderejo und Schluchten wie die Foz de Lumbier (Navarra) und die Garganta La Yecla (Kastilien und León) sind für ihre **Gänsegeier-Kolonien** bekannt. Für den ornithologischen Reichtum stehen außerdem Steinadler, Schwarzer und Roter Milan, Mäusebussard, Wanderfalke, Uhu, Grünspecht, Schwarzspecht und auch das Auerhuhn. In Feuchtgebieten lassen sich Blässhühner, Graureiher, Ringelgänse, Eisvögel, Haubentaucher, Eider-, Samt- und Kolbenenten beobachten. Felsige Küstenabschnitte sind Lebensräume u. a. von Sturmschwalben und zahlreichen verschiedenartigen Möwen.

Zur Welt der Amphibien und Reptilien gehören die bis zu 1 m lange und giftige Aspisviper sowie die zwar ungiftigen, aber dennoch beißfreudigen Schling- und Eidechsennattern, ferner die Erdkröte, der Feuersalamander, die Perleidechse und die Smaragdeidechse.

# Bevölkerung · Politik · Wirtschaft

## Bevölkerung

**Bevölkerungsdichte und Ballungsräume**

In ganz Spanien leben derzeit rund 45 Mio. Menschen, was einer Bevölkerungsdichte von 88 Einw./km² entspricht. Im Norden Iberiens ist das Baskenland mit 294 Einw./km² besonders dicht besiedelt, während sich Kantabrien mit 106 Einw./km², Asturien mit 102 Einw./km² und Galicien mit 93 Einw./km² etwas über dem Landesdurchschnitt halten. Weit unter dem Durchschnitt liegen La Rioja mit 60 Einw./km² und Navarra mit 58 Einw./km². Schlusslichter sind mit jeweils 27 Einw./km² Kastilien-León und Aragonien.
Die baskische Handels- und Industriemetropole Bilbao (Bilbao) ist Zentrum des bevölkerungsreichsten Ballungsraumes Nordspaniens, in dem rund 850 000 Menschen leben. Es folgt der Ballungsraum Zaragoza mit mehr als 700 000 Einwohnern.

*Einheimische und Touristen bevölkern den Markt von León.*

# Zahlen und Fakten Nordspanien

## Lage

- Südwesteuropa
- 41° bis 43°47′ nördliche Breite
- 9°20′ bis 0° westliche Länge
- Angrenzende Staaten: Frankreich, Portugal

## Staat

- Parlamentarische Monarchie
- Staatsoberhaupt: König
- Regierungschef: Ministerpräsident
- Volksvertretung: Cortes Generales, bestehend aus Abgeordnetenhaus und Senat

## Flächen

- Aragón: 47 659 km²
- Asturias: 10 565 km²
- Cantabria: 5289 km²
- Castilla y León: 94 193 km²
- Euskadi/País Vasco: 7261 km²
- Galicia: 29 434 km²
- Navarra: 10 421 km²
- La Rioja: 5045 km²

## Bevölkerung

- Aragón: 1,21 Mio.
- Asturias: 1,12 Mio.
- Cantabria: 550 000
- Castilla y León: 2,6 Mio.
- Euskadi/País Vasco: 2,1 Mio.
- Galicia: 2,83 Mio.
- Navarra: 540 000
- La Rioja: 270 000

## Größte Städte

- Zaragoza: 700 000
- Bilbo/Bilbao: 370 000
- Vigo: 310 000
- Gijón: 275 000
- A Coruña/La Coruña: 245 000
- Gasteiz/Vitoria: 240 000
- Oviedo: 205 000
- Pamplona/Iruñea: 195 000
- Santander: 190 000
- Donostia/San Sebastián: 185 000
- Santiago de Compostela: 100 000

## Sprachen

- Kastilisch (Hochspanisch)
- Galicisch
- Baskisch

## Religionen

- Römisch-katholisch (über 90 %)
- Protestantisch (unter 1 %)
- Juden (unter 1 %)
- Muslime (unter 1 %)

## Wirtschaft

- Bruttoinlandsprodukt pro Kopf: 20 300 € (2006)
- Beschäftigtenstruktur: 67 % Dienstleistungen und Handel, 18 % verarbeitende Industrie, 9 % Bau, 4 % Landwirtschaft und Fischfang
- Arbeitslosenquote: 5,1 % (2006)
- Wirtschaftszweige: Bergbau (Steinkohle, Eisen, Zink), Energiegewinnung, Land- und Forstwirtschaft (Wein, Obst, Gemüse, Getreide, Viehzucht, Milchwirtschaft, Nutzholz), Fischerei (Hochseefischfang, Aquakulturen), Industrie (Metallverarbeitung, Fahrzeugbau, Schiffbau, Maschinenbau, Chemie, Luft- und Raumfahrt, Informationstechnik, Textil), Kommunikation und Informatik
- Tourismus: ca. 3 Mio. ausländische Besucher (2007)

**Landflucht und Einwanderung**

Die Verstädterung in Nordspanien hat in der jüngeren Vergangenheit stark zugenommen, was sich allein schon an den schnell hochgezogenen Neubauquartieren ablesen lässt, die heute viele Städte umringen. Der ungebrochene Zuzug in die städtischen Zentren wird verursacht durch die Landflucht aus strukturschwachen Regionen und durch die Einwanderung aus fernen Ländern.

Es ist erst wenige Jahrzehnte her, dass eine Region wie Galicien noch zu den Armenhäusern Europas zählte und ihre »Gastarbeiter« u. a. nach Deutschland und in die Schweiz schickte. Nun hat sich das Blatt gewendet. Auch in Spanien sind die Geburtenraten signifikant gesunken. Mangels staatlicher Unterstützung (Kindergeld nur für Familien mit Kindern unter 3 Jahren) und angesichts sprunghaft gestiegener Preise (Immobilien, Lebenshaltungskosten) fühlen sich potenzielle Eltern von Armut bedroht.

Unterdessen boomt die Wirtschaft, die händeringend nach Arbeitskräften sucht. Das gilt in Nordspanien für die Industrie ebenso wie für den Dienstleistungssektor. Die Arbeitslosenrate hat sich in den letzten beiden Jahrzehnten von rund 13 % auf nur noch 5,1 % verringert. Die Lücken auf dem Arbeitsmarkt werden seit Beginn des 21. Jh.s vor allem durch Zuwanderer aus Schwarzafrika und Lateinamerika gefüllt, was auch im Straßenbild nordspanischer Städte zu sehen ist. Da Behörden und Politik die Zuwanderer oft mit alteingesessenen Spaniern gleichstellen oder gar bevorzugen – z. B. bei der Vergabe öffentlich geförderter Wohnungen oder begehrter Kindergartenplätze, wenn es bei der Vergabe um Indikatoren wie das Einkommensniveau oder die Zahl der Familienangehörigen geht –, sind leider schon erste Anzeichen von Fremdenfeindlichkeit gegenüber Schwarzen und Latinos zu erkennen. An manchen öffentlichen Schulen liegt der Zuwandereranteil bereits bei 75 %, was auch in Spanien dazu führt, dass Einheimische ihre Kinder lieber auf Privatschulen schicken wollen. Bestimmte Kennzahlen aus der rund 600 000 Einwohner zählenden Autonomen Gemeinschaft Navarra verdeutlichen den sozioökonomischen Wandel der jüngsten Vergangenheit geradezu exemplarisch: Wo es noch vor zwei Jahrzehnten kaum Fremde gab, machen Zuwanderer heute gut 10 % der Bevölkerung aus.

**Religion**

Obgleich die Glaubenspraxis gelitten hat und auch Priestermangel herrscht, bekennt sich die Mehrheit offiziell zum **römisch-katholischen Glauben**. Im Norden des Landes gibt es noch eine erstaunlich große Zahl von Klöstern, die u. a. in den Händen von Benediktinern, Kartäusern und Zisterzienserinnen liegen. Die navarresische Hauptstadt Pamplona ist mit ihrer Privatuniversität ein Zentrum des umstrittenen Opus Dei.

**Volksgruppen und Sprachgebiete**

Die Zuwanderung hat Spanien mittlerweile in ein Land verwandelt, in dem Menschen aus rund 180 Ländern und Nationen leben. Doch homogen ist die Bevölkerung der Iberischen Halbinsel ohnehin nie gewesen.

In Spaniens Norden nehmen von den alteingesessenen Volksgruppen die Basken und die Galicier Sonderstellungen ein. Sie pflegen ihre eigenen Traditionen und – zumindest zum Teil – ihre eigenen Sprachen: die Basken das Euskera (oder Euskara) und die Galicier das Galego. Parallel zum Hochspanisch (Castellano) sind Euskera und Galego als Amtssprachen – und nicht etwa nur als Dialekte – anerkannt. Während die Galicier moderater sind, wird der Gebrauch des Baskischen von radikaleren Flügeln oft politisch genutzt, um der regionalen Identität und einer angestrebten Selbstbestimmung mehr Nachdruck zu verleihen.
Das Galego der Galicier zählt zu den romanischen Sprachen und ist eng verwandt mit dem Portugiesischen. Das Euskera der Basken hingegen ist eine noch lebendige vorindogermanische Sprache. Der Gebrauch des Euskera reicht auch nach Frankreich hinüber. In beiden Sprachen, Euskera und Galego, gibt es eigene Publikationen (Bücher, Zeitungen) sowie Fernseh- und Radiosender.

## Politische Gliederung

**Parlamentarische Monarchie**

Laut Verfassung ist Spanien eine **Erbmonarchie mit parlamentarisch-demokratischem Regierungssystem**. Der König wacht als Staatsoberhaupt über den Ablauf der Regierungsgeschäfte und repräsentiert das Land nach außen. Er ist Oberbefehlshaber der Streitkräfte.

**Autonome Gemeinschaften**

Das Land teilt sich in 17 Autonome Gemeinschaften (Comunidades Autónomas) auf, von denen Galicien, Asturien, Kantabrien, das Baskenland, Navarra, Aragón, die Rioja und Kastilien-León Nordspanien bilden. Eine Autonome Gemeinschaft ist mit einem deutschen Bundesland vergleichbar. An ihrer Spitze steht ein Ministerpräsident.

*Nordspanien* Provinzen

**Parteien** Die einflussreichsten Parteien sind auch in Nordspanien die beiden Großen: die linksgerichtete **Sozialistische Arbeiterpartei** (Partido Socialista Obrero Español, PSOE) und die rechtsgerichtete, konservative **Volkspartei** (Partido Popular, PP).

Im Baskenland bestimmt die **Baskische Nationalistische Partei** (Partido Nacionalista Vasco, PNV) weitgehend das Geschehen. Die radikale baskische Partei **Batasuna**, vormals als legaler politischer Arm der Terrororganisation ETA bezeichnet, ist zwar offiziell verboten worden, lebt jedoch unter anderem Namen (Sozialista Abertzaleak) und mit denselben Lenkern weitgehend unangetastet fort. Auch die berüchtigten Treffpunkte der Radikalen, die Herriko Tabernas, sind entgegen anderslautender Lippenbekenntnisse sowohl der PP als auch der PSOE bis heute nicht geschlossen worden.

## Wirtschaft

**Starke Dynamik** Die nordspanische Wirtschaft verzeichnete 2007 ein Wachstum um 3 % (deutlich über dem EU-Mittelwert) und eine Arbeitslosenrate von 5,1 Prozent. Das Baskenland und Navarra sind nach der Metropolregion Madrid die wohlhabendsten Regionen Spaniens.

Auch die landesweite Aufteilung nach Sektoren findet sich im Norden in vergleichbarer Form wieder: Etwa zwei Drittel der Beschäftigten arbeiten im Bereich Dienstleistungen, zirka ein Fünftel in der verarbeitenden Industrie, ein Zehntel in der Bauwirtschaft sowie rund 4 % in Land- und Forstwirtschaft, Fischerei.

**Landwirtschaft** Der Agrarsektor hat in manchen Regionen noch ein sehr starkes Gewicht. Dies gilt insbesondere für den **Weinbau** in der Rioja sowie in einigen Gegenden Navarras und Galiciens, ebenso für den durch künstliche Bewässerung unterstützten **Getreideanbau** in Kastilien-León und die **Vieh- bzw. Milchwirtschaft** in den grünen und bergigen Regionen Kantabriens, Asturiens, Galiciens und Navarras. Im Einzugsbereich des Río Ebro (La Rioja, Navarra, Aragonien) wird lukrativer **Gemüseanbau** (bes. Tomaten, Paprika, Spargel) für den heimischen Markt betrieben. In Asturien gedeiht viel **Obst** (besonders Äpfel als Grundstoff für die berühmte »Sidra«).

**Holzwirtschaft** Stark an Bedeutung gewonnen hat in jüngerer Zeit eine profitorientierte Waldwirtschaft. **Eukalyptus- und Nadelholz-Monokulturen** nehmen immer größere Flächen ein. Die Holzernte wandert zu einem beträchtlichen Teil in die Papier- und Zellstoffindustrie.

Das Holz des Eukalyptusbaumes wächst zwar schnell und ist auch einigermaßen hochwertig, doch wird von diesen Bäumen der Boden stark ausgelaugt. Außerdem erhöht sich aufgrund des hohen Ölgehalts des Eukalyptusholzes die Waldbrandgefahr enorm.

**Fischfang, Aquakultur** Ein traditionell bedeutender Wirtschaftszweig an Nordspaniens Küsten ist der Fischfang. **Spaniens wichtigste Fischereihäfen** sind in den

*Obwohl es immer weniger zu fangen gibt, spielt die Fischerei nach wie vor eine wichtige Rolle an Nordspaniens Küsten.*

geschützten Meeresbuchten Galiciens anzutreffen. Allerdings haben die nordspanischen Fischer immer weniger Freude an ihrem Beruf, denn wegen **Überfischung** ihrer angestammten Gewässer und heftiger ausländischer Konkurrenz machen sie immer weniger Umsatz. Die Zahl der in diesem Wirtschaftsbereich Beschäftigten geht deutlich zurück. Umweltkatastrophen wie die **Havarie des Öltankers »Prestige«** im Jahre 2002 vor der Küste Galiciens bringen die hiesigen Fischer zusätzlich in Not und Existenzangst.
Hingegen recht erfreulich entwickeln sich die **Aquakulturen**. Bereits seit 140 Jahren bringen galicische Fischer in geschützten Meeresbuchten Flöße und Plattformen aus Holz mit langen Seilen aus, an denen vor allem Miesmuscheln heranwachsen. Mittlerweile werden auf ähnliche Weise auch **Herz-, Venus- und Jakobsmuscheln** herangezogen. An manchen Stellen sieht man heute auch größere **Austernbänke**. In meerwassergespeisten Becken werden seit einiger Zeit auch **Lachs** und vor allem der **Steinbutt** als besondere Feinschmeckerfische aufgezogen.

**Bergbau**

Der Bergbau hat in Nordspanien eine lange Tradition. Schon in der Römerzeit wurde hier in größerem Stil nach Gold und anderen wertvollen Erzen gegraben. Und noch bis vor wenigen Jahrzehnten spielte

*Die Rioja ist eines der berühmtesten Weinbaugebiete Spaniens und zieht auch viele Touristen an.*

der **Steinkohlen-, Eisenerz- und Zinkbergbau** für die nordspanische Schwerindustrie vor allem in Asturien und Kantabrien eine herausragende Rolle. Inzwischen ist der Bergbau jedoch in die Krise geraten. Angesichts billiger ausländischer Konkurrenz sind bereits zahlreiche Bergwerke in Nordspanien unrentabel geworden und von der Schließung betroffen. So verwundert es nicht, dass die Arbeitslosenquote in ehemals vom Bergbau geprägten Gebieten auf 30 bis 40 Prozent hochgeschnellt ist.

**Energie** Die Nachfrage nach Energie wird größtenteils durch **Kohle- und Atomkraftwerke** sowie durch Gas und Öl gedeckt. Aber auch die Windenergie wird immer stärker genutzt, worauf die zahlreicher werdenden **Windkraftparks** im spanischen Norden hinweisen.

**Industrie** Die nordspanische **Schwerindustrie** sowie die **Metallverarbeitung** inklusive **Schiffbau** können auf eine lange Tradition zurückblicken. Allerdings ist seit den 1970er-Jahren ein Strukturwandel im Gang. Besonders die Schwerindustrie ist von einem Schrumpfungsprozess betroffen mit entsprechend negativen Auswirkungen auf den Arbeitsmarkt.

Noch gut zu tun haben jedoch die modernen **Autofabriken** in Aragoniens Hauptstadt Zaragoza (Opel) und Navarras Hauptstadt Iruñea/Pamplona (Volkswagen). In Navarra hat sich auch der **Maschinenbau** gut entwickelt. Turmdrehkrane und Betonmischer der Firma Liebherr sowie Geräte und Apparate der Weltfirma Bosch werden hier ebenso konstruiert wie hochmoderne Windkraftanlagen.

Große Werke der **chemischen Industrie** sind u. a. in Bilbao sowie in den Außenbezirken der kantabrischen Stadt Torrelavega (u. a. Firestone, Solvay) angesiedelt.

**Wirtschaftsbrennpunkt Bilbao**

Eines der wichtigsten wirtschaftlichen Zentren der Iberischen Halbinsel ist der Großraum Bilbo/Bilbao, wo einige Schlüsselindustrien angesiedelt sind: Stahlindustrie, Energieerzeugung, Maschinenbau, Luft- und Raumfahrtindustrie, Elektronik und Informationstechnik (IT). Außerdem befindet sich hier der bedeutendste Hafen Nordspaniens. In jüngerer Zeit hat sich Bilbao auch zu einem bedeutenden Dienstleistungszentrum entwickelt. Es ist Sitz namhafter Großunternehmen und wichtiger Messeplatz.

**Tourismus**

Im Vergleich zu den Kanaren, den Balearen und der Mittelmeerküste profitiert Nordspanien bislang in relativ bescheidenem Maße vom Tourismus, obwohl landschaftlich besonders reizvolle Bergregionen und Küstenabschnitte seit Langem von den Spaniern selbst als **Sommerfrische** geschätzt werden. Bislang kommen pro Jahr **rund 3 Mio. ausländische Urlauber** in Spaniens nördliche Regionen. Allerdings sind seit einiger Zeit enorme Steigerungsraten zu verzeichnen, die in einigen Gegenden bereits im zweistelligen Bereich liegen. Für entsprechende Schubwirkungen sorgen u. a. der **Wallfahrtstourismus** auf dem Jakobsweg nach Santiago de Compostela sowie der auflebende **Natur- und Aktiv-Tourismus**.

# Geschichte

**Von den Höhlenmalern der Steinzeit über die Iberer, Basken, Römer, Westgoten und Mauren bis zum heutigen spanischen Königreich – Nordspanien gehört zu jenen Siedlungsräumen in Europa, die auf eine besonders lange Historie verweisen können.**

# Von der Frühzeit zu den Goten

| | |
|---|---|
| **800 000 v. Chr.** | Nachweise der ältesten europäischen Hominiden bei Burgos |
| **15 000 – 10 000 v. Chr.** | Bedeutende Höhlenmalereien entstehen, darunter jene von Altamira. |
| **218 – 201 v. Chr.** | Zweiter Punischer Krieg und Beginn der römischen Herrschaft |
| **5. Jh.** | Zeit der Völkerwanderung |
| **5. – 8. Jh.** | Herrschaft der Westgoten |

**Vor- und Frühgeschichte**

Ausgrabungen in der Sierra de Atapuerca östlich von Burgos haben sensationelle Spuren eines menschenähnlichen Wesens zutage gefördert, das die Gegend vor etwa 800 000 Jahren in kleinen Gruppen durchstreift hat: der sog. **Homo antecessor**, quasi ein Vorfahr des heutigen europäischen Menschen. Dieser soll in Gemeinschaften von mehreren Dutzend Individuen gelebt haben. Ob jedoch die Wurzeln des modernen europäischen Menschen wirklich in der Sierra de Atapuerca liegen, ist ebenso strittig wie die Frage nach der kultischen Bedeutung der **altsteinzeitlichen Höhlenmalereien** in Nordspanien (Altamira) und die Frage nach der Herkunft der **Basken**, einer Volksgruppe, deren Verbreitungsgebiet seit etwa 6000 v. Chr. dokumentiert ist. Ob Letztere einstmals aus dem östlichen Europa in den Pyrenäenraum eingewandert sind oder ob sie sich hier wirklich eigenständig entwickelt haben, gilt als fraglich.
Fest steht, dass es immer wieder fremde Volksgruppen gab, die bereits in vorchristlicher Zeit auf die Iberische Halbinsel kamen. Im Norden waren es vor allem die keltischen Stämme, die etwa ab dem 6. Jh. v. Chr. vordrangen und sich mit den einheimischen **Iberern** zu den **Keltiberern** vermischten.

**Römerzeit**

Nach dem Sieg der Römer über die Karthager im Zweiten Punischen Krieg (218 – 201 v. Chr.) drangen die neuen römischen Herrscher bis in den Norden der Iberischen Halbinsel vor. Es entstand der römische Verwaltungsbezirk **Hispania citerior**. Allerdings schlug den neuen Herrschern zuweilen erbitterter Widerstand der alteingesessenen Volksgruppen entgegen, zuvorderst in Asturien, Kantabrien und im Baskenland. In der Römerzeit wurden wichtige Städte (u. a. Pamplona) gegründet, Heerstraßen und Handelshäfen (u. a. La Coruña mit seinem Herkulesturm) angelegt, der Bergbau (u. a. Gold-Förderung in Las Médulas) und die Landwirtschaft (Weinbau, Olivenanbau, Getreideanbau) vorangetrieben.

← *Castro de Baroña: Reste einer aus etwa 20 Rundhäusern bestehenden keltischen Siedlung des ersten vorchristlichen Jahrhunderts*

**Völkerwanderung** Nach dem Ende der römischen Herrschaft begann im 5. Jh. die Zeit der Völkerwanderung, die germanische Völker wie die **Sueben** bis in den Nordwesten Spaniens vorstoßen ließen. Kurz darauf folgten die **Westgoten** als einer der beiden großen Stämme der germanischen Goten. Die westgotische Herrschaft führte zur offiziellen Bestätigung des Christentums als Reichsreligion (589) und dauerte bis 711, dem Jahr, in dem die Mauren von Nordafrika her auf die Iberische Halbinsel vordrangen.

# Die Mauren und die Reconquista

| | |
|---|---|
| **711** | Landung der Mauren bei Gibraltar und anschließend Eroberung fast der gesamten Iberischen Halbinsel |
| **722** | Mutmaßliche Schlacht von Covadonga und Gründung des Königreichs Asturien; Beginn der Reconquista |
| **um 813–830** | Wiederentdeckung des Grabes von Apostel Jakobus in Santiago de Compostela |
| **997** | Zerstörungen durch den maurischen Heerführer Al Manzor |
| **1118** | Fall des maurischen Kleinkönigreiches von Zaragoza |
| **1471/1479** | Vereinigung der beiden Königreiche Kastilien und Aragón nach der Thronbesteigung Isabellas I. bzw. Ferdinands II. |
| **1492** | Eroberung Granadas und Ende der maurischen Herrschaft |

**Das maurische Spanien** Nach ihrer Landung 711 über die Straße von Gibraltar rückten die Mauren innerhalb weniger Jahre vom heutigen Andalusien bis in den Norden vor, sollen jedoch 722 bei der sagenumwobenen **Schlacht von Covadonga** im Gebirgsland Asturiens von den Truppen des vormaligen Westgotenfürsten **Pelayo** besiegt worden sein. Gleichzeitig war Pelayo Begründer des Königreichs Asturien, das anfänglich seinen Sitz in Cangas de Onís und später in Oviedo hatte. Geschichtlich ist die Auseinandersetzung von Covadonga nicht belegt, doch wird sie gemeinhin als Beginn der Reconquista angesehen, der Rückeroberung der von den Mauren besetzten Landstriche.

Die Mauren vermochten sich bis 1492 in Spanien zu halten, doch nach der ersten Etappe, bei der sie vor allem dem Süden des Landes eine wirtschaftliche und kulturelle Blüte bescherten, begann die Macht zu bröckeln. Dies hing mit internen Streitigkeiten der verschiedenen Dynastien zusammen, was das Emirat und spätere Kalifat von Córdoba (nach 929) ab dem 11. Jh. in kleine, unabhängige Teilstaaten (taifas) zerfallen ließ. Zaragoza war Zentrum eines dieser Herrschaftsbereiche und fiel erst 1118 unter dem Ansturm von Kö-

*Nach seinem Sieg über die Mauren wird Pelayo zum König von Asturien ernannt (Gemälde in der Basilika von Covadonga).*

nig Alfons I. dem Kämpfer zurück an die Christen. Zwischenzeitliche Invasionen und Zerstörungen der Mauren in Nordspanien, wie etwa 997 durch Almanzor, der auch in Santiago de Compostela eindrang, blieben insofern ohne Folgen, als dass sich die Mauren dort nicht längerfristig festsetzen konnten.

**Wiederentdeckung des Grabes des hl. Jakobus**

Gestärkt wurde die Reconquista durch die Wiederentdeckung des Grabes des heiligen Jakobus in der Zeit zwischen 813 und 830. Die Überlieferung besagt, dass der 44 n. Chr. unter Herodes Agrippa I. enthauptete Jakobus von seinen Jüngern im Nordwesten Spaniens bestattet wurde. Dort nun erblickte ein Einsiedler im 9. Jh. eines Nachts mysteriöse Lichter über einem Waldstück – und das war genau die Stelle des über Jahrhunderte »vergessenen« Apostelgrabes. Die Stätte wurde zum Wallfahrtsziel Santiago de Compostela und half – unterstützt durch zahlreiche Neu- und Wiederbesiedlungsmaßnahmen –, den Norden gegen die Mauren zu sichern.

**Isabella I. und Ferdinand II.**

Außerdem wurde der hl. Jakobus zum Patron der Reconquista erhoben, die 1492 mit dem Fall Granadas – und damit dem Ende des letzten maurischen Kleinkönigreiches – unter den katholischen Herrschern Ferdinand II. von Aragón und Isabella I. von Kastilien ihren Abschluss fand. Ferdinand und Isabella hatten sich 1469 vermählt und durch Zusammenführung von Aragonien und Kastilien den Grundstein für das spanische Großreich gelegt. Unliebsame Gegner wurden durch die eingeführte Inquisition ausgeschaltet, die bis zum Beginn des 19. Jh.s mehrere Zehntausend Menschenleben kostete und Hunderttausende in Kerkerhaft brachte.

# Aufstieg und Fall der Weltmacht

| | |
|---|---|
| **1492** | Kolumbus landet in Westindien. |
| **1580–1640** | Vorherrschaft in Portugal |
| **1588** | Untergang der Armada |
| **1659** | Pyrenäenfrieden mit Frankreich |
| **1701–1713** | Spanischer Erbfolgekrieg |

**Kolumbus in Westindien**

Im selben Jahr, als Granada zurückerobert wurde, entdeckte Christoph Kolumbus im Auftrag der spanischen Krone Westindien. 1497, nach seiner zweiten Fahrt in die »Neue Welt«, empfingen die Katholischen Könige den Seefahrer in Burgos.

**Karl V.**

Im Jahre 1516 wurde der Habsburger **Karl I. König von Kastilien und Aragón**. Drei Jahre später wurde er zum **römisch-deutschen Kaiser Karl V.** gewählt. Damit stieg Spanien – zusammen mit seinem Kolonialbesitz sowie den habsburgischen Gebieten – zur beherrschenden Kontinental- und Seemacht auf. Als sich Spanien 1580 in Personalunion mit Portugal verband (bis 1640), erreichte das Land zusammen mit dem portugiesischen Kolonialbesitz die größte Ausdehnung seines Territoriums, in dem die Sonne wahrlich nicht mehr unterging. Es war Spaniens »Goldenes Zeitalter«.

Niederlage der Armada ►

Ein erster Rückschlag indes war die verheerende Niederlage der Armada im Ärmelkanal, die **Philipp II.** 1588 gegen England ausgesandt hatte. In den Jahrzehnten nach Philipps Tod (1598) kam es zu ständigen Kriegen um den Erhalt der Macht sowie zur Loslösung Portugals (1640). Ein langer Konflikt mit Frankreich endete 1659 mit dem **Pyrenäenfrieden**, bei dem Spanien u. a. das Roussillon an den ungeliebten Nachbarn abtreten musste. 1678 verzichtete Spanien auf die von Frankreich eroberte Franche-Comté. Damit hatte Spanien seine Rolle als Hegemonialmacht endgültig an Frankreich verloren.

**Spanischer Erbfolgekrieg**

Nachdem der letzte spanische Habsburger Karl II. kinderlos geblieben war, setzten die Bourbonen im Spanischen Erbfolgekrieg (1701 bis 1713) ihre Machtansprüche erfolgreich durch. Der Krieg endete mit dem **Friedensschluss von Utrecht**.

In Anlehnung an den französischen Absolutismus vollendeten Philipp V. und seine Nachfolger Ferdinand VI. und Karl III. bis zum Ende des 18. Jh.s den Aufbau eines zentralistischen spanischen Einheitsstaates – ohne Rücksicht auf Randgebiete wie das Baskenland.

◄ Spanischer Einheitsstaat

# 19. und 20. Jahrhundert

| | |
|---|---|
| **1808–1813** | Kampf gegen die napoleonischen Invasoren |
| **1895** | Gründung der Baskischen Nationalistischen Partei |
| **1898** | Verlust der letzten wichtigen Überseekolonien |
| **1923–1930** | Diktatur von Miguel Primo de Rivera |
| **1931–1936** | Zweite Republik |
| **1936–1939** | Spanischer Bürgerkrieg, Beginn der Franco-Diktatur |
| **1937** | Luftangriff der Legion Condor auf die baskische Stadt Gernika |
| **1959** | Gründung der baskischen Untergrundorganisation ETA |
| **1975** | Francos Tod und Ende der Diktatur; Juan Carlos I. wird König von Spanien. |

Ab dem Jahre 1808 sah sich Spanien zunächst von französischen Truppen überrollt, die in zahlreichen Klöstern und Kirchen des Nor-

**Spanischer Befreiungskampf**

*Francisco de Goya: »Die Erschießung der Aufständischen am 2. Mai 1808«*

dens schwere Plünderungen vornahmen. Unterstützt von den Briten trug der spanische Befreiungskampf 1813 Früchte. Einer der Marksteine war die siegreiche **Schlacht von Vitoria**. 1814 kehrte Ferdinand VII. auf den spanischen Thron zurück, doch kurz darauf setzte die große Loslösung der spanischen Kolonien ein. 1898 verlor das Land mit Kuba, Puerto Rico und den Philippinen seine letzten wichtigen Besitztümer in Übersee.
Nahezu gleichzeitig setzten auf nationaler Ebene erste **separatistische Bestrebungen** ein. Im Jahre 1895 gründete Sabino Arana die **Baskische Nationalistische Partei** (Partido Nacionalista Vasco), die für die Wiedereinführung der historisch angestammten Sonderrechte und eine umfassende Autonomie des Baskenlands plädierte.

**Erster Weltkrieg und Diktatur**

Nach dem Ersten Weltkrieg, in dem Spanien neutral geblieben war, billigte König Alfons XIII. eine **Militärdiktatur von General Miguel Primo de Rivera** (1923), um das Finanzwesen neu zu ordnen und das von ökonomischen und sozialen Krisen geschüttelte Land zu stabilisieren. Die Diktatur endete 1930.
Ein Jahr später verließ König Alfons XIII. das Land, nachdem die Gemeindewahlen zugunsten der Republikaner ausgegangen waren. Die **Zweite Republik** (1931 – 1936) mündete nach mancherlei Reformversuchen (Agrarreform, Regionalismusfrage), sozialen Ausschreitungen (Bergarbeiteraufstand 1934 in Asturien) und politischen Morden im Bürgerkrieg.

**Spanischer Bürgerkrieg**

Der Spanische Bürgerkrieg (1936 – 1939) begann mit einer Militärrevolte und brachte den aus dem galicischen El Ferrol gebürtigen **General Francisco Franco** (1892 – 1975) an die Macht. In Burgos wurde Franco zum Führer (caudillo) der spanischen Regierung ernannt. Italien und Deutschland sicherten Franco militärische Unterstützung zu, die im April 1937 in der Bombardierung der baskischen Stadt **Gernika** durch die deutsche **Legion Condor** einen traurigen Höhepunkt fand. Schätzungen zufolge starben während des Bürgerkrieges rund eine Million Menschen. Hunderttausende flüchteten ins Exil, große Teile des Landes lagen zerstört da.

**Franco-Diktatur**

Nach seinem Sieg über die Republikaner etablierte Franco ein autoritäres Regime, wobei ihm die Falange-Bewegung zur Sicherung seiner Macht diente. Im **Zweiten Weltkrieg** blieb Spanien trotz seiner Bindung an die Achse Berlin – Rom weitgehend neutral. Auf Drängen Hitlers schickte Franco jedoch die »Blaue Division« (ca. 18 000 Freiwillige) an die Ostfront.
Nach dem Ende des Bürgerkrieges folgten die »Jahre des Hungers« und eine **Isolierung Spaniens**, die in den 1950er-Jahren aber nach und nach aufgebrochen wurde – im Tausch gegen US-Militärbasen auf spanischem Territorium. 1955 trat das Land der UNO bei. Innenpolitisch herrschte gleichwohl unverändert Diktatur, die jedwede Auflehnung im Keim zu ersticken suchte und sich mittels **Landrefor-**

## *Bürgerkrieg in Spanien 1936–1939*

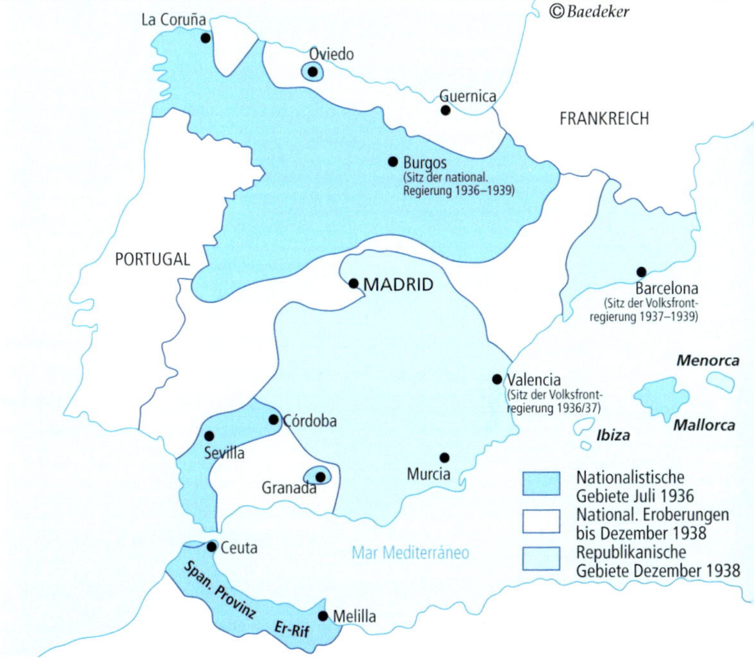


**men** und **Industrialisierung** bemühte, soziale Spannungen abzubauen. Es herrschte Zensur und politische Parteien waren verboten.

◄ Widerstand im Baskenland

In dem von Unterdrückung besonders betroffenen Baskenland, wo sogar der Gebrauch der eigenen Sprache untersagt war, regte sich ab 1959 mit der **Gründung der Untergrundorganisation »Euskadi ta Askatasuna« (ETA)** massiver Widerstand. Im Exil versuchten sich derweil Politiker wie die Baskin **Dolores Ibárruri Gómez** (1895 – 1989), vormals Mitbegründerin der Kommunistischen Partei, über einen Kampf der Worte international Gehör zu verschaffen.

◄ Spanisches Wirtschaftswunder

Liberalisierungsgesetze läuteten das spanische Wirtschaftswunder der 1960er-Jahre ein, das mit ausländischen Investitionen, fortschreitender Industrialisierung, beginnendem Massentourismus und den von den Gastarbeitern in die Heimat übersandten Devisen einherging.

Im Jahre 1968 nahm die **ETA** ihren bewaffneten Kampf auf, der vornehmlich Politiker, Polizisten und Richter ins Visier nahm.

◄ König Juan Carlos I.

In der Hoffnung auf eine Fortsetzung eines strengen Systems setzte Diktator Franco den 1938 in Rom geborenen Enkel von König Alfons XIII., Prinz Juan Carlos, als seinen Nachfolger ein. Als Franco im November 1975 starb, wurde der Prinz als Juan Carlos I. zum König von Spanien proklamiert – die nachfolgende Hinwendung zur Demokratie war jedoch nicht im Sinnes des toten Diktators.

*Anti-ETA-Parole im Baskenland*

# DAS BASKENLAND UND DER TERROR

**»Euskal Presoak – Euskal Herria« ist in schwarzer Schrift auf die weißen Transparente gedruckt. Daneben und darüber rote Pfeile, in der Mitte eine große schwarze Fläche. Immer gleiche Transparente, die in den Städten des historischen Baskenlandes an manchen Balkonen hängen und auch von Besuchern nicht übersehen sind.**

Ob in Bilbo/Bilbao oder Donostia/San Sebastián, ob in Gasteiz/Vitoria oder Iruñea/Pamplona. Was die Transparente bedeuten? Zunächst einmal sind es deutliche öffentliche Bekenntnisse zur **Terrororganisation ETA** und ihren inhaftierten Terroristen. Dazu muss man wissen, dass die Verurteilten meist nicht in baskischen Gefängnissen einsitzen, sondern weit weg von ihrer Heimat. Dies erschwert ihnen in jederlei Hinsicht, die »alten neuen« Kontakte zu pflegen und aufzufrischen. Die Pfeile auf den Transparenten stehen für den Appell, die Inhaftierten in baskische Gefängnisse zu verlegen. Die Bezeichnung »Euskal Presoak« (»baskische Gefangene«) ist dabei schon ein Hohn an sich. Manche sprechen gar von »politischen Gefangenen«, wobei die Inhaftierten nichts anderes sind als Terroristen, die Menschen ermordet oder andere kriminelle Taten verübt haben. Überdies setzen die Transparente deutliche politische Zeichen, denn die schwarze Fläche im Zentrum markiert das eigenständige Baskenland – und das ist der größte Wunsch, der Traum aller Radikalen. Gleichzeitig wird der Aufschrei nach Amnestie für die »politischen Gefangenen« laut ...

## Das große Traumgebilde

Das Baskenland, die Unabhängigkeitsbestrebungen und der Eta-Terrorismus zählen zu den kompliziertesten politischen Themen im heutigen Spanien. Immer wieder wendet sich das Blatt unvorhergesehen, immer wieder hofft man auf Frieden.

ETA steht als Abkürzung für **»Euskadi ta Askatasuna«** (Baskenland und Freiheit). Proklamiertes Ziel der Ende der 1950er-Jahre während der Franco-Diktatur gegründeten Terrororganisation ist der Kampf für ein freies Baskenland. Dieses deckt sich allerdings nicht mit den Verwaltungsgrenzen der heutigen Autonomen Gemeinschaft Baskenland, sondern zielt auf den gesamten historischen Siedlungsraum der Basken ab und bezieht auch Navarra sowie Teile Südwestfrankreichs mit ein. Die schwarzen

*Demonstration gegen die ETA*

Flächen auf den Plakaten zeigen dieses große Traumgebilde, das auch heute noch vollkommen unrealistisch erscheint und in den gesamtbaskischen Reihen zwar Befürworter, aber auch viele Gegner hat. Die Befürworter treten indes nicht als geschlossene Front auf. Viele sprechen sich ausdrücklich gegen den ETA-Terrorismus aus und sehen in der Zukunft das Baskenland weniger als eigenständigen Staat zwischen Spanien und Frankreich, sondern als stärkeres autonomes Gebiet innerhalb Spaniens.

## Schlagzeilen und Massenproteste gegen den Terrorismus

In jüngerer Vergangenheit hat der ETA-Terrorismus für die unterschiedlichsten Schlagzeilen gesorgt. Zum einen waren die Polizeiaktionen von Spaniern und Franzosen im Kampf gegen den Terror immer wieder erfolgreich und führten zu Verhaftungen von ETA-Spitzenleuten. Zum anderen führten die **politischen Verhandlungen mit ETA-Führern** im Sinne eines Friedensprozesses tatsächlich zu Zugeständnissen wie der Verlegung von Inhaftierten und zu Amnestie. Die uneinheitliche Linie in den eigenen Reihen der ETA hat dabei ebenfalls eine Rolle gespielt, da sie zwischen der Tendenz zum Frieden und neuen Attentaten hin- und hergeschwankt ist.

Anno 2006 kam der von der ETA verkündete einseitige, unbefristete Waffenstillstand dann eher überraschend. Im selben Jahr jedoch wurde er wieder aufgehoben und fand seinen traurigen Abschluss kurz vor dem Jahreswechsel 2006/2007 mit einem Bombenattentat auf den Madrider Flughafen Barajas. Zwei Menschen wurden dabei getötet, Dutzende verletzt. 2007 kam es landesweit – auch im Baskenland – zu **Massenprotesten gegen die ETA-Gewalt**. In Lateinamerika löste das Attentat eine Welle der Empörung aus und in Spanien selbst riefen Einwandererorganisationen zu eigenen Kundgebungen auf. Gleichzeitig erklärte die Regierung Zapatero die »Friedensverhandlungen« mit der ETA vorerst für beendet, gekoppelt an die erstaunlich späte Einsicht, dass man sich auf die Worte von Terroristen nicht verlassen könne ...

Unter den jüngsten ETA-Attentaten hat nicht nur die Bevölkerung, sondern auch die Glaubwürdigkeit der Politik gelitten. Trotzdem setzt sich der unerbittliche Kampf gegen den Terrorismus fort, wobei die Gewissheit tröstlich stimmt, dass die Anhänger von Gewalt und Radikalität nur eine verschwindende Minderheit stellen. Was bleibt, ist der Wunsch nach einem dauerhaften Frieden im Land. Wie und wann, kann niemand genau sagen – Ende offen ...

# Das demokratische Spanien

| | |
|---|---|
| **1977** | Erste freie Parlamentswahlen |
| **1978** | Neue spanische Verfassung |
| **1981** | Putschversuch im Parlament |
| **1982–1996** | Regierung der Sozialistischen Arbeiterpartei unter Felipe González |
| **1996–2004** | Zwei Legislaturperioden der konservativen Volkspartei von José María Aznar |
| **2004** | Islamistisches Terrorattentat in Madrid |
| **2004–2008** | Regierung der Sozialistischen Arbeiterpartei unter José Luis Rodríguez Zapatero |

**Transición**

Nach der 1975 erfolgten Proklamation von Juan Carlos I. zum König folgte der **Übergang** (transición) hin zum demokratischen Spanien. Im Jahre 1977 wurden die **ersten freien Parlamentswahlen seit 1936** durchgeführt, aus denen der Parteienzusammenschluss der Union des Demokratischen Zentrums (Unión de Centro Democrático) unter **Adolfo Suárez** siegreich hervorging. Unter Suárez wurde 1978 die neue Verfassung angenommen. 1979 erhielt das Baskenland ein Autonomiestatut. Nach dem Rücktritt von Suárez im Jahre 1981 erfolgte ein **Putschversuch**, dem sich König Juan Carlos I. mit aller Macht entgegenstellte.

**Ära González**

Außenpolitische Anerkennung erfuhr Spanien mit seinem **NATO-Beitritt** 1982 und seiner **Aufnahme in die Europäische Gemeinschaft** 1986. Zwischen 1982 und 1996 wurde Spanien von der Sozialistischen Arbeiterpartei (Partido Socialista Obrero Español) unter **Felipe González** regiert, zeitweilig in Minderheit und unterstützt von katalanischen und baskischen Regionalparteien.

**Die Konservativen kommen an die Macht**

Die 1990er-Jahre waren von einer **Wirtschaftskrise** begleitet. Hohe Arbeitslosenzahlen, Korruptions- und Parteifinanzierungsskandale sowie ein rechtswidriges Vorgehen bei Strafverfolgungen schwächten die Sozialisten derart, dass sie 1996 die Wahlen gegen die konservative Volkspartei (Partido Popular) von **José María Aznar** verloren. Die Regierung Aznar setzte auf die Konsolidierung des Staatshaushaltes, zeigte eine harte Hand gegen den Eta-Terrorismus und profitierte von der landesweiten Aufbruchstimmung in der Wirtschaft, was ihr bei den Parlamentswahlen 2000 zur absoluten Mehrheit verhalf.

**2. Legislaturperiode der Regierung Aznar**

In der zweiten Legislaturperiode Aznar (2000–2004) setzte sich der wirtschaftliche Höhenflug Spaniens fort. Die **Einführung des Euro** im Jahre 2002 indes war mit einer Preisexplosion verbunden. Gegen Ende seiner Amtszeit brachten drei Vorfälle den von seinen Kritikern

*Regierungschef Zapatero (rechts) bei einer Kundgebung im Baskenland*

als selbstherrlich und starrsinnig bezeichneten Aznar in Bedrängnis: die in ihrem Ausmaß heruntergespielte **Tankerkatastrophe der »Prestige« vor der Küste Galiciens** (2002), die **aktive Unterstützung der Alliierten im Irakkrieg** (2003) und im März 2004 – kurz vor dem für seine Partei bereits sicher geglaubten Sieg bei den Parlamentswahlen – die **Anschlagsserie islamistischer Extremisten auf Züge und Bahnhöfe in Madrid**. Das Attentat, das fast 200 Menschen in den Tod riss und 1500 Verletzte zur Folge hatte, richtete sich gegen die Irak-Politik der Regierung Aznar. Da die Wahlen kurz bevorstanden, setzte Aznar auf eine verschleiernde Informationspolitik und schob der Eta, entgegen der Beteuerungen der Untergrundorganisation, das Attentat in die Schuhe – bis die These haltlos in sich zusammenbrach.

**Sozialisten wieder an der Macht**

Die Wahlen bescherten der Volkspartei eine nicht für möglich gehaltene Niederlage und brachte die Sozialistische Arbeiterpartei zurück an die Macht. Die Regierung bildete der Jurist **José Luis Rodríguez Zapatero**, der als Ministerpräsident sogleich sein Wahlversprechen einlöste und die spanischen Truppen aus dem Irak abzog.
Im Jahre 2005 stimmte die Bevölkerung per Referendum für die EU-Verfassung. Die Wirtschaft entwickelte sich weiter gut mit jährlichen Wachstumsraten von 3 Prozent. Während ihrer ersten Legislaturperiode (bis 2008) trieb die Regierung Zapatero die Gleichberechtigung der Frau voran und verankerte den Nichtraucherschutz gesetzlich. Allerdings geriet die Regierung durch ihre Gesetzesarbeit zugunsten illegaler Einwanderer und eine damit in Ansätzen verbundene Gefährdung des sozialen Klimas in die Zwickmühle. Weitere problematische Gesetzesänderungen der Regierung Zapatero waren die Vereinfachung des Ehescheidungsrechts sowie die juristische Anerkennung gleichgeschlechtlicher Gemeinschaften. Brennende Themen blieben auch die mit dem Baskenland verbundenen Autonomiebestrebungen und der ETA-Terrorismus (►Baedeker Special S. 44).

# Kunst und Kultur

**Was versteht man unter »mozarabischem« und »mudejarem« Stil? Welche Besonderheiten zeichnen die präromanische Baukunst aus? Und wer sind die bedeutendsten Literaten? Diese und weitere spannende Fragen werden auf den folgenden Seiten beantwortet.**

# Kunstgeschichte

## Frühgeschichte und Altertum

**Prähistorische Kunst**

Spaniens älteste Künstler waren Menschen der Steinzeit, die ihre Felsmalereien in zahlreichen Grotten hinterließen. Bedeutendstes Beispiel ist die in Kantabrien bei Santillana del Mar gelegene **Höhle von Altamira**, wo die Menschen im Zeitalter des Magdalénien (15 000 – 10 000 v. Chr.) Wisente, Hirsche und Pferde an Höhlendecken und -wände malten. In Altamira hinterließen sie die »Sixtinische Kapelle der Steinzeit«, durchsetzt von Deckenfresken, die kräftige, bis zu 2,25 m große Tiere zeigen. Den Felsmalereien liegen eingeritzte Konturen zugrunde, die dann mit Kohle und mineralischen Substanzen koloriert wurden. Hände, Ziegen, mysteriöse Kohlezeichen und rote Flächen ergänzen die Motive. Auch in anderen Höhlen Nordspaniens wie der Cueva del Buxu bei Cangas de Onía (Asturien) blieben Pferde- und Hirschmotive erhalten, die mindestens 10 000 Jahre alt sein dürften.

**Megalithkulturen und Bronzezeit**

In Nordspanien ist die Megalithbauweise, zuvorderst in Form von **Megalithgräbern** (Dolmen) ab dem 4. Jt. v. Chr. nachgewiesen. Alleine über die baskische Provinz Álava verteilen sich heute etwa 100 auffindbare Dolmen; einer der besterhaltenen ist der bei Laguardia aufragende Dolmen La Chabola de La Hechicera. Ebenfalls bei Laguardia sind die Reste der bronzezeitlichen Siedlung La Hoya zu finden, die aus dem 2. Jt. v. Chr. datiert.

**Keltenzeit**

Die in Galicien entdeckte Keltensiedlung auf dem Monte Santa Tegra bei A Guarda dürfte ihren Ursprung Mitte des ersten vorchristlichen Jahrtausends gehabt haben und wurde nachfolgend von den Römern genutzt. Typisch für die keltische Siedlungsstruktur waren **strohgedeckte Rundbauten** (pallozas), wie sie im galicischen Jakobswegort O Cebreiro nachgebaut worden sind. Auf die Kelten gehen auch die heute überwiegend mit Maiskolben gefüllten **Vorratsspeicher** (hórreos) zurück, die in Galicien und Asturien nach wie vor Wahrzeichen sind. Hórreos stehen auf Stützen aus Stein, haben luftdurchlässige Seitenwandschlitze und sind von phallischen Fruchtbarkeitssymbolen gekrönt, die in christlicher Zeit durch Kreuze ergänzt wurden. Zwischen die Stützen und den rechteckigen (Galicien) oder quadratischen (Asturien) Aufbau sind flache Steinscheiben geschoben, die das Eindringen von Mäusen unmöglich machen.

**Römerzeit**

Aus der römischen Zeit sind bemerkenswerte Baureste in La Coruña (Torre de Hércules), Lugo (Stadtmauern) und Astorga (Stadtmauern

*← Die Bauweise dieser Hórreos (Vorratsspeicher) auf Stelzen geht bereits auf die Kelten zurück.*

und Sklavengefängnis) erhalten. Fundstücke wie Münzen, Keramik und Mosaike sind in Regionalmuseen ausgestellt.

## Westgotische und maurische Kunst

**Westgotische Kunst**

Zeugnisse der Westgoten (6.–8. Jh. n. Chr.) sind Kirchen, in die sie Elemente der vorrömischen und der byzantinischen Architektur einfließen ließen. **Rosette, Kreis** und **Taufries** weisen auf die Verwendung germanischer Schmuckelemente hin. Ebenfalls verbreitet waren Hufeisenbögen, die man gemeinhin mit der späteren maurischen Epoche assoziiert.

Die Reste von einer der schönsten westgotischen Kirchen sind im Süden der Provinz Burgos bei Quintanilla de las Viñas zu sehen. Die dortige Ermita Visigótica (auch: Santa María de Lara) lässt das byzantinische Motiv der Weinranke erkennen, ebenso Blätter, Blüten und Muscheln. Die Kapitelle im Innern zeigen Sonne und Mond, möglicherweise als Symbole des Ewigen Reiches Gottes.

**Präromanische Kirchen**

Bezeichnend für das frühe Königreich Asturien sind die präromanischen Kirchen (9./10. Jh.), die als Weltkulturerbe der UNESCO unter Schutz stehen. Charakteristika waren die wie gedrechselt wirkenden **Steinsäulen**, die ornamentierten **Säulenkapitelle**, die **Rundbögen**, die **Steingitterfenster** sowie die **reliefierten Pfeiler** mit figürlichen Motiven. Charakteristische Beispiele finden sich in Oviedo mit der Iglesia de San Julián de los Prados und der in den Kathedralbau integrierten Cámara Santa sowie – am Abhang des Hausberges Monte Naranco – mit der einstigen Palastkapelle San Miguel de Lillo und der aus einem königlichen Palast erwachsenen Iglesia de Santa María del Naranco. Zu Zeiten der präromanischen Blüte unter Alfonso II., Ramiro I. und Alfonso III. waren es mutmaßlich dieselben Künstlerwerkstätten, die sich der Bauten, ihrer Dekorationen und – im Vorlauf des romanischen Stils – der neuartigen Überwölbungen der Kirchenschiffe annahmen. Infolgedessen schufen sie in ihrem kleinen Königreich eine beispiellose ästhetische Einheit christlich-europäischer Baukunst. Ein weiteres prägnantes Beispiel bietet die Iglesia de San Salvador de Valdediós nahe Villaviciosa.

**Mozarabischer und mudejarer Stil**

Da die Reconquista von Norden her begann und diese die Mauren nach und nach in den Süden zurückdrängte, gibt es kein maurisches Kulturerbe im Stile Andalusiens. Als Ausnahme lässt sich allenfalls die aragonesische Hauptstadt Zaragoza anführen, die erst 1118 von den christlichen Truppen zurückerobert wurde. Was im Laufe des Mittelalters aber sehr wohl um sich griff, waren Einflüsse auf zwei Stilmischungen: den mozarabischen und den mudejaren Stil. Die **»mozárabes«** waren unter islamischer Herrschaft lebende Christen, die **»mudéjares«** unter christlicher Herrschaft lebende Mauren. Häufig flohen »mozárabes« aus dem maurisch besetzten Süden in den Norden, doch hatten sie die Augen offen gehalten und die Architek-

*Zaragoza: Die Aljafería ist das einzige erhaltene Bauwerk der Stadt aus maurischer Vergangenheit.*

tur bewundert. In neue Kirch- und Klosterbauten integrierten sie nun Elemente wie Hufeisenbögen. Auch der Einfluss auf die Buchmalerei war beträchtlich.
Gute Beispiele der Architektur liefern das riojanische Kloster von Suso (bei San Millán de la Cogolla), die Iglesia de San Miguel de Escalada in der Provinz León und die Kirche von Peñalba de Santiago bei Ponferrada. Während sich der mozarabische Stil mit der Ära der Vorromanik deckt, ist der mudejare Stil von der Spätromanik bis zur Spätgotik nachweisbar. So fanden **farbige Schmuckziegel** (azulejos), **Kassettendecken** (artesonados) und **hufeisenförmige Fensterbögen** Verwendung. Im Kreuzgang des Klosters von Santo Domingo de Silos ist der Mudéjar-Stil ebenso nachzuweisen wie im Kloster Las Huelgas Reales in Burgos und an den Kirchen San Tirso und San Lorenzo im Jakobswegstädtchen Sahagún.

## Romanik und Gotik

**Romanik**

Französische Einflüsse wirkten in Nordspanien prägnant in Romanik und Gotik hinein. Bereits in den romanischen Kirchen fügten sich die deutlich voneinander abgegrenzten Teile zu einem harmonischen Ganzen. Ein gutes Beispiel bietet die Iglesia de San Martín im kastilisch-leonesischen Jakobswegort Frómista mit der **Doppelturmfassade**, dem **Vierungsturm**, dem **Dreiapsidenabschluss** und dem **Tonnengewölbe**. Hinzu kommen reliefartige **Steinschmuckbänder**, die das ganze Bauwerk zusammen mit mehr als 300 Konsolfiguren umziehen.

*Santiago de Compostela: Einen Höhepunkt erreichte die romanische Bildhauerkunst im Portico de la Gloria der Kathedrale.*

Der Typus des Steinschmuckbandes war ein besonderes Gestaltungselement an romanischen Kirchen am Jakobsweg durch Nordspanien. Man nennt es »Schachbrettmuster von Jaca« (ajedrezado jaqués), da es sich von der alten aragonesischen Hauptstadt Jaca aus weiterentwickelte. In Jaca selbst gilt die Catedral de San Pedro als erste romanische Kathedrale Spaniens. Romanischen Ursprungs ist auch die 1075 begonnene Pilgerbasilika in Santiago de Compostela, die mit dem Pórtico de la Gloria von Meister Mateo ebenso die Entwicklung der Bildhauerkunst vor Augen führt wie das Südportal der Iglesia de Santa María la Real in Sangüesa (Navarra).
In der Reihe der schönsten romanischen **Kreuzgänge** in Nordspanien stehen jene des Klosters von Santo Domingo de Silos (Provinz Burgos) und der Stiftskirche in Santillana del Mar (Kantabrien). Ein einzigartiges Zeugnis der Malerei stellen die **Fresken** im königlichen Pantheon San Isidoro in León dar, wo biblische Motive ebenso zu sehen sind wie ein daseinsorientierter Landwirtschaftskalender.

**Gotik** Ein neues Raumgefühl, verbunden mit dem symbolischen wie konkreten Streben nach Höhe, sowie die Verwendung von **Spitzbögen** und **Bündelpfeilern** zeichnet die gotische Baukunst aus. Nordspaniens gotische Prachtbauten par excellence sind die Kathedralen von Burgos und León, wobei die **Buntglasfenster** in León für eine neuartige Lichtführung sorgten. Französische und deutsche Meister nahmen maßgeblich Einfluss. Bei der Kathedrale von León dienten Reims, Amiens und Chartres als Vorbilder.

**Plateresker Stil**

Zu Zeiten der Spätgotik (Ende des 15. Jh.s) verband der plateresle Stil maurische Einflüsse des mudejaren Stils (► S. 50) mit Schmuckformen der Frührenaissance (16. Jh.). Plateresk leitet sich vom spanischen Wort für Silber ab (plata). Bei diesem Stil werden **Ornamente und Schmuckformen** nachgeahmt, wie sie die Silberschmiede bei ihren Arbeiten verwendeten. Ein gutes Beispiel ist die Hauptfassade des Convento de San Marcos in León.

## Von der Renaissance bis zum Klassizismus

**Renaissance, Barock und Klassizismus**

Ein strenger, schmuckloser und vergleichweise nüchterner Baustil war das Merkmal der Renaissance (16. Jh.), die sich in Nordspanien u. a. im Kreuzgang der Kathedrale von Santiago de Compostela und im riojanischen Monasterio de Yuso zeigt.

Im 17. und 18. Jh. ließ die barocke Hinwendung zu **überbordendem Dekorationsreichtum** viele romanische und gotische Bauwerke andere Ausgestaltungen annehmen. Aus Spaniens Kolonien kamen Gold und Silber im Überfluss, was in vielen Orten in prunkvolle Retabel und Kapellen gesteckt wurde. In der Architektur entwarf Fernando de Casas y Novoa mit der 1738 – 1750 vor den romanischen Pórtico de la Gloria gesetzten Westfassade der Kathedrale von Santiago de Compostela die wohl bedeutendste Barockfassade Nordspaniens. In der Reihe barocker Profanbauten stehen Rathäuser wie jene von Astorga und Ponferrada.

Die Baufälligkeit von Altbauten brachte gegen Ende des 18. Jh.s neue Werke im wiederum nüchternen Stil des Klassizismus mit sich. Dazu zählen die Hauptfassade der Kathedrale von Pamplona und die Klosterkirche von Santo Domingo de Silos. Die Basílica de Nuestra Señora del Pilar in Zaragoza vereint Barock und Klassizismus. Mit Gewölbemalereien in der Basilika wurde u. a. der aus dem aragonesischen Fuendetodos stammende **Francisco de Goya y Lucientes** (1746 bis 1828) beauftragt, der in seiner frühen Schaffensepoche auch Entwurfkartons mit volkstümlichen Szenen für die Madrider Teppichmanufaktur lieferte. Erst später profilierte er sich als königlicher Hofmaler und stellte die Menschen mit schonungsloser Offenheit dar.

## Vom Jugendstil bis zur Gegenwart

**19. Jahrhundert bis heute**

Besonders hervorzuheben sind in Nordspanien drei Bauten des katalanischen Jugendstilarchitekten **Antoni Gaudí** (1852 – 1926): die Casa de Botines in León, der Bischofspalast in Astorga und der Pavillon El Capricho im kantabrischen Küstenort Comillas. In mehrfacher Verbindung zu Nordspanien steht auch **Pablo Picasso** (1881 – 1973). Im Jahre 1891 zog Picassos Familie für einige Jahre nach La Coruña, wo der junge Pablo im Instituto Eusebio da Guarda Malunterricht erhielt. 1937 malte Picasso unter dem Eindruck des grausamen Bombardements der baskischen Stadt Gernika (span. Guernica) sein welt-

*Das monumentale Bild mit dem Titel »Guernica« hat Picasso im Jahre 1937 als Reaktion auf die Zerstörung der baskischen Stadt gemalt.*

berühmtes Bild **»Guernica«**. Zum Leidwesen der Basken hängt dieses jedoch im Museum Reina Sofía in Madrid – und nicht im Guggenheim-Museum Bilbao, wo man für das großformatige Werk einen eigenen Saal vorgesehen hatte.

Zu den wichtigsten spanischen Malern der Moderne gehören **Ignacio Zuloaga y Zabaleta** (1870 – 1945) und **Gustavo de Maeztu y Whitney** (1887 – 1947). Zuloaga hielt häufig Szenen aus dem spanischen Volksleben fest und porträtierte nennenswerte Zeitgenossen, Maeztu tat sich gleichermaßen durch Portäts wie durch volkstümliche Szenen und soziale Anklagen (Spanischer Bürgerkrieg) hervor. Beiden sind eigene Museen gewidmet: Zuloaga im baskischen Zumaia und Maeztu im navarresischen Estella.

Den Traum von einer eigenen Werkschau erfüllte sich der baskische Metallbildhauer **Eduardo Chillida** (1924 – 2002) noch zu Lebzeiten: mit dem Museo Chillida-Leku bei San Sebastián. Bekannt sind auch seine eisernen »Windkämme« am Westende der La-Concha-Bucht in San Sebastián.

Architektonisch sticht in Nordspanien das 1997 eröffnete Museo Guggenheim des Kanadiers **Frank O. Gehry** hervor, eine augenfällige Konstruktion aus Kalkstein, Stahl und Glas, der dünne Titanplatten wie Fischschuppen aufsitzen. Mit **Sir Norman Foster** (U-Bahn-Stationen) und **Santiago Calatrava** (Flughafengebäude, Zubizuri-Brücke) sind auch andere Stararchitekten in Bilbao vertreten. An den zeitgenössischen architektonischen Boom haben sich neuerdings Weinproduzenten angehängt und ihre Bodegas als regelrechte Aushängeschilder konzipieren lassen. In Cintruénigo, Navarra, gehen die Bodegas Julián Chivite auf den navarresischen Architekten **Rafael Moneo** zurück. Im baskisch-riojanischen Weinbaugebiet Rioja Alavesa haben **Santiago Calatrava** mit den Bodegas Ysios (Laguardia) und **Frank O. Gehry** mit den erst 2007 eingeweihten Bodegas Marqués de Riscal (Elciego) weithin sichtbare Zeichen der Moderne gesetzt.

Ein technisches Meisterwerk hat der aus dem nördlichen Baskenland gebürtige und in Bilbao aufgewachsene **Alberto de Palacio** (1856 bis 1939) in den Jahren 1890 bis 1893 geschaffen: die Puente Colgante (Schwebebrücke), jene markante Eisenkonstruktion, die den Fluss Nervion im Nordwesten von Bilbao überspannt. Sie wurde von der UNESCO 2006 zum Weltkulturerbe erklärt.

◄ Puente Colgante (3D-Darstellung S. 57)

# Literatur

**Mittelalter**

Im Mittelalter setzte das von einem Anonymus um 1140 verfasste Epos **Cantar de Mio Cid** Maßstäbe. Es schildert die Taten des aus der Provinz Burgos gebürtigen Ehrenmannes **El Cid** (►Berühmte Persönlichkeiten).

Die Dichtung des mutmaßlich aus dem riojanischen Ort Berceo stammenden **Gonzalo de Berceo** (um 1195 – 1264) stellt vornehmlich lehrhafte christliche Inhalte heraus. Mit unermüdlichem Fleiß verfasste der eigentlich zum Priester geweihte Gonzalo mindestens 13 000 Verse, wobei er bereits den Vorläufer des heutigen Hochspanisch (castellano) kultivierte. Dabei schuf er eine eigene literarische Sprache, in die er zahlreiche Ausdrücke mit lateinischer Wurzel umgeformt einarbeitete. Er brachte Lobpreisgesänge zu Ehren der Gottesmutter Maria zu Papier (»Loores de Nuestra Sennora«) und bedichtete ihre und anderer Heiliger Wunder und Wirken. Die in der Rioja bis heute verehrten Heiligen Oria (»Vida de Sancta Oria«) und Millán de la Cogolla (»Estoria del Sennor Sant Millan«) zählten ebenso dazu wie Domingo de Silos (»Vida del glorioso confesor Sancto Domingo de Silos«) und das Martyrium des heiligen Laurentius (»Martiryo de Sant Laurençio«).

Der Dichtkunst zugetan war auch der kastilisch-leonesische König **Alfons X. der Weise** (1221 – 1284), der seine berühmten Lobpreislieder »Cantigas de Santa María« der heiligen Gottesmutter widmete und auch Bezüge zum Jakobsweg thematisierte.

*Titel einer »Cid«-Ausgabe von 1552*

# PUENTE COLGANTE

**Die 1890–1893 nach Entwürfen des baskischen Ingenieurs Alberto de Palacio konstruierte Seilschwebebrücke über den Rio Nervión wurde im Jahre 2006 von der UNESCO als Weltkulturerbe ausgewiesen. Wer von einem Flussufer zum anderen kommen möchte, kann entweder per Schwebeplattform übersetzen, die mit Seilen an einer Laufkatze hängt, oder sich zu Fuß zunächst per Aufzug und dann über den vergitterten, aber dennoch aussichtsreichen Steg (pasarela) hoch über dem Wasser auf den Weg machen.**

Öffnungszeiten:
Steg (pasarela): 10.00 – 18.00, im Sommer sowie vor Feiertagen bis 21.00 Uhr
Fährbetrieb: rund um die Uhr

① **Ticketschalter**
Hier gibt es die Tickets für Fährpassagiere und Aufzugbenutzer

② **Stützmasten**
Die Brückenkonstruktion wird von vier ca. 60 m hohen Stützmasten gehalten.

③ **Aufzug**
Beiderseits des Flusses kommen Fußgänger per Aufzug zur Pasarele hinauf.

④ **Hochsteg (pasarele)**
Begehbare horizontale Gitterkonstruktion (45 m hoch, 160 lang) mit Führungsschienen

⑤ **Laufkatze**
Bewegliches Bauteil auf Rollen, an dem die Schwebeplattform mit Seilen aufgehängt.

⑥ **Verspannung**
Die gesamte Konstruktion wird von dicken Stahlseilen gehalten.

Detailansicht von der Pasarele mit Fußgängersteg und Laufkatze

An Seilen aufgehängte Schwebeplattform für den Passagier- und Fahrzeug-Fährbetrieb

**Neuzeit** In der Neuzeit fällt in Nordspanien zunächst der Blick auf **Gaspar Melchor de Jovellanos** (1744 – 1811), der in Gijón das Licht der Welt erblickt hat und der sich als kritischer Geist der Aufklärung in Szene setzte. Zeitgleich zur Erneuerung der Lyrik durch **Gustavo Adolfo Bécquer** (1836 – 1870), der auch nordspanische Legendenstoffe zu neuem Leben erweckte, stand die galicische Dichterin **Rosalía de Castro** (1837 – 1885, ►Berühmte Persönlichkeiten) an der Schwelle zum Modernismo. **Emilia Pardo Bazán** (185 – 1921), eine galicische Zeitgenossin aus La Coruña, übte wesentlichen Einfluss auf den Naturalismus aus. Ebenfalls Galicier war der Schriftsteller **Ramón del Valle-Inclán** (1866 – 1936), der in seiner Frühphase der modernistisch-symbolistischen Strömung zuzurechnen war, an die sich in späteren Lebensjahren eine expressionistische Phase anschloss. Wie kaum ein anderer verlieh Valle-Inclán einer zutiefst antibürgerlichen Haltung Ausdruck und wusste die Realität grotesk zu demaskieren.

Generation von 98 ► Der sogenannte Generation von 98 (Generación del 98) gehörte der in Bilbao (Bilbo) geborene **Miguel de Unamuno** (1864 – 1936) an. Die »Generation von 98« wurde 1898, dem Jahr des Verlustes der letzten großen spanischen Kolonien, von einer Gruppe von Schriftstellern gegründet. Als Wegbereiter der modernen Literatur reflektiert sie die veränderte historische Situation des Landes und strebten nach geistiger Erneuerung. Auch der aus San Sebastián stammende **Pío Baroja** (1872 – 1956) gehörte der »Generation von 98« an.

Beruflich ging es bei Baroja zu Beginn eigentlich in eine andere Richtung, studierte er doch Medizin in Madrid und Valencia. Nach seiner Mitarbeit bei mehreren Zeitungen und Zeitschriften in Madrid lernte er Oscar Wilde und José Azorín kennen und unternahm fortan ausgedehnte Reisen. 1912 erwarb er im navarresischen Vera de Bidasoa das Landhaus Itzea, wo er viele seiner Werke verfasste. Baroja war ein kritischer Geist und ein besessener Schreiber, der mehr als 70 Romane verfasste und immer wieder brennende soziale Probleme thematisierte. Ins Deutsche sind unter anderem »Der Baum der Erkenntnis« und »Shanti Andia, der Ruhelose« übersetzt worden.

**Moderne** Gesellschaftskritik mit realistischer Schilderung des Milieus zeichnet die Romane des Basken **Juan Antonio de Zunzunegui y Loredo** (1901 – 1982), ein ungeschönter, krasser Realismus die Werke des 1989 mit dem Literatur-Nobelpreis bedachten **Camilo José Cela** (1916 – 2002, ►Berühmte Persönlichkeiten) aus.

Einer der skurrilsten spanischen Gegenwartsautoren ist der 1932 im aragonesischen Quicena geborene **Javier Tomeo**, der zu Recht als Meister der Ironie und des Slapsticks gerühmt wird. Zu den auf Deutsch erschienenen Werken Tomeos zählen »Der Gesang der Schildkröten«, »Mütter und Söhne« und zuletzt – 2007 – »Hotel der verlorenen Schritte«. Dem 1951 geborenen Basken **Bernardo**

*An diesem Schreibtisch hat der aus Bilbao gebürtige Literat Miguel de Unamuno gearbeitet.*

**Atxaga** ist es gelungen, zum einen mit Kinderbüchern wie »Memoiren einer baskischen Kuh« und zum anderen mit kulturell-politisch geprägten Romanen auf sich aufmerksam zu machen. Mit seinem im Jahre 2006 publizierten Roman »Der Sohn des Akkordeonspielers« hat sich Atxaga einmal mehr mit der ETA-Problematik auseinandergesetzt.

Ein scharfer Beobachter sowohl der jüngeren spanischen Geschichte als auch seiner Heimatregion León ist **Julio Llamazares**, Jahrgang 1955. In seinem Roman »Wolfsmond« hat er die Schrecken des Franco-Regimes lebendig werden lassen, »Der gelbe Regen« ist ein bedrückender Roman um den letzten verbliebenen Bewohner in einem kleinen nordspanischen Dorf.

# Berühmte Persönlichkeiten

**Wer sind die schnellsten Fahrer im Land? Wer wandelte sich vom waffenerprobten Militär zum Ordensgründer? Und wie heißt die derzeit berühmteste Asturierin? Kurze Streiflichter stellen einige berühmte Menschen aus Nordspanien vor.**

## Fernando Alonso (geb. 1981)

**Rennfahrer**

Seine Welt sind die dröhnenden Motoren, die Boxengassen, die schnellsten Rundkurse in aller Welt. Fernando Alonso, aus der asturischen Hauptstadt Oviedo gebürtig, begann als Kind mit dem Kartsport. Als 6-Jähriger fuhr der junge Wilde seinen ersten Sieg ein, mit sieben war er asturischer Champ in seiner Altersklasse. Im Laufe der Jahre trug er sich national und international in die Siegerlisten ein und gewann 1996 die Kart-Weltmeisterschaft. Folgerichtig war sein Aufstieg in die **Formel 1**, wo er 2005 zum jüngsten Weltmeister aller Zeiten gekürt wurde. 2006 wiederholte er seinen Triumph nach einem denkwürdigen Saisonfinale, bei dem er keinem Geringeren als dem siebenfachen Weltmeister Michael Schumacher das Nachsehen ließ. Wenn er sich am Steuer dem Rausch der Geschwindigkeit hingibt, fühle er die »totale Freiheit, er selbst zu sein«, so Alonso.

## Cesare Borgia (1475 – 1507)

**Renaissance-Fürst**

Er entstammte dem berühmt-berüchtigten Geschlecht derer von Borgia, von denen es Rodrigo Borgia als Alexander VI. sogar bis auf den Papststuhl brachte. Rodrigos Sohn Cesare wurde bereits als 16-Jähriger zum Bischof von Pamplona und ein Jahr später zum Erzbischof von Valencia ernannt. Auch auf militärischem Gebiet war er ein **skrupelloser Machtmensch**, was ihm letztlich zum Verhängnis wurde. 1507, in Diensten des Königshauses von Navarra stehend, fand er den Tod im Kampf gegen kastilische Belagerer. Schauplatz war die Gegend um Viana, einer bekannten Station am Jakobsweg durch Navarra. Vor dem Südportal der Marienkirche von Viana zeigt eine Bodenplatte ungefähr jene Stelle an, an der die sterblichen Reste des Cesare Borgia ruhen.

## Rosalía de Castro (1837 – 1885)

**Dichterin**

Galiciens bekannteste Poetin war die Frucht eines priesterlichen Sexualfehltritts und wurde unter dem Deckmantel der Verschwiegenheit in der Kapelle des Hostal de los Reyes Católicos in Santiago de Compostela getauft. Mit 20 Jahren veröffentlichte sie ihren ersten **Lyrikband »La flor«**, heiratete kurz darauf den Journalisten und Romancier Manuel Murguía und brachte sieben Kinder zur Welt. Ihre zum Teil sehr tiefsinnigen, schwermütigen, kraftvollen Gedichte umkreisen häufig ihre galicische Heimat.

In ihren letzten Lebensjahren bewohnte sie das Landhaus »A Matanza« in Padrón, das als Museum eingerichtet worden ist. Begraben ist Rosalía de Castro im »Pantheon der berühmten Galicier« (Panteón de Galegos Ilustres) in Santiago de Compostela. Außerdem ist ihr im

← *Der aus Oviedo gebürtige Rennfahrer Fernando Alonso ist mit seinem »Silberpfeil« auf dem Weg zum Sieg.*

dortigen Stadtpark ein großes Denkmal gewidmet. Ihr bekanntester Gedichtband liegt auch auf Deutsch vor: **»An den Ufern des Sar«**.

## Camilo José Cela (1916 – 2002)

**Schriftsteller und Literatur-Nobelpreisträger**

Gebürtig aus dem galicischen Padrón (Iria Flavia), fühlte sich Cela nach einem abgebrochenen Medizinstudium schon früh zur Literatur hingezogen und bewegte sich in entsprechenden Zirkeln in Madrid. Nach dem Bürgerkrieg blieb er in Spanien, nahm in Madrid ein Jurastudium auf und veröffentlichte 1942 mit **»Pascual Duartes Familie«** einen seiner bekanntesten Romane, der durchsetzt ist von krassem Realismus. Ab 1943 widmete er sich vollständig seiner Arbeit als Schriftsteller und begann kurz darauf sein Monumentalwerk **»Der Bienenkorb«**, das 1951 in Argentinien erschien. 1957 wurde er in die Real Academia Española gewählt. 1987 erhielt er den Preis »Príncipe de Asturias«, 1989 den Nobelpreis für Literatur und 1995 den Cervantes-Preis. In der Begründung des Nobelpreis-Komitees hieß es: »Für seine reiche und eindringliche Prosakunst, die mit verhaltenem Mitgefühl eine herausfordernde Vision menschlichen Ausgesetztseins gestaltet.« Cela verfasste weiterhin Feuilletons und Reiseberichte. Er starb in Madrid, doch seine sterblichen Überreste wurden in seinen Geburtsort beigesetzt.

## Juan Sebastián Elcano (um 1486 – 1526)

**Weltumsegler**

Der bis heute **berühmteste baskische Seefahrer** stammte aus dem Küstenort Getaria, wo heute ein großes Monument an ihn erinnert. Elcano war Mitglied jener legendären Expedition zu den Gewürzinseln, die 1519 unter Fernando Magellan mit fünf Schiffen in Südspanien begann. Nach dem Tod Magellans 1521 auf einer Insel der Philippinen und einer Übergangszeit mit zwei glücklosen Kapitänen nahm Elcano im wahrsten Wortsinn das Ruder in die Hand und brachte 1522 die letzte verbliebene Karavelle, die »Victoria«, mit Gewürzen beladen in die Heimat zurück. Nur 18 der ursprünglich 237 Mann setzten wieder einen Fuß auf spanischen Boden. Damit ist Elcano als erster Weltumsegler in die Geschichte eingegangen. Wenige Jahre darauf verstarb er auf dem Pazifik, als er sich mit einer von García Jofre de Loaisa befehligten Expedition auf dem Weg zu den Molukken befand. Das heutige Schulschiff der spanischen Marine trägt seinen Namen.

## El Cid (um 1043 – 1099)

**Ritter und Nationalheld**

Geboren wurde er als Rodrigo Díaz de Vivar in Vivar bei Burgos (Kastilien-León), unsterblich gemacht hat ihn das Epos »Cantar de Mio Cid« (auch: »Cantar del Cid«). Jene Dichtung, Mitte des 12. Jh.s entstanden, stellt die **Tapferkeit und Ehre** des Helden heraus, vor allem im Kampf gegen die Mauren. Rodrigo stand zunächst in Diensten der kastilischen Könige Sancho II. und Alfons VI., ehe der Letztgenannte ihn 1081 verbannte. Darauf unterstellte er sich den maurischen Glaubensfeinden und ging siegreich aus den Gefechten gegen Christentruppen hervor – bis zum erneuten Lagerwechsel und der Aussöhnung mit Alfons VI. Die Muslime nannten ihn erfurchtsvoll »sayyid« (Herr). Aus diesem Namen wurde El Cid, den der Hollywood-Haudegen Charlton Heston 1961 auf der Leinwand verkörperte. An der Seite seiner Gattin Jimena liegt El Cid in der Kathedrale von Burgos begraben (►Baedeker-Special S. 174).

## Francisco Javier (1506 – 1552)

**Missionar**

Am 7. April 1506 kam Francisco Javier (dt. Franz Xaver) als fünftes Kind von María de Azpilcueta und Juan de Jaso auf der Burg der wohlsituierten Familie in Javier, Navarra, zur Welt. Hier verbrachte er seine Kindheit und Jugend, doch musste er in politisch unruhigen Zeiten – Kastilien verleibte sich 1512 das eigenständige Königreich Navarra ein – den gesellschaftlichen Abstieg der Familie miterleben. Er genoss eine humanistische Bildung, schlug eine militärische Laufbahn aus und begab sich 1525 zum Studium nach Paris. In theologischen Kreisen traf er dort im Laufe der Jahre tiefgläubige Gesinnungsgenossen wie Ignatius von Loyola (s. unten), Diego Laínez (1512 – 1565) und Peter Faber (1506 – 1546). Im Jahre 1534 legten sie ein gemeinsames Glaubensgelübde auf dem Montmartre ab. Daraus ging der Jesuitenorden hervor, in deren Diensten Francisco Javier als **Missionar im Fernen Osten** wirkte. 1542 begann er seine Mission im indischen Goa, verkündete die christliche Lehre in Malakka und auf den Molukken, gelangte nach Japan, kehrte nach Indien zurück und hatte als letztes großes Ziel China vor Augen. Auf dem Weg ins Reich der Mitte versagten ihm die Kräfte. Am 3. Dezember 1552 verstarb er auf der Insel Shangchuan. Der Leichnam wurde später nach Goa überführt und beigesetzt. In seiner Heimat Navarra ist er Schutzpatron. Sein Todestag ist regionaler Feiertag. Francisco Xavier wurde 1619 selig und **1622 heilig gesprochen**.

## Francisco Franco y Bahamonde (1892 – 1975)

Fast vierzig Jahre lang, von 1939 bis 1975, galt in Spanien nur der Wille eines Mannes, des »Caudillo« (»Führer«) Francisco Franco. Am 4. Dezember 1892 als Offizierssohn in El Ferrol geboren, verfolgte er zielstrebig eine militärische Karriere, bis er 1935 Chef des Generalstabs wurde. Die 1936 an die Macht gelangte Volksfrontregierung ahnte die Gefährlichkeit des Generals und schob ihn auf die Kanarischen Inseln ab.

Mit deutscher und italienischer Unterstützung bekämpfte er die Republik und eroberte große Gebiete in Spanien. Im September 1936 ernannte ihn eine Junta zum Generalíssimo und zum **»Haupt des Staates«**; er selbst reklamierte für sich den Titel »Caudillo«. 1937 übernahm er auch die Führung der faschistischen Falange. Nach dreijährigen Kämpfen war im März 1939 mit dem Fall Madrids der Bürgerkrieg beendet. Entgegen möglichen Hoffnungen seines Helfers Hitler, den er 1940 im französischen Grenzort Hendaye getroffen hat, gelang es Franco, Spanien aus dem Zweiten Weltkrieg herauszuhalten. Allerdings unterstützte er den deutschen Überfall auf die Sowjetunion durch die Entsendung der »Blauen Division« (ca. 18 000 Mann).

In Spanien errichtete Franco eine **diktatorische Herrschaft**, die durch die Armee, die Falange und die Guardia Civil jegliche oppositionelle Regung im Keim erstickte. Es gab weder Gewerkschaften noch politische Parteien, die Autonomiebestrebungen insbesondere in Katalonien und im Baskenland wurden unterdrückt, der Katholizismus zur Staatsreligion erklärt. 1947 wurde die Monarchie offiziell wieder errichtet, allerdings behielt sich Franco die Regentschaft auf Lebenszeit vor. 1969 designierte er Juan Carlos von Bourbon als »Prinz von Spanien« zu seinem Nachfolger, jedoch stellte Franco mit Carrero Blanco (1973 von der ETA ermordet) dem zukünftigen König einen franquistischen »Aufpasser« zur Seite. Als Franco am 20. November 1975 starb, begann unter Juan Carlos die Rückkehr Spaniens zur Demokratie.

## Ignacio de Loyola (1491 – 1556)

**Ordensgründer und Mystiker**

Seine Heimat war das ziemlich raue baskische Hinterland, wo er bei Azpeitia auf der elterlichen Turmburg als letztes von 13 Kindern das Licht der Welt erblickte. Die Familie gehörte zum Landadel. Ignatius von Loyola hatte von früh an ritterlich-militärische Ideale im Sinn und wollte entsprechend Karriere machen. Ein tragisches Ereignis 1521 stoppte jäh den Aufstieg. In Pamplona zog er sich bei der Verteidigung der Zitadelle gegen die Franzosen schwere Verletzungen zu. Monatelang ans Krankenbett gefesselt, wandte er sich religiösen Schriften und Heiligenlegenden zu, die ihm zur Seelen- und Entscheidungshilfe wurde. Er **entdeckte einen neuen Lebenssinn im Zeichen des Kreuzes** und wollte Priester werden. Ignatius entsagte für immer den Waffen und gab sich im katalanischen Manresa aufopferungsvollen Bußübungen hin. Bereits jenseits der Dreißig, begann er

*Ignatius von Loyola wird seit dem 17. Jahrhundert als Heiliger verehrt.*

seine Studien und nahm seelsorgerliche Tätigkeiten auf. Dabei stellten ihm immer wieder die Schergen der spanischen Inquisition nach, die überall eine Unterwanderung ihrer Macht vermuteten. In Paris, wohin die Studien Ignatius schließlich führten, war er vor solchen Nachstellungen sicher. Dort bildete sich ein Freundeskreis von gläubigen Gefährten heraus (darunter Francisco Javier, ►S. 63), die 1534 auf dem Montmartre gelobten, sich in Armut in die Dienste Gottes und der Nächsten zu stellen. Jahre später fassten sie ihre Ideale und Ziele zusammen und entschlossen sich zur **Gründung eines Ordens**, den Papst Paul III. 1540 offiziell anerkannte: die **Societas Jesu** (Gesellschaft Jesu), besser bekannt als Jesuiten. Ignatius von Loyola wurde 1541 dessen **Generaloberst**. Er starb 1556 in Rom und wurde 1622 heilig gesprochen.
Weltweit pflegen heute noch etwa zwanzigtausend Jesuiten in über hundert Ländern das Erbe des Ignatius von Loyola und seinen Leitsatz, Gott zu dienen und den Menschen zu helfen.

## Miguel Induráin (geb. 1964)

**Radrennfahrer**

Zu einer Zeit, als Dopingkontrollen im Radsport eher schlecht als recht griffen, fuhr er allen davon und wurde zum Volkshelden: Miguel Induráin, gebürtig aus Pamplonas Vorstadt Villava. Ob er sich seine Bärenkräfte wirklich einzig und allein in den Bergen seiner Heimat Navarra antrainierte oder per Labor etwas nachhalf, sei dahingestellt. Offiziell nachgewiesen wurde nichts. 1984 gewann er bei der »Tour del Porvenir« seine erste Etappe, 1991 begann sein **Siegeszug bei der Tour de France**. Fünfmal hintereinander gewann Induráin die weltweit bedeutendste Radrundfahrt und krönte sein letztes, zuvor weniger erfolgreiches Profi-Jahr 1996 in Atlanta mit dem Gewinn der olympischen Goldmedaille im Einzelzeitfahren. Danach klang seine Karriere rasch aus, weshalb er seither Zeit für zahlreiche Repräsentationsaufgaben und Mitgliedschaften (u. a. im Nationalen Olympischen Komitee) hat.
Nach dem Abtritt Induráins erhoffte sich Spaniens Radsportwelt mehrfach adäquate Nachfolger, die allesamt aus Nordspanien stammten. Doch an den großen Miguel kam niemand mehr so richtig heran: weder die Basken Abraham Olano (Weltmeister im Einzelzeitfahren 1998) und Igor Astarloa (Weltmeister im Straßenrennen 2003) noch der Kantabrier Óscar Freire (Weltmeister im Straßenrennen 1999, 2001 und 2004) noch der Galicier Óscar Pereiro Sio (nach dem positiven Dopingbefund von Floyd Landis de facto Gewinner der Tour de France 2006).

## Severo Ochoa (1905 – 1993)

**Biochemiker und Mediziner**

Severo Ochoa ist der berühmteste Sohn des asturischen Küstenstädtchens Luarca. Nach seinem Medizinstudium in Madrid ging er eine Zeit lang nach Heidelberg, kam wieder nach Spanien und verließ

sein Land im Jahr des einsetzenden Spanischen Bürgerkriegs. Letztendlich ließ er sich in den USA nieder und trieb seine biochemischen Forschungen voran. Für seine erfolgreiche Forschung zur Rolle der Nukleinsäuren bei der Proteinsynthese wurde er im Jahre 1959 gemeinsam mit dem Forscher Arthur Kornberg mit dem **Medizin-Nobelpreis** ausgezeichnet. Er wirkte auch an der Entschlüsselung des genetischen Codes mit.
Gegen Ende seines Lebens kehrte Severo Ochoa auf die Iberische Halbinsel zurück. Er verstarb hochbetagt in der spanischen Hauptstadt Madrid.

## Pelayo

**Heerführer**

Abb. S. 39 ▶

Der erste Nationalheld Spaniens und Begründer eines Königreiches auf dem Gebiet des heutigen Asturiens kam im späten 7. Jahrhundert vermutlich als Spross einer wohl im Norden der Iberischen Halbinsel sesshaften westgotischen Adelsfamilie zur Welt. Schon in jungen Jahren war er ein Getreuer von Roderich, dem letzten König der Westgoten.
Nach der Machtübernahme der Mauren führte Pelayo den Widerstand gegen diese an. Im Jahre 716 oder 717 wurde der Aufbegehrende auf Veranlassung des in Gijón residierenden maurischen Gouverneurs gefangen genommen und nach Córdoba verbracht. Doch er konnte bereits wenig später fliehen und wurde im Jahre 718 von seinen westgotischen Landsleuten zum Anführer ernannt. In der Zeit zwischen 721 und 725 – wahrscheinlich im Jahre 722 – besiegte er mit seinen Getreuen in der Schlacht von Covadonga in Asturien ein maurisches Heer. Dieser erste Sieg eines christlichen Heerführers nach der Eroberung der Iberischen Halbinsel durch die muslimischen Mauren sollte sich als Beginn der Reconquista erweisen. In der Folgezeit führte Pelayo einen Zermürbungskrieg gegen die muslimischen Machthaber und konnte seine Position im Norden und Nordwesten Spaniens weiter ausbauen. Aufgrund seines **Sieges bei Covadonga** wurde Pelayo zum ersten König von Asturien erhoben.
Pelayo verstarb im Jahre 737. Seine sterblichen Überreste werden in der Höhle von Covadonga aufbewahrt.

## Letizia Ortiz Rocasolano (geb. 1972)

**Prinzessin**

Einem Millionenpublikum war sie längst als **Fernsehmoderatorin** aus den Nachrichten bekannt. Am 1. November 2003, dem Tag nach ihrer letzten Sendung, platzte die Bombe: Die Asturierin Letizia Ortiz Rocasolano, aus bürgerlichem Hause stammend und in Oviedo geboren, und Spaniens Thronfolger Felipe, einer der begehrtesten Junggesellen des Landes, kündigten ihre Hochzeit (22. Mai 2004) an. Für ihn war es die erste, für sie die zweite Ehe.
In einem Kompaktkurs lernte Spaniens kommende Königin, was es bedeuten würde, Hoheit zu sein und den Hofprotokollen zu folgen –

*Prinz Felipe von Spanien und Prinzessin Letizia von Asturien mit ihren beiden Töchtern Leonor (geb. 2005) und Sofia (geb. 2007).*

alles andere als einfach für eine selbstbewusste Frau wie diese, die nun den offiziellen Titel **Prinzessin von Asturien** trägt.
In Spanien selbst pflegt man das Image der beim Volke außerordentlich beliebten Prinzessin Letizia mit allen gebotenen Mitteln. Nur in einigen Publikationen der ausländischen Klatschpresse werden Themen wie vermeintliche Depressionen und Magersucht genüsslich ausgebreitet. Das erste Kind von Letizia und Felipe, das Mädchen Leonor, wurde am 31. Oktober 2005 geboren. Und am 29. April 2007 hat die Prinzessin von Asturien ihre zweite Tochter, Sofia, zur Welt gebracht.

## Santiago Ramón y Cajal (1852 – 1934)

**Mediziner**

Ramón y Cajal stammte zwar aus Petilla de Aragón (Navarra), fühlte sich aber stets stärker mit Aragonien verbunden. In Ayerbe, wo ihm heute ein Museum gewidmet ist, verbrachte er seine Zeit zwischen dem 8. und 17. Lebensjahr. 1870 nahm er sein Medizinstudium in Zaragoza auf und avancierte zu einer Kapazität auf dem Gebiet der **Neuronenforschung**. 1906 wurde ihm, zusammen mit einem anderen großen Histologen, dem Italiener Camillo Golgi, der Medizin-Nobelpreis verliehen. Ramón y Cajal starb in Madrid.

# Praktische Informationen

WANN STEIGEN DIE SCHÖNSTEN FIESTAS? WAS GIBT ES FEINES ZU ESSEN UND ZU TRINKEN? AN WEN KÖNNEN SICH JAKOBSPILGER WENDEN? LESEN SIE ES NACH – AM BESTEN SCHON VOR DER REISE!

# Anreise · Reiseplanung

## Anreise

**Mit dem Auto** Je nach Ausgangspunkt bieten sich mehrere Varianten an. Aus dem Norden und Westen Deutschlands geht es über die klassische Autobahnroute durch Belgien und weiter über Paris – Orléans – Tours – Poitiers – Bordeaux nach San Sebastián (Donostia), während man aus Süddeutschland, Österreich und der Schweiz eher durch das Rhône-Tal und dann via Montpellier – Toulouse – Bayonne anreist. Bei der Planung sollte man berücksichtigen, dass die Autobahnen in Frankreich und Spanien gebührenpflichtig sind. Als Alternative zu den mautpflichtigen Autobahnen in Frankreich bieten sich gut ausgebaute National- und Landstraßen an, die viele interessante Städte und Sehenswürdigkeiten erschließen.

> ! *Baedeker* TIPP
>
> **Strecken und Preise**
>
> Wer wissen will, wie weit und wie teuer es auf französischen Autobahnstrecken ist, kann dies auf folgender Internetseite abfragen: www.autoroutes.fr

Große Entfernungen ► Die Entfernungen nach Nordspanien sollten nicht unterschätzt werden. So sind es von Köln oder Stuttgart 1330 km bis San Sebastián (Donostia). Für viele Reisende macht dies eine Zwischenübernachtung in Frankreich unumgänglich, die man vor allem während der Hauptferienzeiten vorbuchen sollte.

Anbindung Jakobsweg ► In den Pyrenäen bieten sich zwei Möglichkeiten, an den spanischen Jakobsweg zu gelangen. Der »französische Weg« führt südöstlich von Biarritz über Saint-Jean-Pied-de-Port und weiter über den Ibañeta-Pass nach Roncesvalles. Der »aragonesische Weg« führt südwestlich von Pau via Oloron – Sainte-Marie entweder über den Somport-Pass oder durch den Somport-Tunnel nach Jaca.

**Mit dem Bus** Autobusse der Deutschen Touring Gesellschaft fahren von mehreren deutschen Städten regelmäßig nach Nordspanien. Zielorte sind u. a. San Sebastián, Bilbao, Burgos, Zaragoza und Santiago de Compostela. Eine Busfahrt von Hamburg nach Bilbao dauert gut 25 Stunden.
Von der Schweiz aus fahren Busse des Unternehmens Alsa + Eggmann u. a. nach Ponferrada, Pontevedra, Oviedo, La Coruña und Santiago de Compostela.

**Mit der Bahn** Die klassische Bahnreise mit dem Hochgeschwindigkeitszug führt von Deutschland aus via Paris nach Hendaye/Irún an der spanisch-französischen Grenze, wobei man in Paris umsteigen muss, was überdies mit einem Transfer vom Gare du Nord bzw. Gare de l'Est zum Gare Montparnasse verbunden ist.
Ab der schweizerischen Stadt Genf gibt es ebenfalls eine Verbindung über Lyon und Toulouse nach Hendaye/Irún.

Wegen der unterschiedlichen Spurweiten der Schienenwege in Spanien und Frankreich muss man in der Grenzstation Hendaye/Irún umsteigen. Innerhalb Spaniens gibt es Streckennetze der Eisenbahngesell-schaften **Renfe** (Red Nacional de Ferrocarriles Españoles) und **Feve** (Ferrocarriles de Vía Estrecha; Schmalspurbahn).
**Autoreisezüge** fahren von Deutschland aus nur in die nahe an der Mittelmeerküste gelegene südfranzösische Stadt Narbonne. Von dort sind es dann noch 470 Autobahnkilometer westwärts an die Grenze bei Irún. Etwas kürzer ist die Anbindung an den Jakobsweg bei Jaca.

**Mit dem Flugzeug**

Es gibt zahlreiche Verbindungen ab Deutschland, Österreich und der Schweiz nach Nordspanien. Am häufigsten angeflogen werden die beiden internationalen Flughäfen Bilbao und Santiago de Compostela, doch neuerdings werden auch kleinere Airports wie Santander und Zaragoza bedient. Neben etablierten Fluggesellschaften wie Lufthansa und Iberia bieten auch etliche Billigfluglinien Passagen nach Nordspanien an. Mit etwas Glück kann man schon für 19,99 € beispielsweise von Köln/Bonn oder Stuttgart nach Bilbao fliegen.

## WICHTIGE ADRESSEN

### FLUGGESELLSCHAFTEN

► **Air Berlin**
Tel. (0 18 05) 73 78 00 (D)
Tel. (08 20) 73 78 00 (A)
Tel. (08 48) 73 78 00 (CH)
www.airberlin.com
Ab einigen Flughäfen in Deutschland, Österreich und der Schweiz nach Bilbao und Santiago de Compostela

► **Easy Jet**
Tel. (09 00) 110 01 59 (D)
Tel. 807 45 00 45 (E)
www.easyjet.com
Internationale Flüge ab Basel-Mulhouse, Berlin-Schönefeld und Genf nach Madrid; ab Madrid nationale Verbindungen nach Asturias und La Coruña

► **Iberia**
Tel. (0 18 05) 44 29 00 (D)
Tel. (01) 79 56 77 22 (A)
Tel. (08 48) 00 00 15 (CH)
Tel. 902 40 05 00 (E)
www.iberia.com
Einige Direktverbindungen nach Bilbao oder Santiago de Compostela. Umsteigeverbindungen via Madrid oder Barcelona

► **Deutsche Lufthansa**
Tel. (0 18 05) 83 84 26 (D)
Tel. (08 10) 10 25 80 80 (A)
Tel. (09 00) 90 09 22 (CH)
Tel. 902 22 01 21 (E)
www.lufthansa.com
Diverse Verbindungen, u. a. Frankfurt – Bilbao

► **Ryan Air**
Tel. (09 00) 116 05 00 (D)
Tel. (09 00) 21 02 40 (A)
Tel. (09 00) 80 80 08 (CH)
Tel. 807 22 00 32 (E)
www.ryanair.com
Verbindungen u. a. ab Frankfurt-Hahn nach Santander und Santiago de Compostela

► **TUIfly**
Tel. (09 00) 109 95 95 (D)
Tel. (09 00) 34 05 07 (A)

Tel. 902 02 00 69 (E)
www.tuifly.com
Saisonal ab Köln-Bonn und Stuttgart nach Bilbao

## FLUGHÄFEN

▶ **Asturias**
Aeropuerto de Asturias
(14 km westl. Avilés, 40 km westl. Gijón, 47 km nordwestl. Oviedo)
Tel. 985 12 75 00
Verkehrsanbindung: Busse u. a. nach Gijón und Oviedo

▶ **Bilbao (Bilbo)**
Aeropuerto de Bilbao
(ca. 10 km nördlich)
Tel. 944 71 03 01
Verkehrsanbindung: Bus ins Zentrum

▶ **La Coruña (A Coruña)**
Aeropuerto de A Coruña
(8 km südlich bei Culleredo)
Tel. 981 18 73 15
Verkehrsanbindung: Bus ins Stadtzentrum

▶ **León**
Aeropuerto de León
(6 km nordwestlich bei Virgen del Camino)
Tel. 987 87 77 00
Verkehrsanbindung: Taxi ins Stadtzentrum

▶ **Logroño**
Aeropuerto de Logroño-Agoncillo
(ca. 10 km östlich bei Agoncillo)
Tel. 941 27 74 55
Verkehrsanbindung: Taxi ins Stadtzentrum

▶ **Pamplona/Iruñea**
Aeropuerto de Pamplona/Iruñea
(6 km südwestlich bei Noáin)
Tel. 948 16 87 00
Verkehrsanbindung: Taxi; die nächste Bushaltestelle liegt etwa 800 m entfernt am Gewerbegebiet Talluntxe (Fußweg z. T. an stark befahrener Straße entlang).

▶ **San Sebastián (Donostia)**
Aeropuerto de San Sebastián
(22 km östlich bei Hondarribia)
Tel. 943 66 85 00
Verkehrsanbindung: Busse nach Hondarribia und San Sebastián, Linien Interbus/Iparbus

▶ **Santander**
Aeropuerto de Santander
(5 km südlich bei Camargo)
Tel. 942 20 21 00
Verkehrsanbindung: Bus

▶ **Santiago de Compostela**
Aeropuerto de Santiago de Compostela
(12 km östlich bei Lavacolla)
Tel. 981 54 75 01
Verkehrsanbindung: Bus

▶ **Vigo**
Aeropuerto de Vigo
(9 km südöstlich)
Tel. 986 26 82 00
Verkehrsanbindung: Bus

▶ **Vitoria (Gasteiz)**
Aeropuerto de Vitoria-Gasteiz
(8 km nordwestlich bei Antezana)
Tel. 945 16 35 91
Verkehrsanbindung: Bus

▶ **Zaragoza**
Aeropuerto de Zaragoza
(ca. 10 km westlich)
Tel. 976 71 23 00
Verkehrsanbindung: Bus

## BUS

▶ **Deutsche Touring Gesellschaft**
Am Römerhof 17
60486 Frankfurt am Main
Tel. (069) 790 35 01
www.deutsche-touring.de

▶ **Alsa + Eggmann**
www.alsa-eggmann.ch
(Online-Buchungsservice)

**BAHN**

▶ **Deutsche Bahn AG**
Reiseservice: Tel. 118 61
Automatische Fahrplanauskunft:
Tel. (08 00) 150 70 90
www.bahn.de

▶ **DB Autozug**
Tel. (0 18 05) 24 12 24
www.dbautozug.de

## Ein- und Ausreisebestimmungen

**Personalpapiere**

Besucher aus Deutschland, Österreich und der Schweiz brauchen für die Einreise einen gültigen Personalausweis oder Reisepass. Kinder und Jugendliche unter 16 Jahren benötigen einen Kinderausweis oder müssen im Reisepass der Eltern eingetragen sein.

**Fahrzeugpapiere**

Nationaler Führerschein und Zulassungsbescheinigung (Teil 1) bzw. Kraftfahrzeugschein werden bei EU-Bürgern anerkannt und sind mitzuführen. Die Internationale Grüne Versicherungskarte ist bei Unfällen bzw. Schadensfällen hilfreich. Falls Nummernschilder kein Euro-Kennzeichen tragen, muss das ovale Nationalitätskennzeichen angebracht sein. Nach spanischen Bestimmungen gehören zwei Warndreiecke und eine reflektierende Warnweste ins Fahrzeug.

**Haustiere**

Im **EU-Heimtierausweis** müssen eingetragen sein: Kennzeichnung des Tieres (durch Mikrochip oder Tätowierung), gültige **Tollwutimpfung** (Erstimpfung mindestens 3 Wochen, aber nicht länger als 12 Monate vor Grenzübertritt). Für gefährliche Hunde besteht **Maulkorbpflicht** und **Leinenzwang**.

**Zollbestimmungen**

Innerhalb der Europäischen Union dürfen alle Waren für den persönlichen Gebrauch frei ein- und ausgeführt werden. Als obere Richtmengen für Reisende über 17 Jahren gelten u. a. 800 Zigaretten, 10 l Spirituosen und 90 l Wein. Bei Stichproben durch die Finanzbehörden ist glaubhaft zu machen, dass die Waren wirklich privaten Zwecken dienen.

◀ Wiedereinreise in die Schweiz

Für die Schweiz gelten folgende Freimengengrenzen: 250 g Kaffee, 100 g Tee, 200 Zigaretten oder 50 Zigarren oder 250 g Rauchtabak, 2 l alkoholische Getränke bis 15 Vol.-% und 1 l alkoholische Getränke über 15 Vol.-Prozent. Souvenirs dürfen bis zu einem Wert von 300 CHF zollfrei eingeführt werden.

## Krankenversicherung

**Europäische Krankenversicherungskarte**

Für gesetzlich Versicherte gilt in Spanien die Europäische Krankenversicherungskarte, die es dort schon länger gibt. Zahnärztliche Leistungen sind im spanischen Gesundheitssystem nicht eingeschlossen.

Eine freie Arztwahl ist unbekannt. Stattdessen sind die **Gesundheitszentren** (centros de salud, ambulatorios) der Landesgesundheitsanstalt Insalud (Instituto Nacional de la Salud) erste Anlaufstellen für Behandlungen. Dort kümmert sich ein Allgemeinmediziner um die erste Diagnose und entscheidet dann über eine Überweisung zum Spezialisten oder eine Einweisung ins Krankenhaus. Deutsch- oder Englischkenntnisse darf man von den Medizinern nicht erwarten. Oft kommt es zu langen Wartezeiten.
**In dringenden Fällen** lässt man sich zur Notfallstation (emergencias) eines Krankenhauses (hospital) bringen. Erbrachte Leistungen müssen bezahlt werden, können jedoch in mancherlei Fällen von der heimischen Krankenkasse teilweise erstattet werden.

**Private Reisekranken- und Unfallversicherung**

Wer sicher gehen will, schließt für die Dauer des Urlaubs eine private Reisekranken- und Unfallversicherung ab und sollte genauestens das »Kleingedruckte« zur Kostenübernahme bzw. Kostenbeteiligung (ärztliche Behandlung, Medikamente, evtl. Rücktransport) studieren. Vom behandelnden Arzt lässt man sich die Rechnung geben und die verschriebenen Medikamente aufschlüsseln.

# Ausgehen

**Nur wenig Rambazamba**

Nordspanien ist nicht gerade als Urlaubsziel für Disco-Gänger, Liebhaber knisternder Nightclub-Atmosphäre und sonstige Vergnügungssüchtige bekannt. Trotzdem ist in größeren Städten im jeweiligen **historischen Viertel** (casco viejo, casco antiguo) etwas geboten. Dies gilt insbesondere für Donostia/San Sebastián, Santiago de Compostela, Bilbo/Bilbao, Burgos, Pamplona/Iruñea und León. Dort gibt es nicht nur **Bars** für jeden Geschmack, sondern auch nette **Tapas-Kneipen**.
Dem Ausgehverhalten der Einheimischen entspricht, dass man sich nicht etwa nur in einer einzigen Kneipe festsetzt, sondern vielmehr die Lokale an einem Abend bzw. in einer Nacht häufiger wechselt. **Hauptausgehtage sind Freitag und Samstag**. Das richtige Leben beginnt jedoch erst nach 22.00 Uhr. **Diskotheken** findet man zumeist außerhalb der Stadtzentren.

# Auskunft

Die spanischen Touristenbüros heißen in der Regel »Oficina de Turismo«. Adressen in einzelnen Orten sind unter ► Reiseziele von A bis Z im jeweiligen Kapitel zu finden. Umfangreiches Info-Material halten die Spanischen Fremdenverkehrsämter in Deutschland, Österreich und der Schweiz bereit. Auch im Internet sind einige gute Informationsquellen zu finden.

# WICHTIGE ADRESSEN AUSKUNFT

## INTERNET

- **www.spain.info**
  Homepage des Spanischen Fremdenverkehrsamtes

- **www.paisvascoturismo.net**
  Website der baskischen Tourismusbehörde

- **http://turismo.navarra.com**
  Website der Tourismusbehörde von Navarra

- **www.turismodearagon.com**
  Website der Tourismusbehörde von Aragonien

- **www.lariojaturismo.com**
  Website der Tourismusbehörde der Rioja

- **www.turismodecantabria.com**
  Website der Tourismusbehörde von Kantabrien

- **www.infoasturias.com**
  Website der Tourismusbehörde von Asturien

- **www.turgalicia.es**
  Website der Tourismusbehörde von Galicien

- **www.turismocastillayleon.com**
  Website der Tourismusbehörde von Kastilien-León

## IN DEUTSCHLAND

- **Spanisches Fremdenverkehrsamt**
  Kurfürstendamm 63
  10707 Berlin
  Tel. (030) 882 65 41
  E-Mail: berlin@tourspain.es

  Grafenberger Allee 100
  40237 Düsseldorf
  Tel. (02 11) 698 45 05
  E-Mail: duesseldorf@tourspain.es

  Myliusstr. 14
  60323 Frankfurt am Main
  Tel. (069) 72 51 45
  E-Mail: frankfurt@tourspain.es

  Postfach 151940
  80051 München
  Tel. (089) 53 07 46 14
  E-Mail: munich@tourspain.es

- **Prospektversand**
  Tel. (0 61 23) 991 34
  Fax (0 61 23) 991 51 34

## IN ÖSTERREICH

- **Spanisches Fremdenverkehrsamt**
  Walfischgasse 8
  A-1010 Wien
  Tel. (01) 512 95 80
  E-Mail: viena@tourspain.es

## IN DER SCHWEIZ

- **Spanisches Fremdenverkehrsamt**
  Seefeldstr. 19
  CH-8008 Zürich
  Tel. (044) 253 60 50
  E-Mail: zurich@tourspain.es

## BOTSCHAFTEN IN SPANIEN

- **Deutsche Botschaft**
  Calle Fortuny 8
  E-28010 Madrid
  Tel. 915 57 90 00
  www.madrid.diplo.de
  www.auswaertiges-amt.de

- **Österreichische Botschaft**
  Paseo de la Castellana 91
  E-28046 Madrid
  Tel. 915 56 53 15
  www.aussenministerium.at/madrid

▸ **Schweizer Botschaft**
Calle Núñez de Balboa 35
7°, Edificio Goya
E-28001 Madrid
Tel. 914 36 39 60
www.eda.admin.ch/content/spain_all/es/home.html

## SPANISCHE BOTSCHAFTEN

▸ **In Deutschland**
Botschaft des Königreichs Spanien
Lichtensteinallee 1
10787 Berlin
Tel. (030) 254 00 70
www.spanischebotschaft.de
www.mae.es/Embajadas/Berlin/es/home

▸ **In Österreich**
Botschaft des Königreichs Spanien
Argentinier Str. 34a
A-1040 Wien
Tel. (01) 505 57 88
www.mae.es/Embajadas/Viena/es/home

▸ **In der Schweiz**
Botschaft des Königreichs Spanien
Kalcheggweg 24
Postfach 99
CH-3000 Bern 15
Tel. (031) 350 52 52
www.mae.es/Embajadas/Berna/es/home

## KONSULATE IN NORDSPANIEN

▸ **Deutsche Honorarkonsulate**
Calle San Vicente 8, planta 13
Edificio Alba
E-48001 Bilbao
Tel. 944 23 85 85
E-Mail: boogen@boogen.com

Calle Fuenterrabía 15, 3° izquierda
E-20005 San Sebastián
Tel. 943 42 10 10
E-Mail: hksssn@pabloschroeder.com

Avenida de Bilbao 39
E-39600 Muriedas, Cantabria
Tel. 942 25 05 43

Calle 5 de Marzo 7, 1° izquierda
E-50004 Zaragoza
Tel. 976 30 26 66
E-Mail: consulado@grupoilssa.com

▸ **Österreichisches Honorarkonsulat**
Calle Club 8, bajo
E-48930 Las Arenas (Bilbao)
Tel. 944 64 07 63
E-Mail: cons.austria.bilbao@corzac.com

# Badestrände

**Am rauen Atlantik** Obgleich es an Spaniens nördlicher Atlantikküste zahlreiche Strände gibt und Santander sowie San Sebastián (Donostia) gerne als altherrschaftliche Seebäder gepriesen werden, entsprechen die hiesigen Verhältnisse im Gegensatz zum Mittelmeer und zu den Kanaren nicht den Vorstellungen von einem klassischen Badeurlaubsziel. Am Atlantik geht es in jederlei Hinsicht rauer zu, ob geografisch oder klimatisch. Im Hochsommer bewegen sich die Wassertemperaturen allenfalls um die 20-°C-Marke und das Wetter ist eher unbeständig. Bewachte Strände während der Saison darf man nicht überall erwarten. Wenn, dann sollte man die kleine Flaggenkunde beachten (s. Info-Kasten). Apropos Gefahr: Mit hohem Wellengang und Strömungen hat der Atlantik seine Tücken, die Unterschiede zwischen Ebbe und Flut betragen zuweilen bis zu 6 Meter. Kinder sollte man niemals unbeaufsichtigt baden lassen.

### i Strandwarndienst

- Grüne Flagge am Strand: Baden uneingeschränkt erlaubt
- Gelbe Flagge am Strand: Baden gefährlich
- Rote Flagge am Strand: Baden verboten

Blaue Flagge

Die Wasserqualität ist an vielen Stellen gut, weshalb zahlreiche Strände und Marinas alljährlich neu mit der begehrten Blauen Flagge ausgezeichnet werden. Die so ausgezeichneten Strände sind im Internet unter folgender Adresse aufgelistet: www.blueflag.org

Zergliederte Küste

Die Küste zeigt sich zumeist ziemlich zergliedert. Häufig drängen Bergvorsprünge bis ans Meer heran. Es gibt viele kleinere Strände, die mitunter eine längere Anfahrt erfordern. Dafür wird man mit purer Romantik belohnt.
Dass die nördlichen Regionen Spaniens nicht gerade Magneten für Massentourismus sind, zeigt sich u. a. daran, dass hier Bettenburgen im Mittelmeerstil weithin fehlen. Ausnahmen sind jedoch das kantabrische Ferienstädtchen Laredo sowie die zubetonierten Strandabschnitte in größeren Städten.

Baskische Küste

Die **Costa Vasca** (baskische Küste) steht für ein kontrastreiches Miteinander aus Buchten, Klippen und Flussmündungstrichtern. Im Hinterland werfen sich fast durchgehend Bergflanken auf. Der längste Sandstrand des Baskenlands liegt in **Zarautz** und ist auch unter Surfern beliebt. Die Muschelbucht von **San Sebastián (Donostia)** bietet mit La Concha und Ondarreta zwei der schönsten Stadtstrände Nordspaniens. Kleinere beliebte Strände finden sich unter anderem im grenznahen Urlaubsort **Hondarribia**, in **Orio**, **Zumaia**, **Lekeitio** und **Bakio**. Etwas abgelegener sind zwei besonders schöne Strände zu finden: die **Playa de Laida** im östlichen Teil der **Ría de Mundaka** sowie die **Playa de Laga** nahe dem **Cabo Ogoño**.
Wegen bedenklicher Wasserqualität sollte man sich von den Stränden im Großraum Bilbao mit dem am Ausgang der Ría de Bilbao gelegenen Handelshafen eher fernhalten.

◂ Strände mit blauer Flagge

Ea (Gemeinde Ea), Itzurun und Marina Urola (Gemeinde Zumaia), Karraspio (Gemeinde Mendexa), Malkorbe (Gemeinde Getaria).

Kantabrische Küste

Im landschaftlich abwechslungsreichen Kantabrien gibt es knapp fünf Dutzend schöne Strände. Der mit etwa 5 km längste heißt **Playa de la Salve** und liegt bei **Laredo**, ehe westwärts Richtung Santander

*Herrlich baden kann man an den Stränden von Santander.*

kleinere und manchmal recht versteckt gelegene Strände anzutreffen sind. Dazu zählen **Berria**, **Noja**, **Ris**, **Arena** und **Galizano**. Aushängeschild von **Santander** ist der herrliche Stadtstrand namens Sardinero, weiter westlich liegen schöne Standabschnitte beim Naturschutz-gebiet **Dunas de Liencres**, **Comillas** und **San Vicente de la Barquera**. Von den Stränden in San Vicente de la Barquera blickt man bereits zu den gewaltigen Ausläufern der Kantabrischen Kordillere hinauf.

Strände mit blauer Flagge ▶ La Arena (Gemeinde Arnuero), Ris (Gemeinde Noja), El Sable de Merón (Gemeinde San Vicente de la Barquera), San Juan de la Canal (Gemeinde Santa Cruz de Bezana), Sardinero (Santander).

Asturische Küste

**Costa Verde**, »grüne Küste«, wird die ausgedehnte Küstenlandschaft zwischen Kantabrien und Galicien gerne genannt. Hauptmerkmal der asturischen Küste ist einmal mehr das Miteinander aus Atlantik und sattgrünen Bergen, aus Klippen und kleineren Stränden. In Orten wie **Ribadesella** liegen die Strände direkt vor der Haustür, andere halten sich eher versteckt und verlangen nach einer längeren Anfahrt (z. B. Isla, Lastres, Rodiles). Wegen der Nähe zu Hafen- und Industrieanlagen ist von den Stadtstränden in Gijón abzuraten. Auch von der Ría de Avilés sollte man sich wegen Umweltbedenken fernhalten.

Zwischen **Cudillero** und der **Ría de Ribadeo** gibt es wieder zahlreiche kleinere und manchmal recht versteckt gelegene Strände, die nicht allzu überlaufen sind.

◀ Strände mit blauer Flagge

Aguilar (Gemeinde Muros de Nalón), Anguileiro (Gemeinde Tapia de Casariego), Barro, Toró, Toranda und Palombina (Gemeinde Llanes), Franca (Gemeinde Rivadeva), Los Quebrantos (Gemeinde Soto del Barco), Otur (Gemeinde Valdés), Peñarronda (Gemeinde Castropol), Rodiles (Gemeinde Villaviciosa), San Pedro de Bocamar (Gemeinde Cudillero).

Galicische Küste

Der äußerster Nordwesten der Iberischen Halbinsel zeichnet sich durch traumhafte, zum Teil menschenleere Strände aus. Sandstrände wechseln sich mit schroffen Abschnitten und besonders tief ins Land eindringenden Meeresarmen ab. Ausgesprochen schön und wildromantisch sind die **Ría de Viveiro**, die **Ría de Ortigueira** und die **Ría de Cedeira** im Norden. **A Coruña/La Coruña** wartet mit den sehr ansehnlichen Stadtstränden Orzán und Riazor auf. In Ferrol kann man wegen militärischer Anlagen nicht baden. Liebhaber einsamer Strände kommen an der **Ría de Corme e Laxe** und der **Ría de Camariñas** auf ihre Kosten. In der Hochsaison stark frequentiert sind die Strände und Buchten zwischen Kap Finisterre und der portugiesischen Grenze, angeführt von den Feriengebieten um **O Grove**, **Cambados**, **Sanxenxo** und **Baiona**.

◀ Strände mit blauer Flagge

Insgesamt sind in Galicien weit über hundert Badestrände mit der begehrten Blauen Flagge ausgezeichnet. Nachstehend ist eine Auswahl zusammengestellt: A Ameixida (Gemeinde Riveira), A Concha und Morouzos (Gemeinde Ortigueira), A Concha-Compostela (Gemeinde Vilagarcia de Arousa), A Lanzada und Area da Cruz (Gemeinde O Grove), A Marosa (Gemeinde Burela), Aguieira, As Furnas, Cabeiro und A Ornanda (Gemeinde Porto do Son), A Punta und Argazada (Gemeinde Vigo), A Rapadoira, As Polas und Areoura (Gemeinde Foz), A Retorta und Barraña (Gemeinde Boiro), Remoir, As Pasadas, Benquerencia-Valea und Arealonga (Gemeinde Barreiros), Aguete (Gemeinde Marin), Area Brava und Areamilla (Gemeinde Cangas de Morrazo), Areas Gordas, Montalvo, Foxos, Canelas, Caneliñas, Bascua und Baltar (Gemeinde Sanxenxo), Cabeceira (Gemeinde Poio), Esteiro (Gemeinde Xove), Laxe (Gemeinde Laxe), Magdalena (Gemeinde Cedeira), O Muiño (Gemeinde A Guarda), Orzán und Riazor (Stadtstrände La Coruña), Quexe (Gemeinde Corcubión), Rodas (Inseln Cíes).

! *Baedeker* TIPP

### Der »Kathedralenstrand«

Einer der schönsten Strände des Landes ist die zwischen Ribadeo und Foz gelegene Praia das Catedrais, der »Kathedralenstrand«, so genannt, weil bei Ebbe gewaltige Steinformationen begehbar sind (s. S. 293). Allerdings ist hier wegen starken Wellengangs und gefährlichen Strömungen höchste Vorsicht geboten.

# Mit Behinderung in Nordspanien unterwegs

Kopfsteinpflaster, steile Treppen, enge Eingänge, schmale Gassen – in Nordspanien stehen Rollstuhlfahrer häufig vor Hindernissen. Doch hat sich in den letzten Jahren viel getan, was die Alltagserleichterungen der behinderten Mitbürger und Besucher betrifft: mit Rampen in Hotels, Zugängen und Aufzügen in Museen, absenkbaren Einstiegen bei Stadtbussen. Behindertengerechte Toiletten hingegen sind eher selten. In Hotel- und Campingbroschüren tauchen zunehmend Verweise auf einen behindertengerechten Zugang (span. acceso minusválidos) auf, verbunden mit einem Rollstuhlsymbol.

## HILFE FÜR BEHINDERTE

### REISEHILFEN IN DEUTSCHLAND

▸ **Bundesverband Selbsthilfe für Körperbehinderte BSK-Reisedienst**
Altkrautheimer Straße 20
D-74238 Krautheim
Tel. (0 62 94) 42 81 50
Fax (0 62 94) 42 81 59
www.bsk-ev.org
Dieser Verband vermittelt nicht nur Helfer, sondern organisiert auch Gruppenreisen.

▸ **Bundesarbeitsgemeinschaft der Clubs Behinderter und ihrer Freunde e. V.**
Langenmarckweg 21
D-51465 Bergisch Gladbach
Tel. (0 22 02) 989 98-11
Fax (0 22 02) 989 99-10
www.bagcbf.de

### REISEHILFEN IN DER SCHWEIZ

▸ **Mobility International Schweiz (MIS)**
Froburgstr. 4
CH-4600 Olten
Tel. (062) 206 88 35
www.mis-ch.ch

### REISEHILFEN IN ÖSTERREICH

▸ **Österreichische Arbeitsgemeinschaft der Rehabilitation**
A-1010 Wien, Stubenring 2/1/4
Tel. (01) 513 15 33-0
Fax (01) 513 15 33-150
www.oear.or.at

### REISEHILFEN IN SPANIEN

▸ **ECOM (Federation of Spanish private organizations for the disabled)**
Gran Vía de las Corts Catalanas principal, 2a
E-08011 Barcelona
Tel. 934 51 69 04
Hier erhält man Informationen zum Urlaub und zu Einrichtungen in ganz Spanien.

# Elektrizität

Das spanische Stromnetz führt 220 Volt Wechselstrom. In den allermeisten Fällen sind Europanorm-Stecker verwendbar; nur in ganz seltenen Fällen wird noch ein Adapter benötigt.

# Essen und Trinken

**Essenszeiten**

In Spanien gilt es, seine innere Uhr umzustellen. Frühstück gibt es erst ab ca. 7.30 bzw. 8.00 Uhr, Mittagessen frühestens um 13.30 Uhr, und zum warmen Abendessen geht man ab 21.00 Uhr. In einigen touristischen Einrichtungen können diese Zeiten etwas vorverlegt sein, doch selbst dann ist es nach gewohntem Rhythmus eher spät.

**Frühstückskultur**

Spanier geben sich beim Frühstück (desayuno) mit einem Croissant (cruasán), einem süßen Brötchen (bollo suizo) oder einem Biskuit (magdalena) zufrieden. Dazu gehört ein Milchkaffee (café con leche), ein kleiner Milchkaffee (cortado) oder ein Espresso (café solo). Schwarzer Tee (te negro), grüner Tee (te verde) oder Kamillentee (manzanilla) werden nur selten konsumiert. Es ist verwirrend, wenn es vielfach heißt, Spanier würden in der Bar frühstücken. Das mag für Geschäftsleute und Junggesellen zutreffen, nicht aber für den Durchschnittsspanier mit Familie – was nichts daran ändert, dass das Frühstück recht spärlich ausfällt. Zum Glück haben sich größere Hotels mit Frühstücksbüffets oder zumindest mit einem etwas variationsreicher belegten Teller auf die Bedürfnisse ihrer ausländischen Gäste eingestellt.

**Häppchenzeit und Mittagessen**

Kurz vor dem Mittagessen schlägt die erste große Tagesstunde der **»Tapas«** genannten Häppchen (►Baedeker-Special S. 82). Was folgt, ist das Mittagessen (almuerzo, comida), bei dem werktags viele Spanier gerne auswärts essen gehen und dann das preisgünstige Tagesmenü (menú del día) bestellen. Inklusive Vorspeise, Hauptgericht, Dessert, Tafelwein, Wasser und Brot bezahlt man in einfachen Restaurants Preise ab etwa 8 € pro Person. In besseren Lokalen kann ein Tagesmenü 15 € kosten, wobei man dann auch einen besseren Wein erwarten darf. Ansonsten bieten sich belegte Brötchen (bocadillos), Tellergerichte (plato combinado) oder eine Auswahl à la carte an. Unter den Eierspeisen ist

> **i Mehrwertsteuer**
>
> - In Restaurants werden Preise häufig ohne Mehrwertsteuer (Impuesto sobre el Valor Añadido, kurz IVA) angegeben. Ganz klein ist dann zu lesen, ob dieser Aufschlag in Höhe von 7 % inklusive ist (IVA incluido) oder nicht (IVA no incluido).

*In manchen Altstadtlokalen werden wahrlich opulente Tapas-Büffets aufgebaut.*

# APPETITHÄPPCHEN

**Die landesweit als Tapas (span. »tapa« = dt. »Deckel«) bekannten Appetithäppchen heißen im Baskenland Pinchos (baskische Schreibweise: pintxos) und lassen Kennern das Wasser im Munde zusammenlaufen.**

Die Bandbreite der Tapas reicht von einem Tellerchen mit frittiertem Allerlei (fritos) wie Tintenfischringen oder Kartoffelbreibällchen über eine Portion »Russischen Salat« (ensaladilla rusa; aus Kartoffeln, Mayonnaise, Eiern, Erbsen und Möhrchen) bis hin zum winzigen Spieß mit mariniertem Fleisch nach maurischer Art (pincho moruno).

## Meist im alten Zentrum

Die meisten Bars und Tapas-Kneipen gibt es in den historischen Stadtquartieren und werden entsprechend gestürmt. In den alten Zentren von Städten wie San Sebastián (Donostia), Pamplona (Iruñea) usw. werden von Zeit zu Zeit »Tapas-Wochen« oder sogar regelrechte Tapas-Wettbewerbe veranstaltet, bei denen die besten Häppchen prämiert werden.

## Fantasie ist gefragt

Tapas fordern den Einfallsreichtum der Kneipenbesitzer heraus, denn jedermann weiß: Eine Bar ist nur so gut wie ihre Tapas. Wird sie von vielen Spaniern frequentiert und bürgt demzufolge für einen verlässlichen Standard, sind die Spuren auf dem Boden unübersehbar: ein Gemisch aus Papierservietten, Zahnstochern, Kippen, Spießchenresten usw. Dank des wohlweislich ausgestreuten Sägemehls lässt sich alles besser auskehren ...

## Zutaten und Tapas-Zeiten

Die Tapas-Angebote richten sich stets nach dem, was der ernte-, schlacht- und fangfrische Markt hergibt. Eine Speisekarte mit aufgeführten Häppchen wird man in den wenigsten Fällen finden, dafür häufig eine überreiche Auswahl auf dem Tresen. Die behördlichen Verordnungen besagen zwar, dass man Speisen zumindest unter Glas präsentieren muss, doch in der Praxis sieht das niemand so eng. Tapas – und dazu natürlich ein Glas Wein oder ein Bier – nimmt man im Regelfall im Stehen an der Theke ein. Es gibt **zwei klassische Tapas-Zeiten**: einmal etwa ab 12.30 bzw. 13.00 Uhr vor dem Mittagessen und ab etwa 20.00 Uhr, also in der Zeit nach Geschäftsschluss und vor dem Abendessen. Manchmal lässt sich ein Abendessen durch einen Tapas-Streifzug von

Kneipe zu Kneipe ersetzen, denn es macht einfach Spaß, all die Speziali-äten zu kosten.
Besonders nett ist ein Tapas-Bummel in der Stadt León. In etlichen Lokalen bekommt man die kleinen Köstlichkeiten kostenlos und unaufgefordert zum Getränk gereicht. Doch darf man in solchen Fällen keine großen Qualitätsansprüche stellen, auch wenn die Tapas recht schmackhaft sind. Kutteln (tripas, callos) können ebenso dabei sein wie gekochte Schweinsfüßchen (manitas de cerdo).

## Bezahlmodus und Preise

Tapas und Getränke bezahlt man im Regelfall nicht sofort, sondern erst zum Schluss bzw. vor dem Gehen. Ist man in einer kleinen Gruppe unterwegs, sollte man vom Kneipier keine Einzelabrechung verlangen, sondern es den Spaniern gleichtun. Jeder gibt vorher immer seinen Anteil in eine Gemeinschaftskasse, aus der dann bezahlt wird. Apropos Geld: Je nach Region ist das Preisniveau für die Häppchen ganz unterschiedlich. In der riojanischen Hauptstadt Logroño sind die Tapas durchweg günstig (in der Calle del Laurel, der wichtigsten Kneipengasse, kosten sie mitunter weniger als 1 €), in der baskischen Metropole San Sebastián (Donostia) sind sie am teuersten (bis zu 2,50 €). Für die persönliche Kalkulation setzt man am besten einen Durchschnittspreis von 1,50 € pro Tapa an.

## Tapas-Rezept

Für die Beliebtheit der kleinen kulinarischen Köstlichkeiten spricht auch die wachsende Zahl von entsprechenden Rezeptbüchern. Zu empfehlen sind:
»Die 101 besten Rezepte aus Spaniens Tapas-Bars« (Christian-Verlag), »Tapas – Das Kochbuch« (Tre Torri) und »Tapas« (Dr. Oetker).
Eine Fülle an kostenlosen Infos und Rezepten findet sich im Internet unter: www.tapas.de

das Kartoffelomelette (tortilla de patata) ein beliebter Sattmacher. Rührei (revuelto) wird mit verschiedenartigen Zutaten wie Garnelen (gambas), Spinat (espinaca) und Knoblauch (ajo) angeboten.

**Regionale Spezialitäten**

Was an Spezialitäten – auch beim Abendessen (cena) – auf den Tisch kommt, geben die geografischen Gegebenheiten (Meer, Fluss, Gebirge) vor. Basken schwören auf ihren **Fischeintopf** mit frischem Thunfisch (marmitako). Beliebt sind hier auch **Kabeljau in Olivenöl und Knoblauch** (bacalao al pil-pil), Kiemenbacken vom Kabeljau (kokotxas de bacalao) und **gekochter Tintenfisch** in der eigenen Tinte (txipirones en su tinta).

In Navarra isst man gerne **Spargel** (espárragos), **Salatherzen** (cogollos), **gefüllte Paprikas** (pimientos rellenos) und **Forelle** mit einer Scheibe luftgetrocknetem Schinken (trucha a la navarra).

In der Rioja, im ferneren Küstenhinterland und in Kastilien-León geben **Lammrippchen** (chuletillas de cordero), **gegrilltes Ferkel** (cochinillo asado) und diverse **Eintöpfe mit Linsen** (lentejas) **und roten Bohnen** (alubias rojas) den Ton an.

Unangefochtene Spezialität in Asturien ist der **Bohneneintopf mit Speck, Blut- und Paprikawurst** (fabada).

In Galicien kommen **frische Meeresfrüchte** jeder Art auf den Tisch: ob Jakobsmuscheln (vieiras), Venusmuscheln (almejas), Miesmuscheln (mejillones) oder große Garnelen (langostinos).

*Wer Austern mag, ist an Spaniens Nordküste richtig.*

Regional übergreifend erfreuen sich die **Krevetten** aus der Grillpfanne (gambas a la plancha), das große **Rinderkotelett** (chuletón), die knoblauchreiche **Paprikawurst** (chorizo), der luftgetrocknete **Schinken** (jamón serrano, jamón ibérico) und der **Gemüsetopf** (menestra) großer Beliebtheit. Generell werden die Speisen, auch der **gemischte Salat** (ensalada mixta), recht salzarm zubereitet.

*Fehlt auf (fast) keiner nordspanischen Kaffeetafel: Churros con chocolate*

In Nordspanien liebt man es süß. Das gilt nicht nur für klassische Desserts wie eine **Eistorte** (tarta helada) und eine **Crème caramel mit Sahne** (flan con nata), sondern auch zwischendurch.
Am Nachmittag gönnt man sich im Café gerne eine Portion **Churros con chocolate**, jene fettenKalorienbomben (s. Bild), die man in heiße Schokolade tunkt.
Wesentlich gesünder ist jedoch ein Schüsselchen **Schafsmilchjoghurt** (cuajada), eine Spezialität aus dem Baskenland, die man gerne mit Honig bzw. Zucker süßt oder mit allerlei Früchten vermischt.

Getränke

Im Weinland Spanien fließt auch das **Bier** nicht zu knapp. Wer ein frisch gezapftes Fassbier möchte, bestellt eine caña; der Mix aus Bier und Limonade ist als cerveza con limón bekannt.
Weiter verbreitet als kohlensäurehaltiges **Mineralwasser** (agua mineral con gas) ist stilles Mineralwasser (agua mineral sin gas).
Ein Klassischer Absacker ist ein **Tresterbranntwein** (orujo), der zumeist aus Galicien oder Kastilien-León stammt. Dagegen werden **Sherry** und **Brandy** aus Andalusien nach Nordspanien gebracht.
Eine regionale Besonderheit vor allem in Asturien ist der moussierend leichte **Apfelwein** (sidra), geschmacklich durchaus mit einem guten schwäbischen Apfel-Bratbirnen-Most vergleichbar, aber meist weniger Alkohol als sein deutsches Pendant enthält.

### i Restaurantpreise

- Die in diesem Reiseführer im Kapitel »Reiseziele von A bis Z« aufgeführten Restaurants sind in folgende Preiskategorien eingeteilt und gelten für ein Hauptgericht ohne Getränke:
  Fein & teuer: ab 20 €
  Erschwinglich: ab 12 – 20 €
  Preiswert: unter 12 €

*Besonders gute Bedingungen für den Weinbau herrschen in der Region La Rioja.*

# SPITZENGEWÄCHSE

**Im Norden Spaniens gibt es gleich mehrere bekannte Weinbaugebiete – zuvorderst die weltberühmte Region La Rioja. Dort sorgen die kalk- und eisenhaltigen Lehmböden im weitläufigen Becken des Río Ebro dafür, dass aus den vorherrschenden roten Rebsorten Tempranillo, Graciano und Mazuelo Weine produziert werden, die zur Weltspitze gehören.**

Der Rebenanbau und die Herstellung der Weine werden vom Consejo Regulador streng überwacht, die Herkunftbezeichnung der jeweiligen Anbauregion (Denominación de Origen, kurz D. O.) ist geschützt.

## Sprache des Weinetiketts und Reifezeiten

Bei höherwertigen Weinen weist das hintere Flaschenetikett die Denominación de Origen aus. Ansonsten zeigt das Etikett auch, ob es sich um einen einfachen jungen Tischwein (vino de mesa) handelt oder um höherklassige, gealterte Tropfen, die eine gewisse Zeit im Eichenfass und in der Flasche gereift sein müssen.

Die Vorgaben sehen vor, dass ein roter **Crianza** zwei Jahre (davon mindestens eines im Eichenfass), ein **Reserva** drei Jahre (davon ebenfalls mindestens eines im Eichenfass) und ein **Gran Reserva** fünf Jahre (davon mindestens zwei im Eichenfass) reifen müssen. Für einen bedenkenlosen Genuss sind die edlen Tropfen im Übrigen nicht unbegrenzt haltbar. Einen »Crianza« zum Beispiel sollte man spätestens fünf Jahre nach dem ausgewiesenen Lesejahr trinken.

## Weinbauregionen

In der Rioja stechen die Gebiete um **Logroño** und **Haro** als Zentren hervor, wobei zusätzlich die offizielle Anbauregion **Rioja Alavesa** über den Ebro hinweg ins Baskenland hineinreicht. Ostwärts geht die Rioja ins D. O.-Gebiet **Navarra** über, von wo exzellente Rosé-Weine kommen. In Kastilien-León hat sich der D. O.-Bereich **Ribera del Duero** einen Spitzenplatz unter den anerkannt besten Rotwei-

*Die Weinkellereien der Region La Rioja bieten eine fast unübersehbare Palette edler und nicht selten preisgekrönter Tropfen an.*

nen Spaniens erobert. Maßgeblich ist der Lauf des Río Duero und ein Bereich, der sich von Osten her aus der Provinz Soria über den Südteil der Provinz Burgos (Aranda de Duero) bis in die Provinz Valladolid hinein erstreckt. Die kastilisch-leonesische Provinz León besitzt mit dem **Bierzo** um Villafranca del Bierzo einen kleinen, aber feinen D. O.-Bereich. Granitböden und reiche Niederschläge herrschen in Galicien vor, einer Weißweinregion, in der die Albariño-Traube den besten Ruf genießt. Im Hinblick auf die Albariño ist **Rias Baixas** der wichtigste galicische D. O.-Bereich, der auf die Gegend der unteren Meeresarme zwischen Cambados und dem portugiesischen Grenzfluss Miño weist. Ebenfalls zu beachten sind **Ribeiro** (um Riba-davia), **Monterrei** (Gebiet Verin) so-wie **Ribeira Sacra** und **Valdeorras** (beide Provinz Ourense).

## Informationen zum Wein

Verlässliche Weinführer sind der »Guía Peñín« (Heel-Verlag) und »Spaniens Weine« (Hallwag im Gräfe und Unzer-Verlag). Detaillierte Infos lassen sich im Internet auf den Websites der einzelnen D. O.-Bereiche finden, zum Beispiel La Rioja (www.riojawine.com; auch auf Deutsch wählbar), Ribera del Duero (www.riberadelduero.es; Spanisch, Englisch) und Valdeorras (www.doval deorras.com; nur auf Spanisch).

# Feiertage · Feste · Events

Zu Hintergründen und Eigenarten einiger Feste ► Baedeker-Special S. 90

## VERANSTALTUNGSKALENDER

### GESETZLICHE FEIERTAGE

- **1. Januar**
  Año Nuevo (Neujahr)
- **6. Januar**
  Día de los Reyes Magos (Dreikönigstag)
- **19. März**
  Día de San José (Josefstag)
- **Karfreitag**
  Viernes Santo
- **1. Mai**
  Día del Trabajo (Tag der Arbeit)
- **15. August**
  Día de la Asunción (Mariä Himmelfahrt)
- **12. Oktober**
  Día del Descubrimiento (Tag der Entdeckung Amerikas)
- **1. November**
  Todos los Santos (Allerheiligen)
- **6. Dezember**
  Día de la Constitución Española (Verfassungstag, spanischer Nationalfeiertag)
- **8. Dezember**
  Immaculada Concepción (Mariä Empfängnis)
- **25. Dezember**
  Navidad (Weihnachten)

### REGIONALE FEIERTAGE

- **Gründonnerstag**
  Jueves Santo
- **Ostermontag**
  Lunes de Pascua
- **Fronleichnam**
  Corpus Cristi
- **24. Juni**
  Día de San Juan (Johannistag)
- **29. Juni**
  San Pedro y San Pablo (Peter und Paul)
- **25. Juli**
  Día de Santiago (Jakobstag)

### JANUAR

- **Santillana del Mar, Pamplona (Iruñea)**
  Umzüge mit den Hl. Drei Königen am Abend des 5. Januar
- **San Sebastián (Donostia)**
  Patronatsfeierlichkeiten um den 20. Januar, mit Trommelmarathon (Tamborrada)

### FEBRUAR/MÄRZ

- **Bilbao (Bilbo), Vitoria (Gasteiz)**
  Ausgelassene Karnevalsfeste (bes. am Fastnachtssonntag) mit buntem Treiben in den Städten, aber auch in kleineren Ortschaften wie Markina und Zalduondo

*Spitzhauben-Umzüge während der Semana Santa in Gijón*

## KARWOCHE (SEMANA SANTA)

Prozessionen u. a. in Balmaseda, Burgos, Corella, Durango, Fisterra, Gijon, Hondarribia, León, Lerma, Ponferrada, Segura und Zaragoza; am Gründonnerstag (Jueves Santo) und Karfreitag (Viernes Santo) Umzüge der Geißler in San Vicente de la Sonsierra

## MAI

- **Santo Domingo de la Calzada**
  Patronatsfest mit Musik- und Trachtenumzügen

## JUNI

- **Burgos**
  Fiesta San Pedro y San Pablo (Stadtfest)

- **Cedeira**
  A Rapa das Bestas O Curro da Capelada (Auftrieb halbwilder Pferde)

- **Vitoria (Gasteiz)**
  Festival Internacional de Juegos (Int. Spielefest für Kinder)

- **Haro**
  Batalla del Vino (29. Juni; »Schlacht des Weins«)

- **Logroño**
  Fiestas de San Bernabé

- **Puente de Órbigo**
  Ritterturnier

- **Sahagún**
  Fiestas de San Juan de Sahagún

## JULI

- **Covarrubias**
  Fiesta de la Cereza (Kirschenfest)

- **Vitoria (Gasteiz)**
  Internationales Jazzfestival

- **Pamplona (Iruñea)**
  Fiestas de San Fermín (1. Julihälfte). Dank Hemingway die berühmtesten aller »encierros« (Stierläufe). Eine Woche lang werden jeden Morgen Stiere durch die Stadt in die Arena getrieben, abends finden Stierkämpfe, Fiesta, Folklore und Feuerwerk statt.

*Zu Ehren des heiligen Fermín werden alljährlich im Juli in Pamplona die weltberühmten Stierläufe veranstaltet.*

# FESTE UND TRADITIONEN

**Ein schlauer Kopf hat einmal ausgerechnet, dass in Spanien im jährlichen Schnitt mindestens alle zwanzig Minuten ein Fest eröffnet wird. Und so misst man die Zahl der Festivitäten nicht in Dutzenden oder Hunderten, sondern in Tausenden.**

Traditionspflege spielt in jederlei Hinsicht eine große Rolle in Spaniens Norden.

## Heiligenfeste – Festheilige

Auch wenn es nicht mehr erzkatholisch zugehen mag wie noch vor wenigen Jahrzehnten – viele Feierlichkeiten in Nordspanien hängen mit der Heiligenverehrung zusammen und haben von ihrer Anziehungskraft nichts verloren. Wichtig im Jahreskalender sind die verschiedensten Wallfahrten (romerías) und Patronatsfeste (fiestas patronales), mit denen man den Heiligen eine besondere Ehrerbietung erweist. Das können zum einen Heilige sein, die eher regional bekannt sind, wie **San Lesmes** in Burgos (Festtag 30. Januar), **Santo Domingo de la Calzada** im gleichnamigen riojanischen Städtchen (Festtag 12. Mai) und **San Froilán** in Lugo und León (Festtag 5. Oktober). Zum anderen sind Heilige wie die Apostel **Andreas** und **Jakobus** dabei, die man in Form von Wallfahrten (Andreas-Wallfahrt am 30. November ins galicische San Andrés de Teixido) und ausschweifenden Feierlichkeiten (Jakobus-Fest um den 25. Juli in Santiago de Compostela) hochleben lässt. Auch die Marienverehrung spielt eine unverändert bedeutsame Rolle.

## Tagelange Feierlichkeiten

Besonders ausgiebig werden Patronatsfeste gefeiert. Sie sind zumeist keine Angelegenheit von einem Tag, sondern wollen tagelang begangen und begossen werden. In Pamplona (Iruñea) zum Beispiel ist das Patronatsfest zu Ehren des **heiligen Fermín** zwischen dem 6. und 14. Juli mit gigantischen Freiluft-Trinkgelagen verbunden, bei der die Ordnungshüter schon mal ein Auge zudrücken. Dieses Fest dauert über 200 Stunden! Außerdem sind bei den Fiestas de San Fermín jeden Morgen **Stierrennen** (encierros) durch die Altstadt Pamplonas terminiert, die es aber auch in anderen Orten gibt und bei denen tolldreiste, meist junge Männer vor den heranstürmenden Stieren wegzurennen versuchen. So mancher Teilnehmer wurde schon vom Stier auf die Hörner genommen!

Ins Rahmenprogramm vieler Fiestas gehören außerdem die **Stierkämpfe** (corridas de toros), **Umzüge mit Großkopfpuppen** (gigantes, cabezudos), Feuerwerk, Konzerte, Sportveranstaltungen und Jahrmärkte. Das ausschweifende Leben findet überall auf den Straßen und Plätzen, in den Gassen und Kneipen statt.

## Prozessionen

Ernsthaft und getragen geht es bei den Prozessionen zu. Das gilt nicht nur für die **Patronatsfeste**, sondern vor allem auch für die **Karwoche (Semana Santa)**, die in manchen nordspanischen Städten wie Logroño und León ähnlich intensiv wie in Andalusien begangen wird. Dann sind die Mitglieder der Laienbruderschaften (cofradías, hermandades) in Büßergewändern unterwegs und tragen Aufbauten mit zum Teil tonnenschweren Heiligenbildern (pasos). Die vermummten Gesichter der Büßer, ihre spitzen Kapuzen und ihr langsam wiegender Schritt, die traditionsreichen Trachten und die rundherum flackernden Kerzen – all das wirkt auf viele Zuschauer höchst ergreifend. Manche Prozessionen ziehen sich über mehrere Stunden dahin. Aber auch etliche kleinere Orte wie Durango im Baskenland und Corella in Navarra pflegen große Traditionen.

## Ausgefallenes im Baskenland

Das Baskenland ist eine Region mit besonderer Traditionspflege. Neben Fußball wird mit Hingabe **Pelota** gespielt, ein Schlagballspiel mit einem Gummiball, für das es eigene Hallen und Freiluftfelder gibt. Schmerzvoll, aber wahr: Die Basken spielen Pelota am liebsten mit der bloßen Hand!
Auch der so genannte Landsport (**deporte rural**) ist im Baskenland populär und wartet mit den merkwürdigsten archaischen Disziplinen auf, deren Ursprünge in alltäglichen

*Auch Holzhacken in luftiger Höhe gehört zu jedem zünftigen baskischen Sportfest.*

Arbeiten auf dem Lande zu suchen sind und die allesamt immense Kraft erfordern. Da gibt es dann das Steinestemmen »Harrijasotzea« (mit über 300 kg schweren Steinen) und das Wettsägen »Arpanariak«, den Milchkannenlauf »Untziketariak« (mit zwei je 41 kg schweren Kannen; Bestleistung: 1073 m!) und das Baumstammzerlegen »Aikolariak«. Und an der Küste finden im Sommer Ruderrennen statt in Booten mit 12 Ruderern über 3 Seemeilen.

## Feste der Galicier

Eigenwillige Traditionen pflegen auch die Galicier, die musikalisch mit den Dudelsäcken (gaitas) das keltische Erbe aufrecht erhalten. Wild und ungestüm geht es im Spätfrühjahr und Sommer zu, wenn in einigen Gegenden die **rapa das bestas** ansteht. Dann werden halbwilde Pferde von den Bergeshöhen heruntergetrieben, damit man ihnen die Mähnen stutzen und den Fohlen die Brandzeichen einbrennen kann.

Galicien ist ferner bekannt für seine Muñeira-Tänze und die Vielzahl gastronomischer Feste. Allein der Gedanke an das **Austernfest** Anfang April in Soutomaior, das **Tintenfischfest** Anfang/Mitte Mai in Redondela, das **Lachsfest** Mitte/Ende Mai in A Estrada und die **Kastanienfeste** im November in Taboada und Folgoso do Caurel lassen einem das Wasser im Mund zusammenlaufen.

## Kuriose Feste in der Rioja

Auf der Suche nach den kuriosesten Festen in Nordspanien führt kein Weg an der Rioja vorbei. Während der am 29. Juni bei Haro terminierten **Schlacht des Weins** (Batalla del Vino) fließt der Wein gleich hektoliterweise durch die Kehlen der Festgäste. Und in der Karwoche kommt es in San Vicente de la Sonsierra zu einem besonderen Schauspiel. Am Gründonnerstag und Karfreitag finden hier zwei **schaurige Prozessionen** statt mit sog. Geißlern, die vermummt durch die Straßen ziehen und sich die Rücken peitschen, bis sie blutunterlaufen aufquellen und aufgestochen werden müssen. Das freilich ist nichts für zarte Gemüter!

- **Puente la Reina**
  Stadtfest

- **Santander**
  Stadtfest

- **Santiago de Compostela**
  Fiestas del Apóstol (2. Julihälfte). Stadtfest zu Ehren des Apostels Jakobus mit allerlei Folklore, Konzerten, Theater, Messen und vielem mehr

## AUGUST

- **La Coruña (A Coruña)**
  Semana Grande (Große Festwoche)

- **A Lanzada**
  Wallfahrt

- **Bilbao (Bilbo)**
  Aste Nagusia – Semana Grande (2. Augusthälfte). Eine Woche lang gibt es ausgelassene Fiesta, Feuerwerk, Konzerte und andere Veranstaltungen.

- **Catoira**
  Wikingerfest

- **San Sebastián (Donostia)**
  Semana Grande (Mitte August). Eine Woche lang Fiesta total mit täglichem Feuerwerk

- **Vitoria (Gasteiz)**
  Virgen Blanca (Großes Patronatsfest zu Ehren der »Weißen Jungfrau«)

- **Gijon**
  Semana Grande (Große Festwoche)

- **Jaca**
  Pyrenäen-Folklorefestival (alle 2 Jahre; 2009, 2011, 2013 usw.)

## SEPTEMBER

- **San Sebastián (Donostia)**
  Festival Internacional de Cine (Internationale Filmfestspiele)

- **Hondarribia**
  Festumzug in historischen Trachten (8. September)

- **Lerma**
  Stadtfest

- **Logroño**
  Fiestas de San Mateo (Weinlesefest)

- **Muxía**
  Marienwallfahrt

- **O Cebreiro**
  Marienwallfahrt (8. September)

- **San Vicente de la Barquera**
  Stadtfest

- **Villaviciosa**
  Stadtfest

## OKTOBER

- **Lugo**
  Fiestas de San Froilán (Stadtfest)

- **Zaragoza**
  Virgen del Pilar (Patronatsfest)

## NOVEMBER

- **Gijón**
  Festival Internacional de Cine (Int. Filmfestspiele)

- **San Andrés de Teixido**
  Wallfahrt (30. November)

## DEZEMBER

- **San Sebastián (Donostia)**
  **Pamplona (Iruñea)**
  Umzüge an Heiligabend

# Geld

Offizielles Zahlungsmittel in Spanien ist der **Euro** (1 Euro = 1,64 sfr). **Geldautomaten** funktionieren in der Regel problemlos und und sind mit mehrsprachigen Bedienungshinweisen versehen.

In den meisten Hotels, Restaurants, Geschäften, Supermärkten, Tankstellen sowie bei Autovermietern werden gängige Kreditkarten akzeptiert. Bei der Bezahlung mit Karte wird gelegentlich die Vorlage des Personalausweises bzw. Reisepasses verlangt.

### i Sperrnummern

- Unter Tel. 00 49 116 116 können Bank- und Kreditkarten, Handys und Krankenversicherungskarten gesperrt werden.
- Der Bankkarten-Notfallservice in Deutschland ist zu erreichen unter: Tel. 00 49 18 05 021 021 oder Tel. 00 49 69 74 09 87

# Gesundheit

**Apotheken** Apotheken (farmacias) sind durch ein grünes Kreuz auf weißem Grund gekennzeichnet. Geöffnet sind sie in der Regel Mo. – Fr. 9.30 – 13.30 und 16.30 – 19.30 bzw. 20.00 sowie Sa. 9.00 – 12.30 Uhr. Aushänge verweisen auf die jeweilige Apotheke mit Notdienst (farmacia de guardia). Diese Information ist auch in der Lokalpresse zu finden.

**Medizinische Versorgung** Ärztliche Hilfe und medizinische Versorgung sind grundsätzlich über Krankenhäuser und Gesundheitszentren gewährleistet. Die Notfallstationen (urgencias) der Krankenhäuser sind allerdings oft überlastet. Adressen von deutschsprachigen Privatärzten bekommt man in der Regel von den diplomatischen Vertretungen.

**Notdienste** ►Notruf

**Versicherung** ►Anreise · Reiseplanung

# Mit Kindern unterwegs

**Kinderfreundliches Spanien** Für den Nachwuchs ist Spanien ein echtes Paradies. Man geht nicht so früh ins Bett, darf morgens länger schlafen, findet unterwegs viele Strände und Burgen. In den Unterkünften darf man sich gemeinhin herzlich willkommen fühlen, auf der Straße und auf den zahlreichen Spielplätzen regt sich über fröhliches Gekreische niemand auf – selbst zu später Stunde nicht. Bootstouren, Aquarien, Höhlen, Bergbahnen, interaktive Museen, Planetarien, versteinerte Dinosaurierspuren und verschiedene Tierparks bringen Abwechslung ins Urlaubsleben. Der nachfolgende Überblick verweist auf einige Highlights.

## TIPPS FÜR KINDER

### TIERE

**► La Coruña (A Coruña)**
Aquarium Finisterrae
Paseo Marítimo s/n
Öffnungszeiten: Mo. – Fr. 10.00 – 19.00, Sa., So. 10.00. – 20.00 Uhr
Aquarium nahe dem berühmten Herkules-Turm

**► San Sebastián (Donostia)**
Aquarium
Plaza Carlos Blasco de Imaz 1
www.aquariumss.com
Mo. – Fr. 10.00 – 19.00, Sa., So. 10.00 – 20.00, Juli/Aug. tgl. bis 21.00 Uhr
Unter Haien, Rochen und Schildkröten; Höhepunkt ist der Glastunnel durch das 2,5 Mio. Liter fassende Hauptbassin.

**► Parque de la Naturaleza de Cabárceno**
Ca. 20 km südlich von Santander (Anfahrt via Obregón oder Cabárceno)
www.parquedecabarceno.com
Öffnungszeiten: tgl. 9.30 – 18.00, im Sommer bis 19.00 Uhr
Freigehege in einem einstigen Bergbaugebiet, Tiere von fünf Kontinenten

### DINOS

**► Dinosaurierspuren**
Die zerklüfteten Berglandschaften der Rioja sind Fundgebiete zahlreicher versteinerter Fährten von Dinosauriern. Die besten Stätten sind beschildert und liegen bei Munilla, Cornago und Enciso.

**► Dino-Museen**
Museo Paleontológico
Igea
Öffnungszeiten: Mo. – Sa. 11.00 – 13.00 u. 17.00 – 19.00, So. 11.00 – 13.00 Uhr

Centro Paleontológico
Enciso
www.dinosaurios-larioja.org
Öffnungszeiten: Mo. – Sa. 11.00 – 14.00 u. 15.00 – 18.00, So. 11.00 – 14.00 Uhr

Museo Jurásico
bei Colunga (Asturien)
www.museojurasico.com
Öffnungszeiten: Mo. 10.30 – 14.30, Mi. – So. 10.30 – 14.30 u. 16.00 – 19.00, in den Oster- und Sommerferien bis 20.00 Uhr

### HÖHLEN

**► Cueva El Soplao**
Etwa 20 km südlich von San Vicente de la Barquera
www.elsoplao.es
Führungen: Mo. – Sa. 9.00 – 21.00, So. 10.00 – 14.00 u. 16.00 – 20.00 Uhr
Tropfsteinhöhle im Küstenhinterland von Kantabrien

**► Cueva de Valporquero**
Bei Valporquero de Torio
Öffnungszeiten: Juni – Sept. tgl. 10.00 – 14.00 u. 15.30 – 19.00, übrige Zeit nur Fr., Sa., So. 10.00 – 17.00 Uhr
Im Norden der Provinz León gelegene recht imposante Tropfsteinhöhle

*Seilbahn in Fuente Dé*



► **Cuevas de Zugarramurdi**
Zugarramurdi (ca. 500 m außerhalb des Ortskerns)
Öffnungszeiten: tgl. 9.00 Uhr bis Sonnenuntergang
In den Pyrenäen Navarras gelegene Höhlen, Grotten und Felsüberhänge, wo sich der Sage nach einst Hexen versammelt haben

## BERGBAHNEN

► **Bilbao (Bilbo)**
Funicular de Artxanda
Betriebszeiten: Mo. – Fr 7.15 – 22.00, Sa., So. 8.15 – 22.00, im Sommer bis 23.00 Uhr
Mit der Standseilbahn geht es auf den Hausberg der Stadt namens Artxanda.

► **San Sebastián (Donostia)**
Funicular Monte Igeldo
Betriebszeiten: Okt. – März Mo., Di., Do., Fr. 11.00 – 18.00, Sa., So. 11.00 – 20.00, April – Sept. tgl. 11.00 – 20.00, im Hochsommer bis 22.00 Uhr
Standseilbahn auf den besten Aussichtsberg der Stadt; oben gibt es einen kleinen Vergnügungspark.

► **Val de Baró/Fuente Dé**
Teleferico Fuente Dé
Betriebszeiten: Sommer tgl. 9.00 – 20.00, Winter tgl. 10.00 – 18.00 Uhr
Seilbahn vom Val de Baró auf den 1926 m hohen Mirador del Cable mit Hochgebirgspanorama der Picos de Europa

## TECHNIK

► **Museo de la Minería y de la Industria**
Calle El Trabanquín s/n
El Entrego
www.mumi.es
Öffnungszeiten: Di. – Sa. 10.00 – 14.00 u. 16.00 – 19.00, So. 10.00 – 14.00, im Sommer Di. – Sa. 10.00 – 20.00, So. 10.00 – 14.00 Uhr
Asturisches Bergbaumuseum mit Schaustollen

► **Puente Colgante**
Bilbo/Bilbao
Barria 3, Las Arenas
www.puente-colgante.com
Öffnungszeiten: tgl. 10.00 – 20.00, im Sommer bis 21.00 Uhr
Schwebebrücke über den Fluss Nervión; noch interessanter als die Fahrt in der Kabine ist der Spaziergang auf dem Fußgängerübergang in 50 m Höhe – alles gefahrlos und vergittert.

## BOOTSTOUREN

In den Sommermonaten stechen an verschiedenen Punkten in Galicien Ausflugsboote in See. Ab Muros und Cambados werden die Muschelzuchtinseln in den jeweiligen Meeresarmen, ab Vigo die vogelreichen Cíes-Inseln angesteuert. Nett und kurz sind die ganzjährigen Überfahrten ab Hondarribia nach Hendaye mit seinem schönen Sandstrand.

# Knigge

**Traditionen**

In Nordspanien begegnet man traditionsbewussten Menschen, die um kompliziertere Sachverhalte und Fragen nach Möglichkeit einen Bogen schlagen. Es ist, wie es ist, und es war, wie es war – basta. Was sich anhört wie Fatalismus, ist nicht zuletzt eine Strategie, Probleme und Diskussionen zu vermeiden. Unter diesen Vorzeichen sollte man als Fremder, der Gast im Lande ist, niemanden von sich aus in Diskussionen verwickeln über Stierkämpfe, Stiertreiben und politische Dinge wie die Monarchie, die Aufarbeitung der Franco-Diktatur oder die Autonomiebestrebungen der Basken. Ebenso unangebracht ist die Frage, ob der Apostel Jakobus wirklich in Santiago de Compostela begraben liegt. Anders verhält es sich natürlich, wenn Einheimische selbst solche Themen ansprechen.

**Redewendungen und Begrüßungszeremoniell**

Wer ein wenig mit dem Spanischen vertraut ist, sollte bei der Begrüßung Floskeln wie »Qué tal?« (Wie geht's?) und »Qué hay?« (Was gibt's?) nicht auf die Goldwaage legen. Eine Antwort auf solche Redewendungen erwartet man nicht.
Dagegen sollte man sich nicht dem traditionellen Begrüßungszeremoniell verschließen: Statt eines Händedrucks geben sich Frau und Mann sowie Frauen untereinander jeweils einen Kuss auf die Wange. Auch beim Abschied wird auf gleiche Weise geküsst. Unter Männern bleibt es bei Begrüßung und Abschied beim festen Händedruck.

**Elegantes Auftreten**

Zwar sind Lockerungen des »Dresscode« auch in Nordspanien nicht zu übersehen, doch die meisten Spanier – ob Damen oder Herren, ob Jüngere oder Ältere – pflegen eine gewisse Eleganz, wann immer sie das Haus verlassen. Selbst an sommerheißen Tagen wird man kaum jemanden in knappen Shorts, Minirock oder gar Badekleidung in der Stadt sehen.

**Rauchen**

Auch in Spanien werden Raucher immer mehr in die Schranken verwiesen – mit Rückendeckung der EU. So darf am Arbeitsplatz und auch sonst nicht mehr überall geraucht werden. Kneipen und Restaurants müssen per Aushang deutlich machen, ob Rauchen erlaubt ist (»Se permite fumar«) oder nicht (»No se permite fumar«). Ob und wie Verstöße geahndet werden, muss sich noch zeigen.

**Freie Tische**

So gesellig die Spanier sein mögen – wer sich in Kneipen oder Restaurants als Fremder zu ihnen an den Tisch setzt, weil noch ein Eckchen frei ist, irritiert sie. Auch mit einem freundlichen »Ist hier noch frei?« wissen sie nichts anzufangen. In Restaurants gilt es, solange zu warten, bis einem der Ober einen Tisch zuweist.

**Geduld**

Der Service in Bars, Restaurants und auf Freiluftterrassen ist oft nicht so flink, wie man es sich vielleicht erhofft. Es kann dauern, bis

Bestellungen aufgenommen oder Getränke serviert werden. Man muss sich in Geduld üben. Sprachprobleme können für zusätzliche Verzögerungen sorgen.

**Trinkgeld** Die Spanier selbst sind keine großen Trinkgeldgeber. Insofern sind die Erwartungen des Servicepersonals eher gering. Wer im Restaurant gut bedient worden ist, gibt 5 – 10 % des Rechnungsbetrags. In Bars lässt man höchstens einen kleinen Restbetrag auf dem Tellerchen oder auf dem Tresen liegen. Faustregel für das Zimmermädchen im Hotel ist 1 € pro Tag, für den Kofferträger 0,50 – 1 € je Gepäckstück, für den Reisebusfahrer 1 € pro Tag, für den Reiseleiter 2 € pro Tag. Nicht üblich ist es, Taxifahrern Trinkgeld zu geben.

# Literatur · Film

**Bildbände** **Thorsten Droste, Joseph S. Martin**: Der Jakobsweg. Hirmer, 2004. Aufwendig gemachter Band zur Geschichte und Kunst entlang der nordspanischen Pilgerroute.

**Andreas Drouve (Text), Dirk Renckhoff (Fotografie)**: HB Bildatlas Nordspanien, Atlantikküste, Jakobsweg, Galicien. MairDumont, 2007. Reich bebildertes Bändchen zum Thema.

**Sachbücher** **Antony Beevor:** Der Spanische Bürgerkrieg. Bertelsmann, 2006. Voluminöse Chronik der tragischen Ereignisse 1936 – 1939.

**Walther L. Bernecker:** Spanien-Handbuch. Geschichte und Gegenwart. Francke, 2006. Eine Fundgrube des Wissens, der Hintergründe und Zusammenhänge. Die Schwerpunkte liegen auf den drei großen Themenblöcken Politik, Wirtschaft sowie Bevölkerung und Gesellschaft.

**Walther L. Bernecker, Horst Pietschmann:** Geschichte Spaniens. Kohlhammer, 2005. Standardwerk in zwei großen Teilen: »Von der Gründung der spanischen Monarchie bis zum Ausgang des Ancien Régime« und »Vom Unabhängigkeitskrieg bis heute«. Die beiden Autoren sparen auch heikle Themen wie den Kampf gegen die ETA, Alltagskriminalität und Nachrichtenmanipulation nicht aus.

**Der Jakobsweg** **Pierre Barret, Jean-Noël Gurgand:** Auf dem Weg nach Santiago. Herder, 2004. Der Jakobsweg im Spiegel seiner Geschichte und seiner Pilger. Zahlreiche historische Quellen.

**Thomas Bauer:** 2500 Kilometer zu Fuß durch Europa. Auf Jakobswegen vom Bodensee zum »Ende der Welt«. Wiesenburg, 2006. Aufrichtiger und einfühlsamer Pilgerbericht.

**Paulo Coelho:** Auf dem Jakobsweg. Tagebuch einer Pilgerreise nach Santiago de Compostela. Diogenes, 2007. Der inzwischen 60-jährige brasilianische Literat hat einen sehr persönlichen Erfahrungsbericht seines fünfjährigen Aufenthaltes in Nordspanien und seiner Pilgerreise vorgelegt.

**Andreas Drouve:** Geheimnisse am Jakobsweg. Tyrolia, 2007. Mysteriöse Geschichten und Legenden. Die ergänzenden praktischen Hinweise zu den Schauplätzen machen das Werk auch zu einem guten Reisebegleiter.

**Andreas Drouve:** Lexikon des Jakobswegs. Herder, 2007. Kompaktes und sehr informatives Nachschlagewerk zum Jakobsweg mit zahlreichen Farbfotos.

**Kurt-Peter Gertz:** Leben auf dem Weg. Ein Pilgertagebuch. Verlag U. Nink, 2005. Einer der besten Pilgerberichte, verfasst von einem Geistlichen, der sich vom Niederrhein zu Fuß nach Galicien aufmachte und in Spanien auf weniger ausgetretenen Pfaden des Küstenwegs unterwegs war.

**Hape Kerkeling:** Ich bin dann mal weg. Meine Reise auf dem Jakobsweg. Malik, 2006. Der beliebte Schauspieler und »Comedian« aus Recklinghausen hat im Sommer 2001 nach einer gesundheitlichen Krise eine Pilgerreise unternommen. Über dieses Unternehmen und seine Glaubenserfahrung veröffentlichte er im Mai 2006 ein Buch, das zu einem Jahresbestseller wurde.

**Shirley MacLaine:** Der Jakobsweg. Goldmann, 2001. Ein Hollywoodstar auf dem Camino de Santiago. Aufrichtig, aber teilweise spirituell überzogen.

**Andrea Schwarz:** Die Sehnsucht ist größer. Auf dem Weg nach Santiago de Compostela. Herder, 2004. Ihre Begegnungen und Erlebnisse hat die Autorin als »geistliches Pilgertagebuch« aufbereitet, das berührt und Anstöße gibt.

**Romane und Erzählungen**

**Julián Ayesta:** Helena oder das Meer des Sommers. Deutscher Taschenbuch Verlag, 2006. Wiederentdeckter, 1952 erstmals erschienener Kurzroman um das Erwachsenwerden in der Zeit nach dem Spanischen Bürgerkrieg. Er spielt an der Küste Asturiens.

**Ernest Hemingway:** Fiesta. Rowohlt, 1999 (Erstveröffentlichung des englischen Originals »The Sun Also Rises« 1926). Dieser moderne Klassiker spielt weitgehend während der berühmten Fiesta de San Fermín in Pamplona. Über den Handlungskern hinaus bekommt man aufschlussreiche Einblicke in Stadt, Landschaft und Mentalität jener Zeit.

**Cees Nooteboom:** Der Umweg nach Santiago. Suhrkamp, 1996. Mit seinen ausgesprochen einfühlsamen und sehr subjektiv gefärbten Skizzen zu Spanien läuft der niederländische Meistererzähler zur Höchstform auf.

## Filme

**»El Cid«**. Von Anthony Mann, 1961. Hollywoodklassiker um Spaniens Nationalhelden der Reconquista, El Cid. Staraufgebot um Charlton Heston, Sophia Loren und Raf Vallone.

**»Geheimnisse des Herzens«**. Von Montxo Armendáriz, 1997. Poetischer Film um Liebe, Leidenschaft und Tod aus der Sicht eines Kindes. Gedreht in den Bergdörfern von Navarra, stand in der Endauswahl für die Oscars.

**»Camino de Santiago«**. Von Robert Young, 1999. Dieser Thriller zum Jakobsweg wurde nach einem Drehbuch des spanischen Romanciers Arturo Pérez Reverte als TV-Miniserie aufgenommen. Einige Schlüsselrollen werden von Weltstars wie Anthony Quinn, Charlton Heston und Anne Archer getragen.

**»Das Meer in mir«**. Von Alejandro Amenábar, 2004. Ausgezeichnet mit dem Oscar für den besten nicht-englischsprachigen Film. Im Mittelpunkt steht Ramón Sampedro, ein querschnittsgelähmter Mann aus Galicien, der in Würde sterben will. Ein melodramatischer Streifen, der auf Tatsachen beruht.

**»El Perro Negro – Stories from the Spanish Civil War«**. Von Péter Forgács, 2004. Aufrüttelnder Dokumentarfilm um den Spanischen Bürgerkrieg

**»Königreich der Himmel«**. Von Ridley Scott, 2005. Ritterfilm aus dem Mittelalter, aufbereitet in Hollywoodmanier und zum Teil in Aragonien aufgenommen. Mit Orlando Bloom, Liam Neeson und Jeremy Irons.

**»Obaba«**. Von Montxo Armendáriz, 2005. Verfilmung des Erfolgsbuches »Obabakoak« von Bernardo Atxaga – das ganze Universum in einer fiktiven baskischen Kleinstadt.

**»Volver«**. Von Pedro Almodóvar, 2006. Treffend wie kein anderer versteht es der Oscar-gekrönte Regisseur, spanisches Lebensgefühl zu transportieren. Skurril, leicht und schwermütig zugleich.

**»Los Borgia«**. Von Antonio Hernández, 2006. Monumentalstreifen um das berühmt-berüchtigte Geschlecht der Borgias, ihre Machtkämpfe und Intrigen.

# Medien

**Zeitungen**

Tagesaktuelle deutschsprachige Zeitungen sind nicht allzu oft zu finden. Wer Spanisch kann, greift zu Regionalzeitungen wie »El Correo Gallego« (Galicien), »Diario de Navarra« (in Navarra), »Diario Vasco« (im Baskenland), »Diario de León« (León) und »Diario de Burgos« (Burgos). Die einheimischen Blätter sind stets eine wichtige Quelle für Veranstaltungen und Busfahrpläne; in den meisten Kneipen liegen sie als Service für die Gäste kostenlos aus.

**Rundfunk**

Auf Wunsch erhält man von der **Deutschen Welle** das aktuelle Programm der auch in Spanien zu empfangenden Sendungen mit genauen Sendezeiten und derzeit gültigen Frequenzangaben (Deutsche Welle, D-53110 Bonn, www.dw-world.de).

**Fernsehen**

Über Satellit sind in manchen guten Hotels deutsche Fernsehprogramme zu empfangen, unter anderem ZDF, RTL und/oder ARD). Maßgebliche spanische Sender sind die staatlichen TVE1 und TVE2 sowie die privaten Antena 3 und Tele 5. Fußballspiele werden meist auf dem teuren Abo-Sender Canal Plus übertragen – für viele Einheimische ein weiteres gewichtiges Argument, in die Kneipe zu gehen.

# Naturschutzgebiete

Wasserfälle, Gebirgsriesen, die letzten Bestände an Braunbären – Naturfans geht in Nordspanien das Herz auf. Zu unterscheiden gilt es folgende Typen an Schutzgebieten: Nationalpark (Parque Nacional), Naturpark (Parque Natural, Espacio Natural), Naturreservat (Reserva Natural) und geschütztes Biotop (Biotopo Protegido). Während es an einigen Orten an Informationen mangelt, gibt es an manch anderer Stelle ein bestens ausstaffiertes Besucherzentrum (Centro de Visitantes, Centro de Interpretación, Casa del Parque; Montag oft Ruhetag) oder zumindest ein Haus des Naturparks (Caseta del Parque) und beschilderte Wanderwege (Rutas de Senderismo).

## BEDEUTENDE NATURSCHUTZGEBIETE

### INFOS IM INTERNET

- **http://reddeparquesnacionales. mma.es**
  Seite des spanischen Umweltministeriums (Spanisch, Englisch und Französisch)
- **www.parquesnaturales.com**
  Informationen auf Spanisch
- **http://parquesnaturales.consumer.es**
  Informationen auf Spanisch

## NATIONAL- UND NATURPARKS

► **Parque Nacional Islas Atlánticas**
Fläche: 8480 ha
Lage: Inseln und Inselgruppen vor der Atlantikküste Galiciens: Sálvaro (Provinz La Coruña), Cíes, Ons und Cortegada (alle Provinz Pontevedra). Besonderheiten: Zahlreiche Seevögel; begrenzte Besuchsmöglichkeiten

► **Parque Nacional Ordesa y Monte Perdido**
Fläche: 15 608 ha
Lage: Provinz Huesca, Aragonien
Besonderheiten: Waldreiche Pyrenäentäler und schroffe Hochgebirgswelt rund um den Monte Perdido, Flüsse, Wasserfälle, Wege und Hütten für Bergwanderer

► **Parque Nacional Picos de Europa**
Fläche: 64 660 ha
Lage: Kantabrische Kordillere, Provinzen Kantabrien, Asturien und León
Besonderheiten: Hochgebirgslandschaft mit reicher Flora und Fauna, Gletscherseen, Tälern und Schluchten; Wege und Hütten für Bergwanderer

► **Parque Natural Bardenas Reales**
Fläche: 41 845 ha
Lage: Süden von Navarra, zwischen Carcastillo und Arguedas
Besonderheiten: Halbwüstenlandschaft mit schroffen Felsen

► **Parque Natural Dunar de Corrubedo e Lagoas de Carregal e Vixán**
Fläche: 996 ha
Lage: Im Südwesten Galiciens auf der Halbinsel von Barbanza
Besonderheiten: Dünen, Sümpfe, Lagunen, reiche Vogelwelt

► **Parque Natural Dunas de Liencres**
Fläche: 20 ha
Lage: Kantabrische Küste bei Liencres Besonderheiten: Dünen

► **Parque Natural Fragas do Eume**
Fläche: 9127 ha
Lage: Nördliches Galicien, südwestlich von As Pontes de García Rodríguez
Besonderheiten: Flusstäler und Waldlandschaften

► **Parque Natural Gorbeia**
Fläche: 20 016 ha
Lage: Baskische Provinzen Álava und Vizcaya, nordwestlich von Vitoria
Besonderheiten: Gipfel des Gorbeia (1 482 m), Wanderwege

► **Parque Natural Fuentes de Narcea, Degaña e Ibias**
Fläche: 55 500 ha
Lage: Südwesten von Asturien
Besonderheiten: Flüsse, Seen, Eichen- und Buchenwälder, Braunbären

► **Parque Natural Izki**
Fläche: 9143 ha
Lage: Im Südosten der baskischen Provinz Álava
Besonderheiten: Pyrenäeneichenbestände, Wanderwege

► **Parque Natural Limia-Serra do Xurés**
Fläche: 20 920 ha
Lage: Südosten der galicischen Provinz Ourense. Besonderheiten: Berge und Wälder nahe der portugiesischen Grenze, durchzogen vom Río Limia

**Parque Natural Marismas de Santoña**
Fläche: 3800 ha
Lage: Kantabrische Küste, Bucht von Santoña. Besonderheiten: Marschland, Rastfläche für Zugvögel

**Parque Natural Monte Aloia**
Fläche: 783 ha
Lage: Südwestliches Galicien, nördlich des Städtchens Tui
Besonderheiten: Berg Aloia (629 m), Ausblicke auf den Río Miño, Wanderwege

**Parque Natural Oyambre**
Fläche: 5700 ha Lage: Kantabrische Küste zwischen Comillas und San Vicente de la Barquera
Besonderheiten: Strand- und Dünenzonen

**Parque Natural Ponga**
Fläche: 20 530 ha
Lage: äußerster Südosten von Asturien. Besonderheiten: Hochgebirgsszenerie in der Kantabrischen Kordillere, Übergang zu den Picos de Europa

**Parque Natural Redes**
Fläche: 37 620 ha
Lage: Südosten von Asturien
Besonderheiten: Berggebiet in der Kantabrischen Kordillere, Buchenwälder

**Parque Natural Saja-Besaya**
Fläche: 24 500 ha
Lage: Kantabrisches Hinterland südlich von Cabezón de la Sal
Besonderheiten: Waldreiche Berge und Flusstäler, Auerhühner, Rot- und Schwarzwild, Wanderwege

**Parque Natural Señorío de Bértiz**
Fläche: 2040 ha
Lage: Norden von Navarra bei Oronoz-Mugaire
Besonderheiten: Mittelgebirgslandschaft, Eichen- und Buchenwälder, Wanderwege

**Parque Natural Sierra Cebollera**
Fläche: 23 640 ha
Lage: Im Süden der Rioja
Besonderheiten: Sierra Cebollera mit Höhen bis zu 2164 m, Flüsse, Buchen- und Kiefernwälder

**Parque Natural Somiedo**
Fläche: 29 100 ha
Lage: Süden von Asturien
Besonderheiten: Berglandschaften der Kantabrischen Kordillere, eines der letzten Refugien von Braunbären auf der Iberischen Halbinsel

**Parque Natural Valderejo**
Fläche: 3400 ha
Lage: Im Westen der baskischen Provinz Álava
Besonderheiten: Gänsegeierkolonie, Schlucht des Río Purón, Wanderwege

*Landschaft bei Huesca*

# Notrufe

## WICHTIGE TELEFONNUMMERN

### ZENTRALE NOTRUFE

- **Tel. 112**
  Unter dieser Nummer erreicht man Arzt, Feuerwehr und Polizei. Anrufe werden rund um die Uhr in Spanisch, Deutsch, Englisch und Französisch entgegengenommen und weitergeleitet.

- **Tel. 091**
  Nationalpolizei

- **Tel. 092**
  Stadtpolizei

### RETTUNGSDIENSTE

- **Unfallrettung, Notarzt**
  Tel. 061

- **ADAC-Notrufzentrale Spanien (Barcelona)**
  Tel. 9 35 08 28 28

- **ADAC-Notrufzentrale München**
  Tel. 00 49 89 22 22 22

- **ACE-Notrufzentrale Stuttgart**
  Tel. 00 49 18 02 34 35 36

- **Deutsche Rettungsflugwacht Stuttgart**
  Tel. 00 49 711 70 10 70

- **DRK-Flugdienst Bonn**
  Tel. 00 49 228 23 00 23

- **Malteser Rückholdienst Deutschland**
  Tel. 00 49 221 982 23 33

- **ÖAMTC-Notrufzentrale Wien**
  Tel. 00 43 1 251 20 20

- **Rega-Einsatzzentrale Schweiz**
  Tel. 00 41 333 333 333

# Pilgern

**Pilgern auf dem Jakobsweg**

Die wiedererwachte Pilgerschaft nach Santiago de Compostela ist eines der erstaunlichsten Phänomene der Gegenwart. Immer mehr Menschen nehmen sich eine Auszeit und finden auf dem Weg nach Santiago zu sich selbst. Medienwirksame Pilgerschaften Prominenter – von Shirley MacLaine bis Hape Kerkeling – spornen zusätzlich an zum Aufbruch. Wer genügend Zeit hat und sich körperlich in guter Verfassung fühlt, geht den Jakobsweg bereits von Mitteleuropa aus an. Manche Pilger legen 2500 Kilometer bis Santiago de Compostela zurück, ob zu Fuß oder mit dem Fahrrad. In Deutschland, Österreich, der Schweiz und Frankreich sind bereits zahlreiche Etappen mit entsprechenden Wegzeichen markiert.

## *Jakobsweg · Camino de Santiago*

**Wegverlauf in Spanien**

In Spanien, wo der Jakobsweg »Camino de Santiago« oder schlicht »Camino« heißt, führen zwei Wegvarianten über die Pyrenäen. Der **Aragonesische Weg** (Camino Aragonés) überwindet zwischen Oloron-Sainte-Marie und Jaca den Pass von Somport (1640 m). Der **Französische Weg** (Camino Francés) verläuft zwischen Saint-Jean-Pied-de-Port und Pamplona (Iruñea) den Pass von Ibañeta (1057 m). Beide Wege vereinigen sich in Puente la Reina, von wo aus sich dann der Hauptweg bis Santiago de Compostela dahinzieht. Wichtigste Stationen ab Puente la Reina sind Estella, Logroño, Nájera, Santo Domingo de la Calzada, Burgos, Frómista, Carrión de los Condes, León, Astorga, Ponferrada, Villafranca del Bierzo, O Cebreiro, Sarria, Portomarin und Monte do Gozo. Markante Höhen unterwegs sind der Pass von Pedraja (1150 m; zwischen Villafranca Montes de Oca und Burgos), Cruz de Ferro (1504 m; zwischen Astorga und Ponferrada) und der Pass von O Cebreiro (1300 m; zwischen Villafranca del Bierzo und Samos).

**Wegmarkierungen**

Viele Pilger wählen Saint-Jean-Pied-de-Port oder das nahe dem Ibañeta-Pass gelegene Kloster von Roncesvalles als Ausgangspunkt, um von dort aus etwa 800 Kilometer westwärts bis Santiago zu wandern. Der Weg ist mit gelben Pfeilen, Schildern und Pfeilern durchgehend gut markiert. Schilder und Pfeile zeigen das Symbol einer stilisierten gelben Muschel auf blauem Grund, ein Wegzeichen, das auch an den Straßen für Radler und Motorisierte zu sehen ist. Mit einem Mountainbike kann man den Weg größtenteils befahren. Man kann auch der Straße folgen, wobei es auch unangenehme und stark befahrene Streckenabschnitte gibt, beispielsweise in Galicien sowie zwischen León und Astorga.

**Mit dem Pilgerausweis unterwegs**

Wanderer, Radler und auch Reiter haben die Möglichkeit, am spanischen Jakobsweg in **Pilgerherbergen** (albergues de peregrinos, refugios) für etwa 5–7 € kostengünstig zu übernachten. Komfort darf man angesichts von Schlafsälen und Stockbetten nicht erwarten, man benutzt den eigenen Schlafsack. Sind alle Plätze belegt, bleibt die eigene Isomatte als Ausweichlager. In vielen Herbergen gibt es eine Küche. Für die Übernachtung in diesen Pilgerherbergen braucht man einen **Pilgerausweis** (credencial), den man z. B. im Kloster von Roncesvalles oder im Vorfeld der Reise bei einer der deutschsprachigen Jakobusgesellschaften bekommt.

Pilgerurkunde ▶ Den Pilgerausweis lässt man sich unterwegs regelmäßig stempeln (in Herbergen, Kirchen etc.), wobei zu den Stempeln das Datum gesetzt werden muss. Wer aus christlich-religiösen Motiven unterwegs ist und anhand der Stempel belegen kann, dass er mindestens die letzten 200 km vor Santiago de Compostela mit dem Rad gefahren bzw. die letzten 100 km zu Fuß gegangen ist, bekommt im Pilgerbüro in Santiago die Pilgerurkunde namens »Compostela«

## PILGERSCHAFTEN

### AUSKUNFT

▶ **Deutschland**

Deutsche St.-Jakobus-Gesellschaft
Tempelhofer Str. 21
52068 Aachen
Tel. (02 41) 4 79 01 23
www.deutsche-jakobus-gesellschaft.de

Freundeskreis der Jakobuspilger
Am Niesenteich 9
33100 Paderborn
Tel. (0 52 51) 46 25
http://homepages.uni-paderborn.de/pilger

Jakobusgemeinschaft Rohrdorf
St.-Jakobus-Platz 3
83101 Rohrdorf
Tel. (0 80 32) 52 52
www.jakobusgemeinschaft.de

▶ **Österreich**

Jakobusgemeinschaft Salzburg
Tegetthoffstr. 4
A-5071 Wals
Tel. (06 62) 85 53 65
www.jakobusgemeinschaft.at

▶ **Schweiz**

Schweizerische Vereinigung der Freunde des Jakobsweges
Sonnengartenstr. 24
CH-8630 Rüti
Tel. (055) 2 40 64 35
www.pilgerpass.info

### NÜTZLICHE INTERNET-ADRESSEN

▶ **www.jakobus-info.de**
Informationen zu den Jakobswegen durch Europa, Jakobus-Gesellschaften und zur Pilgerurkunde

▶ **www.pilgerforum.de**
Forum für Jakobspilger

▶ **http://caminodesantiago.consumer.es**
Infos zu Pilgerherbergen und einzelnen Streckenabschnitten, gute Streckenprofile

# Post · Telekommunikation

**Postversand und Briefmarken**

Innerhalb Europas sind normale **Briefe** (bis 20 g) und **Postkarten** im Schnitt bis zu einer Woche unterwegs. Das **Porto** beträgt 0,51 Euro. **Briefmarken** (sellos) bekommt man in **Postämtern** (Correos) und in **Tabakläden** (Tabacos). Diese Geschäfte verkaufen auch Telefonkarten und Busfahrkarten. **Briefkästen** sind gelb gekennzeichnet.

◄ Öffnungszeiten

Postämter haben unterschiedliche Öffnungszeiten. In größeren Städten sind sie Mo. – Fr. 8.00 bzw. 8.30 – 20.00 bzw. 20.30, Sa. 8.00 bzw. 8.30 – 14.00 Uhr geöffnet. In kleineren Orten schließen die Postämter ab 13.30 bzw. 14.00 bis 16.30 Uhr. Für Tabakläden gelten die normalen Geschäftsöffnungszeiten: Mo. – Sa. 9.30 bzw. 10.00 – 13.30 bzw. 14.00 u. 16.30 – 19.30 bzw. 20.00, Sa. 9.30 – 14.00 Uhr.

**Telefonieren**

Verbreitet sind öffentliche Telefonzellen der Gesellschaft **Telefónica**, die mit Münzen oder mit Telefonkarten (tarjetas de teléfono) funktionieren. Telefonkarten bekommt man in Tabakläden. Auslandsgespräche aus den Telefónica-Zellen sind recht teuer. Billiger können Gespräche von privaten Telefonzentralen (locutorios) aus sein. Ziemlich teuer sind Telefonate aus Hotels oder Ferienapartments.

◄ Handy

Wird ein Handy bzw. Mobiltelefon benutzt, das nicht in Spanien registriert ist, muss vor der Rufnummer die Ländervorwahl + 34 bzw. 00 34 eingegeben werden. Bei Gesprächen von und nach Deutschland, Österreich und der Schweiz fallen je nach Anbieter vergleichsweise hohe Roaminggebühren an. Abhilfe schaffen spanische Prepaid-Karten, allerdings mit dem Nachteil, dass sich die eigene Rufnummer ändert. Zuweilen lohnt die manuelle Netzwahl.

**Internetcafés**

Es gibt zahlreiche Internetcafés (cibercafés). Oftmals sind Terminals den privaten Telefonzentralen (locutorios) angeschlossen. Die Preise sind recht unterschiedlich. Für eine halbe Stunde bezahlt man meist 1 bis 1,50 Euro.

## TELEFONVORWAHLEN UND -AUSKUNFT

### VORWAHLNUMMERN

► **Von Deutschland, Österreich und der Schweiz nach Spanien:**
Tel. 00 34

► **Von Spanien**
nach Deutschland: Tel. 00 49
nach Österreich: Tel. 00 43
in die Schweiz: Tel. 00 41
Bei Anrufen von Spanien in diese Länder entfällt die 0 der jeweiligen Ortskennzahl.

### TELEFONAUSKUNFT IN SPANIEN

► **National**
Tel. 11 888

► **International**
Tel. 11 886

# Preise · Vergünstigungen

**Ermäßigungen**

Gegen Vorlage entsprechender Ausweise erhalten Rentner und Studenten **Preisnachlässe bei Eintritten** in musealen Einrichtungen. Je nach Alter kann für Kinder der Eintritt frei sein. In manchen Museen ist einmal in der Woche der Eintritt frei (entrada gratuita).
Am Jakobsweg werden Pilgern mit offiziellem **Pilgerausweis** (credencial; ► Pilgern S. 106) Preisnachlässe gewährt. **Bahnfahrkarten**: In spanischen Zügen haben Unter-Vier-Jährige freie Fahrt, Vier- bis Elf-Jährige zahlen lediglich 60 % des Normalpreises. Wer im Speiselokal das **Tagesmenü** bestellt, kommt am preisgünstigsten weg.

## WAS KOSTET WIE VIEL?

**Einfache Mahlzeit**
ab 6 €

**3-Gang-Menü**
ab 15 €

**Doppelzimmer**
ab 30 €

**100 km Busfahrt**
ab 8 €

**Tasse Kaffee**
ab 1 €

**0,2 l Bier**
ab 1,20 €

**0,2 l Wein**
ab 2 €

**1 l Benzin**
ca. 0,95 €

# Reisezeit

**Ausgesprochenes Sommerreiseziel**

Wegen der fast durchweg **angenehmen Temperaturen** ist Nordspanien besonders für Sommerreisen geeignet. **Juni bis September** bieten eindeutig das beste Wetter, wobei etwa vier Wochen um den Monatswechsel Juli/August herausragen. Diese Zeit sollte man unbedingt für das wetterwendische Baskenland und Kantabrien nutzen, obwohl gerade dann auch viele Spanier hier unterwegs sind. Vor Waldbrandkatastrophen wie im Sommer 2006 in Galicien ist man am besten an der ständig feuchten Nordküste geschützt.
Für Urlaubsreisen ideal: Trotz der westlichen Lage gilt in Spanien die Mitteleuropäische Zeit, wodurch die **Tageshelligkeit** gegenüber Mitteleuropa um etwa eine Stunde nach hinten verschoben ist. Während der Sommerzeit kann sich die **morgendliche Kühle** dann bis in den

späten Vormittag halten und die Höchsttemperaturen werden erst zwischen 17.00 und 18.00 Uhr gemessen. Entsprechend lange warm bleiben die Abende.

**Wassertemperaturen**

Obwohl die weißen galicischen Strände mit ihrem türkisblauen Wasser wohl jeden zum Baden animieren, bleibt ein Sprung in die Fluten selbst im Hochsommer nur etwas für Abgehärtete. Ursache ist der relativ kalte Portugalstrom, der entlang der Westküste der Iberischen Halbinsel nach Süden fließt und besonders bei ablandigen Winden kaltes Tiefenwasser an die Küsten spült. So wird das Meer an den westexponierten Stränden trotz brütender Hitze kaum wärmer als 15 °C. Selbst am Stadtstrand von La Coruña sind Anfang August bestenfalls 20 °C drin.
Wesentlich badefreundlicher zeigt sich die Küste an der inneren Biskaya mit durchschnittlich 22 °C. Allgemein gilt: Je weiter man nach Westen kommt, desto kühler wird das Wasser.

**Klimabelastung**

Der ständige Wind und die geringe Luftfeuchtigkeit lassen selbst im Hochsommer **kaum Schwüle** aufkommen, weshalb die Wirkung der Sonne oftmals unterschätzt wird. Eine besonders **intensive UV-Strahlung** herrscht allerdings zwischen 12.00 und 16.00 Uhr. Extrem belastend sind **Hitzewellen** im Juli und August mit Temperaturen bis über 40 °C.

# Shopping

**Geschäftszeiten**

**Märkte** (mercados): Mo. – Sa. 8.30 bzw. 9.00 – 13.30 bzw. 14.00 Uhr.
**Einkaufszentren, Supermärkte** (centros comerciales): Mo. – Sa 9.30 bzw. 10.00 – 21.00 bzw. 21.30 Uhr.
**Kleinere Geschäfte**: Mo. – Fr. 9.30 – 13.30 u. 16.30 – 20.00, Sa. 9.00 bis 13.00 Uhr.
Da es in Spanien **keine festgelegten Öffnungszeiten** gibt, findet man in einigen Städten und touristischen Zentren Supermärkte und andere Geschäfte, die auch außerhalb der genannten Geschäftszeiten sowie sonntags geöffnet sind.

**Souvenirs**

Im Vergleich zu anderen Gegenden ist das Kunsthandwerk im Norden Spaniens nicht so stark positioniert. In Rioja, Navarra, Asturien und Aragonien sind Geschäfte mit typischen Mitbringseln eher Mangelware. Trotzdem finden sich Läden, in denen lederne Weinbeutel, Schnitzereien und Schmiedeeisernes angeboten werden.

**Pilger-Andenken**

Entlang dem Jakobsweg gibt es vereinzelt Geschäfte mit Souvenirs speziell für Pilger: Schmuckkacheln, Pins und T-Shirts mit dem Muschelmotiv, Jakobsmuscheln mit Bändchen zum Umhängen, hölzer-

HOSPEDAJE · MATILDE
S. A. L.
Y CONFECCION
PRENSA Y REVISTAS PEDRO

ne Pilgerstäbe. In Santiago de Compostela wird man diesbezüglich von einer wahren Souvenirflut überschwemmt.

> **! Baedeker TIPP**
>
> **Klosterläden**
>
> Manche Klöster sind ein echter Tipp für den Einkauf. Im Kloster von Leyre gibt es Kräuterlikör, in der Kartause von Burgos handgefertigte Rosenkränze, im Kloster von Santo Domingo de Silos CDs mit gregorianischen Gesängen der Mönche.

Für **folkoristische Klänge** aus Navarra ist die Gruppe »Mielotxin« bekannt. Eingängigen Folk bringen auch die Bands »Oskorri« aus dem Baskenland und »Milladoiro« aus Galicien zu Gehör. Entsprechende CDs kann man in den Musikabteilungen der Kaufhäuser und auch in kleineren Läden kaufen.

**Keramik**

In Navarrete (La Rioja) und Santillana del Mar (Kantabrien) findet man eine größere Auswahl an Keramikarbeiten. In Galicien pflegt die Keramikschule von Sargadelos eine traditionsreiche Fertigung. Manche Gebrauchsgegenstände (Teller, Vasen etc.) und dekorative Stücke (Figuren etc.) werden noch per Hand bemalt. Die Designs vereinen Tradition und Avantgarde.

**Wein und Spirituosen**

In Weinanbaugebieten wie der Rioja lohnt sich der Kauf direkt beim Erzeuger, in Orten wie Haro und Laguardia gibt es darüber hinaus gut sortierte Weinhandlungen (vinotecas). Wer Hochprozentiges wie Tresterbranntwein (orujo) liebt, findet in Galicien und Kastilien-León entsprechende Angebote.

**Kulinarisches**

Wochenmärkte (mercados) sind eine gute Anlaufstelle für den Kauf von **Käse** (queso). Für den Transport nach Hause eignen sich am besten die härteren, länger gereiften Sorten (curado, semi-curado). Auch eine reiche Auswahl von Wurst ist auf den Märkten zu finden, darunter die typische **Paprika-Knoblauchwurst** (chorizo, longaniza). Eine besondere kulinarische Köstlichkeit ist der **luftgetrocknete Schinken** (jamón serrano).

**Einkaufszentren und Kaufhauskette**

Spanier lieben die großen Einkaufszentren (centros comerciales) an den Stadträndern wegen der längeren Öffnungszeiten, der reichlich vorhandenen Parkplätze und der breiten Auswahl von Boutiquen bis hin zu Parfümerien. Alles unter einem Dach bündelt die Kaufhauskette »El Corte Inglés«, die in vielen Städten vertreten ist (u. a. León, Pamplona, Santiago de Compostela, Vitoria).

**Antiquitäten- und Flohmärkte**

Ein Gang über die malerischen Antiquitäten- und Flohmärkte (Rastros bzw. Rastrillos) sowie durch die Markthallen (Mercados) lohnt sich in nahezu jedem größeren Ort.

← *Hier findet jeder etwas: In den »Siete Calles« der Altstadt Bilbaos gibt es viele originelle Läden.*

# Sprache

Überraschend, aber wahr ist, dass man in Nordspanien Englisch- oder gar Deutschkenntnisse selbst im Tourismusgewerbe nicht zwangsläufig erwarten darf. Insofern kann es nützlich sein, wenn man sich selber ein paar Ausdrücke aneignet und den nachfolgenden Sprachführer zur Hand hat. Vorausgeschickt sei, dass es im Spanischen nur zwei Artikel gibt. Der weibliche Artikel lautet la (Plural: las), der männliche el (Plural: los). Die Worte werden mehrheitlich auf der vorletzten Silbe betont; Akzente zeigen Ausnahmen an.

**Aussprache**

**c** vor »a«, »o« und »u« wie ein deutsches »k« in »Kilo«
**c** vor »e« und »i« als Lispellaut, etwas stärker als das englische »th«, Beispiel: »gracias«
**ch** wie ein deutsches »tsch« in »tschüss«
**g** vor »e« und »i« wie ein deutsches »ch« in »Dach«
**gue** immer mit stummem »u« wie ein deutsches »Genick«
**h** zu Wortbeginn unbetont
**j** wie ein deutsches »ch« in »Dach«
**ll** wie ein deutsches »j« zwischen zwei Vokalen, Bsp. »Jojo«
**ñ** wie ein »gn« in »Champagner«
**qu** wie ein deutsches »k« in »Kaffee«
**v** wie ein deutsches »b« in »Habe«

# SPRACHFÜHRER SPANISCH

### Auf einen Blick

| | |
|---|---|
| Ja./Nein. | Sí./No. |
| Vielleicht. | Quizás./Tal vez. |
| In Ordnung./Einverstanden! | De acuerdo./¡Está bien! |
| Bitte./Danke. | Por favor./Gracias. |
| Vielen Dank. | Muchas gracias. |
| Gern geschehen. | No hay de qué./De nada. |
| Entschuldigung! | ¡Perdón! |
| Wie bitte? | ¿Cómo dice/dices? |
| Ich verstehe Sie/dich nicht. | No le/la/te entiendo. |
| Ich spreche nur wenig … | Hablo sólo un poco de … |
| Können Sie mir bitte helfen? | ¿Puede usted ayudarme, por favor? |
| Ich möchte … | Quiero …/Quisiera … |
| Das gefällt mir (nicht). | (No) me gusta. |
| Haben Sie …? | ¿Tiene usted …? |
| Wie viel kostet es? | ¿Cuánto cuesta? |
| Wie viel Uhr ist es? | ¿Qué hora es? |

### Kennenlernen

| | |
|---|---|
| Guten Morgen! | ¡Buenos días! |
| Guten Tag! | ¡Buenos días!/¡Buenas tardes! |
| Guten Abend! | ¡Buenas tardes!/¡Buenos noches! |
| Hallo! Grüß dich! | ¡Hola! |
| Ich heiße … | Me llamo … |
| Wie ist Ihr Name, bitte? | ¿Cómo se llama usted, por favor? |
| Wie geht es Ihnen/dir? | ¿Qué tal está usted?/¿Qué tal? |
| Gut, danke. Und Ihnen/dir? | Bien, gracias. ¿Y usted/tú? |
| Auf Wiedersehen! | ¡Hasta la vista!/¡Adiós! |
| Tschüss! | ¡Adiós!/¡Hasta luego! |
| Bis bald! | ¡Hasta pronto! |
| Bis morgen! | ¡Hasta mañana! |

### Unterwegs

| | |
|---|---|
| links/rechts | a la izquierda/a la derecha |
| geradeaus | todo seguido/derecho |
| nah/weit | cerca/lejos |
| Wie weit ist das? | ¿A qué distancia está? |
| Ich möchte … mieten. | Quisiera alquilar … |
| … ein Auto | … un coche. |
| … ein Boot | … una barca/un barco. |
| Bitte, wo ist … | Perdón, dónde está … |
| … der Bahnhof? | … la estación (de trenes)? |
| … die U-Bahn? | … el metro? |
| … der Busbahnhof? | … la estación de autobuses/ la terminal? |
| … der Flughafen? | … el aeropuerto? |

### Panne

| | |
|---|---|
| Ich habe eine Panne. | Tengo una avería. |
| Würden Sie mir bitte einen Abschleppwagen schicken? | ¿Pueden ustedes enviarme un cochegrúa, por favor? |
| Gibt es hier in der Nähe eine Werkstatt? | ¿Hay algún taller por aquí cerca? |
| Wo ist bitte die nächste Tankstelle? | ¿Dónde está la estación de servicio/ a gasolinera más cercana, por favor? |
| Ich möchte … Liter … | Quisiera … litros de … |
| … Normalbenzin. | … gasolina normal. |
| … Super./ …Diesel. | … súper./ … diesel. |
| … bleifrei./ …verbleit. | … sin plomo./ … con plomo. |
| Volltanken, bitte. | Lleno, por favor. |

### Unfall

| | |
|---|---|
| Hilfe! | ¡Ayuda!, ¡Socorro! |
| Achtung! | ¡Atención! |
| Vorsicht! | ¡Cuidado! |
| Rufen Sie bitte schnell … | Llame enseguida … |
| … einen Krankenwagen. | … una ambulancia. |
| … die Polizei. | … a la policía. |
| … die Feuerwehr. | … a los bomberos. |
| Haben Sie Verbandszeug? | ¿Tiene usted botiquín de urgencia? |
| Es war meine (Ihre) Schuld. | Ha sido por mi (su) culpa. |
| Geben Sie mir bitte Ihren Namen und Ihre Anschrift. | ¿Puede usted darme su nombre y dirección? |

### Essen

| | |
|---|---|
| Wo gibt es hier … | ¿Dónde hay por aquí cerca … |
| … ein gutes Restaurant? | … un buen restaurante? |
| … ein nicht zu teures Restaurant? | … un restaurante no demasiado caro? |
| Reservieren Sie uns bitte für heute abend einen Tisch für vier Personen. | ¿Puede reservarnos para esta noche una mesa para cuatro personas? |
| Auf Ihr Wohl! | ¡Salud! |
| Die Rechnung bitte! | ¡La cuenta, por favor! |
| Hat es geschmeckt? | ¿Le/Les ha gustado la comida? |
| Das Essen war ausgezeichnet. | La comida estaba écelente. |

### Einkaufen

| | |
|---|---|
| Wo finde ich ... | Por favor, dónde hay … |
| … einen Markt? | … un mercado? |
| … eine Apotheke? | … una farmacia? |
| … ein Einkaufszentrum? | … un centro comercial? |
| … eine Bäckerei? | … una panaderíal? |
| … eine Metzgerei? | … una carnicería? |

### Übernachtung

| | |
|---|---|
| Können Sie mir bitte … empfehlen? | Perdón, señor/señora/señorita. ¿Podría usted recomendarme … |
| … ein Hotel | … un hotel? |
| … eine Pension | … una pensión? |
| Ich habe ein Zimmer reserviert. | He reservado una habitación. |
| Haben Sie noch … | ¿Tienen ustedes … |
| … ein Einzelzimmer? | … una habitación individual? |

| | |
|---|---|
| … ein Zweibettzimmer? | … una habitación doble? |
| … mit Dusche/Bad? | … con ducha/baño? |
| … für eine Nacht? | … para una noche? |
| … für eine Woche? | … para una semana? |
| Was kostet das Zimmer mit … | ¿Cuánto cuesta la habitación con |
| … Frühstück? | … desayuno? |
| … Halbpension? | … media pensión? |

**Arzt**

| | |
|---|---|
| Können Sie mir einen guten Arzt empfehlen? | ¿Puede usted indicarme un buen médico? |
| Ich habe … | Tengo … |
| … Durchfall. | … diarrea. |
| … Fieber. | … fiebre. |
| … Kopfschmerzen. | … dolor de cabeza. |
| … Zahnschmerzen. | … dolor de muelas. |

**Bank**

| | |
|---|---|
| Wo ist hier bitte … | Por favor, dónde hay por aquí … |
| … eine Bank? | … un banco? |
| … eine Wechselstube? | … una oficina/casa de cambio? |
| Ich möchte Schweizer Franken in Euro wechseln. | Quisiera cambiar … francos suizos en euros. |

**Post**

| | |
|---|---|
| Was kostet … | ¿Cuánto cuesta … |
| … ein Brief … | … una carta … |
| … eine Postkarte … | … una postal … |
| nach Deutschland? | para Alemania? |
| Briefmarken | sellos |
| Telefonkarten | tarjetas para el teléfono |

**Zahlen**

| | | | |
|---|---|---|---|
| 0 | cero | 19 | diecinueve |
| 1 | un, uno, una | 20 | veinte |
| 2 | dos | 21 | veintiuno(a) |
| 3 | tres | 22 | veintidós |
| 4 | cuatro | 30 | treinta |
| 5 | cinco | 40 | cuarenta |

| | | | |
|---|---|---|---|
| 6 | seis | 50 | cincuenta |
| 7 | siete | 60 | sesenta |
| 8 | ocho | 70 | setenta |
| 9 | nueve | 80 | ochenta |
| 10 | diez | 90 | noventa |
| 11 | once | 100 | cien, ciento |
| 12 | doce | 200 | doscientos, -as |
| 13 | trece | 1000 | mil |
| 14 | catorce | 2000 | dos mil |
| 15 | quince | 10 000 | diez mil |
| 16 | dieciséis | | |
| 17 | diecisiete | 1/2 | medio |
| 18 | dieciocho | 1/4 | un cuatro |

## Restaurant/Restaurante

| | |
|---|---|
| desayuno | Frühstück |
| almuerzo, comida | Mittagessen |
| cena | Abendessen |
| camarero | Kellner |
| cubierto | Gedeck, Besteck |
| cuchara | Löffel |
| cuchillo/tenedor | Messer/Gabel |
| lista de comida | Speisekarte |
| plato | Teller |
| sacacorchos | Korkenzieher |
| taza/vaso | Tasse/Glas |

## Tapas

| | |
|---|---|
| albóndigas | Fleischbällchen |
| boquerones en vinagre | kleine Sardellen in Essigmarinade |
| caracoles | Schnecken |
| chipirones | kleine Tintenfische |
| chorizo | würzige Paprikawurst |
| ensaladilla rusa | russischer Salat |
| jamón serrano | getrockneter Schinken |
| morcilla | Blutwurst |
| pulpo | Tintenfisch |
| tortilla | Kartoffelomelette |

## Entremeses/Vorspeisen

| | |
|---|---|
| aceitunas | Oliven |
| anchoas | Sardellen |

| | |
|---|---|
| ensalada mixta | gemischter Salat |
| jamón | Schinken |
| mantequilla | Butter |
| menestra | Gemüsetopf |
| pan | Brot |
| panecillo | Brötchen |
| sardinas | Sardinen |

## Sopas/Suppen

| | |
|---|---|
| caldo | Fleischbrühe |
| sopa de mariscos | Meeresfrüchtesuppe |
| sopa de pescado | Fischsuppe |
| sopa de verduras | Gemüsesuppe |

## Platos de huevos/Eierspeisen

| | |
|---|---|
| huevo | Ei |
| duro | hartgekocht |
| pasado por agua | weichgekocht |
| huevos fritos | Spiegeleier |
| huevos revueltos | Rühreier |
| tortilla | Omelette |

## Pescado/Fisch

| | |
|---|---|
| ahumado | geräuchert |
| a la plancha | auf heißer Eisenplatte gebraten |
| asado | gebraten |
| cocido | gekocht |
| frito | gebacken |
| anguila | Aal |
| atún | Thunfisch |
| bacalao | Stockfisch, Kabeljau |
| besugo | Brasse |
| lenguado | Seezunge |
| merluza | Seehecht |
| salmón | Lachs |
| trucha | Forelle |
| almeja | Venusmuschel |
| bogavante | Hummer |
| calamar | Tintenfisch |
| camarón | Garnele |
| cangrejo | Krebs |
| gamba | Garnele |

| | |
|---|---|
| langosta | Languste |
| ostras | Austern |

### Carne/Fleisch

| | |
|---|---|
| buey | Rind, Ochse |
| carnero | Hammel |
| cerdo | Schwein |
| chuleta | Kotelett |
| cochinillo, lechón | Spanferkel |
| conejo | Kaninchen |
| cordero | Lamm |
| ternera | Kalb |
| vaca | Rind |
| asado | Braten |
| carne ahumada | Rauchfleisch |
| carne estofada | Schmorbraten |
| fiambre | Aufschnitt |
| jamón/tocino | Schinken/Speck |
| lomo | Lenden- oder Rückenstück |
| salchichón | Hartwurst |
| pato/pollo | Ente/Huhn |

### Verduras/Gemüse

| | |
|---|---|
| aceitunas | Oliven |
| cebollas | Zwiebeln |
| col de Bruselas | Rosenkohl |
| coliflor | Blumenkohl |
| espárragos | Spargel |
| espinacas | Spinat |
| garbanzos/guisantes | Kichererbsen/Erbsen |
| habas, judías | Bohnen |
| lechuga | Kopfsalat |
| patatas | Kartoffeln |
| patatas fritas | Pommes Frites |
| pepinos | Gurken |
| tomates | Tomaten |
| zanahorias | Karotten |

### Condimentos/Gewürze

| | |
|---|---|
| aceite | Öl |
| ajo | Knoblauch |
| azafrán | Safran |

| | |
|---|---|
| mostaza | Senf |
| pimienta | Pfeffer |
| sal/salado | Salz/gesalzen |
| vinagre | Essig |

### Postres/Nachspeisen

| | |
|---|---|
| bollo | süßes Brötchen |
| dulces | Süßigkeiten |
| flan | Pudding |
| helado | Eis |
| mermelada | Marmelade |
| miel | Honig |
| pastel | Kuchen |
| queso | Käse |
| tarta | Torte |

### Frutas/Obst

| | |
|---|---|
| cerezas | Kirschen |
| chumbos | Kaktusfeigen |
| dátiles | Datteln |
| fresas | Erdbeeren |
| higos | Feigen |
| limón | Zitrone |
| mandarinas | Mandarinen |
| manzana | Apfel |
| melocotón | Pfirsich |
| melones | Honigmelonen |
| membrillo | Quitte |
| naranjas | Orangen |
| nueces | Nüsse |
| pera | Birne |
| piña | Ananas |
| plátano | Banane |
| sandías | Wassermelonen |
| uvas | Weintrauben |

### Spezielles

| | |
|---|---|
| bocadillo | belegtes Brötchen |
| chorizo | würzige Paprikawurst |
| churros | Brandteiggebäck |
| migas | geröstete Brotwürfel |

### Bebidas/Getränke

| | |
|---|---|
| agua mineral | Mineralwasser |
| con/sin gas | mit/ohne Kohlensäure |
| aguardiente | Schnaps |
| amontillado | halbtrockener Sherry |
| Brandy | Weinbrand |
| cerveza | Bier |
| café con leche | Milchkaffee |
| café solo | Espresso |
| café cortado | mit wenig Milch |
| fino | trockener Sherry |
| horchata | Mandelmilch |
| leche | Milch |
| manzanilla | Kamillentee |
| orujo | Tresterbranntwein |
| té | Tee |
| vino | Wein |
| blanco/tinto/rosado | weiß/rot/rosé |
| trocken/süß | seco/dulce |
| zumo | Fruchtsaft |

### Auf dem Jakobsweg

| | |
|---|---|
| Jakobsweg | Camino de Santiago |
| Pilger | peregrino |
| Pilgerausweis | credencial de peregrino |
| Stempel | sello |
| Ich bin aus Deutschland/Österreich/ der Schweiz. | Soy de Alemania/Austria/Suiza. |
| Wo kann man hier übernachten? | ¿Dónde se puede pernoctar por aquí? |
| Pilgerherberge | refugio/albergue de peregrinos |
| Wo kann ich meinen Rucksack/ mein Fahrrad lassen? | ¿Dónde podría dejar mi mochila/ mi bicicleta? |
| Gibt es ein freies Bett/Stockbett? | ¿Hay cama/litera libre? |
| Gibt es Bettzeug/Küche/Schließfächer? | ¿Hay ropa de cama (cocina/taquillas? |
| Wo kann man die Wäsche trocknen? | ¿Dónde se podría secar la ropa? |
| Dusche | ducha |
| heißes Wasser | agua caliente |
| Wo gibt es einen ... | ¿Dónde hay ... |
| Brunnen/Fahrradladen/ Schuhmacher? | una fuente/una tienda de bicicletas/un zapatero? |
| Wann öffnet | ¿A qué hora abre |
| die Kirche/das Kloster/ | la iglesia/el monasterio/ |

*Altehrwürdig: der Parador von Santo Domingo de la Calzada*

# Übernachten

Hotels, Gasthöfe, Pensionen

Die klassifizierten **Hotels** reichen von 1 Stern bis 5 Sterne, höchste Kategorie ist ein 5-Sterne-Haus mit dem Zusatz »Gran Lujo« (Großer Luxus). Zu den einfachen Unterkünften zählen der **Gasthof** (hostal) und die **Pension** (pensión; auch casa de huéspedes oder hospedaje). Während der Hochsaison werden örtlich auch **Privatzimmer** (habitaciones) vermietet.

Paradores

Vorzeigeobjekte der spanischen Hotellerie sind die Paradores, die seit 1928 in einer landesweiten Kette zusammengefasst und zumeist in historisch wertvollen Gebäuden untergebracht sind. Dazu zählen Burgen, Paläste und vormalige Pilgerspitäler.
Paradores tragen 3 bis 5 Hotelsterne, bieten fast immer ein feudales Ambiente und sind durchweg gut gelegen. Das Preis-Leistungs-Verhältnis ist meist sehr gut. Je nach Saison empfiehlt sich eine frühzeitige Reservierung. Die hauseigenen Restaurants bieten exzellente Gerichte der regionalen Küche.
Besonders stilvolle Paradores mit historischem Flair liegen am Jakobsweg: in Santo Domingo de la Calzada (im Mittelalter Pilgerspital), in León (einst Kloster und Rittersitz) und Santiago de Compostela (Pilgerspital vom ausgehenden Mittelalter). An der südgalicischen Küste thront der von einem Festungswall umzogene Parador von Baiona auf einem Plateau über dem Meer.

**Preise** Die Zimmerpreise können je nach Saison und sonstigen Anlässen (Messen, Stadtfeste) erheblich variieren. Während der Hauptsaison (Juli und August), wenn auch die meisten Spanier unterwegs sind, sind die Preise am höchsten, ebenso während der Karwoche (Semana Santa) und um Weihnachten/Neujahr. Bei Preisangaben sind im Regelfall weder das Frühstück (desayuno) noch der Mehrwertsteuer-Aufschlag (IVA) in Höhe von 7 % inbegriffen.
In abgelegeneren Gebieten kann es vorkommen, dass die Unterkünfte in der kalten Jahreszeit schließen.

## i Preiskategorien Hotels

- Die in diesem Reiseführer im Kapitel »Reiseziele von A bis Z« aufgeführten Unterkünfte sind in folgende Preiskategorien eingeteilt (Doppelzimmer pro Nacht ohne Frühstück):
Luxus: ab 140 €
Komfortabel: 80 – 140 €
Günstig: bis 80 €

**Agrotourismus** Wer den Urlaub in ländlicher Umgebung verbringen will und ein rustikales Quartier sucht, findet im Zielgebiet ein echtes Paradies vor. Der ländliche Tourismus (turismo rural), der auch gerne als grüner Tourismus (turismo verde) vermarktet wird, boomt. Über Nordspanien verteilen sich Tausende Landhäuser (casas rurales, casas de aldea), auch Landhotels (hoteles rurales) gibt es. Die alten ländlichen Gebäude sind oftmals vorbildlich renoviert.
Ein Teil der Landhäuser richtet sich an Selbstversorger (inkl. Kochgelegenheit), andere bieten Frühstück oder Halbpension. Manche kann man komplett für ein Wochenende oder eine Woche anmieten, andere sind wie kleine Gasthöfe aufgezogen und bieten normale Zimmer mit Bad; günstige Doppelzimmer sind bereits ab etwa 30 € zu haben. Während der Hauptferienzeiten empfehlen sich rechtzeitige Buchungen. Aktuelle Verzeichnisse mit Landhäusern bekommt man in den Touristenbüros. Bei den regionalen Reservierungszentralen für Landhäuser handelt es sich oft nur um Callcenter ohne Publikumsverkehr, daher findet man bei der nachfolgenden Auflistung nur Telefonnummern und Internetkontakte.

**Herbergen** Mit dem internationalen Jugendherbergsausweis lassen sich in Nordspanien eine ganze Reihe von Jugendherbergen (albergues juveniles) nutzen. Für die Benutzung der Pilgerherbergen brauchen Jakobspilger einen Pilgerausweis (►Pilgern S. 106).

**Camping und Caravaning** Wer mit dem Wohnmobil oder dem Zelt unterwegs ist, findet im Zielgebiet eine Reihe von gut ausgestatteten Campingplätzen (campings). Die Plätze unterteilen sich in erste Kategorie (primera categoría; Spitzenplatz), zweite Kategorie (segunda categoría; Mittelklasse) und dritte Kategorie (tercera categoría; Basisausstattung). Manche Plätze öffnen ganzjährig, andere nur von Ostern bis September/Oktober. Gelegentlich werden auf den Plätzen Häuschen (bungalows) oder fest installierte Mobilhomes (mobil-homes) vermietet. Wildes Campen ist offiziell verboten.

## WICHTIGE ADRESSEN ÜBERNACHTEN

### PARADORES

▶ **Paradores de Turismo**
Calle Requena, 3
E-28013 Madrid
Tel. 902 54 79 79
www.parador.es

▶ **IHR Ibero Hotelreservierung**
Immermann-Str. 23
40210 Düsseldorf
Tel. (02 11) 864 15 20
E-Mail: ihr@ibero.com
www.paradores.de

▶ **Siesta IT-Reisen**
Getreidemarkt 10
A-1010 Wien
Tel. (01) 587 96 21
www.siesta.at

▶ **Sierramar**
Militärstr. 36
CH-8004 Zürich
Tel. (044) 295 91 77
E-Mail: sierra@sierramar.ch
www.travel-house.ch/SierraMar

### HOTELKETTEN

▶ **NH Hoteles**
www.nh-hotels.com
Komfortable Häuser der in Navarra beheimateten und europaweit aktiven Hotelkette.

*Hotel Londres in San Sebastián*

▶ **AC Hoteles**
www.ac-hotels.com
Eingeführte Hotels der mittleren und gehobenen Preisklasse.

▶ **Tryp Hoteles**
www.solmelia.com
Gute Stadthotels

▶ **Rusticae**
Calle Mariano Cuesta, 2
E-28250 Torrelodones
Tel. 902 19 97 17
www.rusticae.es
Kleine Landhotels mit viel Charakter und Charme

### AGROTOURISMUS

▶ **Asociación Española de Turismo Rural**
Calle Angustias 4, 2°
E-47003 Valladolid
Tel. 902 19 79 72
www.ecoturismorural.com

▶ **Aragonien**
www.sedinet.com/ecoturismoaragon

▶ **Asturien**
www.asturdata.es

▶ **Baskenland**
Tel. 902 13 00 31
www.nekatur.net

▶ **Galicien**
www.turgalicia.es

▶ **Kantabrien**
Tel. 942 21 70 00
www.turismoruralcantabria.com

▶ **Kastilien-León**
www.ecoturismocastillayleon.com

▶ **Navarra**
Tel. 902 19 64 62
www.turismoruralnavarra.com

▶ **La Rioja**
http://lariojaturismo.com/alojamiento_rural/index.php

### JUGENDHERBERGEN

▶ **Red Española de Albergues Juveniles (REAJ)**
Calle Castello 24,
esc. int., 6° dcha
E-28001 Madrid
Tel. 915 22 70 07
www.reaj.com

### CAMPING

▶ **Federación Española de Empresarios de Camping y Parques de Vacaciones**
Calle Valderribas 48, esc. 3, 1° C
E-28007 Madrid
Tel. 914 48 12 34
www.fedcamping.com

# Urlaub aktiv

## Zuschauersport

**Fußball** Mit Abstand der beliebteste Zuschauersport ist der Fußball. Zu den spanischen Spitzenteams gehören die Mannschaften von Athletic Bilbao und Deportivo La Coruña. Traditionsreiche Clubs sind ferner Celta de Vigo, Real Sociedad (San Sebastián), Alavés (Vitoria), Racing (Santander) und Osasuna (Pamplona).

Pelota

Im Baskenland ist das Pelotaspiel ein beliebter Volkssport. Das schnellste Ballspiel der Welt ist ein Rückschlagspiel entweder zwischen Einzelspielern oder Mannschaften mit bis zu 10 Spielern. Der relativ kleine Ball wird mit einem löffelähnlichen Schläger (chistera) gegen eine Wand geschlagen. Der zurückspringende Ball muss vom Gegenspieler nach nur einmaligem Aufsetzen auf dem Boden wieder gegen die Wand geschlagen werden.

## Aktivsport

Golf

Über den Norden verteilt sich eine ganze Palette von Golfplätzen, deren Benutzung mitunter nicht an eine Club-Mitgliedschaft gekoppelt ist. Das Greenfee für Gäste hängt von der Saison und dem Wochentag ab. Nähere Informationen (auch über Preise) erhält man bei den lokalen Touristenbüros.

Reiten

Etliche Reiterzentren (centros de equitación, clubs hípicos), die zum Teil sehr versteckt liegen und nicht ganz einfach zu erreichen sind, bieten Ferienaufenthalte an. Die Touristenbüros helfen weiter.

Wassersport

Die Wassersport-Saison dauert von Ostern bis September. Dann werden in den dafür in Frage kommenden Küstenorten auch Surf- und Tauchkurse angeboten und in Häfen bzw. Marinas findet man Charterunternehmen, die Jachten mit oder ohne Besatzung vermieten.

Abenteuersport

Angesichts steigender Nachfrage gibt es eine wachsende Zahl entsprechender Angebote, wobei die Möglichkeiten vom Ballonfahren (vuelos en globo), Gleitschirmfliegen (parapente) und Bungee-Jumping (puenting) bis zum Bergsteigen, Schluchten- und Wasserfallklettern (canyoning, descenso en cañones) und zu begleiteten Höhlentouren (espeleología) reichen.

Wintersport

Wintersport ist in den Pyrenäen möglich. In Aragonien gibt es mehrere Ski-alpin-Gebiete, Navarra eignet sich eher für Skilangläufer. Skistationen gibt es auch in der Rioja (Valdezcaray) und Kantabrien (Alto Campoo).

## Wandern · Radfahren

Wandern

Absolut angesagt ist das Thema Wandern, wobei die verschiedenen **Varianten des Jakobsweges** im Brennpunkt des Interesses vieler Touristen stehen. Viel begangen wird die im Landesinneren verlaufende Hauptroute von den Pyrenäen nach Santiago de Compostela (► Pilgern S. 104, ► Baedeker-Special S. 316). Entlang dieses Weges gibt es auch zahlreiche Herbergen und Rastplätze.
Landschaftlich sehr reizvoll ist der **Küstenweg**, eine Variante des Jakobsweges, die es jedoch hinsichtlich der Infrastruktur nicht mit der Hauptroute aufnehmen kann.

*Ein herrliches Panorama bietet sich Wanderern im Bereich der Picos de Europa.*

Beliebte Wandergebiete sind ferner die größeren Naturparks, so etwa jener im Bereich der **Picos de Europa**. Auch in kleineren Schutzgebieten wie den baskischen Parks **Izki** und **Valderejo (Naturpark)** gibt es schöne Wanderwege. In und um die Naturparks findet man Unterkunft in sog. casas rurales.

**Radwandern nur bedingt möglich**

Wer Radwandermöglichkeiten nach deutscher Art sucht, wird angesichts von stark befahrenen Hauptstraßen, engen und holprigen Gässchen und Nebenstraßen sowie Schotterstrecken eher enttäuscht sein. Radwegenetze sind selbst in größeren Städten unbekannt oder erst in Planung.

vías verdes ▶ Insbesondere im Baskenland sind stillgelegte Eisenbahnstrecken von Gleisen befreit und in Radrouten durchs Grüne (vías verdes) verwandelt worden.

Mountainbiking ▶ Auch Mountainbiker befahren gern die Hauptroute des Jakobsweges, obgleich die Pilgerroute eigentlich nicht dafür bestimmt ist. Sportlich ambitionierte Mountainbiker kommen auch in einigen Naturparks auf ihre Kosten, so etwa im Bereich der Picos de Europa.

►dort Pilgern

## Sprachkurse

Das Flair der Universitätsstädte und die deutliche spanische Aussprache machen Nordspanien für Sprachschüler attraktiv. Es gibt eine ganze Reihe von Instituten, deren Angebote sich sowohl an Anfänger als auch an Fortgeschrittene richten. Die Kursdauer schwankt zwischen zwei Wochen und mehreren Monaten. Mitunter gibt es auch Sommerkurse. Meist liegt das Mindestalter der Teilnehmer bei 18 Jahren. Auf Wunsch werden Unterkünfte vermittelt. Wichtiges Qualitätsmerkmal der Schulen ist die offizielle Anerkennung durch das spanische Cervantes-Institut (Instituto Cervantes).

## ADRESSEN AKTIVURLAUB

### ANGELN

► **Federación Española de Pesce**
Tel. 915 32 83 53
www.fepyc.es

### BERGSTEIGEN

► **Federación Española de Deportes de Montana y Escalada**
Tel. 934 26 42 67
www.fedme.es

### GOLF

► **Real Federación Española de Golf**
Tel. 915 55 26 82
www.golfspainfederacion.com

### REITEN

► **Real Federación Hípica Española**
Tel. 914 36 42 00
www.rfhe.com

### SEGELN

► **Real Federación Española de la Vela**
Tel. 915 19 50 08
www.rfev.es

### SKILAUFEN

► **Asociación Turística de Esqui y Montaña de España**
Tel. 913 59 15 57
www.esquiespana.org

### WANDERN

► **Federación Aragonesa de Montañismo**
Tel. 976 22 79 71
www.fam.es

### WILDWASSER, KANU, KAJAK

► **Real Federación Española de Piragüismo**
Tel. 915 06 43 00
www.rfep.es

### SPRACHKURSE

► **Instituto Cervantes**
www.cervantes.es
Diese auch auf Deutsch aufrufbare Homepage erlaubt den Zugriff auf eine umfangreiche Datenbank, die einen guten Überblick über Sprachschulen in Nordspanien verschafft.

▶ **Lacunza**
Mundaiz 8
E-20012 Donostia/San Sebastián
Tel. 943 32 66 80
www.lacunza.com

▶ **Instituto Hemingway**
Calle Bailén, 5
E-48003 Bilbo/Bilbao
Tel. 944 16 79 01
www.institutohemingway.com

▶ **Inlingua Santander**
Avenida de Pontejos, 5
E-39005 Santander
Tel. 942 27 84 65
www.inlinguasantander.com

▶ **Academia Iria Flavia**
Rua Preguntoiro, 9
E-15704 Santiago de Compostela
Tel. 981 57 28 88
www.iriaflavia.net

▶ **Escuela Paralaia**
Calle Francisco Mariño, 3
E-15004 A Coruña/La Coruña
Tel. 981 91 32 05
www.escuelaparalaia.com

▶ **Universidad de Burgos**
Calle Parralillos s/n
E-09001 Burgos
Tel. 947 25 90 46
www.ubu.es

# Verkehr

## Straßenverkehr

**Straßen** Die Autobahnen (Autopistas) sind **gebührenpflichtig** (peaje); die autobahnähnlichen Schnellstraßen (Autovías) können jedoch kostenlos befahren werden.

Nationalstraßen ▶ Die nummerierten Nationalstraßen (Carreteras Nacionales; N-...), die etwa den deutschen Bundesstraßen entsprechen, sind vielfach vierspurig ausgebaut, ansonsten sind an Steigungen meist Kriechspuren für Lkw eingerichtet.

Landstraßen ▶ Die gleichfalls nummerierten Landstraßen (Carreteras autónomas; A-... bzw. Kürzel der Provinz) sind, soweit es sich um wichtigere Verbindungen handelt, in der Regel in gutem Zustand. So manche nicht nummerierte Nebenstraße kann jedoch unangenehme Überraschungen bereithalten.

**Innenstadtverkehr** Wenn nicht unbedingt nötig, sollte man Fahrten in die Innenstädte vermeiden, insbesondere in Altstadtkerne hinein, wo es oft so eng zugeht, dass auch mit Wagen der unteren Mittelklasse kaum ein Durchkommen ist. Die **Einbahnstraßenregelung** tut ein Übriges, um Fahrten in Innenstädte länger als gedacht werden zu lassen.

Parken ▶ In den meisten Städten ist das Parken auf blau gekennzeichneten Plätzen gebührenpflichtig, an gelb bezeichneten Stellen verboten. Die Bezahlung erfolgt bei Parkwächtern oder am Parkscheinautomaten. Die Kontrollen von Politessen sind streng und penibel.

Verkehrsregeln

**Vorfahrt** hat grundsätzlich das von rechts kommende Fahrzeug, auch bei Nebenstraßen in Städten (Ausnahmen sind ausgeschildert); der Kreisverkehr hat allerdings Vorfahrt vor dem sich eingliedernden Verkehr (Ausnahmen sind auch hier ausgeschildert).

Beim **Linksabbiegen** außerhalb der Ortschaften gibt es auf größeren Straßen eigene Fahrspuren, die zunächst nach rechts ausweichen und dann die Hauptstraße kreuzen.

Sowohl beim Aus- als auch beim Einscheren muss der Blinker gesetzt werden. **Überholen** vor Kuppen und auf Straßen, die nicht auf mindestens 200 m übersehbar sind, ist verboten.

Auf gut beleuchteten Straßen (außer auf Schnellstraßen oder Autobahnen) darf nur mit Standlicht gefahren werden. **Ersatzglühbirnen** müssen mitgeführt werden.

> **i Höchstgeschwindigkeiten**
>
> - innerorts: 50 km/h
> - außerorts: 90 km/h
> - Autobahnen: 120 km/h
> - Wohnmobile außerorts: 70 km/h
> - Wohnmobile auf Autobahnen: 90 km/h
> - Pkw mit Wohnanhänger auf Autobahnen: 80 km/h

Einen **Reservekanister** mitzuführen ist **nicht erlaubt**. Wird bei einer Verkehrskontrolle dennoch ein Kanister entdeckt, muss man mit einer hohen Geldbuße rechnen.

Das Anlegen der **Sicherheitsgurte** ist Pflicht. Dies gilt sowohl auf den Vordersitzen als auch auf den Rücksitzen.

◄ Promillegrenze

Die Höchstgrenze für den Blutalkoholgehalt liegt bei **0,5 Promille**. Bei Verstößen drohen hohe Geldstrafen.

◄ Autotelefon

Im Auto mit dem Handy ohne Freisprecheinrichtung zu telefonieren kann den Chauffeur bis 600 Euro Bußgeld kosten.

Panne

Bei einer Panne oder einem Unfall muss das Fahrzeug mit zwei Warndreiecken vorn und hinten gesichert werden. Auch muss man eine reflektierende Schutzweste anziehen. Wer nur mit einem Warndreieck angetroffen wird, muss mit einem Bußgeld von bis zu 100 € rechnen. Entlang der Autobahnen stehen in regelmäßigen Abständen Notrufsäulen. Abschleppen durch Privatfahrzeuge ist verboten!

## Öffentlicher Personenverkehr

Eisenbahn

Das Eisenbahnnetz in Spanien ist nicht so engmaschig ausgebaut wie in Mitteleuropa, doch sind alle größeren Städte per Bahn erreichbar, wenn auch meist mit etwas größerem Zeitaufwand.

◄ RENFE

Die Hauptstrecken werden vom staatlichen Unternehmen RENFE (Red Nacional de los Ferrocarriles Españoles) betrieben, das in allen größeren Orten Reisebüros unterhält. Bei Fahrten mit den RENFE-Fernzügen sollte man in der Hochsaison die **Plätze frühzeitig reservieren**, Stehplätze gibt es nicht.

**Autoreisezüge** (Auto-Expresos) verkehren von der spanischen Hauptstadt Madrid aus u. a. nach La Coruña (A Coruña), Bilbao (Bilbo) und San Sebastián (Donostia).

FEVE ► Die **Schmalspurbahn** FEVE ist eine nordspanische Besonderheit. Das Streckennetz umfasst knapp 1200 km. Die wichtigsten FEVE-Strecken sind Bilbao (Bilbo) – León, Bilbao (Bilbo) – Santander, Santander – Oviedo und Oviedo – Ferrol.

Transcantábrico ► Achttägige »Schienenkreuzfahrten« durch Nordspanien sind mit diesem **Luxus-Hotelzug** der FEVE möglich, der zwischen Mitte April und Ende Oktober auf landschaftlich besonders reizvollen Strecken verkehrt. Allerdings müssen Eisenbahn-Nostalgiker dafür recht tief in die Tasche greifen. Ein Einzelabteil kostet 3300 €, ein Abteil für zwei Personen 4600 €. Im Preis enthalten sind Vollpension, Ausflüge und Führungen.

Trenes Turísticos ► Die Eisenbahngesellschaft FEVE lässt bei Bedarf auf einigen touristisch besonders Strecken in Nordspanien Sonderzüge für Touristen fahren, so etwa entlang der Costa Verde und in Asturien, wo der Tren de la Biosfera hochinteressante Landschaften erschließt. Im Baskenland fährt sogar ein Tren de la Historia.

**Busse** Der Bus ist das wichtigste öffentliche Verkehrsmittel und preisgünstiger als die Bahn. Zwischen größeren Städten ist das Verbindungsnetz in ganz Nordspanien gut ausgebaut. An- und Abfahrtpunkt ist meist die zentrale Busstation (estación de autobuses). In der Hochsaison und allgemein an Wochenenden sollte man Fahrscheine besser einen Tag vorher kaufen. Auf den Tickets ist bei längeren Strecken die Sitzplatznummer abgedruckt, auf kürzeren Strecken gibt es meist freie Sitzwahl.

**Taxi** Taxis sind mit Taxischildern gekennzeichnet und mit Taxametern ausgestattet. Ab 22.00 Uhr und an Wochenenden gelten Sondertarife, größere Gepäckstücke und der Transport von Haustieren werden gesondert berechnet. Taxifahrer müssen offizielle Preislisten vorweisen können, vor allem, wenn es sich um festgesetzte Tarife für längere Fahrten oder um Zuschläge handelt.

## Sonstige Verkehrsmittel

**Inlandflüge** Innerhalb Spaniens ist Madrid das wichtigste Luftdrehkreuz, von dem aus alle relevanten Flughäfen Nordspaniens angeflogen werden: Asturias, Bilbao (Bilbo), La Coruña (A Coruña), León, Logroño, Pamplona (Iruñea), San Sebastián (Donostia), Santander, Santiago de Compostela, Vigo, Vitoria (Gasteiz) und Zaragoza. An einige nordspanische Ziele kommt man auch via Barcelona (mit Spanair).

**Mietwagen** Für ein Fahrzeug in der unteren Klasse zahlt man bei internationalen Autovermietern je nach Mietdauer 18 – 30 Euro pro Tag.

Die Mietverträge werden in der Regel mit unbegrenzter Kilometerzahl, Steuer und Haftpflichtversicherung abgeschlossen. Diese Preise werden von zahlreichen kleineren Leihwagenfirmen vor Ort oft erheblich unterboten.

## INFORMATIONEN VERKEHR

### INLANDFLÜGE

- **Iberia**
  Tel. 902 40 05 00
  www.iberia.com

- **Spanair**
  Tel. 902 13 14 15
  www.spanair.es

- **Air Europe**
  Tel. 902 40 15 01
  www.air-europe.com

### BAHNVERKEHR

- **RENFE**
  Tel. 902 24 02 02
  www.renfe.es

- **FEVE**
  Tel. 944 25 06 15
  www.feve.es

- **Transcantábrico**
  www.transcantabrico.feve.es

### AUTOVERMIETER

- **Reservierungen in Spanien**
  Reservierungsbüros der internationalen Autovermieter findet man in allen größeren Orten, insbesondere in Flughäfen und Bahnhöfen.

- **Reservierungen in Deutschland**

  *Avis*
  Tel. (0 18 05) 21 77 02
  www.avis.de

  *Budget*
  Tel. (0 18 05) 24 43 88
  www.budget.de

  *Europcar*
  Tel. (0 18 05) 80 00
  www.europcar.de

  *Hertz*
  Tel. (0 18 05) 93 88 14
  www.hertz.de

  *Sixt*
  Tel. (0 18 05) 25 25 25
  www.e-sixt.de

  *Sunny Cars*
  Tel. (089) 82 99 33 99
  www.sunnycars.de

### PANNENHILFE

- **Real Automóvil Club de España (R.A.C.E.)**
  Tel. 9 15 93 33 33
  Tel. 9 00 11 22 22
  www.race.es

# Zeit

Auf dem spanischen Festland braucht man die Uhr nicht umzustellen. Zwischen Ende Oktober und Ende März gilt die Mitteleuropäische Zeit (MEZ), ansonsten die Mitteleuropäische Sommerzeit (MEZ + 1 Std.). Wegen der westlichen Lage ist die Tageshelligkeit gegenüber Mitteleuropa um etwa eine Stunde nach hinten verschoben.

GALICIA
Camiño de Santiago
DIPUTACION
PROVINCIAL
LUGO

# Touren

AN DER ATLANTIKKÜSTE ENTLANG ODER HINAUF ZU DEN PICOS DE EUROPA? IN DIE MUSEUMSMETROPOLE BILBAO ODER IN DIE FIESTASTADT PAMPLONA? ODER DOCH LIEBER ENTLANG DES JAKOBSWEGES BIS SANTIAGO DE COMPOSTELA? WÄHLEN SIE!

# TOUREN DURCH NORDSPANIEN

**Sie wissen noch nicht, wohin die Reise gehen soll? Wir stellen Ihnen besonders schöne Strecken vor, sei es entlang der abwechslungsreichen Küsten oder durch das bergige Hinterland mit seinen alten Klöstern und Burgen. Einzelne Touren können auch gut miteinander kombiniert werden.**

**TOUR 1** **Der Jakobsweg**
Diese Tour quer durch den Norden Spaniens folgt der klassischen Pilgerroute. Für sie sollte man inklusive kleinerer Abstecher mindestens eine Woche veranschlagen. ▸ **Seite 140**

**TOUR 2** **Die große Atlantikroute**
Gut eine Woche sollte man einplanen, auch um am Golf von Biskaya Atlantikluft zu schnuppern. Unterwegs lernt man interessante Städte und Dörfer sowie herrliche Gebirgsregionen kennen. ▸ **Seite 144**

**Jakobsmuscheln**
*fein zubereitet gibt es in Santiago de Compostela*

**Ría Cedeira**
*eine der schönsten Buchten Galiciens*

**TOUR 3** **Baskenland, La Rioja und Navarra**
»Städte und Weine« – so lautet das Motto für diese Rundfahrt ab/bis Bilbao. Sie führt durch Städte mit langer Geschichte und einige der berühmtesten Weingegenden Spaniens. ► **Seite 147**

**TOUR 4** **Pyrenäen und Ebro-Becken**
Auf dieser Route entdeckt man imposante Bergmassive, geschichtsträchtige Klöster und Kastelle sowie Aragoniens Hauptstadt Zaragoza, die für die Weltausstellung 2008 herausgeputzt worden ist. ► **Seite 149**

**TOUR 5** **Die südlichen Rías Gallegas**
Diese Runde erschließt einige der schönsten Meeresbuchten Galiciens mit zauberhaften Stränden und malerischen Fischerhäfen. ► **Seite 152**

**Leckere Tapas** *sollte man in der Altstadt von San Sebastián probieren!*

**Traubenstampfen** *beim Weinfest in Logroño*

# Unterwegs in Nordspanien

**Ganzheitliches Erleben**

Fernab von altbekannten Spanien-Klischees und Ballermann-Trubel bietet der Norden der Iberischen Halbinsel Faszination und Abwechslung, die (noch) nicht vom Massentourismus erdrückt worden ist. Hier zeigt sich über weite Strecken noch ein unverfälschtes Stück Spanien mit freundlichen Fischerdörfern und zauberhaften Meeresbuchten, schönen Stränden und bekannten Reblagen, berühmten Kirchen und Kapellen sowie stolzen Burganlagen. Kunsthistorisch Interessierten wird das Herz ebenso aufgehen wie begeisterten Naturliebhabern und Freunden exquisiter Kochkunst. Nordspanien wartet mit einer Überraschung nach der nächsten auf und bürgt mit all seinen Schätzen aus Kultur und Natur für ein ganzheitliches Reiseerlebnis. Vormittags der Besuch einer Stadt samt historischem Viertel und Kathedrale, nachmittags eine Wanderung in überwältigender Natur, abends pulsierendes spanisches Leben mit Wein und Tapas. Es kommt nur darauf an, sich zur richtigen Zeit am richtigen Ort niederzulassen.

Ein besonders angenehmes Reisen ist im Frühjahr und Herbst möglich. Im Sommer muss man sich dieses Vergnügen mit vielen Spaniern teilen, was aber auch ganz reizvoll sein kann.

**Jakobsweg**

Seit Langem zieht der Jakobsweg (Camino de Santiago) Besucher aus aller Herren Länder an. Auf ihm zu pilgern ist in den letzten beiden Jahrzehnten zum **neuerlichen Massenphänomen** geworden. PR-Kampagnen des spanischen Fremdenverkehrsamtes sowie eine Vielzahl von Publikationen, darunter auch etliche Erfahrungs- und Erlebnisberichte, machen auf den Jakobsweg neugierig.

Die knapp 800 km lange Hauptroute führt von den Pyrenäen bis nach Santiago de Compostela, wo der heilige Apostel Jakobus begraben sein soll. Der Wanderpfad und die ebenfalls als »Camino de Santiago« markierten Straßen verlaufen mehr oder minder parallel und führen von Ost nach West zu wichtigen Stationen der Christenheit und der Sakralbaukunst. Dazu gehören die Kathedralen von Pamplona und Logroño, die Klosterkirchen von Nájera und San Juan de Ortega, die Kathedralen von Burgos und León, die Altstädte von Astorga und Ponferrada. Und dazwischen liegen immer wieder typische Pilgerorte, wahre Sinfonien in Stein, wie Castrillo de los Polvazares und O Cebreiro. Stilistisch sind die zahlreichen Monumente hauptsächlich von Romanik und Gotik geprägt.

**UNESCO-Welterbe**

Die UNESCO hat historisch und kulturell besonders bemerkenswerte Stätten zum Weltkulturerbe erhoben. Dazu gehören in Nordspanien der gesamte Jakobsweg, die gesondert hervorgehobene Kathedrale von Burgos sowie die Altstadt von Santiago de Compostela, die beiden riojanischen Klöster Suso und Yuso bei San Millán de la Cogolla, die Stadtmauern von Lugo und die präromanischen Kirchen in

*Die allererste Brückenkonstruktion dieser Art – mittlerweile von der UNESCO als Weltkulturerbe ausgewiesen – überspannt den Río Nervión bei Bilbao.*

Asturien. Ein technisches Denkmal von Weltrang ist die »Schwebebrücke« (Puente Colgante) in Bilbao.
Zum UNESCO-Weltnaturerbe zählt der galicische Nationalpark, der die Atlantischen Inseln (Islas Atlánticas) und den zugehörigen Küstenabschnitt schützt.
Eine archäologische UNESCO-Welterbestätte ist die für Besucher nicht mehr zugängliche Höhle von Altamira (im benachbarten Museum befindet sich ein Nachbau). Auch die östlich von Burgos gelegene Fundstelle Atapuerca, wo Überreste eines »Altmenschen« entdeckt worden sind, ist UNESCO-Welterbestätte. Dies gilt auch für das einstige Goldabbaugebiet Las Médulas südwestlich von Ponferrada, wo die alten Römer mit kühlem Kalkül ganze Berge durchgespült und die Reichtümer abgetragen haben.

**Kunst und Architektur**

Kunst und Architektur treten in Nordspanien in vielerlei Facetten hervor. In Bilbao hat das Guggenheim-Museum für moderne und zeitgenössische Kunst europaweit Akzente gesetzt. An einigen Orten Nordspaniens – u. a. in Comillas, Astorga und León – hat Jugendstil-Baumeister Antoni Gaudí sehenswerte Schöpfungen hinterlassen. Arata Isozaki hat das Domus (Haus) in der galicischen Hafenstadt La Coruña geschaffen. Nahe dem baskischen Ort Hernani zieht der Skulpturenpark des Bildhauers Eduardo Chillida Besucher an. Unter die Rubrik Geheimtipps fallen Ziele wie das Museum Jorge Oteiza bei Pamplona und das Museum Ignacio Zuloaga in Zumaia. Auch die Museen der Schönen Künste in San Sebastián und Vitoria bergen wunderbare Schätze. Eine weitere Besonderheit ist die Rioja Alavesa, die sich sich neuerdings mit spektakulären Kellerei-Zweckbauten von Frank O. Gehry und Santiago Calatrava schmückt.

**Das »grüne Spanien«**

Mit seinen wildromantischen Meeresarmen, sattgrünen Wiesen und Weiden sowie imposanten Hochgebirgsmassiven wie den Picos de Europa präsentiert sich der iberische Norden tatsächlich als das »grüne Spanien«. Trotz zahlreicher schöner Strände ist Nordspanien allerdings kein klassisches Ziel für Badeurlauber. Dazu ist das Klima selbst im Hochsommer zu unbeständig. Und in manchen Küstengebieten an der Biskaya sowie in Galicien wehen nicht selten heftige Winde. Selbst im Hochsommer erreicht die Wassertemperatur des Atlantiks selten mehr als 20 °C und kann schon aus diesem Grund nicht mit dem Mittelmeer konkurrieren.

Wer Nordspanien besucht, sollte wetterfest sein und sich auf die Lebensart der Bewohner einlassen können. An festliche Ausschweifungen ist man hier zwar gewöhnt, nicht jedoch an internationales Nightlife & Highlife, wie man es beispielsweise von der Mittelmeerküste kennt. Dafür findet man im Norden Spaniens – von wenigen Ausnahmen abgesehen – weder Hotelhochbauten noch Apartmentanlagen, in denen nur Deutsch und Englisch gesprochen wird.

**Festliches Nordspanien**

Ein weiterer guter Grund, in Spaniens Norden zu reisen, sind die Feste. Vor allem im Sommer wird viel geboten. Absoluter Höhepunkt sind die im Juli in Pamplona stattfindenden Fiestas de San Fermín mit ihren berühmt-berüchtigten Stierläufen durch die Gassen der Altstadt. In der zweiten Julihälfte geht es in Santiago de Compostela rund, wenn die Patronatsfeierlichkeiten zu Ehren des heiligen Jakobus abgehalten werden. Dazu gesellen sich im jährlichen Festkalender Termine wie die Karwoche mit ihren inbrünstig begangenen Umzügen sowie das herbstliche Weinlesefest in Logroño. Immer attraktiver werden die Weihnachtsmärkte, auf denen man gute Gelegenheit hat, sich mit regionaltypischen Produkten einzudecken.

In die Sparte »Kuriosa« fallen festliche Auswüchse wie die Batalla del Vino (Schlacht des Weins) Ende Juni im riojanischen Haro und das ebenfalls alkoholisch durchtränkte Wikingerfest Anfang August im galicischen Catoira.

**Nordspanien mit Kindern**

Verschlungene Gänge in Burgen und Klöstern lassen Kinderherzen höher schlagen – und all die Strände natürlich auch, die sich zwischen der spanisch-französischen Grenze im Baskenland und der spanisch-portugiesischen Grenze im Süden Galiciens aufreihen. Einmal mehr sei an dieser Stelle an den recht kühlen und rauen Atlantik erinnert, in dem man den Nachwuchs nur unter Aufsicht planschen lassen sollte. Mit größeren Kindern kann man auch ein paar Tage auf dem Jakobsweg wandern. Auch mit kleineren Touren durch abwechslungsreiche Naturparks kann man den Nachwuchs begeistern. Vielerlei Tiere aus allen Teilen der Erde gibt es im kantabrischen Wildgehege Cabárceno zu sehen. Hoch im Kurs bei Kindern und Jugendlichen steht auch das Aquarium in San Sebastián. Ferner gibt es in Kantabrien und Asturien eine ganze Reihe von interessanten Höhlen, die junge Abenteurer locken.

*»Rapa das Bestas«: Abtrieb der halbwilden Pferde bei Oia.*

**Mobilität**

Mit Bahnen und Bussen kommt man in der Regel problemlos von einer Stadt in die nächste und auch zu manchen touristisch interessanten Plätzen. Doch viele kleinere Dörfer, Sehenswürdigkeiten und Unterkünfte liegen oftmals recht abgeschieden. Ohne eigenen Pkw oder Mietwagen würde man eine ganze Menge verpassen.

**Reisedauer und Touren**

Wer viel von Nordspanien sehen will, sollte sich Zeit nehmen. Die vorgeschlagenen **Touren 1, 2 und 3** lassen sich gut zu einer etwa dreiwöchigen Rundreise durch Nordspanien kombinieren. Ob man dabei die Schwerpunkte auf Kultur oder Natur legt oder auf eine ausgewogene Mischung setzt, bleibt natürlich jedem selbst überlassen. **Tour 3** richtet sich an jene, die in Bilbao eintreffen, etwa fünf Tage Zeit haben und sich dabei interessante Städte, ein Stück Jakobsweg und das berühmte Weinbaugebiet der Rioja ansehen möchten. **Tour 4** ist für jene gedacht, die auf weniger ausgetretenen Pfaden die Berge und Täler in den Pyrenäen sowie ein Stück Ebro-Becken erkunden möchten. **Tour 5** gibt einen Vorschlag für all jene an die Hand, die ab/bis Santiago de Compostela eine einwöchige Rundreise durch Galicien unternehmen möchten und ihren Schwerpunkt auf Strände, Fischerdörfer und Meeresarme legen.

Auch andere Möglichkeiten kommen in Betracht, ausgehend von Gabelflügen. Zum Beispiel hin nach Bilbao, Anbindung südlich an den Jakobsweg, auf diesem nach Santiago de Compostela (► Tour 1) und ab dort zurück. Oder hin nach Santiago de Compostela, über die große Atlantikroute (► Tour 2) nach Bilbao und ab dort zurück nach Hause.

# Tour 1 Der Jakobsweg

**Start und Ziel:** Von Roncesvalles nach Santiago de Compostela

**Länge:** ca. 800 km
**Dauer:** min. 8 Tage

**Der Jakobsweg ist die Hauptreiseroute in Nordspanien. Der nachstehende Tourenvorschlag ist jedoch nicht als Pilgerreise von Kirche zu Kirche für gläubige Christen konzipiert. Monumentale Prachtbauten wechseln sich mit urigen Dörfern und erstaunlich vielgesichtigen Landschaften ab. Man startet in den Pyrenäen und erreicht schließlich Santiago de Compostela.**

**Ein architektonisches Meisterwerk** *ist das Hospital San Marcos in León.*

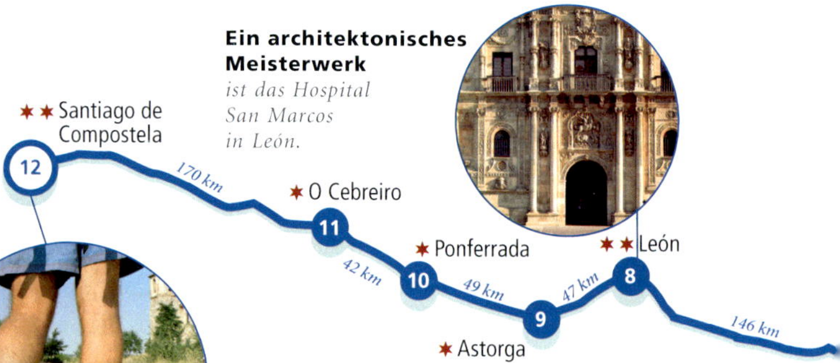

**So weit die Füße tragen …** *Ein Jakobspilger auf dem Weg nach Santiago de Compostela*

**Klöster und Weingärten**

Man reist von der französischen Atlantikküste über Bayonne und Saint-Jean-Pied-de-Port nach Spanien ein. Die Grenze verläuft zwischen Saint-Jean-Pied-de-Port und Arneguy. Auf der N-135 geht es nun in langen Kehren aufwärts zum legendären Pyrenäenpass von Ibañeta (1057 m) und ein Stück abwärts zum Kloster von ❶ ✶ **Roncesvalles** (Orreaga), einer der schönsten Pilgerstätten am Jakobsweg. Rundherum genießt man die Bergszenerie.

Ab Roncesvalles geht es weiter nach ❷ ✶✶ **Pamplona** (Iruña, Iruñea), wobei der Pilgerpfad einige Male an der Straße entlangführt bzw. diese kreuzt. In Pamplona, der Hauptstadt der Region Navarra, verdienen die Altstadt mit dem Rathaus, der Plaza del Castillo, den Stadtmauern und der Kathedrale einen Besuch. Südwestlich von Pamplona geht es auf der N-111 oder ein Stück auf der neu ausgebauten Autobahn Richtung Logroño, wobei man sich kurz vor Puen-

te la Reina für einen Abstecher (4 km) zum romanischen Kirchlein ✶✶ **Santa María de Eunate** entscheiden sollte.
In ❸ ✶✶ **Puente la Reina** (Gares) erwartet einen die berühmte **romanische Brücke**. Danach geht es durch fruchtbare Weingärten bis ✶ **Estella** (Lizarra), der »Stadt der Kirchen«. Auf der N-111 erreicht man über Los Arcos und Torres del Río das Städtchen Viana. Dann geht die Region Navarra in die Weinbauregion La Rioja über.

**Von Logroño nach Burgos**

Erste Station in der Rioja ist deren Hauptstadt ❹ ✶✶ **Logroño**, die sich im weiten Becken des Río Ebro breitmacht und Besucher mit ihrer Kirchturm-Silhouette empfängt. In der Altstadt sollte man sich die Kathedrale, die einschiffige Iglesia de Santiago, die Kneipengasse Calle del Laurel und den Paseo del Espolón vormerken. Weingärten

**El Cid**
*ist wohl der berühmteste spanische Nationalheld.*

**Weidenallee**
*bei der Pilgerstätte Roncesvalles in den Pyrenäen*

säumen den Weg südwestlich von Logroño, wobei man die Rioja-Metropole zwangsweise auf der Stadtautobahn verlässt und nach etwa 6 km auf die N-120 Richtung Burgos abzweigt.
Von Logroño lohnt ein erster Abstecher rund 15 km südwärts zur Felsenburg von Clavijo. Dieser Ort steht in Zusammenhang mit einer wundersamen Erscheinung des heiligen Jakobus. ◄ 1. Abstecher
Der nächste wichtige Halt ist ✶ **Nájera** mit dem Kloster Santa María la Real, gefolgt von ❺ ✶✶ **Santo Domingo de la Calzada** mit seiner Kathedrale, in der es einen Hühnerstall zu bestaunen gibt.
Ein zweiter Ausflug führt ab Nájera oder Santo Domingo de la Calzada etwa 20 km weit nach San Millán de la Cogolla, wo man gleich zwei Weltkulturerbe-Klöster besuchen kann: das kleinere Bergkloster Suso und das größere Talkloster Yuso. Die An- oder Abfahrt nach bzw. von San Millán de la Cogolla lässt sich überdies mit einem Be- ◄ 2. Abstecher

such des Klosters **Cañas** kombinieren, in dem Kirche, Kreuzgang und Schatzkammer sehenswert sind.

Weiter westlich von Santo Domingo de la Calzada, hinter Grañón, geht die Rioja in die zu Kastilien-León gehörige Provinz Burgos über. Auf halbem Weg zwischen Villafranca Montes de Oca und Burgos gibt es eine ausgeschilderte Abzweigung ins ca. 5 km entfernte Dorf ✶ **San Juan de Ortega** mit seiner Klosterkirche. Es ist seit alters her eine wichtige Station am Jakobsweg.

Zurückgekehrt auf die N-120, geht es geradewegs bis ❻ ✶✶ **Burgos**. In der Provinzhauptstadt kann man schön auf der Promenade am Fluss flanieren. Die Kathedrale markiert einen der kunsthistorischen Höhepunkte in ganz Spanien.

Abstecher ab Burgos ▶

Ca. 55 km südöstlich von Burgos liegt das sehenswerte Benedik-tinerkloster **Santo Domingo de Silos**. Hier gibt es einen romanischen Kreuzgang mit reich verzierten Kapitellen und eine kleine Schatzkammer. In der Klosterkirche tragen die Mönche gelegentlich gregorianische Gesänge vor.

**Etappe der Nebensträßchen**

Ab Burgos führt der Jakobsweg für Motorisierte westwärts auf der N-120 bis zum Ort **Olmillos de Sasamón**, wo man genau auf eine unscheinbare Links-Abzweigung mit dem Hinweis »Camino de Santiago« achten muss. Nun beginnt eine Etappe der Nebensträßchen, die am Pilgerort Hontanas vorbei und durch den Torbogen des einstigen ✶ **Klosters San Antón** nach ❼ ✶ **Castrojeriz** führt. Dort lohnt der Besuch der Stiftskirche Virgen del Manzano, ehe das jetzt deutlicher ausgeschilderte Sträßchen durch die typisch ländliche Gegend Kastiliens nach ✶ **Frómista** führt. Hier zieht die romanische Kirche San Martín Besucher in ihren Bann. Knapp 15 km weiter lenkt die Kirche Santa María la Blanca in ✶ **Villalcázar de Sirga** alle Blicke auf sich. In **Carrión de los Condes** findet sich ein kleiner historischer Altstadtkern. Außerhalb liegt das Kloster San Zoilo. Auf der N-120 geht es weiter nach **Sahagún**. Die dortige Kirche des Benediktinerinnenklosters Santa Cruz birgt das Grabmal von König Alfons VI. Mangels Sehenswürdigkeiten empfiehlt es sich, hinter Sahagún ein Stück der Autobahn A-231 zu folgen, bis eine Rechts-Abzweigung auf die N-601 Richtung Mansilla de las Mulas und León weist.

## ✔ NICHT VERSÄUMEN

- Pamplona: Kathedrale, Altstadt und Fiesta San Fermín (Stierläufe)
- Logroño: Kathedrale und Altstadt
- Burgos: Kathedrale
- León: Kathedrale, Pantheon
- Santiago de Compostela: Kathedrale und Altstadt

**León und idyllische Dörfer**

Im alten Marktort **Mansilla de las Mulas** geht es recht gemächlich zu. Dagegen wartet ❽ ✶✶ **León** wieder mit städtischem Flair sowie herausragenden Kulturstätten auf. Zu erwähnen sind die gotische Kathedrale, das an die Stiftskirche San Isidoro stoßende Pantheon der Könige sowie der einstige Rittersitz San Marcos (heute Parador).

Südwestlich von León sind es knapp 50 km auf der N-120 bis Astorga, wobei unterwegs das moderne Marienheiligtum in Virgen del Camino und die mittelalterliche Brücke von ✶ **Puente de Órbigo** beachtenswert sind. ❾ ✶ **Astorga** erwartet Besucher mit seiner Kathedrale, dem Gaudí-Palais (heute Jakobsweg-Museum) und Stadtmauern, deren älteste Teile aus der Römerzeit stammen. Westlich von Astorga verlaufen Wanderpfad und Nebensträßchen auf einer besonders schönen Strecke häufig parallel. Am Weg liegen die idyllischen Dörfer ✶ **Castrillo de los Polvazares** und ✶ **Rabanal del Camino**, ehe die Straße auf das »Dach des Jakobsweges« ansteigt: zum 1504 m hoch gelegenen ✶ **Cruz de Ferro**, dem Eisernen Kreuz. Über El Acebo und Molinaseca windet sich das kurvenreiche Sträßchen bis ❿ ✶ **Ponferrada** hinunter, das bekannt ist für seine Templerburg und die Renaissance-Basilika Virgen de la Encina.

◄ Abstecher ab Ponferrada

Ab Ponferrada kann man zwei lohnende Abstecher unternehmen, und zwar zum knapp 20 km südlich gelegenen **Peñalba de Santiago** mit seiner mozarabischen Kirche und – etwa 25 km südwestlich – zum alten römischen Goldbergbaugebiet **Las Médulas**.

**Wieder in die Einsamkeit**

Hinter Ponferrada beherrschen Weingärten den Landstrich des Bierzo und die nächste nennenswerte Station ✶ **Villafranca del Bierzo**, ehe die N-VI bzw. die moderne Schnellstraße A-6 Anbindung an Pedrafita do Cebreiro schafft, wo der Jakobsweg für Motorisierte wieder in die Einsamkeit führt. Nach einigen Kilometern erreicht man das reizvoll auf einer Passhöhe gelegene Dorf ⓫ ✶ **O Cebreiro** mit seiner Pilgerkirche. Von dort geht es über Berge und durch Täler hinunter nach Triacastela. Dann fährt man weiter nach Samos mit seinem ✶ **Benediktinerkloster** und durch Sarria. Schließlich erreicht man das hoch über den Ufern des Belesar-Stausees gelegene **Portomarin**. Dann geht es ein Stück auf der N-540 und später auf der N-547 weiter durch die Ortschaften Palas de Rei, Melide und Arzúa nach ⓬ ✶✶ **Santiago de Compostela**, dem Ziel aller Jakobspilger.

✶ **Kap Fisterra**, das tief in den Atlantik stoßende »Ende der Welt«, ist ein lohnendes Ausflugsziel ab Santiago de Compostela. Die schönste Station unterwegs ist das Fischerstädtchen **Muros**.

*Nordspaniens Ende der Welt*

# Tour 2 Die große Atlantikroute

**Start und Ziel:** Von Santiago de Compostela nach Bilbao

**Länge:** ca. 800 km
**Dauer:** min. 7 Tage

**Wer den rauen Atlantik liebt und die Reise überdies mit kulturellen Sehenswürdigkeiten bereichern will, dem sei diese Route empfohlen. Die Reise beginnt in Santiago de Compostela und endet in Bilbao. Da Meer und Berge unterwegs nicht weit voneinander entfernt sind, dürfen sich Naturliebhaber besonders freuen.**

**Beste Sidra**
*bekommt man auch in Oviedo.*

**Auf in den Norden**

Auf der N-550 sind es ab ❶ ✶✶ **Santiago de Compostela** rund 60 km bis zur galicischen Hafenstadt ❷ ✶ **La Coruña** mit ihren verglasten Galerien und ihrem als Landmarke weithin sichtbaren Herkules-Leuchtturm, der ein Erbe der Römerzeit ist. Danach folgt der interessanteste Teil Nordgaliciens, der allerdings etwas mehr Zeit erfordert. Denn die Sträßchen nördlich von **El Ferrol** legen sich oft in weiten Schleifen um die Buchten der oberen Rías Gallegas, der sogenannten ❸ ✶✶ **Rías Altas**. Der Aufwand lohnt sich, denn die Rías von **Cedeira** und **Ortigueira** zählen zum Schönsten, was die Atlantikküste zu bieten hat. Auch der Meeresarm von **Viveiro** ist ausgesprochen malerisch, erst hinter Burela haben die kurvigen Abschnitte mit der Rückkehr auf die N-642 ein Ende.

## ✓ NICHT VERSÄUMEN

- Santiago de Compostela: Kathedrale und Altstadt
- Rías Altas: versunkene Flusstäler
- Oviedo: Altstadt
- Santillana del Mar: Altstadt, Höhlenmuseum Altamira
- Santander: Strände, Kathedrale
- Bilbao: Guggenheim-Museum, Puente Colgante

Nicht versäumen sollte man zwischen Foz und Ribadeo einen kurzen Abstecher an die ausgeschilderte ❹ ✶✶ **Praia das Catedrais**, den wegen seiner bei Ebbe hervortretenden Felsformationen so genannten Strand der Kathedralen.

◀ Andreas-Reliquie

Im Ortskern des Fischerstädtchens **Cedeira** ist ein 12 km langer Abstecher nach **San Andrés de Teixido** ausgewiesen, ein schön gelegenes Dorf zwischen dem Atlantik und den Abhängen der Serra da Capelada. Im Zentrum steht das Heiligtum, in dem die Gläubigen eine Reliquie des heiligen Andreas verehren.

**Entlang der »grünen Küste«**

Östlich von Ribadeo erstreckt sich die ❺ ✶✶ **Costa Verde**, Asturiens »grüne Küste«, die mit Wiesen, Weiden, Buchten und kleinen Strän-

**Weltberühmte Steinzeitkunst**
*Malereien in der Höhle von Altamira*

den ein buntes Wechselspiel von Landschaftsbildern zu bieten hat. Immer wieder lohnen sich kurze Abstecher von der N-634, ob ins winzige **Puerto de Vega** oder zum malerischen Fischerhafen von ❻ ✶ **Luarca**. Östlich von Luarca verlauft die N-632 kontinuierlich an der Küste entlang, bis in Höhe der Industriestadt Avilés ein anderes Lüftchen weht. Mit einem Schlenker entfernt man sich rasch ins Landesinnere – ❼ ✶✶ **Oviedo** heißt das Ziel. Die asturische Hauptstadt besticht mit einer freundlichen und recht geschäftigen Altstadt. Außerhalb der Stadt gibt es sehenswerte ✶✶ **präromanische Kirchen**, die zum Weltkulturerbe der UNESCO zählen. Die Autobahn führt wieder an die Küste zurück und erreicht die lebhafte Hafenstadt **Gijón**. Hier lohnt sich kein längerer Aufenthalt, sodass mehr Zeit für den landschaftlich reizvollen Küstenabschnitt um **Villaviciosa**, ❽ ✶ **Ribadesella** und **Llanes** bleibt.

◀ Abstecher zu den Picos de Europa

Im nahen Hinterland der asturischen bzw. kantabrischen Küste ragt das Hochgebirgsmassiv der Picos de Europa auf. Von Westen her eignet sich Cangas de Onís als Ausgangspunkt für einen Abstecher. Von

*Castro-Urdiales ist einer der schönsten Orte an der kantabrischen Küste.*

Osten kommend geht es über Panes und Potes tief hinein in die Bergwelt bis zur Seilbahnstation in * **Fuente Dé**.

**Durch Kantabrien ins Baskenland**

9 * **San Vicente de la Barquera** ist die erste nennenswerte Station in Asturiens Nachbarregion Kantabrien. Die schönsten Strände liegen östlich der Ría de San Vincente. Während Autobahn und Nationalstraße weiter im Landesinneren verlaufen, geht es an der Küste entlang auf freundlichen Nebensträßchen weiter über **Comillas** nach 10 ** **Santillana del Mar**, das vor allem wegen seines mittelalterlichen Stadtbildes besucht wird. Etwas außerhalb liegen die Höhlen von Altamira und deren für Besucher zugängliche Nachbildung in einem Museum. Rund 30 km weiter nordöstlich zeigt Kantabriens Hauptstadt 11 ** **Santander** ein ganz anderes Gepräge. Sie liegt wunderschön an einer Bucht und verfügt über tolle Strände. Im Osten der Bucht von Santander empfiehlt sich ein Schlenker auf Nebenstraßen durch die kleine Strand- und Ferienregion um Ajo und Noja. Hinter dem Feuchtgebiet von Santoña erreicht man wieder die N-634 bzw. die A-8.
Nächste Stationen sind die Strandorte **Laredo** und **Castro-Urdiales**. Dann geht es von Kantabrien hinüber ins Baskenland. Endpunkt ist die baskische Metropole 12 ** **Bilbao** (Bilbo), die über das Guggenheim-Museum hinaus weitere Museen, eine überraschend attraktive Altstadt und die spektakuläre Puente Colgante zu bieten hat.

# Tour 3 Baskenland, La Rioja und Navarra

**Start und Ziel:** Bilbao
**Länge:** ca. 550 km
**Dauer:** min. 5 Tage

**Diese Tour schafft den richtigen Ausgleich zwischen Stadtkultur und gebirgiger Naturlandschaft. Von den berühmten Weingärten Navarras und der Rioja geht es zu den Stränden des Baskenlandes und an die herrliche Bucht von San Sebastián.**

**Von Bilbao in die berühmte Weingegend**

Die lebhafte baskischen Metropole 1 ✶✶ **Bilbao** kann mit interessanten Museen (u.a. Guggenheim-Museum) und technischen Wunderwerken (Puente Colgante) ebenso aufwarten wie mit einer von hübschen Gassen und Plätzen geprägten Altstadt. Von Bilbao schlängelt sich die N-240 zwischen den Nationalparks von Gorbea und Urkiola als landschaftlich reizvolle Strecke über das Gebirge nach 2 ✶ **Vitoria** (Gasteiz), die besuchenswerte Hauptstadt des Baskenlandes.

Rund 50 km südwestlich von Vitoria ist der äußerste Zipfel der weltberühmten Weinbauregion 3 ✶✶ **La Rioja** erreicht. Eine bedeutende »Stadt des Weines« ist **Haro**, wo man bereits erste Bodegas besuchen kann, z.B. die Bodegas Muga. Im weiten Becken des Río Ebro kommt man so recht auf den Rioja-Geschmack. Dies gilt auch für

**Edle Tropfen**
*kann man im Weinbaugebiet Rioja erwerben.*

kleinere Orte weiter östlich, vor allem für ✶ **Briones** mit dem imposanten Weinbaumuseum der Familie Vivanco. Weingärten säumen den Weg über Cenicero nach Fuenmayor, wo eine kleine Landstraße knapp 10 km nordwärts führt in den malerischen Ort ✶ **Laguardia** mit seinen romantischen Gassen, Plätzen und Kirchen. Dazu kontrastieren die etwas außerhalb gelegenen topmodernen Bodegas Ysios, die Spaniens Stararchitekt Santiago Calatrava entworfen hat. Eine reizvolle Kulisse bilden die Berge des Umlandes.

## ✓ NICHT VERSÄUMEN

- Bilbao: Guggenheim-Museum, Altstadt, Puente Colgante
- La Rioja: weltberühmte Weinbauregion
- Logroño: Kathedrale und Altstadt
- Pamplona: Kathedrale, Altstadt, Fiesta San Fermín (Stierläufe)
- San Sebastián: Bucht La Concha, Altstadt, Monte Urgull

Südwestlich von Laguardia liegt ❹ ✶✶ **Logroño**, die Hauptstadt der Rioja und wichtige Station am Jakobsweg, dem man etwa 90 km lang folgt, wie unter Tour 1 beschrieben, allerdings in umgekehrter Richtung. Die Strecke führt über **Viana**, ❺ ✶ **Estella** (Lizarra) sowie über ✶ **Puente la Reina** (Gares) nach ❻ ✶✶ **Pamplona** (Iruña, Iruñea), wo man gemütlich durch die Altstadt schlendern und der Kathedrale einen Besuch abstatten kann. Pamplona ist auch Ausgangs- und Endpunkt der Tour 4, die in die Pyrenäen hineinführt.
Nördlich der Stadt Pamplona säumen Berge, Wälder und Weiden die N-121-A. Diese Achse verbindet Navarra mit dem Baskenland. Sie durchmisst die beiden Tunnels von Velate (Belate) und zieht an Oronoz-Mugaire (Oronoz-Mugairi) sowie Bera de Bidasoa vorbei.

**Ins Baskenland**

Der erste freundliche Küstenort heißt ❼ ✶ **Hondarribia** und hat mit seiner Altstadt, dem Hafen, dem Strand und allerlei Einkehrmöglichkeiten etwas für Touristen zu bieten. Aber deutlich eleganter geht es an den Promenaden des 20 km weiter westlich gelegenen alten Seebades ❽ ✶✶ **San Sebastián** (Donostia) zu, das sein besonderes Flair bis heute erhalten konnte. Das historische Viertel ist eines der stimmungsvollsten in Spaniens Norden. Die Stadtstrände locken Surfer, Sonnenanbeter, Jogger und Spaziergänger gleichermaßen an.
Wer es eilig hat, legt die 120 km von San Sebastián (Donostia) nach Bilbao auf der Autobahn A-8 zurück. Geruhsamere entscheiden sich für die Nationalstraße N-634 und machen Station in den Küstenorten ✶ **Zarautz** (langer Sand- und Surferstrand), ✶ **Getaria** (Jacht- und Fischerhafen) und ✶ **Zumaia** (Strände, Kunstmuseum Zuloaga). Hinter Deba führt eine bergige und kurvenreiche Strecke über ✶ **Lekeitio** (Hafen) nach ❾ ✶ **Gernika**, der »heiligen Stadt der Basken«, die im Spanischen Bürgerkrieg schwer zerstört worden ist.
Statt ab Gernika den direkten Weg nach Bilbao zu nehmen, lohnt sich auch hier eine weitere Schleife über **Bermeo**, ✶ **San Juan de Gaztelugatxe** (Felsenheiligtum) und **Bakio** (schöner Strand). Erst südlich von Mungia geht es dann zurück nach Bilbao.

# Tour 4 Pyrenäen und Ebro-Becken

**Start und Ziel:** Pamplona
**Dauer:** min. 4 Tage
**Länge:** ca. 500 km

**Ausgesprochen abwechslungsreich ist auch diese Route ab und bis Pamplona, die zwar nicht den ausgefahrenen Touristenpfaden folgt, aber keinen Höhepunkt auslässt. Dazu zählen die Bergklöster Leyre und San Juan de la Peña, die Burgen von Javier und Loarre sowie die Städte Jaca und Zaragoza. Grandios präsentiert sich auch die Kulisse der Pyrenäen.**

**Trutzig**
*präsentiert sich die Felsenburg von Loarre.*

**Maurische Baukunst**
*zeigt die Aljafería in Zaragoza*

**Kapitellfigur**
*in San Juan de la Peña*

**Bauhistorische Highlights**

Über die N-240 sind es von ❶ ✶✶ **Pamplona** flotte 45 km bis ❷ ✶ **Sangüesa**, einem Städtchen am sog. Aragonesischen Jakobsweg, wo sich alle Blicke auf das prächtige ✶✶ **Figurenportal** der Kirche Santa María la Real richten. Eine Nebenstraße führt von Sangüesa südostwärts zum Felsenkastell von ✶ **Javier**, auf dem der heilige Franz Xaver 1506 das Licht der Welt erblickt hat. Der nächste Höhepunkt ist nicht weit und über den Ort Yesa rasch erreichbar: das ❸ ✶✶ **Monasterio de Leyre** mit seiner Benediktinergemeinschaft und der einzigartigen romanischen Krypta. Danach geht es ein kleines Stück zurück nach Yesa und weiter an den Ufern des gleichnamigen Stausees entlang, der auch die Grenze zwischen den Regionen Navarra und Aragón markiert. Zwischen Puente la Reina de Jaca und Jaca führt ein ausgeschilderter Abstecher ein Stück hinauf ins Gebirge zum Felsenkloster von ❹ ✶✶ **San Juan de la Peña**. Ebenso eindrucksvoll wie die Anlage selbst sind unterwegs die Ausblicke auf die Pyrenäengipfel. Danach lockt ❺ ✶ **Jaca** mit seiner Altstadt und der Kathedrale.

## ✔ NICHT VERSÄUMEN

- Pamplona: Kathedrale, Altstadt, Fiesta San Fermín (Stierläufe)
- Sangüesa: Santa María la Real, Portal
- Monasterio de Leyre: Klosteranlage
- San Juan de la Peña: Felsenkloster
- Castillo de Loarre: Felsenburg
- Zaragoza: Basilica de Nuestra Señora del Pilar, La Aljafeira, Expo 2008

Abstecher zum Pass von Somport ►

Knapp 30 km nördlich von Jaca erreicht man den seit alters her genutzten **Pyrenäenpass von Somport**, den auch viele Jakobspilger passieren. Am Ortsrand von Candanchú erinnert ein kleines Ruinenfeld des Hospitals Santa Cristina an die Versorgung der Pilger im Mittelalter. Im Winter tummeln sich in Candanchú die Skiläufer.

**Aragonien und zwei Provinzhauptstädte**

Ab Jaca führt die Route südwärts über den **Pass von Oroel** durch ein wenig frequentiertes Stück Aragonien. Von **Ayerbe** geht es in ländliche Abgeschiedenheit und vor allem zur spektakulären Felsenburg ❻ ✶✶ **Castillo de Loarre**. Dann folgen zwei Provinzhauptstädte, zunächst das beschauliche ❼ ✶ **Huesca** und 72 km weiter südwestlich die Ebro-Metropole ❽ ✶✶ **Zaragoza** mit ihren eindrucksvollen Kirchen und Museen. Ab Zaragoza kehrt man auf der N-232 oder der AP-68 nach Navarra zurück, kann einen Zwischenstopp in ❾ **Tudela** (Kathedrale, Plaza de los Fueros) einlegen und streift auf der Höhe von **Arguedas** und Valtierra das unter Naturschutz gestellte Halbwüstengebiet **Bardenas Reales**. Urzeitfans werden die Route westlich von Tudela über Cintruénigo und Fitero in die Rioja hinein ausdehnen. Bei **Igea** und **Cornago** finden sich versteinerte Dinosaurierspuren, ebenso weiter nordwestlich bei Enciso und Munilla. Letzter Höhepunkt ist ❿ ✶ **Olite** mit seinem Königsschloss. Teile des Gebäudekomplexes werden als Parador genutzt. Schließlich erreicht man nach weiteren 42 km wieder ✶✶ **Pamplona**.

Dinosaurierspuren ►

*Immer wieder beeindruckend: die wunderschöne wilde Küste Galiciens*

# Tour 5 Die südlichen Rías Gallegas

**Start und Ziel:** Santiago de Compostela **Länge:** ca. 400 km
**Dauer:** min. 4 Tage

**Diese Route ab/bis Santiago de Compostela führt an die schönsten Meeresarme im Süden Galiciens heran – eine Augenweide aus Blau und Grün, sofern das Wetter in Spaniens regenreichster Region mitspielt. Auch die Städte Pontevedra, Baiona und Tui haben ihre besonderen Reize.**

**Meeresfrüchte satt**
*gibt es an den weit verzweigten Meeresbuchten Galiciens.*

**Angekommen**
*Jakobspilger in Santiago de Compostela*

**Zu einer der schönsten Buchten Galiciens**

Die N-550 führt von ❶ ✶✶ **Santiago de Compostela** zunächst südwestlich nach ✶ **Padrón**, einem eher unscheinbaren Städtchen, wo aber in der Jakobuskirche der berühmte Jakobusstein zu sehen ist und wo die Museen für die Literaten Rosalía de Castro und Camilo José Cela Beachtung verdienen. Ab Padrón geht es parallel zum Río Ulla über **Catoira** (Reste mittelalterlicher Wehrtürme) in das Hafenstädtchen ✶ **Vilagarcía de Arousa**. Es liegt an der ❷ ✶✶ **Ría de Arousa**, einem der schönsten vom Meer überfluteten Flusstäler Galiciens. Hinter Vilanova de Arousa lohnt sich der Abstecher über eine Brücke auf die mitten in der Bucht aus dem Wasser ragende Insel ✶ **Illa de Arousa**. Danach geht es auf dem Festland weiter nach ✶ **Cambados**, das als »Hauptstadt des Albariñoweins« bekannt ist. Eine kleine Schleife führt südwestlich nach **O Grove**, der »Hauptstadt der Miesmuschelzucht«. Hier kann man einen Ausflug auf die kleine **Illa A Toxa** unternehmen. Die vielen Unterkünfte hier und weiter südöstlich in ❸ **Sanxenxo** weisen auf die Bedeutung dieser Gegend als Sommerfrische hin. Zwischen O Grove und Sanxenxo erstreckt sich mit der ✶ **Praia da Lanzada** ein ausgesprochen schöner Strand.

**Hübsche Städtchen und zauberhafte Landschaft**

Von Sanxenxo geht es weiter zur ❹ ✶ **Ría de Pontevedra**. Nach Stopps in ✶ **Combarro** (schöne Maisspeicher) und **Poio** (Klosteranlage) erreicht man die freundliche Provinzhauptstadt ✶ **Pontevedra** mit ihren lauschigen Plätzen und Gassen. Ab dort lohnt sich der Weg an der Südseite der Ría de Pontevedra entlang, über **Marín** und **Bueu**. In **Cangas** ist der nächste Meeresarm erreicht, die **Ría de Vigo**. Die dynamische Hafenstadt ❺ **Vigo** liegt auf der anderen Seite. Gemessen an der Größe der Stadt ist die Zahl der Sehenswürdigkeiten eher bescheiden. Was sich in den Sommermonaten aber lohnt, ist ein Bootsausflug zu den ✶ **Illas Cíes** (Vogelinseln). Weiter südwestlich ist das von einer Burg bewachte Hafenstädtchen ❻ ✶ **Baiona** ein weiterer Glanzpunkt, ehe es auf einer landschaftlich reizvollen Strecke am Meer entlang bis **A Guarda** weitergeht. Sehenswert ist hier der ✶ **Monte Santa Tegra** (Monte Santa Tecla) mit dem Ruinenfeld einer großen keltischen Siedlung. Parallel zum Río Miño und zur spanisch-portugiesischen Grenze geht es nun nordostwärts in die alte Bischofsstadt ❼ ✶ **Tui** mit ihrer trutzigen Wehrkathedrale. Da man nun alles Wichtige gesehen hat, kann man ruhig die schnelle Autobahn zurück nach ✶ ✶ **Santiago de Compostela** nehmen.

! *Baedeker* TIPP

**Meeresgetier ohne Ende**

Die südlichen Rías sind ein Mekka für Feinschmecker, die gern Fisch und Meeresfrüchte genießen. Inzwischen haben sich hier zahlreiche Restaurants auf diese Nachfrage eingestellt. Und wer einmal die Muschelzuchtinseln beispielsweise in der Ría de Arousa sehen will, der kann in O Grove oder Vilagarcía de Arousa eine Bootstour buchen.

# Reiseziele von A bis Z

GRÜNE HÜGEL REICHEN BIS AN DIE WILDEN STEILKÜSTEN UND DIE SCHÖNEN, OFT EINSAMEN STRÄNDE. EIN ABSTECHER VON DER KÜSTE FÜHRT IN DIE HERRLICHE BERGWELT DER PICOS DE EUROPA. ABER AUCH STÄDTE WIE SANTIAGO DE COMPOSTELA, BILBAO ODER PAMPLONA BESTECHEN DURCH IHR EINMALIGES AMBIENTE.

# ★ Astorga

G 5

**Provinz:** León
**Höhe:** 869 m ü. d. M.
**Region:** Kastilien-León (Castilla y León)
**Einwohnerzahl:** 13 000

**Astorga bewahrt ein reiches kulturelles Erbe: Während der römischen Herrschaftszeiten trafen sich in dem netten Städtchen wichtige Wege, im Mittelalter war es eine der maßgeblichen Durchgangsstationen für Jakobspilger.**

**Geschichte und Gegenwart**

Asturica Augusta nannten die Römer den mutmaßlich um 15 v. Chr. gegründeten Ort, in dem sich bald wichtige Handelswege und Heeresstraßen kreuzten. Nicht minder wichtig waren Schutz und Kontrolle über die Goldgewinnung in einem weiten Einzugsgebiet aus Minen. Im Mittelalter gelangte Astorga im Zuge des Jakobswegbooms zu erneuter Bedeutung, denn vor der kräftezehrenden Passage in die Montes de León fanden die Pilger hier in gut zwei Dutzend Spitälern Unterschlupf. Im heutigen Astorga geht das Leben einen beschaulichen Gang; es ist Zentrum des Landstrichs Maragatería.

**! *Baedeker* TIPP**

**Süßes aus Astorga**

Astorgas Konditoreien fahren eine verführerische Auswahl an Leckereien auf und locken mit Wohlgerüchen sowie unübersehbaren Schildern. Hoch im Kurs stehen Geschenkkartons mit Schmalzplätzchen (mantecadas) und Blätterteiggebäck (hojaldres).

## Sehenswertes in Astorga

**★ Murallas und Parque El Melgar**

Die Murallas, die Stadtmauern, gehen auf die Römer zurück und sind im Laufe der Jahrhunderte mehrfach modifiziert worden. Den schönsten Blick auf die Wallreste mit dem darüberliegenden Bischofspalast und der Kathedrale hat man vom kleinen Parque El Melgar aus, der an der Avenida de las Murallas liegt.

**★ Catedral de Santa María und Museo Catedralicio**

1471 wurde der Bau der heutigen Catedral de Santa María begonnen, die den romanischen Vorgänger ersetzte, abgeschlossen worden ist das doppeltürmige Projekt erst im 18. Jahrhundert. Das erklärt die stilistische Vermischung aus Spätgotik, Renaissance und Barock. Das prächtige Hauptretabel geht auf Gaspar Becerra zurück, der ab 1558 daran arbeitete; polychromiert wurde es 1570 – 1575 von Gaspar de Hoyos und Gaspar de Palencia. Beachtung verdienen auch das spätgotische Sterngewölbe und das 97-sitzige Chorgestühl aus Nussbaumholz (Öffnungszeiten: im Sommer tgl. 9.00 – 12.00, 17.00 bis 18.30, sonst tgl. 9.30 – 12.00, 16.30 – 18.00 Uhr).

*← Detail aus einem der wunderbar gearbeiteten Kapitelle im Kreuzgang von San Juan de la Peña*

Ein gesonderter Eingang neben der barocken Hauptfassade (im Bogenfeld über dem Portal schönes Motiv der Kreuzabnahme Christi) führt ins Museo Catedralicio, das weitläufige Kathedralmuseum mit einer Fülle an kostbaren Arbeiten, darunter Altarbildtafeln, Heiligenskulpturen und die Arqueta de San Genadio (Öffnungszeiten: im Sommer tgl. 10.00 – 14.00, 16.00 – 20.00, sonst tgl. 11.00 bis 14.00, 15.30 – 18.30 Uhr).

**✶ Palacio Episcopal und Museo de los Caminos**

Bischof Juan Bautista Grau war Katalane und auch der Jugendstilarchitekt Antoni Gaudí war Katalane – so ergab sich eine Verbindung, die ab 1889 zum Bau des Bischofspalastes, Palacio Episcopal, führte. Warum das Vorhaben von gewaltiger Polemik begleitet wurde, ist bereits in der Außenansicht zu erahnen. Gaudí ließ seiner Fantasie freien Lauf und konzipierte ein tollkühnes Schnörkelwerk aus Granit – doch das gefiel dem Bischofsnachfolger Graus nicht. Es kam zum Zerwürfnis mit Gaudí, dessen Arbeit Ricardo García Guereta bis 1913 in moderaterem Stil fortsetzte.
Heute beherbergt der Bischofspalast, in dem nie ein Kirchenfürst residiert hat, das Museo de los Caminos. Dieses »Museum der Wege« legt seinen Schwerpunkt auf den Jakobsweg, samt interessantem Skulpturenwerk aus Romanik und Gotik, das den heiligen Jakobus einmal mehr als »Maurentöter« zeigt. Kurios ist der »Thronsaal« des Bischofs. Im Oberbereich ist zeitgenössische leonesische Kunst zu sehen, im Untergeschoss die archäologisch-historische Abteilung untergebracht (Öffnungszeiten: im Sommer Di. – Sa. 10.00 – 14.00, 16.00 – 20.00 sowie So. 10.00 – 14.00; sonst Di. – Sa. 11.00 – 14.00, 16.00 – 18.00, So. 11.00 – 14.00 Uhr).

## ASTORGA ERLEBEN

### AUSKUNFT

*Oficina de Turismo*
Plaza de Eduardo de Castro, 5
Tel. 987 61 82 22
Fax 987 60 30 65
www.astorga.com

### VERANSTALTUNGEN

Bedeutend sind die Prozessionen während der Karwoche. In der zweiten Augusthälfte stehen die neuntägigen Fiestas Patronales de Santa Marta an, die von Umzügen und reichlich Musik begleitet werden. Im 18 km entfernten Luyego de Somoza findet im Oktober eine Wallfahrt zu Ehren der Virgende los Remedios statt.

### ESSEN

**▶ Erschwinglich**

*Cervecería Taberna Los Hornos*
Plaza de España, 2, Tel. 987 61 89 00
Die rustikale Kombination aus Kneipe und Restaurant bietet gute regionale Spezialitäten und ist dem Hotel Astur Plaza angegliedert.

### ÜBERNACHTEN

**▶ Komfortabel**

*Hotel Astur Plaza*
Plaza de España, 2
Tel. 987 61 89 00, Fax 987 61 89 49
www.asturplaza.com
Zentrale Innenstadtlage, 3 Sterne

*Stadtmauer, Bischofspalast und Kathedrale in Astorga*

**★ Plaza Mayor** Die Plaza Mayor ist der freundliche, geschäftige Hauptplatz mit dem 1683–1704 unter Francisco de Lastra erbauten barocken Rathaus. An der Fassade fällt das Glockenspiel mit zwei Figürchen (1748) in der ländlichen Tracht der Maragatería auf.

**Museo Romano** An der zentralen Plaza de San Bartolomé, nicht weit von der Plaza Mayor entfernt, nimmt sich das Museo Romano (So. nachmittags und Mo. geschl.) der römischen Vergangenheit an. Heimstatt des Römischen Museums ist das einstige Sklavengefängnis.

**Museo del Chocolate** Eine Besonderheit ist das kleine Museo del Chocolate in der Calle José María Goy (So nachm. und Mo geschl.). Das Museum erinnert daran, dass die Schokoladenproduktion im 18./19. Jh. ein wesentlicher Wirtschaftsfaktor in Astorga war.

**Jardín de la Sinagoga** Astorgas Stadtpark weist mit seinen Namen Jardín de la Sinagoga auf die Lage des mittelalterlichen Judenviertels mit seiner Synagoge hin. Die Anlage ist klein und gepflegt und gibt Blicke ins Umland frei.

## Der Jakobsweg von Astorga bis Ponferrada

**★ Castrillo de los Polvazares** Der 55-km-Abschnitt von Astorga nach Ponferrada ist einer der schönsten und idyllischsten des gesamten Jakobsweges, da sich Wanderer und Motorisierte hier abseits großer Straßen bewegen und die herrliche Bergwelt der Montes de León passieren. 5 km hinter Astorga liegt zunächst das rote Steindorf Castrillo de los Polvazares mit seiner kleinen Kirche (Storchennester!) und dem Ortsdurchgang aus Bruchsteinbelag.

Hinter Castrillo de los Polvazares laufen Pilgerpfad und Sträßchen weitgehend parallel durch eine dünn besiedelte Vorgebirgslandschaft aus Steineichen, Ginstersträuchern und Erika. In Santa Catalina de Somoza und El Ganso herrscht eine unverfälschte dörfliche Stimmung. Im Kirchenort Rabanal del Camino (1150 m ü.d.M., 800 Einw.) sollen im Mittelalter die Tempelritter mit dem Schutz des Jakobsweges beauftragt gewesen sein.

> **! Baedeker TIPP**
>
> **Herzhafte Kost**
>
> In den Restaurants von Castrillo de los Polvazares lässt sich der cocido maragato kosten, ein Eintopf, der in mehreren Gängen serviert wird: zuerst das Fleisch, dann das Gemüse, dann die Brühe. Der Sättigungsgrad ist immens!

✶ **Cruz de Ferro**

Ab Rabanal del Camino geht es kontinuierlich bergan, bis zunächst der halb verfallene und im Wiederaufbau begriffene Ort Foncebadón und einige Kilometer weiter ein merkwürdiges Objekt auf: das Cruz de Ferro (Kreuz aus Eisen) auftauchen. Das kleine schlichte Kreuz sitzt auf einem mehrere Meter hohen Baumstamm, der seinerseits aus einem Hügel aus aufgeschütteter Erde, Steinen und Felsbrocken ragt. Traditionsgemäß legt jeder Pilger, der hier vorbeikommt, einen Stein zu den anderen Steinen, viele Gläubige sprechen leise ein Gebet. Das Cruz de Ferro ist dahingehend nicht nur **einer der spirituellsten und ergreifendsten Punkte am Jakobsweg**, sondern auch der höchste außerhalb der Pyrenäen: 1504 m.

**Weg nach Ponferrada**

Weitere Stationen sind der verlassene Ort Manjarín mit Hausruinen und einer einsamen Herberge sowie das von schiefergedeckten Bauten geprägte El Acebo. Unterwegs bieten sich herrliche Ausblicke ins Gebirge. In Molinaseca haben die Bergpassagen ein Ende, idyllisch liegt die Pilgerbrücke über den Río Meruelo; ab Molinaseca sind es 8 km bis ►Ponferrada.

# ✶✶ Bilbao (Bilbo)

O 3

**Provinz:** Vizcaya (Bizkaia)
**Höhe:** 19 m ü. d. M.

**Region:** Baskenland (Euskadi)
**Einwohnerzahl:** 370 000 (Großraum: 850 000)

**Getreu dem Motto »Stillstand bedeutet Rückschritt« ist Bilbao, baskisch Bilbo, immer für eine Überraschung, stets für einen avantgardistischen Höhenflug gut. Der Bau des Guggenheim-Museums hat den Imagewandel von einer verschandelten Industriestadt hin zu einer modernen Metropole bewirkt – ein echtes Kunststück.**

**Geschichte und Gegenwart**

Das Jahr 2007 bot Gelegenheit zu einer kurzen Rückschau auf die jüngste Geschichte: zehn Jahre Museo Guggenheim, zehn Jahre kontinuierlicher Aufschwung. Das 1993–1997 nach Plänen des nordamerikanischen Stararchitekten **Frank O. Gehry** erbaute Museum ist aus heutiger Sicht ein stadtplanerisches Meisterstück, das nicht nur mit unansehnlichen Zonen an den Ufern des Río Nervión aufräumte, sondern auch mit dem Vorurteil, die Hauptstadt der Provinz Vizcaya habe außer Fabrikhallen nichts zu bieten. Auf der touristischen Landkarte wurde aus einem weißen Fleck innerhalb kürzester Zeit eine Pflichtstation, kometenhaft begleitet von einem umfangreichen Facelifting. Was nicht heißt, dass Bilbao seinen industriellen Charakter damit abgestreift hat. Noch immer dampfen in den Außenbezirken die Schlote, noch immer ist der Hafen an der etwa 10 km entfernten Mündung des Río Nervión einer der wichtigsten an der ganzen Nordküste.

## *Bilbao • Bilbo* Orientierung

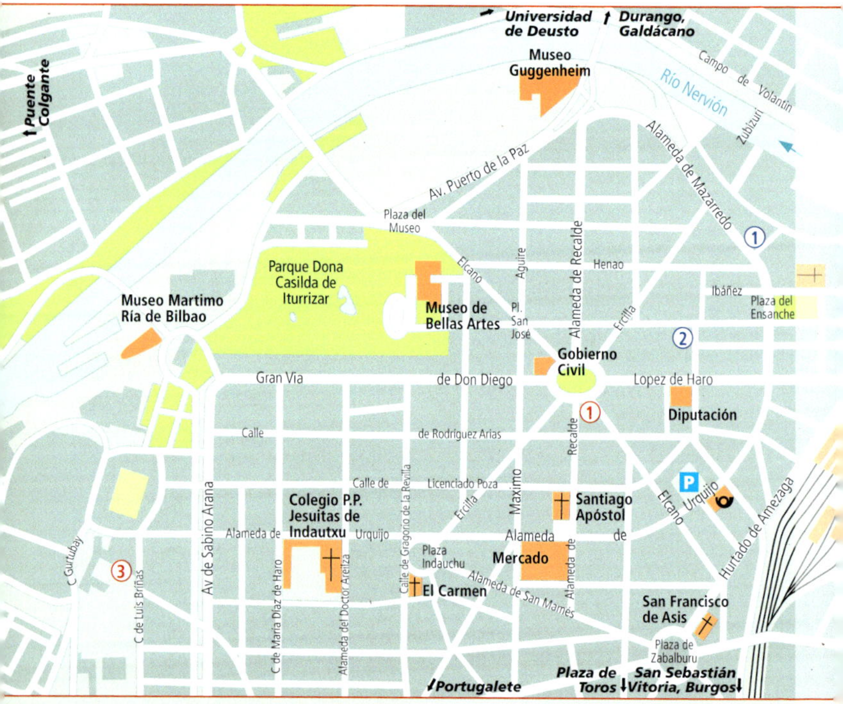


**Essen**
① Zortziko
② Restaurante Lasa
③ Café Iruña

**Übernachten**
① Hotel Carlton
② Hotel Conde Duque
③ Hostal San Mamés

Der Handel lag den einheimischen »bilbaínos« schon immer im Blut. Keimzelle war eine Siedlung an den Ufern des Flusses, die der Feudalherr von Vizcaya, Diego López de Haro, 1300 offiziell begründete. Ab dem Mittelalter boomte der Seehandel, im 19. Jh. setzte die Industrialisierung mit der Verhüttung von Eisenerz ein. Zwischen 1936 und 1939 bremste der Spanische Bürgerkrieg die Entwicklung, die in den darauffolgenden Jahrzehnten einen erneuten Aufschwung nahm. Die Schwerindustrie stand auch hier wieder an erster Stelle, bis sie in den 1980er-Jahren in die Krise geriet und die Stadtväter und -mütter zu neuen Strategien animierte.

Davon ausgehend hat sich Bilbao bis heute in ein **topmodernes Banken-, Kultur- und Verwaltungszentrum** verwandelt. Die Rundum-Modernisierung hat auch die Flussuferpromenaden (mit **Santiago Calatravas** »weißer Brücke« Zubizuri) und die Verkehrsmittel einbezogen. Unterirdisch verkehrt die Metro, oberirdisch die neue Straßenbahn. Das Gebäude des Flughafens ist ebenfalls ein Kunstwerk von Calatrava.

## Sehenswertes in Bilbao

**★★ Museo Guggenheim**

Öffnungszeiten:
Di. – So.
10.00 – 20.00,
Juli / Aug. tgl.
10.00 – 20.00,
www.guggenheim-bilbao.es

Kunst ist nicht nur das, was das Guggenheim-Museum (Avenida Abandoibarra, 2) in seinen 19 Ausstellungsgalerien zeigt. Das Bauwerk selbst, das mit hauchdünnen Titanplatten verkleidet ist und mit seinen organischen Formen in den Himmel zu wachsen scheint, wirkt wie eine fremde, gigantische Skulptur. Urheber war **Stararchitekt Frank O. Gehry**, der Anfang der 1990er-Jahre einen städtischen Wettbewerb gewann.

Zentrale Schnittstelle im Museumsinnern ist das Atrium, dessen verglaste Fronten die Sicht auf die Wassergärten und auf den Río Nervión freigeben. Der ganze Komplex bezieht eine historische

# GUGGENHEIM-MUSEUM BILBAO

**★★ Das Gebäude bzw. die verwendeten Materialien des Museo Guggenheim in Bilbao sind bereits Programm: Metall, Stein und Wasser wurden beim Bau verwendet, sie stehen für die Stärke, die Unabhängigkeit und die industrielle Tradition des Baskenlandes. Auf einer Gesamtfläche von 24 000 m² kann man in wechselnden Ausstellungen Werke der bedeutendsten Künstler des 20. Jahrhunderts bewundern.**

Öffnungszeiten:
Di. bis So. 10.00 – 20.00
Juli bis Aug. tgl. 10.00 bis 20.00;
Führungen: Di. bis Fr. 16.00 Uhr

**① Große Galerie**
In der größten Galerie, die über 130 m lang ist und bis unter den Puente de la Salve reicht, werden Wechselausstellungen gezeigt.

**② Rotunde**
Um die Rotunde herum gruppieren sich 19 Galerien. Da aus dem reichen Fundus der New Yorker Guggenheim Foundation geschöpft werden kann, sind hier ebenfalls wechselnde Ausstellungen u. a. von Dalí, Chagall, Kandinsky, Picasso, Miró, Serra, Warhol und Kiefer zu sehen.

**③ Restaurant**
Auch im Museumsrestaurant ist mit dem Starkoch Martín Berasetegui ein Meister am Werk.

**④ Auditorium**
Das Auditorium des Museums, das Platz für 300 Personen bietet, wird für pädagogische Aktivitäten und für Kulturevents genutzt.

*Von der anderen Seite des Flusses hat man einen prächtigen Blick auf das gesamte Ensemble des Museums.*

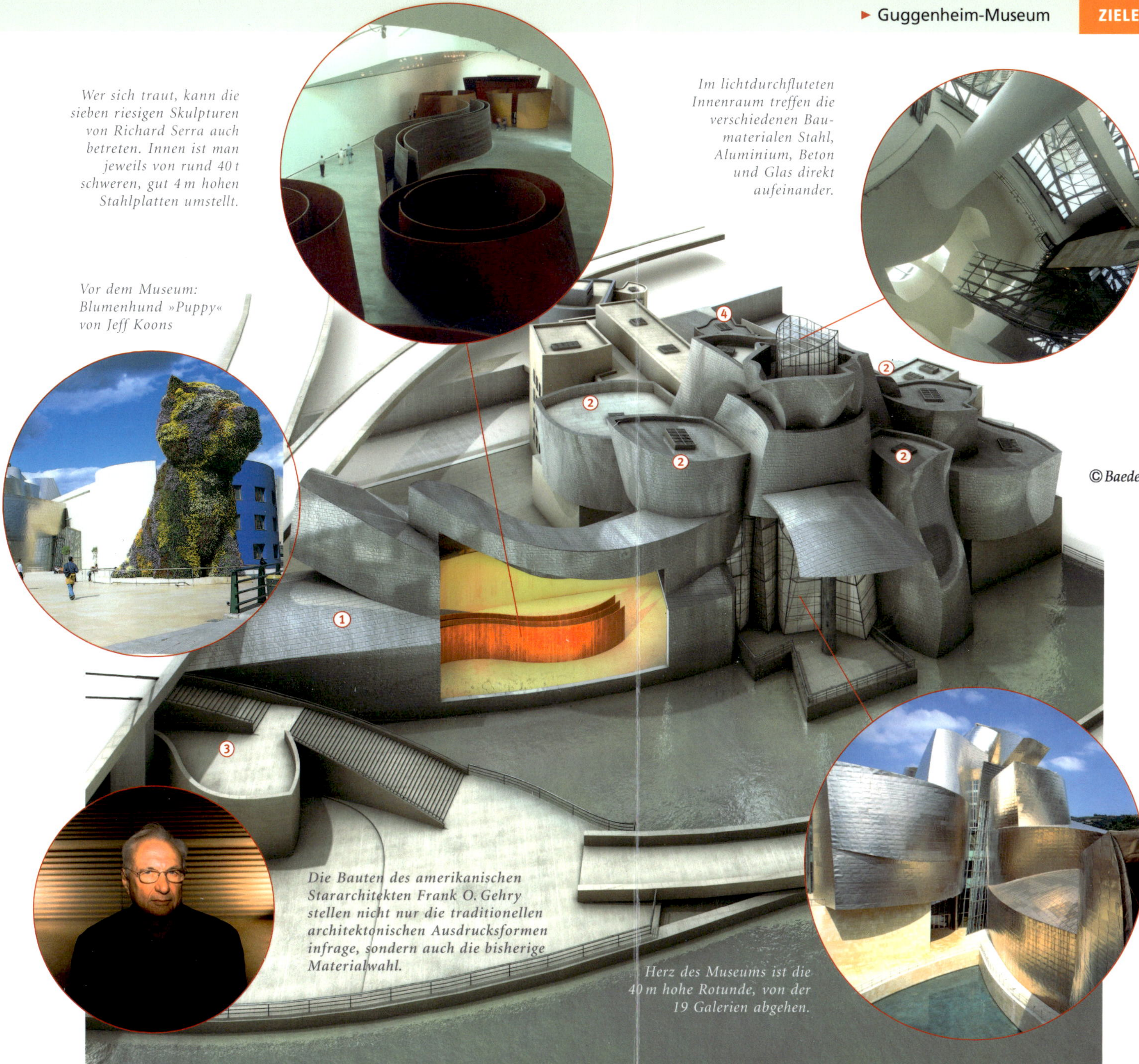


*Wer sich traut, kann die sieben riesigen Skulpturen von Richard Serra auch betreten. Innen ist man jeweils von rund 40 t schweren, gut 4 m hohen Stahlplatten umstellt.*

*Im lichtdurchfluteten Innenraum treffen die verschiedenen Baumaterialen Stahl, Aluminium, Beton und Glas direkt aufeinander.*

*Vor dem Museum: Blumenhund »Puppy« von Jeff Koons*

© Baedeker

*Die Bauten des amerikanischen Stararchitekten Frank O. Gehry stellen nicht nur die traditionellen architektonischen Ausdrucksformen infrage, sondern auch die bisherige Materialwahl.*

*Herz des Museums ist die 40 m hohe Rotunde, von der 19 Galerien abgehen.*

Flussbrücke mit ein, die Puente de la Salve. Statt einer ständigen Sammlung – sieht man von Ausnahmen wie Richard Serras begehbarem Stahltunnel »Snake« ab – zeigt das Museum wechselnde Ausstellungen.
Auf der stadtwärts gerichteten Esplanade ist Jeff Koons' **Blumenhund »Puppy«** zu sehen, an der Flusspromenade die Bronzespinnenskulptur »Maman« von Louise Bourgeois. Auch der gelegentlich von den Wassergärten aufsteigende Trockennebel »Fog«, eine Installation von Fujiko Nakaya, ist Kunst.

**★ Museo de Bellas Artes**

Der Run auf das Guggenheim-Museum hat auch dem nahen Museo de Bellas Artes (Plaza del Museo, 2; www.museobilbao.com) einen Höhenflug bei den Besucherzahlen beschert. Kein Wunder, denn dieses Museum der Schönen Künste zeigt einen Überblick von der Gotik bis zur Moderne. Alle wichtigen spanischen Künstler sind vertreten: El Greco und Murillo ebenso wie Ribera, Zurbarán und Goya. Auch die Abteilung für moderne und zeitgenössische Kunst ist mit Werken von spanischen Künstlern wie Eduardo Chillida und Antoni Tápies bestens bestückt. International kann die Sammlung Werke von Vasarely, Kokoschka u. a. vorweisen. Ein gesonderter Bereich bleibt Wechselausstellungen vorbehalten (Öffnungszeiten: Di. – Sa. 10.00 – 20.00, So. 10.00 – 14.00 Uhr).

**Parque de Doña Casilda de Iturrizar**

An das Museo de Bellas Artes schließt sich der Parque de Doña Casilda de Iturrizar an, ein freundlicher Stadtpark, der 1907 angelegt wurde und sich bis zum Kongress- und Messepalast Euskalduna ausdehnt. Hier genießt man die Ruhe vom städtischen Treiben, zumal dies die einzige grüne Lunge im Citybereich ist.

**Gran Vía, Museo Marítimo Ría de Bilbao**

In voller Länge nennt man sie Gran Vía de Don Diego López de Haro, Bilbaos breite Prachtallee, die den Namen des Stadtgründers trägt und ihn zu Beginn an der Plaza Circular mit einem monumentalen Denkmalsockel ehrt. Gesäumt von Shoppingzonen mit reichlich Boutiquen, knüpft die Gran Vía an zwei weitere Plätze an: die Plaza de Federico Moyúa mit den gläsernen Metroabgängen sowie die Plaza Sagrado Corazón mit dem modernen Christusmonument.
Vom letztgenannten Platz ist es nicht weit zum **Museo Marítimo Ría de Bilbao**. Das Museum an der Muelle Ramón de la Sota, ist in weitestem Sinne ein Meeresmuseum, das aus lokaler Sicht die Geschichte des Hafens und des Seehandels beleuchtet. Zu den Exponaten zählen vor allem Bootsmodelle und Navigationsinstrumente. Im Außenbereich der einstigen Docks kann man sich einen

## ? WUSSTEN SIE SCHON ...?

- ... dass es in Bilbao eine zweite »Kathedrale« gibt? So zumindest will es der Volksmund. Die Anhänger des traditionsreichen Fußballclubs Athletic de Bilbao nennen ihr Stadion San Mamés schlichtweg »catedral« – die Kathedrale des Fußballs.

ausrangierten Schlepper und einen Fischerkahn von innen ansehen (Öffnungszeiten: Di. – So. 10.00 – 18.30, Sa. bis 20.00 Uhr; Internet: www.museomaritimobilbao.org).

★ **Altstadt**

Die Puente del Arenal schafft von der Seite der Gran Vía her nicht nur die Verbindung mit zwei Prachtprojekten aus dem 19. Jh., dem Teatro Arriaga und der von Arkaden umzogenen Plaza Nueva, sondern auch mit der Altstadt. Kernbereiche sind die sogenannten **Siete Calles**, »Sieben Gassen«, in denen einst die Krämer (Calle Tendería) und die Fleischer (Calle Carnicería Vieja) ihrer Arbeit nachgingen. Heute geht es hier nach wie vor geschäftig zu, kleine Bars und Restaurants verlocken zur Einkehr.
Mitten im Altstadtviertel liegt die **Catedral de Santiago**, die dem heiligen Apostel Jakobus geweiht ist und daran erinnert, dass Bilbao auf dem Küstenweg nach Santiago de Compostela liegt. Der Kirchenbau wurde im 14. Jh. begonnen, Portikus und Kreuzgang datieren aus dem 16. Jahrhundert.

**Museo Vasco**

Untergebracht in einem einstigen Jesuitenkloster in der Altstadt nahe der Plaza Miguel Unamuno, konzentriert sich das Museo Vasco auf Vorgeschichte und Volkskunde (Öffnungszeiten: Di. – Sa. 11.00 bis 17.00, So. 11.00 – 14.00 Uhr; www.euskal-museoa.org.).

**Mercado de la Ribera**

»Ufermarkt«, so ist der zwischen Nervión und Altstadt gelegene Mercado de la Ribera zu übersetzen. In der riesigen Markthalle blüht seit

*Pulverfass Bilbao: ETA-Parolen an den Häuserwänden*

1929 der Handel mit Obst, Gemüse, Fleisch, Käse und Würsten. Besuchen sollte man unbedingt die **Fischabteilung**, eine der größten und besten in ganz Spanien.

**Basílica de Begoña** Oberhalb der Altstadt lockt die Basílica de Begoña (16. Jh.) die Gläubigen an, die hier ein Marienbildnis, »Amatxo« genannt, verehren. Zu Beginn des 16. Jh.s soll an dieser Stelle die heilige Jungfrau erschienen sein.

**Funicular de Artxanda** Eine gute Gesamtansicht von Bilbao bietet sich vom Hausberg Artxanda aus. Hinauf geht es am besten mit der Funicular de Artxanda, einer Zahnradbahn, die an der Plaza Funicular startet und täglich verkehrt.

**✶✶ Puente Colgante**

3D- Abb. S. 56 ►

Die »Schwebebrücke«, Puente Colgante, auch Puente de Bizkaia genannt, verbindet die beiden nordwestlichen Vorstädte Portugalete und Las Arenas miteinander und gehört seit 2006 zum **Weltkulturerbe der UNESCO**. Wie viele Millionen Fahrzeuge und Passagiere seit Ende des 19. Jh.s von einer Seite zur anderen transportiert worden sind, ist kaum zu sagen. Fest steht, dass die Puente Colgante ein architektonisches Unikat der Stahlbautechnik ist und 1890 – 1893 nach Plänen von Alberto de Palacio erbaut wurde. Während Plattform für Passagiere und Fahrzeuge wenige Meter über dem Fluss schwebt, verläuft in luftiger Höhe von 45 m ein vergitterter Aussichtssteg für Fußgänger (pasarela). Auf- und abwärts geht es dorthin per Panoramalift (Fährbetrieb rund um die Uhr; Öffnungszeiten des Aussichtssteges tgl. 10.00 – 20.00 Uhr, im Sommer und vor Feiertagen bis 21.00 Uhr; www.puente-colgante.com).

## BILBAO ERLEBEN

### AUSKUNFT

*Oficina de Turismo*
Plaza del Ensanche, 11
Tel. 944 79 57 60
Fax 944 79 57 61
www.bilbao.net
Weitere Büros befinden sich vor dem Guggenheim-Museum sowie in der Ankunft- und in der Abflughalle des internationalen Flughafens.

### VERANSTALTUNGEN

*Bilbao – Guía*
Einen guten Überblick über das laufende Kulturprogramm gibt Bilbao – Guía, eine etwa 70-seitige Broschüre, die regelmäßig erscheint und kostenlos in den Touristenbüros erhältlich ist.

### *Baedeker-Empfehlung*

*BilbaoCard*
Mit der BilbaoCard lässt sich die Stadt besser erkunden. Sie ist in den lokalen Tourismusbüros in drei Preisklassen erhältlich: für 1, 2 oder 3 Tage. Im Preis enthalten sind unbegrenzte Fahrten mit den innerstädtischen öffentlichen Verkehrsmitteln. In einigen Museen gibt es mit der Karte Preisnachlässe (meist 10 %), ebenso in ausgewählten Restaurants (meist 8 %).

*Konzerte*
Konzertadressen ersten Ranges sind das Teatro Arriaga (Plaza Arriaga, Tel. 944 16 35 33, www.teatroarriaga.com) und der Musikpalast Euskalduna (Avenida Abandoibarra 4, Tel. 944 03 50 00, www.euskalduna.net).

*Feste*
Ausgiebig gefeiert wird der Karneval, in der zweiten Augusthälfte steht die Große Festwoche (Semana Grande) an.

## ESSEN

### ► Fein & teuer

① ***Zortziko***
Alameda de Mazarredo, 17
Tel. 944 23 97 43
Tafeln wie Gott im Baskenland – Daniel García und sein Team pflegen kreative Kochkunst erster Güte. Sonntags und Montagabends ist geschlossen.

### ► Erschwinglich

② ***Restaurante Lasa***
Diputación, 3
Tel. 944 24 01 03
In einer Seitengasse der Gran Vía gelegen, gute Fisch- und Fleischspeisen. Sonntags ist geschlossen.

### ► Preiswert

③ ***Café Iruña***
Jardines de Albia
Tel. 944 23 70 21
Hier gibt es nicht nur Kaffee, wie der Name verheißt, sondern auch schmackhafte Tapas und Tagesmenüs, das Ganze umgeben von maurisch inspirierten Dekorationen.

## *Baedeker-Empfehlung*

***Cafés in Bilbao***
Die geschichtsträchtigen Kaffeehäuser in Bilbao sind eine Klasse für sich. Im Café Boulevard (Arenal 3, Tel. 944 15 31 28) verwöhnt man die Gäste seit 1871. An der Plaza Circular ist das Café La Granja (Tel. 944 23 08 13) seit 1926 als Treff von Einheimischen und Besuchern ein Begriff.

## ÜBERNACHTEN

### ► Luxus

① ***Hotel Carlton***
Plaza de Federico Moyúa, 2
Tel. 944 16 22 00,
Fax 944 16 46 28
www.hotelcarlton.es
Vorzeigehaus, in dem Service und Zimmerausstattung nichts zu wünschen übrig lassen. Fünf Sterne, Innenstadtlage.

### ► Komfortabel

② ***Hotel Conde Duque***
Paseo Campo de Volantín, 22
Tel. 944 45 60 00, Fax 944 45 60 66
www.hotelcondeduque.com
Strategisch günstige Lage im Zentrum, da von hier aus alle Sehenswürdigkeiten ohne Probleme zu Fuß zu erreichen sind. Drei Sterne, gehört zur Hotelkette »Best Western«. Gelegentlich Spezialtarife bei Online-Reservierungen.

### ► Günstig

③ ***Hostal San Mamés***
Luis Briñas, 15
Tel. 944 41 79 00
Fax 944 41 85 62
www.sanmames.net
Etwas versteckt gelegene 30-Zimmer-Pension, gut für Busreisende (Nähe Busbahnhof). Anständiges Preis-Leistungs-Verhältnis.

# ★★ Burgos

M 5

**Provinz:** Burgos
**Höhe:** 860 m ü. d. M.
**Region:** Kastilien-León (Castilla y León)
**Einwohnerzahl:** 170 000

**Burgos, Hauptstadt der gleichnamigen Provinz, ist Pflichtstation aller Jakobspilger, ihre Kathedrale ist eine der prunkvollsten Spaniens. Mitten in der Stadt lässt es sich am Río Arlanzón schön promenieren, in unmittelbarer Nachbarschaft beginnt die stimmungsvolle Altstadt.**

**Geschichte und Gegenwart**

Die Reconquista gab den Ausschlag, im Norden Kastiliens ein weiteres Bollwerk gegen die Mauren zu errichten. 884 wurde Burgos von Graf Diego Porcelos begründet, stieg im 11. Jh. zur Hauptstadt Kastilien-Leóns auf und avancierte im Laufe des Mittelalters zu einer der wichtigsten Stationen für Jakobspilger. Hier fanden sie in über 30 Spitälern Aufnahme, angeführt vom Königsspital, dem Hospital del Rey. Pilgertum und Wollhandel waren wichtige Wirtschaftsfaktoren im Mittelalter. Kurz nach dem Tod von Alfonso VIII. (1214) war es 1221 an König Fernando III. und Bischof Mauricio, den Bau eines prächtigen neuen Gotteshauses in die Wege zu leiten: die Catedral de Santa María, die erst nach jahrhundertelanger Bauzeit vollendet wurde. Heute ist sie **Weltkulturerbe der Unesco** und ein Magnet für Besucher aus dem In- und Ausland. Die Industrien an den Stadträndern (Chemie, Nahrungsmittel, Textil, Autozulieferer) mögen unansehnlich sein, sorgen aber in der ansonsten strukturschwachen Region für Arbeitsplätze. In der Provinzhauptstadt fällt auch dem Dienstleistungssektor eine gewichtige Rolle zu.

### ? WUSSTEN SIE SCHON ...?

- ... dass Burgos wegen seiner Temperaturschwankungen als eine der klimatisch ungemütlichsten Städte in Spanien gilt? Das Sprichwort »Nueve meses invierno, tres meses infierno« (»Neun Monate Winter, drei Monate Hölle«) trifft den Kern: mal bittere Kälte weit unter 0 °C, mal Sommerglut um 40 °C.

## Sehenswertes in Burgos und Umgebung

**★★ Catedral de Santa María**

Zwischen dem eingefassten Lauf des Río Arlanzón und dem Burghügel hebt sich unübersehbar das **Wahrzeichen von Burgos** ab: die Catedral de Santa María, die alleine durch ihre Maße beeindruckt und eines der größten Gotteshäuser im Land darstellt. Die Kathedrale ist 108 m lang, 61 m breit und erreicht mit ihren gotischen Turmhelmen 84 m Höhe. Dank umfangreicher Restaurierungsarbeiten, die noch bis etwa 2015 andauern werden, leuchten Türme, Kalkstein und Portale wieder in hellem Glanz.
Nach der Grundsteinlegung 1221 zogen sich die Arbeiten im Wesentlichen bis ins 16./17. Jh. hin. Während der ersten Bauetappe wurden

die Portale beendet und die Arbeiten am Kreuzgang begonnen, die Türme enstanden im 15./16. Jahrhundert. In ihrer Gesamtheit ist die Kathedrale ein Werk internationaler Baumeister, an dem zunächst Spanier mitwirkten, ehe Künstler wie Felipe de Vigarny aus Burgund, Hans von Köln (Juan de Colonia) und Simon aus Köln (Simón de Colonia) umfangreiche Auftragsarbeiten erhielten. Die von Hans von Köln errichtete Vierungskuppel wurde nach ihrem Einsturz 1539 von Juan de Vallejo in plातereskem Stil wieder errichtet. Auch die gotischen Turmhelme der Hauptfassade gehen auf Hans von Köln zurück. Das Hauptportal gestattet heute lediglich den Eintritt in die Capilla del Santísimo Cristo, eine Kapelle, in der die Gläubigen ein Bildnis des Gekreuzigten aus dem 14. Jh. verehren: den von Büffelhaut überzogenen Cristo de Burgos (dt. Christus von Burgos). Kurios in diesem Bereich ist außerdem eine Uhr mit dem sogenannten **»Papamoscas«**, dem »Fliegenvater« oder »Fliegenschnapper«, der bei den Glockenschlägen zu jeder vollen Stunde den Mund öffnet und schließt.

Die Hauptfassade mit ihrem Portal Santa María weist nach Westen zur Plaza de Santa María. In der Galerie über der Fensterrose sind acht Könige von Kastilien-León zu sehen, darunter Fernando I. und Alfonso IX. Am nördlichen Portal Coronería läuft direkt der Jakobsweg vorbei, während für Besucher der Eintritt heute am südlichen Portal Sarmental und somit ab der Plaza de San Fernando beginnt. Das stark restaurierte Südportal wurde um 1240 abgeschlossen. Im Tympanon thront Christus Pantokrator, umgeben von den vier Evangelisten an ihren Schreibpulten. Auf der mittleren Säule heißt eine Skulptur von Bischof Mauricio, 1221 zusammen mit Fernando III. Mitbegründer der Kathedrale, die Besucher willkommen.

## *Catedral de Burgos* *Orientierung*

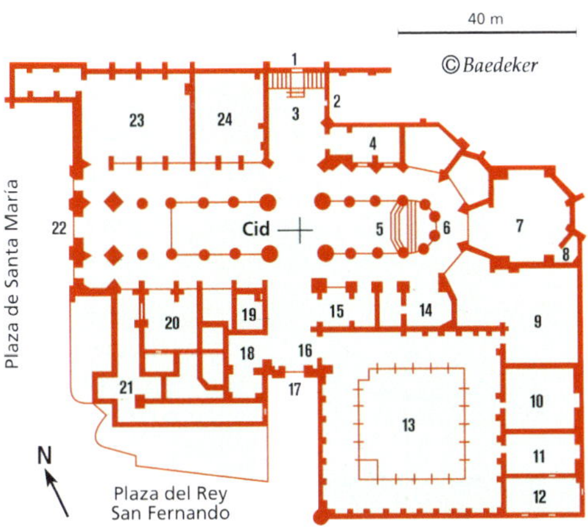


1 Puerta de la Coronería
2 Puerta de la Pellejería
3 Escalera Dorada
4 Capilla de la Natividad
5 Capilla Mayor
6 Trassagrario
7 Capilla del Condestable
8 Sacristía
9 Capilla de Santiago
10 Capilla de Santa Catalina
11 Capilla del Corpus Christi
12 Sala Capitular
13 Claustro
14 Sacristía Nueva
15 Capilla de San Enrique
16 Puerta del Claustro
17 Puerta del Sarmental
18 Capilla de la Visitación
19 Relicario
20 Capilla de la Presentación
21 Capilla del Santísimo Cristo
22 Puerta Principal
23 Capilla de Santa Tecla
24 Capilla de Santa Ana

# BURGOS ERLEBEN

## AUSKUNFT

*Oficina de Turismo*
Plaza Alonso Martínez, 7
Tel. 947 20 31 25
Fax 947 27 65 29
www.aytoburgos.es
Weitere Auskunftsbüros liegen am Paseo del Espolón und an der Plaza de San Fernando.

## SHOPPING

Die Altstadt mit ihrer weitläufigen Fußgängerzone um die Plaza Mayor und die Calle La Paloma ist ein echtes Shoppingparadies, in dem sich viele Boutiquen, Schuhgeschäfte und auch gute Feinkostläden mit Schinken und Wein finden.

## VERANSTALTUNGEN

Aus dem festlichen Jahresreigen stechen die Patronatsfeierlichkeiten zu Ehren des heiligen Lesmes (30. Januar), die Kar- und Fronleichnamsprozessionen sowie das große Stadtfest Ende Juni (Fiestas de San Pedro y San Pablo) hervor.

## ESSEN

### ▶ Erschwinglich

① *Mesón de los Infantes*
Calle Corral de los Infantes, s/n
Tel. 947 20 59 82
Eine schmale Gasse am Arco de Santa María führt auf dieses urige Restaurant zu, das schmackhafte Spezialitäten aus Kastilien auftischt.

### ▶ Preiswert

② *Taberna La Vieja Castilla*
Calle El Carmen, 6
Tel. 947 20 11 49
Werktags recht günstige Tagesmenüs, am Wochenende teurere Spezialmenüs.

③ *Mesón La Amarilla*
Calle San Lorenzo, 26
Tel. 947 20 59 36
Etwas versteckt nahe der Plaza Mayor gelegen. Gute Mittagsmenüs. Wenn es hier zu voll ist, findet man im selben Gassenbereich weitere Auswahl.

## ÜBERNACHTEN

### ▶ Komfortabel

① *Hotel Corona de Castilla*
Calle Madrid, 15
Tel. 947 26 21 42
Fax 947 20 80 42
www.hotelcoronadecastilla.com
Verlässliche Vier-Sterne-Qualität. Die City und die Kathedrale sind problemlos zu Fuß zu erreichen. Stark schwankende Tarife. Hier lohnt sich ein Klick auf die Homepage, um den besten Preis herauszufinden. Mit Restaurant.

② *Hotel Norte y Londres*
Plaza Alonso Martínez, 10
Tel. 947 26 41 25
Fax 947 27 73 75
www.hotelnorteylondres.com
Im Foyer etwas altmodisch wirkendes Haus mit 50 Zimmern, zwei Sterne. Die Lage am Rand der Altstadt erlaubt, alles Wichtige zu Fuß zu erkunden. In der Nebensaison Preiskategorie »Günstig«.

### ▶ Günstig

③ *Camping Fuentes Blancas*
Carretera Burgos-Cartuja de Miraflores, km 3,5, Fuentes Blancas
Tel. 947 48 60 16
www.campingburgos.com
Weitläufiger Campingplatz an der östlichen Stadtgrenze. Hier kann man auch kleine Bungalows für bis zu vier Personen mieten. In der Regel geöffnet Ostern bis Ende September.

Das dreischiffige Innere wird vom Chorraum durchbrochen, das 103-sitzige Gestühl ist aus Nuss- und Buchsbaumholz gearbeitet. Genau vor dem Chorraumgitter **liegen Nationalheld El Cid und seine Gemahlin Jimena begraben**. An dieser Stelle bietet sich die beste Perspektive, um das sternförmig gestaltete Kuppelgewölbe und den Hochaltar (16. Jh.) mit dem zentralen Bildnis der heiligen Maria in aller Ruhe zu betrachten. In Prunk und Ausführung steht das Retabel in der Capilla Inmaculada Concepción dem Hochaltar in nichts nach; es ist spätgotischen Stils und wurde Ende des 15. Jh.s vom Bildhauer Gil de Siloé geschaffen und von Diego de la Cruz bemalt. Zum nördlichen Portal Coronería führt im Innern die um 1520 erbaute Vergoldete Treppe (Escalera Dorada) von Diego de Siloé.

★★ ◄ Capilla del Condestable

Die bedeutendste Kapelle zweigt vom Altarumlauf ab und wirkt mit ihrem überwältigenden Kunstreichtum wie eine eigene Kirche: die Capilla del Condestable. Es ist die Totenkapelle zu Ehren des kastilischen Kronfeldherrnpaares Pedro Fernández de Velasco und Mencía de Mendoza. Die unter Simon von Köln und Franz von Köln errich-

## *Burgos* Orientierung

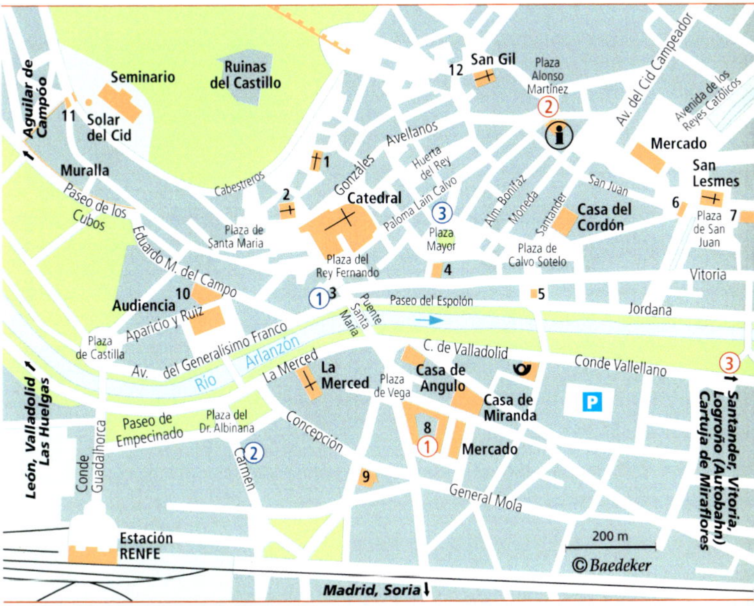


1 San Esteban
2 San Nicolás
3 Arco de Santa María
4 Ayuntamiento
5 Monumento del Cid
6 Arco de San Juan
7 Museo Marceliano Santa María
8 Estación de Autobuses
9 San Cosme y San Damián
10 Palacio Arzobispal
11 Arco de San Martín
12 Arco de San Gil

**Essen**
① Méson de los Infantes
② Taberna La Vieja Castilla
③ Méson La Amarilla

**Übernachten**
① Hotel Corona de Castilla
② Hotel Norte y Londres
③ Camping Fuentes Blancas

**! Baedeker TIPP**

**Auf den Spuren von El Cid**

In Burgos ist El Cid nicht nur mit seinem Grab in der Kathedrale und der legendären »Truhe« im Dommuseum präsent. Das im Arco de Santa María untergebrachte Museo de Farmacia (Mo. geschl.) zeigt ein Armknochenstück des Helden, den »Hueso del Cid«, samt Echtheitszertifikat. Imposant kommt der Cid auf dem Theatervorplatz, der Plaza del Cid, daher: hoch zu Pferd, mit Schwert und Rauschebart. Das Denkmal schuf der Bildhauer Juan Cristóbal im Jahr 1954.

tete Kapelle wird durch den Kuppelstern und die Glasfenster erhellt, die Marmorskulpturen des Paares ruhen auf einem Block aus rötlicher Jade. Das Retabel in der Kapelle geht auf Diego de Siloé und Felipe de Vigarny zurück (1523 – 1526); das Ölgemälde der Maria Magdalena stammt aus der Schule Leonardo da Vincis.

Vorbei an der Hauptsakristei mit ihrem Rokokomobiliar geht es in den oberen Teil des Kreuzgangs. Auf die umliegenden Kapellen und Räumlichkeiten verteilt sich der Domschatz, zu dem eine kuriose **Truhe des Cid** (Cofre de El Cid) gehört, die er – einer Legende zufolge – einst mit Sand und Steinen füllte, um sich eine Anleihe zu erschleichen. Das Geld gab er dann, ganz Ehrenmann, später auf Heller und Pfennig zurück. Weitere wichtige Exponate des Museums sind der dramatisch wirkende Christus an der Säule von Renaissancemeister Diego de Siloé und das dahinterliegende Retabel mit dem heiligen Jakobus als Maurentöter. Nach dem Ende des Rundgangs gelangt man von der Plaza de San Fernando in den unteren Teil des Kreuzgangs, in dem es Raum für Wechselausstellungen gibt (Öffnungszeiten: tgl. 9.30 – 13.15, 16.00 bis 19.15 Uhr).

✶ **Paseo del Espolón**

Paseo del Espolón heißt Burgos' wichtigste **Flanierpromenade**, die parallel zu den Ufern des Río Arlanzón verläuft und die Altstadt zum Fluss hin abgrenzt. Im Sommer spenden die Platanenreihen reichlich Schatten. Der Paseo del Espolón ist etwa 500 m lang und erstreckt sich von der Plaza del Cid (Stadttheater) bis zum Arco de Santa María, einem Stadttor aus dem 16. Jh., durch das es auf den Vorplatz der **Catedral de Santa María** geht. In den zur Flussseite hin ausgerichteten Bildnisnischen des Arco de Santa María sind wichtige Persönlichkeiten wie Stadtgründer Diego Porcelos und El Cid zu sehen. Etwa auf halbem Weg zwischen der Plaza del Cid und dem Arco de Santa María führt ein Zugang auf den von Arkaden umzogenen Hauptplatz, die Plaza Mayor. An der Südseite des Platzes ist das Rathaus (18. Jh.) untergebracht.

✶ Arco de Santa María ►

✶ Plaza Mayor ►

**Der Jakobsweg durch Burgos**

Am Jakobsweg durch Burgos liegen weitere interessante Bauten, beginnend mit der Iglesia de San Lesmes (15. Jh.) an der Plaza de San Lesmes. Im Mittelschiff der Kirche ist das Grabmal des heiligen Lesmes zu sehen, Patron von Burgos. Der Kirchenvorplatz zeigt ein Reiterdenkmal von Stadtgründer Diego Porcelos, dahinter liegen die Ruinen des Klosters und Spitals San Juan, verbunden mit einem Museum für den lokalen Maler Marceliano Santa María (1866 – 1952).

✶ Iglesia de San Lesmes ►

*Szenerie am Arco de Santa Maria*

Im Zentrum führt der Jakobsweg an der Nordfassade der Kathedrale und direkt dahinter an der Iglesia de San Nicolás de Bari vorbei. Diese gotische Kirche zu Ehren des heiligen Nikolaus zeigt ein beeindruckendes Steinretabel, das Franz von Köln und Simon von Köln um 1505 im Auftrag reicher Kaufleute aus Burgos schufen. In der nahen Iglesia de San Esteban ist das Retabelmuseum (Museo del Retablo) zu sehen. Im westlichen Teil der Altstadt passiert der Jakobsweg die Reste der Stadtmauer, den Río Arlanzón und den Stadtpark. Ans Ende des Stadtparks schließt sich das Hospital del Rey an, das König Alfonso VIII. 1195 stiftete und das heute zum Universitätsgelände gehört. Im zentralen Innenhof ist über dem Eingang zur Kirche ein Relief von Jakobus als Maurentöter zu sehen.

★ ◄ Iglesia de San Nicolás de Bari

★ ◄ Hospital del Rey

★ **Casa del Cordón**

Die Casa del Cordón wurde Ende des 15. Jh.s als Sitz für die kastilischen Kronfeldherrn erbaut. Der Name des Palastes gründet sich auf die Gürtelschnur (cordón) der Franziskaner. Sie ist hier wunderbar in Stein gearbeitet und wendet sich zusammen mit der breiten Fassadenfront zur Plaza de la Libertad hin. Das Palais ist äußerst geschichtsträchtig. Eine Erinnerungstafel verweist darauf, dass die Katholischen Könige im April 1497 hier **Christoph Kolumbus** nach dessen zweiter Entdeckungsfahrt in die Neue Welt empfingen. Im Jahr 1506 verstarb Philipp der Schöne in dem Palais – er war mutmaßlich vergiftet worden. Seine Witwe Johanna, so sagt man, versank danach in geistiger Umnachtung und erhielt den Beinamen »la Loca«, »die Wahnsinnige«. Das Innere der Casa del Cordón ist umfangreich restauriert, gehört heute einem Finanzinstitut und ist im Rahmen von Wechselaustellungen geöffnet.

*El Cid, Held der Reconquista, lebte in Burgos. Der Name, der ihn berühmt machte, wurde Rodrigo Díaz de Vivar als Ehrentitel von den Mauren verliehen und bedeutet soviel wie Fürst oder Anführer.*

# HELDEN UND HEILIGE

**Die lange Liste reicht vom heiligen Apostel Jakobus über den Markgrafen Roland und den Ritter El Cid bis zum Jesuitengründer Ignatius von Loyola – die Lebensfäden von vielen Heiligen und Helden sind eng mit Spaniens Norden verwoben.**

Stellt man als erstes Beispiel Burgos heraus, lässt sich bereits erahnen, welch eine Fülle von Geschichten und Geschichte mit Helden und Heiligen in Nordspanien verbunden ist. An erster Stelle ist der Ritter und Nationalheld **El Cid** (um 1043 – 1099) zu nennen, der eigentlich Rodrigo Díaz de Vivar hieß und aus Vivar del Cid stammte, einem 8 km nördlich von Burgos gelegenen Örtchen. Rodrigo stand in Diensten des kastilischen Monarchen Sancho II., bis dieser 1072 durch Verrat zu Tode kam. Sanchos Bruder Alfonso VI. trat die Nachfolge an und Rodrigo profilierte sich als tapferer »Kämpfer«, Campeador, gegen die Mauren. Rodrigo ehelichte Jimena, eine Verwandte Alfonsos, und heiratete damit sogar in die königliche Familie ein, doch das Verhältnis zwischen ihm und dem Herrscher geriet zunehmend in die Krise. 1081 sprach Alfonso die Verbannung Rodrigos aus, was diesen auf die Gegenseite trieb. Im Namen des maurischen Herrschers kämpfte Rodrigo nun vorübergehend gegen die Christen. Ehrfürchtig nannten ihn die Muselmanen sayyid, Herr, eine Name, von dem sich später El Cid ableitete. Nach der Aussöhnung mit Alfonso VI. gelang dem Cid die Rückeroberung von Valencia, im 12. Jh. setzte ihm das von einem Anonymus verfasste Epos »Poema de mío Cid« ein überhöhtes literarisches Denkmal. 1921 wurde das Grab des Cid und seiner Gemahlin Jimena vom Kloster San Pedro de Cardeña in die Kathedrale von Burgos verlegt und ist dort noch heute unter der Vierungskuppel zu sehen. Ein großes Reiterdenkmal des Helden steht auf der Plaza del Cid.

Burgos ist gleichermaßen eine Stadt der Heiligen. Als Patron wird **San**

**Lesmes** (um 1035–1097) verehrt, eine Lichtgestalt des christlichen Glaubens. Er stammte ursprünglich aus dem französischen Poitou, war Abt im Benediktinerkloster La Chaise-Dieu, kam nach Kastilien an den Hof von Alfonso VI. und ging im letzten Teil seines Lebens – vermutlich ab 1085 – im Dienst an den Jakobspilgern auf. Unter ihm wurde in Burgos der Bau des Klosters San Juan beendet, er spendete den Pilgern Trost und heilte sie von vielerlei Gebrechen. Begraben liegt er in der Iglesia de San Lesmes, direkt am Pilgerweg durch Burgos. Am westlichen Ende der Stadt fand ein anderer Heiliger aus Frankreich, **San Amaro**, seine letzte Ruhe. Auch er half im Spätmittelalter bedürftigen Jakobspilgern und versorgte sie in Burgos im Königsspital.

## Wer war der heilige Jakob?

Der gesamte Jakobskult fußt auf Santiago, dem heiligen Apostel **Jakobus**, dessen Grab der Ursprung von Santiago de Compostela ist. Besser gesagt, sein vermeintliches Grab, denn zwischen Geschichte und Legende ist schwer zu trennen. Während Skeptiker das im 9. Jh. auf wundervolle Weise wieder aufgefundene Apostelgrab für eine Erfindung von Klerus und Königshaus im Sinne der Reconquista halten, besteht für gläubige Christen nicht der geringste Zweifel. Die Überlieferung besagt, dass Jakobus zunächst auf Mission in Spanien war und nach seinem Martyrium von seinen getreuen Jüngern und mit Hilfe eines »Engelsschiffes« nach Galicien gebracht wurde. Dort erhielt er seine letzte Ruhe in einem Waldstück, bis ein Einsiedler durch Lichterscheinungen auf die vergessene Grabstätte aufmerksam wurde. Im Dienste der Reconquista, deren Schutzpatron er war, wurde Jakobus mit Skulpturen und Reliefs oft als »Maurentöter« verfremdet.

## Roland und San Fermín

Auf dem Pyrenäenpass von Ibañeta erinnert ein Denkmal an **Roland**, einen Gefolgsmann von Karl dem Großen, der 778 bei der Schlacht von Roncesvalles in einen tödlichen Hinterhalt geriet und bis zum letzten Atemzug gegen die feindliche Übermacht der Mauren kämpfte.

*Im Kloster von Loiola, gebaut auf dem Stammsitz der Familie Ignacio de Loyolas*

In Pamplona hält sich die Erinnerung an einen Märtyrer aus römischen Zeiten, **San Fermín**, durch die von Hemingway eingehend beschriebene Fiesta de San Fermín im Juli wach. Der Gedenktag des Heiligen ist der 7. Juli, die Fermín-Kapelle in der Iglesia de San Lorenzo bewahrt seinen Reliquienschrein.

## San Francisco Javier und Ignacio de Loyola

50 km südöstlich von Pamplona erhebt sich die Felsenburg von Javier, Geburtsort von **San Francisco Javier** (hl. Franz Xaver; 1506 – 1552). Dieser verbrachte seine Kindheit und Jugend auf der Burg, brach zum Studium nach Paris auf, traf dort mit Ignatius von Loyola zusammen und legte mit ihm sowie einigen weiteren Glaubensgenossen den Grundstein zur Gründung des Jesuitenordens. San Francisco Javier starb als Jesuitenmissionar vor den Toren Chinas, seine Heimatregion Navarra hat ihn zum Schutzpatron erhoben.

Sein Weggefährte **Ignatio de Loyola** (1491–1556, ► Berühmte Persönlichkeiten), ein kerniger Baske, stammte aus dem Ort Loiola und war nach seiner schweren Verletzung in Pamplona später die treibende Kraft der Jesuiten. In Loiola steht ein Turmhaus für Besucher offen, wo man das Geburtszimmer des Heiligen betritt; eine Skulptur von Lorenzo Coullaut Valera führt die innere Wende des Ignatius vom machtbesessenen Militär hin zum gläubigen Christen vor Augen.

## Weitere Heilige

Aus Caleruega, Provinz Burgos, stammte der heilige Dominikus, spanisch **Santo Domingo Guzmán** (um 1170 – 1221), der Stifter des Dominikanerordens.

Im riojanischen San Millán de la Cogolla führte **San Millán de la Cogolla** (473 – 574) das Bergkloster Suso als geistiges und wissenschaftliches Zentrum zur Blüte.

Ebenfalls in der Rioja, in der nach ihm benannten Ortschaft, versorgte **Santo Domingo de la Calzada** (1019 bis 1109) die Jakobspilger und ist überdies als Held des Hühnerwunders (s. S. 331) in die Geschichte eingegangen.

★ **Castillo**

Das Castillo, gegründet im 9. Jh., bildet den Ursprung von Burgos und musste im Laufe seiner langen Geschichte zahlreiche Umbauten und Zerstörungen (darunter von den napoleonischen Truppen 1813) hinnehmen. Sehr schön ist der Blick über Stadt und Umland. Zugänglich sind auch die Galerien, doch die Öffnungszeiten wechseln häufig (aktuelle Informationen in den Oficinas de Turismo).

★★ **Monasterio de las Huelgas (Las Huelgas Reales)**

Knapp 2 km südwestlich der Innenstadt liegt das Monasterio de las Huelgas, ein nach wie vor von Zisterzienserinnen geleitetes Kloster, dessen Stifter Ende des 12. Jh.s König Alfonso VIII. und seine Gemahlin Leonor de Inglaterra (Eleonore von England) waren. Das Gründerpaar liegt in prunkvollen Grabstätten in der Kirche begraben. Im seitlichen Kirchenschiff, der Nave de Santa Catalina, sind weitere Sarkophage von Mitgliedern der königlichen Familie zu sehen, die napoleonische Truppen allerdings im 19. Jh. plünderten. Nur eines der Grabmäler, nämlich das des 1275 verstorbenen Infanten Fernando de la Cerda, blieb wegen seiner versteckten Lage ungeschändet. Die wertvollen Grabbeigaben und Kleidungsstücke sind heute in dem ins Kloster integrierten Museum zu sehen (Museo de Telas Medievales).
Weitere Höhepunkte sind der Kapitelsaal mit einer Standarte aus der Schlacht von Navas de Tolosa (1212), die beiden Kreuzgänge San Fernando und Las Claustrillas sowie die Capilla de Santiago mit ihrer mudejaren Ausgestaltung und einem kuriosen Bildnis des heiligen Jakobus: Der **bewegliche rechte Arm** mit dem Schwert in der Hand gestattete es einst, dass sich die Könige gleichsam vom Heiligen selber zum Ritter schlagen ließen (Öffnungszeiten: Di. – Sa. 10.30 bis 13.00 und 15.45 – 17.30, So. 10.30 – 14.00 Uhr).

★★ **Cartuja de Miraflores**

Die Cartuja de Miraflores, ein nach wie vor bewohntes Kartäuserkloster, liegt etwa 4 km südöstlich des Stadtkerns von Burgos. Die Anfahrt ist beschildert und führt an den freundlichen Parkanlagen am Río Arlanzón vorbei. In der Kartause geht es durch den kleinen Kreuzgang in die mit 56 m extrem lang gestreckte, einschiffige Kirche (15. Jh.) hinein, die das prunkvolle Grabmal der Eltern der Katholischen Königin Isabella birgt. Das Alabastergrabmal des Königspaares wurde 1489 – 1493 von Gil de Siloé geschaffen, das Retabel angeblich mit dem ersten Gold aus der Neuen Welt überzogen.
Im kleinen Verkaufsbereich der Cartuja gibt es nicht nur Postkarten, sondern auch **von den Mönchen hergestellte Rosenkränze**

*Grabmal des Infanten Alfonso*

(rosarios). Eingearbeitet sind getrocknete, handgedrehte Rosenblätter, die einen intensiven Duft verströmen (Öffnungszeiten: Mo. – Sa. 10.15 – 15.00, 16.00 – 18.00, So. 11.00 – 15.00, 16.00 – 18.00 Uhr).

**Monasterio de San Pedro de Cardeña**

In dem etwa 10 km südöstlich der Stadt gelegenen Monasterio de San Pedro de Cardeña (Mo. geschl.) lagen einst El Cid und seine Frau Jimena begraben. Das heutige Zisterzienserkloster wurde ursprünglich in romanischem Stil erbaut, was die Torre Cidiana und der Claustro de los Mártires belegen. Im 17./18. Jh. kam es zu umfangreichen Umgestaltungen.

## Südliche Provinz Burgos

**★ Lerma**

Eine schöne Rundfahrt durch den südlichen Teil der Provinz Burgos führt zunächst auf der N-I Richtung Madrid 37 km nach Lerma (840 m ü.d.M., 3000 Einw.), das hoch über den Ufern des Río Arlanzón liegt. Lerma nennt sich »villa ducal«, Herzogsstadt. Der Herzog von Lerma und Günstling von Spaniens König Philipp III. Francisco Gómez de Sandoval y Rojas (1553 – 1623) ließ sich zwischen 1601 und 1617 einen prächtigen Palast erbauen, der heute als **Parador-Hotel** dient und weithin sichtbar ist. Man genießt dort Vier-Sterne-Komfort im Umfeld des einstigen Grafenpalastes (Plaza Mayor 1, Tel. 947 17 71 10, Fax 947 17 06 85, www.parador.es). Die nahe gelegene kleine Altstadt lädt zu einem Bummel ein.

Noble Unterkunft ►

**★★ Monasterio de Santo Domingo de Silos**

Südöstlich von Lerma führt die Landstraße BU-900 durch ländliches, dünn besiedeltes Gebiet rund 25 km weiter nach **Santo Domingo de Silos**. Das Örtchen liegt im Tal von Tabladillo und trägt den Namen eines wundertätigen Heiligen (um 1000 – 1073). Dieser stand dem lokalen Benediktinerkloster, dem heutigen Monasterio de Santo Domingo de Silos, bis zum Ende seines Lebens vor und soll sich selber um den Fortgang der Arbeiten an dem wunderschönen romanischen Kreuzgang gekümmert haben. Der Kreuzgang ist doppelstöckig, die Säulenkapitelle mit Motiven wie Löwen und monströsen Vögeln sind meisterhaft gearbeitet. Zu beachten sind auch die doppelten Basreliefs an den vier Ecken, die u. a. den ungläubigen Thomas und Jesus mit den Emmaus-Jüngern zeigen. Besonderheit dort: **Jesus ist als Jakobspilger mit muschelverzierter Tasche** dargestellt. Der untere Teil des Kreuzgangs wird von

*Im Kreuzgang: die gedrehte Säule als Unterschrift des Meisters*

einer mudejaren Kassettendecke aus dem 14. Jh. überspannt. Vom Kreuzgang gibt es einen Zugang in die historische Apotheke des Klosters, in die kleine Bibliothek und in ein Museum mit Exponaten sakraler Kunst. Das Grabmal des heiligen Domingo de Silos ist in der dahinter liegenden Kapelle der klassizistischen Klosterkirche zu sehen. Bekannt ist die Kirche auch als Schauplatz der regelmäßigen **gregorianischen Gesänge der Mönche**, die es zu internationaler Berühmtheit gebracht haben. Mit dem höheren Alter haben die Stimmen jedoch an Strahlkraft verloren (Öffnungszeiten: So./Mo. 16.30 – 18.00, Di. bis Sa. 10.00 – 13.00, 16.30 – 18.00; gregorianische Gesänge: tgl. 19.00, im Sommer außer Do. 20.00 Uhr).

**Umgebung von Santo Domingo de Silos**

★ ◂ Garganta La Yecla

Ab Santo Domingo de Silos kann man einen vom Kloster aus einsehbaren Kreuzweg bis zu einer Kapelle ansteigen und die Aussicht genießen. Lohnend ist auch ein ausgeschilderter Abstecher zur 3 km entfernten Garganta La Yecla, eine kurze Klamm, durch die ein begehbarer Betonsteg verläuft. In diesem Gebiet sind besonders viele Gänsegeier heimisch, die sich mit dem Fernglas gut beobachten lassen. Die Klamm La Yecla liegt an der Landstraße BU-910, die weiter südlich nach **Caleruega** führt. Caleruega ist der Geburtsort des heiligen Dominikus (1170 – 1221), Stifter des Dominikanerordens und in Spanien als Santo Domingo de Guzmán bekannt; der örtliche Festungsturm Torreón de los Guzmán gehörte einst zum Besitz der Familie des Heiligen. Knapp 25 km südwestlich von Caleruega liegt **Aranda de Duero** (798 m ü.d.M., 30 000 Einw.). Zu sehen gibt es dort die Iglesia de Santa María la Real mit ihrem isabellinischen Portal und – im nahen **Sinovas** – die wegen ihrer polychromen Deckentäfelung im Mudéjar-Stil zum Nationalmonument erklärte Iglesia de San Nicolás de Bari.

★ ◂ Iglesia de San Nicolás de Bari

★ **Covarrubias**

Fährt man von Santo Domingo de Silos in nordwestliche Richtung über die Berge, ist nach 17 km das am Río Arlanzón gelegene Covarrubias (880 m ü.d.M., 700 Einw.) erreicht. Das Miteinander aus Stadtmauerresten, Gassen, Plätzen und balkengestützten Fachwerkhäusern machen das Örtchen ausgesprochen sehenswert. Hier steht, so will es die Geschichte, die **»Wiege Kastiliens«**. Das hatte mit den Aufständen zu tun, die Rädelsführer Fernán González im 10. Jh. gegen Asturien-León anzettelte. Daraus entstand zunächst die Grafschaft, später das Königreich Kastilien. Fernán González liegt in der örtlichen Stiftskirche San Cosme y San Damián (Di. geschl.) begraben. Außerdem sind dort weitere Adelsgräber, der Kreuzgang mit dem Grab der Infantin Kristina von Norwegen und ein erstaunlich weitläufiges Museum mit Exponaten sakraler Kunst zu sehen, darunter ein Flügelaltar aus dem 16. Jh. mit dem Motiv der Heiligen Drei Könige. Wer einkehren oder übernachten möchte, findet in Covarrubias einige Restaurants und Landhäuser.

Ab Covarrubias führt die BU-905 nach Hortigüela, vorbei an dem teils in Ruinen liegenden **Monasterio de San Pedro de Arlanza**

*Blick über den Ebro-Stausee bei Reinosa*

(11. Jh.; So. nachm. und Mo. geschl.). Ab Hortigüela nimmt man die N-234 Richtung Burgos, sollte jedoch auf halbem Weg nach Cuevas de San Clemente nicht den kurzen Abstecher nach **Quintanilla de las Viñas** auslassen. Außerhalb des Ortes liegen die Reste der Ermita Visigótica (auch: Santa María de Lara), einer westgotischen Kapelle aus dem 7./8. Jh. mit einzigartiger Reliefornamentik (Mo. geschl.). Zurück nach Burgos verbleiben etwa 30 km.

★★ Ermita Visigótica ▶

## Weitere Umgebung von Burgos

★ **Palencia**

86 km südwestlich von Burgos liegt mit Palencia (740 m ü.d.M., 80 000 Einw.) eine der am wenigsten bekannten Provinzhauptstädte in Spanien. Palencia war bereits zu römischen Zeiten bekannt und erhielt im 13. Jh. eine Universität. Ein Bummel durch die hübsche Altstadt führt durch die Calle Mayor und auf die Plaza Mayor mit dem Rathaus. Wahrzeichen Palencias ist die Kathedrale, deren Bau 1322 begonnen wurde; die Gläubigen verehren dort die Reliquien des Stadtheiligen Antolín. Am Nordrand der Stadt ragt eine monumentale Christusstatue empor, der Cristo del Otero, ein Werk des Bildhauers Victorio Macho.

★ **Abstecher an den Embalse del Ebro**

Auf dem Weg an den Embalse de Ebro wählt man nordwestlich von Burgos zunächst die N-627, die ins 72 km entfernte **Aguilar de Campóo** (895 m ü.d.M., 9000 Einw.) führt. Das monumentale Gepräge setzt sich aus Adelshäusern, Burg- und Stadtmauerresten sowie interessanten Kirchen (Colegiata de San Miguel, Ermita de Santa Cecilia) zusammen. Etwas außerhalb liegt das Monasterio de Santa María la Real mit seinem romanischen Kreuzgang. Einen würdigen Rahmen hat das Kulturerbe in der schönen Natur, insbesondere, wo diese über die Regionalgrenzen hinweg von Kastilien-León nach Kantabrien hineingeht.

Rund 30 km nördlich von Aguilar de Campóo liegt **Reinosa** (850 m ü.d.M., 11 000 Einw.), der ideale Startpunkt für Entdeckungen rund um den Embalse de Ebro. Der ins Hochland und weite Grasländer eingebettete **Stausee** umfasst ein Gebiet von 7700 ha; bei seiner Anlage in den 1940er-Jahren wurden mehrere Dörfer geflutet. Der See liegt geradezu idyllisch und ist Heimat zahlreicher Vogelarten. Westlich von Reinosa liegt bei Fontibre die Ebro-Quelle (Nacimiento del Río Ebro). Skifreunde zieht es im Winter zur Estación Alto Campóo, einem rund 25 km westlich von Reinosa gelegenen Skigebiet.

★ ◂ Embalse de Ebro

## Der Jakobsweg von Burgos nach León

Knapp 200 km sind es auf dem auch für Autofahrer gut beschilderten Jakobsweg von Burgos nach León. Die Strecke verläuft über die Meseta und bewegt sich durchgängig auf Höhen um 780–900 m ü.d.M., was wiederum bedeutet: schrundige Weiten mit vereinzelten Taleinschnitten, Getreidefelder mit ausgeklügelten Bewässerungssystemen, urige Dörfer mit Lehm- und Bruchsteinbauten, dünne Besiedlung. Im Winter kann es klirrend kalt, im Sommer drückend heiß sein – und das ist für all jene Pilger, die zu Fuß oder mit dem Fahrrad unterwegs sind, eine besondere Herausforderung.

**Von Olmillos de Sasamón nach Castrojeriz** ★

◂ Convento de San Antón

Westlich von Burgos zieht sich die N-120 durch ländliches, höhepunktloses Gebiet nach **Olmillos de Sasamón**, dessen lokales Schlösschen in ein Hotel verwandelt worden ist. In Olmillos de Sasamón zweigt auch der Jakobsweg für Motorisierte nach links ab, bis man bei **Hontanas** wieder die richtige Pilgerroute erreicht hat. Am Ortsrand kreuzen sich Straße und Pilgerpfad. Wenige Kilometer dahinter ist **eine der kuriosesten Stationen am Jakobsweg** erreicht. Mitten durch den Torbogen des gotischen Convento de San Antón, im Mittelalter ein von den Antonitermönchen betriebenes Kloster und Pilgerspital, führt die Straße hindurch! Eine Biegung weiter – und schon gerät **Castrojeriz** in Sicht, das von deutschsprachigen Wallfahrern vormals »Kastell Fritz« genannt wurde. Das mittelalterliche Kastell beherrscht den Ort, liegt in Ruinen und erinnert an die krie-

*Standbild des Jakobus in der Stiftskirche von Castrojeriz*

gerischen Konflikte zwischen Christen und Mauren im 9./10. Jahrhundert. 974 erwirkte Graf Fernández das »Sonderrecht von Castrojeriz«, durch das die Wiederbesiedlung des rückeroberten Landstrichs ermöglicht wurde. Besuchen sollte man die 1214 begonnene und im Laufe der Zeiten vielfach umgestaltete Colegiata Virgen del Manzano, heute Museum für sakrale Kunst. Besonders schön: das Retabel mit dem polychromierten gotischen Bildnis der Virgen del Manzano und Jakobus als Pilger.

✶ Colegiata Virgen del Manzano ►

**Nach Frómista**

Hinter Castrojeriz trennen sich wieder die Wege: Der Pilgerpfad läuft über den einem Tafelberg gleichenden Mostelares, die Straße BU-400 (später BU-403) zieht sich in einem weiten Bogen über **Castrillo de Matajudíos** um den Berg herum. Pilger und Motorisierte kommen auf Höhe der Puente der Itero zusammen, einer historischen Brücke, die ursprünglich König Alfons VI. gegen Ende des 11. Jh.s im Zuge des Wallfahrerbooms erbauen ließ. Die Brücke führt über den Río Pisuerga, der die Provinzgrenze zwischen Burgos und Palencia markiert. **Tierra de Campos**, »Land der Felder«, heißt die hiesige Gegend. Und so säumen weite Getreidefelder den Weg, der über **Boadilla del Camino** (Lehmhäuser, interessante steinerne Gerichtssäule aus dem 15. Jh.) nach **Frómista** (780 m ü.d.M., 1000 Einw.) führt. Kurz vor Frómista kreuzt man den bereits im 18. Jh. angelegten Canal de Castilla, mit dessen Hilfe die Gegend bewässert wird. Ein außergewöhnliches Bauwerk in Frómista ist die romanische Iglesia de San Martín, die um 1066 von der navarresischen Königswitwe Doña Mayor gestiftet und zwischen 1896 und 1904 restauriert wurde. Erhalten geblieben sind die beiden zylinderförmigen Fassadentürme, die Vierungskuppel und vor allem die schmuckvollen Rollenfriese und über 300 Konsolfiguren. Im Innern wirken die Kapitelle allzu stark restauriert; im Altarbereich sind Figuren des gekreuzigten Christus (13. Jh.), des heiligen Martin (14. Jh.) und des Jakobus (16. Jh.) zu sehen. Nahe der Iglesia de San Pedro (15./16. Jh.) erinnert ein Denkmal an den berühmtesten Sohn des Ortes: den Dominikaner und Wanderprediger San Telmo (um 1180 – 1246).

✶ Canal de Castilla ►

✶ Iglesia de San Martín ►

**Nach León**

Nächster wichtiger Punkt ist **Villalcázar de Sirga** mit der im Übergangsstil zwischen Romanik und Gotik erbauten Iglesia de Santa María la Blanca, die auf die Templer zurückgeht. Ihr Name gründet sich auf die »Weiße Jungfrau«, Virgen Blanca, deren Figur im Hauptretabel (16. Jh.) verehrt wird. Auch im bildreichen Südportal ist sie zu sehen; neben ihr kniet König Alfons X. der Weise, der ihren Ruf im 13. Jh. mit den Lobgesängen »Cántigas de Santa María« verstärkte. **Carrión de los Condes** (840 m ü.d.M., 3000 Einw.) wurde im mittelalterlichen Pilgerführer Codex Calixtinus als »wohlhabende und vortreffliche Stadt« beschrieben, doch im Vergleich zu damals hat die Bedeutung etwas nachgelassen. Zum örtlichen Kulturerbe gehören der Convento de Santa Clara (13. Jh., mit kleinem Sakralmuseum), die Iglesia de Santa María del Camino (12. Jh.) und die Iglesia de

✶ Iglesia de Santa María la Blanca ►

Santiago mit ihrem sehenswerten romanischen Skulpturenfries. Größtes Bauwerk ist das am Ortausgang liegende Monasterio de San Zoilo, dessen Ursprung mutmaßlich ins 10. Jh. reicht. Interessant sind die Klosterkirche und der platereske Kreuzgang (16. Jh.).

✶ ◄ Monasterio de San Zoilo

Letzte größere Station vor León ist **Sahagún** (829 m ü.d.M., 4000 Einw.), wo den Überlieferungen nach das Heer Karls des Großen gegen die Mauren gekämpft haben soll. Von der großen mittelalterlichen Abtei Facundo y Primitivo ist bis auf Ruinen nichts geblieben. Interessanter sind da schon die Backsteinkirchen San Tirso und San Lorenzo im romanisch-mudejarischen Stil sowie die Kirche des Monasterio de Santa Cruz mit den Grabmälern von König Alfons VI. und seinen Ehefrauen. Etwas abseits steht das Heiligtum Santuario de la Peregrina (14. Jh.). Hinter dem historischen Viehmarktort **Mansilla de las Mulas** ist es mit der Beschaulichkeit vorbei – nach so viel ländlichen Eindrücken wirkt ► León wie eine Großstadt.

! *Baedeker* TIPP

**Speis', Trank und Unterkunft**

In Villacázar de Sirga lädt das Mesón Los Templarios (Plaza Mayor, Tel. 979 88 80 22) zur urigen Einkehr ein. Eine ansprechende Drei-Sterne-Unterkunft findet man in Carrión de los Condes im Hotel Real Monasterio de San Zoilo, das dem gleichnamigen Kloster angegliedert ist (Tel. 979 88 00 49, Fax 979 88 10 90, www.sanzoilo.com).

# ✶ Calahorra

Q 5

**Provinz:** La Rioja
**Höhe:** 358 m ü. d. M.
**Region:** La Rioja (Autonome Gemeinschaft)
**Einwohnerzahl:** 22 000

**Die zweitgrößte Stadt der Rioja fußt auf römischen Wurzeln; interessant ist das kleine historische Viertel mit seiner Kathedrale. Die strategisch günstige Lage erlaubt Ausflüge zu versteinerten Dinosaurierspuren und in das nahe Gebirge.**

**Geschichte**

In der Eisenzeit soll es an dieser Stelle bereits einen Siedlungsplatz gegeben haben, den sich später die Keltiberer und dann die Römer zunutze machten. Zu römischen Zeiten kam dem damaligen Calagurris große Bedeutung zu. Hier erblickten der berühmte Redner und Schreiber Marcus Fabius Quintilianus (besser bekannt als Quintilian, um 30 – 96 n. Chr.) sowie der Dichter Aurelius Prudentius Clemens (um 348 – 405) das Licht der Welt. Eine kuriose Legende dreht sich um das Brüderpaar Emeterius und Celedonius, Söhne eines römischen Befehlshabers, die nach einiger Zeit in militärischen Diensten glaubensabtrünnig wurden. Bei einem Aufmarsch in Calahorra bekannten sie sich öffentlich zu Jesus Christus, was zu ihrer Enthauptung führte. Ihre Köpfe, so ist überliefert, warf man achtlos in den Río Cidacos, worauf sie ins Meer geschwemmt und von der Strömung rund um die Iberische Halbinsel bis nach Santander getrieben wurden. Das erklärt, warum sich Santander und Calahorra die Reliquien der beiden Heiligen teilen. An der Stelle des Martyriums von Emeterius und Celedonius erhebt sich nunmehr die Kathedrale Santa María. Im Mittelalter stand Calahorra vorübergehend unter islamischer Herrschaft, was die Landwirtschaft von neuen Bewässerungstechniken profitieren ließ. Dank der Lage im fruchtbaren Gebiet des Ebro und des Cidacos hat sich rundherum das landwirtschaftliche Gepräge bis heute erhalten. Das riojanische Weinbaugebiet reicht weiter südostwärts bis in den äußersten Zipfel der Region nach Alfaro.

## Sehenswertes in Calahorra und Umgebung

**Altstadt**

Das verwinkelte historische Viertel wird von den beiden Plätzen Plaza del Mercado (mit kleiner Markthalle) und Plaza del Raso mit der Iglesia de Santiago (16. – 18. Jh.) bestimmt. Im Innern dieser Jakobus geweihten Kirche sticht das Barockretabel des Diego Camporredondo hervor. Etwa 100 m entfernt, in der Calle Ángel Oliván, zeigt das **Stadtmuseum** (Museo Municipal) Exponate aus der Vorgeschichte und Römerzeit sowie wechselnde Ausstellungen (Öffnungszeiten: Di. – Sa. 12.00 – 14.00, 18.00 – 21.00, So. 12.00 – 14.00 Uhr.).

*Fast zu groß für Calahorra: die Kathedrale*

Im unteren Teil der Altstadt wendet sich die Catedral de Santa María den grünen Uferzonen am Río Cidacos zu. In die mehrfach erneuerte Baustruktur flossen Elemente aus Gotik, Renaissance, Barock und sogar Neoklassizismus ein. Die Kapelle San Pedro besitzt einen plateresken Alabasteraltar, die Sakristei wird wegen ihrer 41 Spiegel gerne »kleiner Spiegelsaal« (Pequeño Salón de los Espejos) genannt. In den Hochaltar sind die Reliquienschreine der heiligen Emeterius und Celedonius eingefasst. Der plateresken Kreuzgang wird als **Diözesanmuseum**, Museo Diocesano, genutzt. Neben der Kathedrale liegt der zwischen dem 16. und 18. Jh. erbaute Bischofspalast.

✶ **Kathedrale**

Öffnungszeiten: tgl. 8.30 – 12.30, 16.30 – 18.30, Sommer tgl. 8.30 – 12.30, 17.00 – 20.00

Ein kleiner Abstecher südostwärts durch das Ebro-Becken nach Alfaro (302 m ü.d.M., 9000 Einw.) lohnt sich in erster Linie für Vogelbe-

✶ **Ebro-Becken**

## CALAHORRA ERLEBEN

### AUSKUNFT

***Oficina de Turismo***
Calle Ángel Oliván, 8
Tel./Fax 941 14 63 98
www.ayto-calahorra.es

### VERANSTALTUNGEN

Die beiden Stadtpatrone Emeterius und Celedonius lässt man gleich zwei Mal feierlich hochleben: bei den Fiestas de Invierno um den 3. März sowie beim großen Patronatsfest vom 25. bis 31. August. Während der Osterwoche ist alljährlich eine sehenswerte Prozession am Karfreitag angesetzt.

### ESSEN

▸ **Erschwinglich**
***La Rana del Moral***
Calle Ramón Subirán, 34
Tel. 941 14 76 39
Rustikales Interieur, regionale Spezialitäten (viel Gemüse, Fisch). Sonntagabends geschlossen.

### ÜBERNACHTEN

▸ **Komfortabel**
***Parador de Calahorra Marco Fabio Quintiliano***
Paseo Mercadal, s/n
Tel. 941 13 03 58, Fax 941 13 51 39
www.parador.es
Ansprechendes Vier-Sterne-Haus mit Restaurant der beliebten Paradores-Kette.

▸ **Günstig**
***Hotel Ciudad de Calahorra***
Maestro Falla, 1
Tel./Fax 941 14 74 34
www.guiadecalahorra.com/hotelciudaddecalahorra
Freundliche, solide Unterkunft (zwei Sterne); mit Restaurant.

*Baedeker-Empfehlung*

***Entspannung pur***
In der östlichen Rioja und im benachbarten Navarra ziehen die beiden Thermalhotels von Arnedillo westlich von Arnedo (Hotel Spa Arnedillo, Paseo Joaquín Velasco, Tel. 941 22 29 02, Fax 941 39 40 75, www.balnearioarnedillo.com) und Fitero östlich von Igea (Hotel Balneario Gustavo Adolfo Bécquer, Baños de Fitero, Tel. 948 77 61 00, Fax 948 77 62 25, www.fitero.com/balneario) viele an, die sich gerne ein paar Tage entspannen wollen.

obachter. Die Konzentration an **Weißstörchen** ist eine der höchsten in ganz Spanien. Wichtigstes Bauwerk ist die zum Nationaldenkmal erhobene Colegiata de San Miguel (17. Jh.) mit ihren 50 m hohen Doppeltürmen. Ist man in der Gegend zur Osterzeit unterwegs, sollte man sich einen Zusatzabstecher ins weiter südwestlich gelegene Corella vormerken, das bekannt ist für seine Prozessionen am Palmsonntag und Karfreitag.

★ Colegiata de San Miguel ►

**Tal des Río Cidacos**

Das südlich von Calahorra beginnende Tal des Río Cidacos wird um Autol und Quel herum wegen seiner rötlich schimmernden Wildwestkulissen und seiner Felsformationen so richtig spannend. Arnedo (550 m ü.d.M.), mit rund 13 000 Einwohnern das Zentrum der Gegend, ist bekannt wegen seiner Schuhproduktion, seiner Höhlen und Burgruinen. Südwestlich liegt das Monasterio de Vico, ein 1456 von Fray López de Salinas begründetes Kloster, das gegenwärtig von Zisterzienserinnen bewohnt wird. Für Besucher ist nur die Klosterkirche zugänglich (unregelmäßig geöffnet).

## ★★ Auf den Spuren der Dinosaurier

**Arnedo und Arnedillo**

Arnedo dient als Sprungbrett für das eigentliche Ziel dieses Ausflugs: die versteinerten Spuren von Dinosauriern. Folgt man der Landstraße LR-115 westwärts weiter dem Tal des Río Cidacos, kommt man über den Thermalort Arnedillo nach Munilla. Am Dorfrand von Munilla führt eine einsame Schotterpiste hinauf in die kahle Bergwelt – und mitten hinein in die Urzeit! Hinter einigen Wegbiegungen, etwa 2 km entfernt, bäumen sich ein paar Giganten auf – originalgetreue Dino-Nachbildungen aus Metall und Kunststoff. Sie zeigen die Fundstellen versteinerter Spuren (huellas) an, die sowohl über den dahinterliegenden Hügelkamm als auch ein Stück tiefer in der trockenen Schlucht verlaufen.

*Arnedillo ist Saurierland*

Die Dino-Spuren in der Rioja sind **einzigartig in Europa** und für Abenteuer- und Urzeitfans alleinj schon die Tour in Spaniens Norden. Tausende Abdrücke sind bis heute entdeckt, deren Alter Paläontologen mit über 100 Millionen Jahren angeben. Manche der Abdrücke sind bis zu 40 cm lang und 25 cm breit. Wie die Spuren erhalten geblieben sind, ist leicht zu erklären. Die Dinosaurier liefen durch ein sumpfiges Gebiet, in dem sich die Abdrücke mit der Zeit erhärteten und von anderen Materialien und Schichten überlagert wurden – ehe sie Jahrmillionen später durch Erosion wieder freigelegt wurden. Wer in den Bergen der Rioja steht, wie hier über Munilla, kann seine Fantasie in ferne Zeiten schweifen lassen und sich vorstellen, wie die tonnenschweren und bis zu 35 m langen Drachenechsen über die Höhen stapften.

**Enciso und Umgebung**

In der Nähe liegen weitere bedeutende Spurenfelder bei Enciso, das nach der Rückkehr auf die LR-115 rasch erreicht ist. Die wichtigsten Fundstellen (yacimientos) bei Enciso heißen Valdecevillo, El Villar, Virgen del Campo, La Senoba und La Cuesta. In Enciso gibt es auch ein **Paläontologisches Zentrum** (Centro Paleontológico, Öffnungszeiten: Mo. – Sa. 11.00 – 14.00, 15.00 – 18.00, So. 11.00 – 14.00 Uhr, www.dinosaurios-larioja.org).

**Weitere Spuren**

Die Fährte anderer Dinosaurierspuren nimmt man bei Cornago und Igea auf, wozu man die Anfahrt auf der Landstraße LR-123 ab Arnedo wählt. Die Fundstelle fossiler Urzeitspuren bei Cornago heißt Los Cayos; über dem Örtchen erhebt sich eine mittelalterliche Burg.
In Igea gibt es ein zweites Paläontologisches Zentrum (Centro Paleontológico, Öffnungszeiten: tgl. 11.00 – 14.00, 15.00 bis 18.00 Uhr).

# ★ La Coruña (A Coruña)

C 3

**Provinz:** La Coruña
**Höhe:** Meereshöhe
**Region:** Galicien (Galicia)
**Einwohnerzahl:** 245 000

**»Ciudad cristal« nennt man sie gern, »Glasstadt«. Man verbindet mit La Coruña, galicisch A Coruña, die Glasveranden der Häuser sowie die schönen Meeresansichten. Die Stadt hat vieles zu bieten: Stadtstrände, eine freundliche Altstadt sowie Reste einer Festung.**

**Geschichte und Gegenwart**

Auf die keltische Küstensiedlung Castro de Elviña folgte die Ära der Römer, die hier einen bedeutenden Hafen und auf der äußersten Spitze der Halbinsel jenen Leuchtturm anlegten, der noch heute städtisches Wahrzeichen ist: die **Torre de Hércules**, den Herkulesturm.
Die Lage am Meer und der in einer geschützten Bucht gelegene Hafen haben die Geschichte wesentlich mitbestimmt. Hier sahen sich die Einheimischen den räuberischen Invasionen der Normannen ausgeliefert (9. Jh.), hier lief 1588 die so-

**? WUSSTEN SIE SCHON ...?**

- ... dass Pablo Picasso (1881 – 1973) in La Coruña Spuren hinterlassen hat? 1891 zog seine Familie hierher und wohnte fast vier Jahre lang in der Calle Poyo Gómez, 14. Dort zeigt das kleine Museo Picasso Reproduktionen und originales Mobiliar.

## LA CORUÑA ERLEBEN

### AUSKUNFT

*Oficina de Turismo*
Dársena de la Marina, s/n
Tel./Fax 981 22 18 22, www.coruna.es

### VERANSTALTUNGEN

Johannisfeuer (Hogueras de San Juan) vom 23. auf den 24. Juni, der August ist im Regelfall ein kompletter Festmonat mit zahlreichen Veranstaltungen, am 7. Oktober Fiesta de Nuestra Señora del Rosario.

### ESSEN

▸ **Fein & Teuer**

① ***Casa Pardo***
C. Novoa Santos, 15-B
Tel. 981 28 71 78
www.casapardo-domus.com
Eine der besten und traditionsreichsten Restaurantadressen der Stadt, vor allem für jene, die Meeresfrüchte mögen. Sonntags ist Ruhetag.

▸ **Erschwinglich**

② ***Taberna da Penela***
Plaza de María Pita, 9
Tel. 981 20 19 69
Altstadtrestaurant, das auch gerne von Einheimischen aufgesucht wird. Galicische Küche (Mo. Ruhetag).

### ÜBERNACHTEN

▸ **Luxus**

① ***Hotel Hespería Finisterre***
Paseo del Parote, 2
Tel. 981 20 54 00, Fax 981 20 84 62
www.hesperia.com
Das einzige Fünf-Sterne-Haus (92 Z.) der Stadt verspricht adäquaten Komfort.

▸ **Komfortabel**

② ***Hotel NH Atlántico***
Jardines de Méndez Núñez, 2
Tel. 981 22 65 00
Fax 981 20 10 71
www.nh-hoteles.es
Ansprechendes Vier-Sterne-Haus in zentraler Lage, saisonal stark schwankende Tarife (gute Angebote auf der Homepage).

▸ **Günstig**

③ ***Hotel Avenida***
Calle Álvaro Cunqueiro, 1
Tel. 981 24 94 66, Fax 981 24 91 26
www.hotelavenida.com
Funktionale Unterkunft (89 Z.) mit zwei Sternen und Restaurant. In Spaniens Hauptreisemonat August in der höheren Preiskategorie »Komfortabel«.

genannte »Unbesiegbare Armada« aus – und wurde vernichtend geschlagen. Ein Jahr darauf, 1589, bliesen die Engländer unter Sir Francis Drake zur Attacke auf La Coruña, doch schlug ihnen heftiger Widerstand entgegen. Bei der Verteidigung soll sich eine gewisse **María Pita** besonders hervorgetan haben, die nun als Volksheldin verehrt wird. 1809 bekriegten sich bei der Schlacht von Elviña Franzosen und Engländer.

La Coruña ist Hauptstadt der gleichnamigen Provinz und nach Vigo Galiciens zweitgrößte Stadt. Derzeit gilt La Coruña und ihre Umgebung als reichste Region Galiciens. Der stetige Zuzug hat gesichtslose Satellitenviertel, Industrie- und Arbeitersiedlungen mit sich gebracht.

## La Coruña • A Coruña Orientierung

**Essen**

① Casa Pardo
② Taberna da Penela

**Übernachten**

① Hotel Hespería Finisterre
② Hotel NH Atlántico
③ Hotel Avenida

Am stadtnahen Erdöl- und Fischereihafen geht es äußerst geschäftig zu. Markante Kontraste setzen die beiden schönen, großen Stadtstrände Playa de Orzán und Playa de Riazor sowie die weit ausgreifende und mit dem Herkulesturm besetzte Halbinsel, die sich per Auto, Straßenbahn oder Fahrrad problemlos umrunden lässt.

## Sehenswertes in La Coruña und Umgebung

**Jardines de Méndez Núñez**

Wer sich der Innenstadt von Süden her nähert, bekommt zunächst die Jardines de Méndez Núñez zu Gesicht, den kleinen Stadtpark, der sich hinter den großen Molen anschließt. Ein Monument erinnert an die einheimische Dichterin **Emilia Pardo Bazán** (1851 bis 1921). An die Grünanlagen schließt sich die Avenida de la Marina mit ihren ausgesprochen schönen Glasveranden an, die mehrheitlich auf das 19. Jh. zurückgehen.

✶ Avendia de la Marina ►

✶ **Altstadt**

Ausgangspunkt in die Altstadt ist die 112 m x 99,5 m große Praza de María Pita, die den Namen der legendären Volksheldin trägt und an der sich der Anfang des 20. Jh.s nach Plänen von Pedro Ramiro Mariño erbaute Palacio Municipal erhebt. Die Altstadt dehnt sich südostwärts Richtung Küstenlinie aus, lädt mit Kneipen und Cafés zum Verweilen ein und bündelt auf überschaubarem Raum einige nennenswerte Stationen: die Praza General Azcárraga, die romanisch-gotische Iglesia de Santiago und die in typisch galicischem Barock erbaute **Iglesia de Santo Domingo**. In der Nachbarschaft der letztgenannten Kirche liegt der Convento de Santa Bárbara (15. – 18. Jh.), an dem die beiden fein gearbeiteten Reliefs mit dem Jüngsten Gericht und der Jungfrau mit dem Kind auffallen. Auf dem höchsten

*Das Wahrzeichen von La Coruña: der Herkulesturm*

Teil der Altstadt erhebt sich die **Iglesia de Santa María del Campo** (12. – 15. Jh.), deren Hauptfassade eine große Rosette und im Tympanon ein Relief mit den Heiligen Drei Königen zeigt. In der Calle Herrerías 28 hat die Volksheldin María Pita mit dem Museo de María Pita ein eigenes Museum, das in breiterer thematischer Vorgabe die Lokalgeschichte des 16./17. Jh.s beleuchtet (So. nachm. und Mo. geschlossen).
Küstenwärts schließen der **Jardín de San Carlos** (Monument zu Ehren des 1809 gefallenen Generals John Moore) und die Reales Jardines de la Maestranza mit ihren schönen Ausblicken die Altstadt ab.

**✶ Castillo de San Antón**

Das im 16. Jh. erbaute Castillo de San Antón liegt sich über einer schmalen Landzunge zwischen Sport- und Haupthafen. Einst zum Schutz der Hafenanlagen errichtet, diente es später als Gefängnis und Marinelazarett und beherbergt heute das **archäologisch-historische Museum** (Museo Arqueológico e Histórico; Mo. geschl.).

**Museo de Bellas Artes**

In der Calle Zalaeta liegt das Museo de Bellas Artes (So. nachm. und Mo. geschl.), das eine Reihe von spanischen und galicischen Meistern, aber auch Keramik aus Sargadelos (19. Jh.) zeigt. Zu den interessantesten Exponaten zählen vier Druckserien von Goya.

**✶ Torre de Hércules**

Die 68 m hohe Torre de Hércules wurde im 2. Jh. n. Chr. als römischer Leuchtturm errichtet und im 18. Jh. verändert. Der Turm erhebt sich auf einem von Grünzonen eingefassten Plateau, auf das ein breiter Aufgang hinaufführt. Rundherum bieten sich herrliche Panoramablicke über die See und auf die Klippen – besonders schön natürlich von ganz oben. Über 230 Stufen führen auf den täglich geöffneten Turm. Stimmungsvoll sind die Abendbesuche im Hochsommer, die Fr. und Sa. bis Mitternacht möglich sind.

**Aquarium Finisterrae**

In Sichtweite der Torre de Hércules macht das täglich durchgehend geöffnete Aquarium Finisterrae vornehmlich mit dem Reichtum der galicischen Meeresfauna vertraut.

**✶ Domus – Casa del Hombre**

Wenn man sich zur Orzán-Bucht und zum Paseo Marítimo hin wendet, gelangt man zum Domus – Casa del Hombre, dem »Haus des Menschen«, das sich dem Homo sapiens in verschiedensten interaktiven Ansätzen nähert: von der Entwicklungsgeschichte bis hin zu den Organen. Der Museumsbau aus Granit und Schiefer geht auf **Arata Isozaki** zurück, einen japanischen Architekten von Weltrang (Öffnungszeiten: tgl. 10.00 – 19.00, im Hochsommer 11.00 – 21.00 Uhr).

**Casa de las Ciencias**

Die Casa de las Ciencias, das Haus der Wissenschaften, liegt westlich der Innenstadt im Parque de Santa Margarita. Zu sehen gibt es eine Kombination aus ständiger und temporärer Ausstellung sowie ein Planetarium (Öffnungszeiten: tgl. 10.00 – 19.00 Uhr).

*Ein eher kleinerer Vertreter seiner Zunft ist der Leuchtturm auf dem NMonte Igeldo bei San Sebastián.*

# ZU DEN SCHÖNSTEN LEUCHTTÜRMEN

**Über 180 große und Hunderte kleine Leuchtfeuer sichern die 4964 km lange spanische Küstenlinie – die meisten davon die wilden Nord- und Nordwestküsten vom Baskenland bis nach Galicien. Denn hier, wo die Berge oft unmittelbar aus dem Meer aufsteigen, sind die Klippen am höchsten und die Untiefen, Gezeitenströme und Hafenzufahrten am gefährlichsten.**

Wie groß das Risiko des Schiffbruchs, besonders an der oft von schwerem Wetter und zähem Nebel über der heimgesuchten Nordwestecke Spaniens ist, zeigt die Bezeichnung **»Costa da Morte«**, Todesküste, die sich mit ihren weit ins Meer vorspringenden Kaps und Inseln vom fjordartigen Ría de Muros bis nach La Coruña erstreckt.

Von wilden Felsen, unvorhersehbaren Strömungen und wechselnden Winden künden die Dorfchroniken und die Seemannsfriedhöfe an den Ufern legen Zeugnis von unzähligen Schiffsunglücken ab.

Im Mittelalter bauten die Spanier eher Wach- und Festungstürme zum Schutz gegen Piratenangriffe, als Leuchtfeuer für sichere Seewege. Später brannten bestenfalls kleine Hafenfeuer. Deshalb begann die Geschichte der spanischen Leuchttürme erst vor 180 Jahren, sieht man vom Torre de Hércules in La Coruña, dem ältesten noch aktiven Leuchtturm der Welt aus dem 2. Jh. n. Chr., einmal ab. Hintergrund war die Industrialisierung, die im frühen 19. Jh. dem Seehandel zwischen Europa und Amerika enormen Auftrieb gab. Damit nahm auch der Schiffsverkehr entlang der spanischen und portugiesischen Küste zu den aufstrebenden Seehäfen La Coruña, Vigo und Villagarcia erheblich zu. Eine Sicherung der gefahrvollen Seewege wurde deshalb immer dringlicher. Nach einem ersten Bauabschnitt (1813 – 1820), in dem die Leuchttürme von Tarifa und Málaga entstanden, errichtete man in einer zweiten, intensiveren Phase (1840 bis 1870) die nordspanische Feuerkette. Modernisierungen und Ergänzungs-

bauten folgten Anfang des 20. Jh.s bis zum Ausbruch des spanischen Bürgerkrieges 1936. Seit 1980 ersetzt man ältere Leuchtfeuer durch neue bzw. verdichtet das Netz weiter (z. B. Punta de Nariga, 1997).

## Kleine Leuchtturmkunde

Wie in vielen anderen Ländern haben auch die großen spanischen Leuchtfeuer unverwechselbare Merkmale. In der Regel bestehen die Türme aus Naturstein mit einem achteckigen oder runden Querschnitt. Die oft mehrstöckigen Dienst- und Nebengebäude bilden mit den Türmen eine bauliche Einheit, wobei sich ihr gelbbrauner Farbton markant vom Weiß der Nebengebäude abhebt. Typisch für die großen Landkennungsfeuer (**»Landfall«**) sind stattliche Türme mit Laternenhäusern ganz aus Glas oder mit einer silbergrauen Eisenhaube. Kleinere Anlagen gibt es in verschiedenen Varianten: ältere mit einstöckigem Wärterhaus und aufgesetzter Laterne (Cabo Busto, Asturien) oder jüngere, die als runde Beton- und Eisentürme ausgeführt sind (Cabo Lastres und Cabo San Agustin, Asturien). Vereinzelt wurden auch historische Wachtürme und Festungsanlagen als Trägerbauwerke benutzt (Castro-Urdiales, Cantabrien) Bis auf wenige Ausnahmen sind die Seezeichen automatisiert und unbemannt. Standardleuchtsystem ist auch heute noch die **Fresneloptik**, die der französische Physiker und Erfinder Augustin J. Fresnel 1822 erstmals zum Einsatz brachte. Das Prinzip: eine zentrale Linse, die von konzentrisch angeordneten Linsenringen umgeben ist. An ihren prismenartig gekrümmten Außenseiten brechen sich die Strahlen der zentralen Lichtquelle, die hier gebündelt in eine horizontale Ebene umgelenkt werden. Je nach Brennweite gibt es Fresneloptiken verschiedener Größenordnung. In Spanien sind – von groß nach klein – überwiegend mittelgroße bis kleine Optiken 1. bis 6. Ordnung im Einsatz.

## Kurzporträts

Ein **Muss nicht nur für Leuchtturm-Liebhaber** sind die großen Landfall-Leuchtfeuer Cabo Higer, Cabo Peñas, Punta de la Estaca de Bares, Cabo Finisterre und natürlich die mächtige

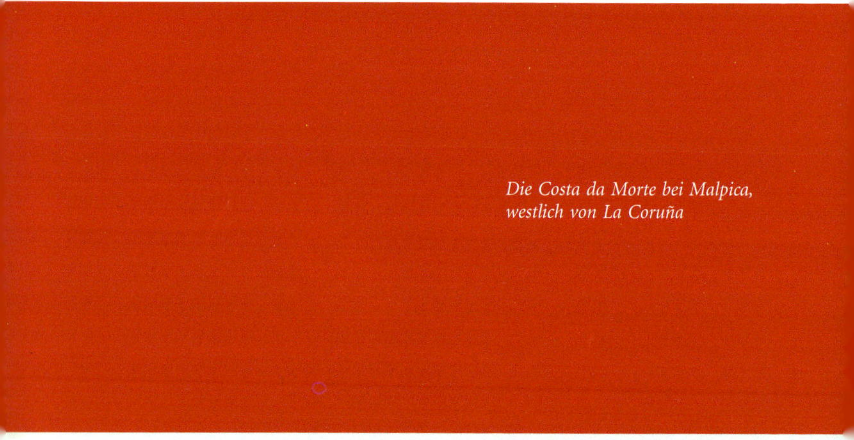

*Die Costa da Morte bei Malpica, westlich von La Coruña*

Torre de Hércules, die majestätisch die Hafeneinfahrt von La Coruña bewacht. Bei gutem Wetter sind atemberaubende Ausblicke garantiert, weshalb die Leuchttürme auch beliebte Ausflugsziele sind. Leider können nur die Torre de Hércules und die Nebengebäude von Cabo de Peñas (Maritim Museum) besichtigt werden. Über die Küstenstraße sind alle gut erreichbar, wobei man der Beschilderung »Faro«, in Galicien auch »Farol«, folgt.

**Cabo Higuer, Baskenland:** Der östlichste Leuchtturm der spanischen Atlantikküste (Pos. 43°23,6'N 1°47,4' W) ist in mancher Hinsicht untypisch. Die Architektur erinnert an einen französischen Leuchtturm; es handelt sich um eine symmetrische Anlage, die nach der Zerstörung des Vorgängers 1855 entstand, mit eingeschossigem Dienst- und Wohngebäude. Den zentral angesetzten Turm mit quadratischem Unterbau und oktagonalem Aufsatz krönt ein gläsernes Laternenhaus mit einer Standardlaterne spanischer Bauart. Bemerkenswert ist die rote Farbe. Die Turmhöhe beträgt 21 m, die Feuerhöhe (Abstand zwischen der Lichtquelle und dem Meeresspiegel) 65 m und die Reichweite 23 sm; kein Nebelsignal. Man erreicht ihn über die Autobahn A7, Ausfahrt 1, bzw. die N1, Ausfahrt 2, hinter der französischen Grenze.

**Cabo de Peñas, Asturien:** Neben Cabo Machichaco und Punta de la Estaca de Bares ist Cabo de Peñas eines der drei Kaps, die weit in die Bucht von Biscaya ragen und von einem typischen Landfall-Leuchtfeuer 1. Ordnung markiert werden (Pos. 43°39,3' N 5°50,9' W). Man erreicht ihn über die Autovia Aviles, Ausfahrt 410 Richtung Luanco, dann Richtung Ferrero. Er ersetzt seit 1929 seinen Vorgänger von 1852 und ist heute das lichtstärkste spanische Leuchtfeuer. Es handelt sich um ein großes Laternenhaus mit silbergrauer Metallkuppel; zur symmetrischen Anlage gehört ein zweigeschossiges Nebengebäude (Maritim-Museum). Der Turm ist äußerlich oktagonal und innen kreisförmig, mit frei hängendem historischen Antriebsgewicht der Fresneloptik. Die Paraffinbehälter der ursprünglichen Glühlichtlampe sind noch vorhanden. Turmhöhe 18 m, Feuerhöhe 117 m, Reichweite 35 sm, Nebelsignal: Sirene.

**Punta de la Estaca de Bares, Galicien:** Entlang der nördlichen Küstenstraße über Ortigueira bzw. Viveiro bis Porto do Barqueiro, dann Richtung Porto de Bares, gelangt man zu einem der ältesten Landfall-Leuchtfeuer der Atlantikküste und einem der schönsten Seezeichen Spaniens (Pos. 43°47,5' N 7°41,1' W). An der Seeseite des fast symmetrischen Gebäudekomplexes ist der Leuchtturm in die weitläufige Anlage integriert. Der achteckige Granitturm hat ein Zwischengeschoss mit Holzboden und die Antriebsgewichte wurden in einem Schacht an der Außenmauer herabgeführt. Typisch spanisch mit der gläsernen Laterne und der Fresneloptik 3. Ordnung mit Paneelen für die Aeronavigation ist der modernere Kopf des Turmes. Er ist 10 m hoch, Feuerhöhe 101 m, Tragweite 25 sm, Signal: Sirenen.

**Cabo Finisterre:** Der viel besuchte Aussichtspunkt (Pos. 42°52,9' N 9°16,3' W) liegt auf einem schmalen Landvorsprung mit spektakulärem Blick auf den Atlantik. An den oktagonalen Turm (1853) aus Naturstein mit silbergrauem Laternenhaus und Galerie ist ein weißes Nebengebäude direkt angefügt. Er ist 17 m hoch, die Feuerhöhe beträgt 143 m und die Reichweite 23 sm. Nebelsignal: Sirene. Zufahrt: über Corcubión und Fisterra auf AC 445 bis zum Straßenende.

**Torre de Hércules:** Um zum ältesten noch in Betrieb befindlichen Leuchtturm der Welt, der seit dem Jahr 2000 zum Weltkulturerbe zählt, zu gelangen, muss man vom Stadtzentrum La Coruñas nur der Beschilderung folgen. Das beeindruckende Bauwerk (43°23,2' N 8°24,3' W) wurde unter dem römischen Kaiser Trajan im 2. Jh. errichtet. Seit dem 5. Jh. verfiel er, 1785 wurde der Wiederaufbau im Auftrag gegeben. In den Folgejahren wurde der römische Kern mit Granit ummantelt und erhöht. Seit 1790 ist der Bau mit Ausnahme der Leuchtfeuertechnik unverändert (Fresneloptik 4. Ordn.). Freigelegte römische Gebäudereste kann man im inneren Eingangsbereich besichtigen. Über 234 Stufen ist der Turm bis zur Aussichtsgalerie unterhalb des Laternenhauses zugänglich. Turmhöhe: 49 m; Feuerhöhe 101 m; Tragweite: 23 sm; Nebelsignal: Sirenen.

**Cambre** Im 12 km südöstlich gelegenen Cambre gibt es die bemerkenswerte romanische Iglesia de Santa María mit ihren fünf halbrunden Apsiden zu sehen.

**Sada** 18 km östlich von La Coruña schmiegt sich das freundliche Hafenstädtchen Sada (9000 Einw.) an die Westseite der Ría de Betanzos. Im Sommer finden sich viele Urlauber am Strand, in Restaurants und Cafés ein. Am 18. August findet hier alljährlich die beliebte Sardiñada statt, ein Sardinengrillen mit großer Verkostung.

## ✶ Die südwestlichen Rías

Zwischen La Coruña und der Costa da Morte mit dem Cabo Fisterra (► Ausflüge ab Santiago de Compostela) liegt ein recht abgeschiedenes Gebiet weiterer Meeresarme. Eine durchgehende Küstenstraße gibt es nicht, stattdessen führen immer wieder Abzweigungen und eine nicht selten verzwackte Verkehrsführung an die Rías heran – aber die Wege und Umwege lohnen sich!

✶ **Ría de Corme, Ría de Camariñas** Erster Höhepunkt ist die trichterförmige Ría de Corme e Laxe mit ihren gleichnamigen Fischerhäfen. Weiter südwestlich beginnt, hinter dem leuchtturmbesetzten Cabo Vilano, die ebenfalls schöne Ría de Camariñas mit ihren Häfen Camariñas und Muxía. Über die Fischerei hinaus haben auch die Klöppelspitzenarbeiten in der Gegend Tradition, speziell in Vimianzo und Camariñas.

✶ Muxía ►

*Felsenkirche Nosa Señora da Barca bei Muxia*

Etwas außerhalb von Muxía ist das Santuario de Nosa Señora da Barca ausgewiesen, ein von den Seeleuten verehrtes Heiligtum direkt an der Küste. Eine Legende besagt, dass es an jener Stelle steht, an der die heilige Jungfrau Maria mit einem Boot anlandete und Apostel Jakobus bei seinen schwierigen Missionierungsbemühungen in Galicien Mut zusprach.

★ **Santuario de Nosa Señora da Barca**

Südwestlich von Muxía sticht das Cabo Touriñán ins Meer. Dahinter geht es durch kleinbäuerliches Gebiet weiter in den Doppelort **Cée-Corcubión**, wo man die Strecke von Santiago de Compostela an die Costa da Morte und ans Cabo Fisterra erreicht (►Ausflüge ab Santiago de Compostela).

**Cabo Touriñán**

# ★ Costa de Cantabria

L–N 2/3

**Provinz:** Kantabrien (Cantabria)

**Region:** Kantabrien (Autonome Gemeinschaft)

**Zwischen der baskischen Küste (►Costa Vasca) im Osten und der asturischen Küste (►Costa Verde) im Westen liegt die zergliederte Costa de Cantabria, an der sich lange Badestrände und winzige Buchten abwechseln. Die beliebtesten Ferien- und Ausflugsorte sind Laredo, Castro-Urdiales, Comillas und San Vicente de la Barquera. Einzeln aufgeführt sind Kantabriens Hauptstadt ►Santander und das malerische ►Santillana del Mar.**

## Die östliche Costa de Cantabria

Östliches Tor zur Küste ist Castro-Urdiales (20 000 Einw.), wo in umliegenden Höhlen wie der Cueva del Cuco und der Cueva de la Lastrilla Menschen der Steinzeit ihre Spuren hinterlassen haben. Die eigentliche Geschichte von Castro-Urdiales begann 1163 mit einem von König Alfonso VIII. erlassenen Sonderrecht, das zahlreiche Privilegien und den Bau der Templerburg (heute mit integriertem Leuchtturm) und der gotischen Iglesia de Santa María (13. Jh.) mit sich brachte. Nett und geschäftig geht es rund um den Hafen zu. An den beiden Stadtstränden, der Playa de Ostende im Norden und der Playa de Brazomar im Süden, tobt im Sommer das Leben.

★ **Castro-Urdiales**

Um den Meeresarm von Oriñón geht es westwärts weiter nach **Laredo** (13 000 Einw.), das mit der kilometerlangen Playa de La Salvé glänzt. **Kantabriens ausgedehntester Sandstrand** ist während der Saison heiß begehrt, hat aber auch eine nahezu flächendeckende Bebauung mit sich gebracht. Im Sommer herrscht Highlife, die kleine Altstadt hat in der gotischen Iglesia de Nuestra Señora de la Asun-

★ **Playa de La Salvé**

# COSTA DE CANTABRIA ERLEBEN

## AUSKUNFT

***Oficina de Turismo***
Avenida de la Constitución, 1
Castro-Urdiales, Tel./Fax 942 87 13 37
www.castro-urdiales.net

***Oficina de Turismo***
Alameda de Miramar, s/n
Laredo, Tel./Fax 942 61 10 96
www.laredo.es/turismo

***Oficina de Turismo***
Avenida del Generalísimo, s/n
San Vicente de la Barquera
Tel. 942 71 07 97
www.sanvicentedelabarquera.org/turismo.htm

## VERANSTALTUNGEN

In Castro-Urdiales haben die Karnevalsfeierlichkeiten, die Karfreitagsprozession, das Stadtfest Ende Juni, die Fiestas de Coso Blanco am ersten Freitag im Juli (nächtlicher Wagenumzug) sowie die Meeresprozession am 16. Juli Tradition. Am letzten Freitag im August setzt sich bei der Batalla de Flores in Laredo ein Umzug mit blumengeschmückten Wagen in Bewegung. Santoña begeht ausgiebig den Karneval und die Fiestas de la Virgen del Puerto in der ersten Septemberhälfte, in Comillas sind die Fiestas del Santo Cristo del Amparo (16. Juli) das wichtigste Fest. Um den 8. September kommt San Vicente de la Barquera seiner Marienverehrung mit den Fiestas de la Barquera nach.

## ESSEN

### ▸ Fein & Teuer

***Restaurante Plaza***
Calle Comandante Villar, 7
Laredo, Tel. 942 61 19 42
Gute Adresse für Meeresfrüchtefans.

### ▸ Erschwinglich

***Restaurante Josein***
Calle Manuel Noriega, 27
Comillas, Tel. 942 72 02 25
www.hoteljosein.com
Zum Hotel Josein gehöriges Restaurant, in dem das Essen von schönen Blicken durch die Fensterfront auf den Strand begleitet wird.

## ÜBERNACHTEN

### ▸ Komfortabel

***Hotel Las Rocas***
Paseo de la Playa, s/n
Castro-Urdiales
Tel. 942 86 04 00, Fax 942 86 13 82
www.lasrocashotel.com
Freundliches Vier-Sterne-Haus mit Restaurant.

***Hotel Miramar***
Alto de Laredo, s/n
Laredo
Tel. 942 61 03 67, Fax 942 61 16 92
www.hmiramarlaredo.com
45-Zimmer-Haus in den Höhen über Laredo, drei Sterne, reizvolles Stadt- und Buchtpanorama, Sommerpool. Deutlich günstigere Preise in der Nebensaison.

*Castro-Urdiales mit Hafen, Burg und Kirche*

ción ihr bedeutendstes Bauwerk. Als neuer touristischer Terminus wurde die Costa de Esmeralda, Smaragdküste, als deren Zentrum Laredo herausgestellt wird, geprägt.
Im Landesinnern führt ein Abstecher nach **Limpias** mit einigen Herrenhäusern und dem Santuario del Cristo de la Agonía; das im 17. Jh. in Andalusien gefertigte Christusbildnis soll einer Legende zufolge 1919 geschwitzt und geweint haben.

✶ **Parque Natural Marismas de Santoña**

Zwischen Santoña und Laredo breitet sich auf einer Fläche von 38 km² der Parque Natural Marismas de Santoña aus. In der Marschlandschaft finden Fisch- und Seidenreiher, Große Brachvögel, Austernfischer und Bekassine ein Refugium. Aussichtsposten erleichtern die Beobachtung – Fernglas nicht vergessen!

**Santoña**

Ab Laredo führt eine Straße – Alternative: sommerliche Bootstour – um die Bucht von Santoña mit dem Parque Natural Marismas de Santoña ins Hafenstädtchen Santoña (14 000 Einw.). Wichtigstes Baudenkmal ist die Iglesia de Santa María del Puerto, mit deren Bau bereits im 9. Jh. begonnen wurde. Die Burgreste des Fuerte de San Martín und des Fuerte de San Carlos erinnern an die Angst vor feindlichen Übergriffen von Engländern, Holländern und Franzosen im 17. Jahrhundert.
Auf kulinarischem Gebiet genießt Santoña mit seinen Sardellen (anchoas) einen regional bedeutsamen Ruf. Nordwestlich von Santoña beginnt ein weitläufiges Miteinander aus kleinbäuerlich geprägtem Wiesen- und Weideland, Felsenküste und kleinen Sandstränden. Beliebte Urlaubsorte sind **Noja**, **Isla** und **Ajo**, angeführt von Stränden wie der Playa de Noja, der Playa de Ris, der Playa de la Arena, der Playa de Galizano und der Playa de Langre. Ebenfalls hoch im Kurs steht das Gebiet um **Somo** und **Pedreña**, das sich mit seinen Stränden und Dünen der Bucht von ►Santander zuwendet.

**? WUSSTEN SIE SCHON ...?**

- ... dass der Seefahrer Juan de la Cosa (um 1460 – 1510) der berühmteste Sohn Santoñas war? Er begleitete Kolumbus bei den ersten beiden Reisen und erstellte das erste detaillierte Kartenwerk Amerikas. In seinem Heimatort ist Juan de la Cosa ein 1949 errichtetes Monument von Ángel Fernández Morales gewidmet.

## Die westliche Costa de Cantabria

✶ **P. N. Dunas de Liencres**

Westlich von Santander setzt sich das zergliederte Küstengepräge fort. Interessant sind der kleine Parque Natural Dunas de Liencres (Dünen), die Strände um Suances (1000 Einw.) und das pittoreske ►Santillana del Mar.

✶ **Comillas**

Ab Santillana del Mar zieht sich die Landstraße durchs Hinterland über Cóbreces (moderne Zisterzienserabtei Santa María de Viaceli) bis nach Comillas (2000 Einw.), einen netten Hafen- und Fischerort

*Gaudís Capricho-Palast in Comillas*

mit erstaunlichen Monumenten: in Küstennähe die Ruinen einer gotischen Klosteranlage und der Friedhof mit der leuchtend weißen Engelsskulptur von Joseph Llimona, im Altstadtbereich die beiden neogotischen Komplexe der Universidad Pontificia und des Palacio de Sobrellano (markgräfliches Palais, 19. Jh.). Für eine zusätzliche Überraschung sorgt der von Jugendstilmeister Antoni Gaudí mit Keramikdekoration fantasiereich verzierte Pavillon El Capricho.

✶ Pavillon Capricho, Parque Oyambre, Playa de Merón ►

Westlich von Comillas setzt Mutter Natur mit dem Parque Natural Oyambre (schönes Strand-, Sumpf- und Dünengebiet) und der Ría de San Vicente de la Barquera Kontraste. Kurz bevor man die vielbogige Brücke über den Meeresarm von San Vicente de la Barquera erreicht, führt ein Rechtsabzweig an den schönsten Strand: die lang gestreckte Playa de Merón, die sich zum offenen Meer öffnet und bei klarer Sicht den Fernblick bis zu den Ausläufern der ►Picos de Europa erlaubt.

✶ **San Vicente de la Barquera**

In San Vicente de la Barquera (5000 Einw.), dem letzten nennenswerten Küstenstädtchen Kantabriens, hat die neue, landeinwärts verlaufende Autobahn den Durchgangsverkehr entschärft. So kann man sich in aller Ruhe der Promenade zuwenden, dem Fischerhafen, dem Santuario de la Barquera (15. Jh.; mit Marienbildnis), dem Altstadthügel mit seinen Burgresten und der Iglesia de Nuestra Señora de los Angeles (13. – 16. Jh.). Zahlreiche Restaurants tischen frische Meeresfrüchte auf, Thunfisch ist der Hauptbestandteil des typischen Seemannsgerichtes sorropotún.

## Ausflüge von der Costa de Cantabria

**Höhlen im Hinterland**

✶ Cueva de Covalanas ►

Südlich von Laredo führt ein erster Ausflug zu den Höhlen im Hinterland über die N-629 ins etwa 20 km entfernte **Ramales de la Victoria** (84 m ü.d.M., 2000 Einw.). In der Nähe liegt die Cueva de Covalanas, die vor allem wegen ihrer **prähistorischen Felszeichnungen** mit den Motiven roter Hirschkühe bekannt ist (Öffnungszeiten: im Sommer Mi. – So. 10.00 – 13.00, 16.00 – 19.30, sonst Mi. – So. 10.00 bis 14.00 Uhr).

✶ Cuevas del Monte El Castillo ►

Auf der Höhe von Santander führt die N-623 ins 28 km südwestlich der kantabrischen Hauptstadt gelegene **Puente Viesgo** (71 m ü.d.M., 3000 Einw.). Hier kann man die Cuevas del Monte El Castillo mit ihren prähistorischen Felsmalereien, deren Alter auf bis zu 15 000 Jahre datiert wird, besichtigen. Es gibt ein modernes Infozentrum (Öffnungszeiten: Mai – Sept. tgl. 10.00 – 13.00, 16.00 – 19.30, ansonsten

Mi. – So. 9.30 – 16.00 Uhr). Südlich von Puente Viesgo zieht sich die N-623 weiter durch das grüne, ländliche Tal des Río Pas, das für seine Käseproduktion bekannt ist. Weiter südlich erreicht man den Ebro-Stausee (Abstecher an den Embalse del Ebro unter ►Burgos).

Im Hinterland der westlichen Costa de Cantabria geht es über Rábago zu der 20 km südlich von San Vicente de la Barquera gelegenen Cueva El Soplao mit ihren faszinierenden Tropfsteinformationen (Öffnungszeiten: Mo. – Sa. 9.00 – 21.00, So. 10.00 – 14.00, 16.00 bis 20.00 Uhr).

★ ◄ Cueva El Soplao

# ★ Costa Vasca

O – Q 3

**Provinzen:** Guipuzcoa (Gipuzkoa), Vizcaya (Bizkaia)

**Region:** Baskenland (Euskadi)

**Das Miteinander von Meer und grüner Bergwelt macht den Reiz der Costa Vasca aus, jener stark zergliederten baskischen Küste, die sich von San Sebastián bis Bilbao erstreckt. Fischerhäfen sorgen für Abwechslung, kleine Abstecher führen ins Inland. Einige Strände liegen lang und breit da, andere winzig klein und versteckt.**

*Badevergnügen am Strand von Zarautz*

# COSTA VASCA ERLEBEN

## AUSKUNFT

*Oficina de Turismo*
Nafarroa kalea, 3, Zarautz
Tel. 943 83 09 90, Fax 943 83 56 28
www.turismozarautz.com

*Oficina de Turismo*
Kantauri Esparantza, 13
Zumaia
Tel. 943 14 33 96, Fax 943 86 15 31
www.zumaia.net

*Oficina de Turismo*
Independentziaren enparantza, s/n
Lekeitio
Tel. 946 84 40 17
Fax 946 84 41 67
www.learjai.com

*Oficina de Turismo*
Artekalea, 8, Gernika
Tel. 946 25 58 92, Fax 946 25 32 12
www.gernika-lumo.net

## ESSEN

### ► Fein & Teuer

*Restaurante Karlos Arguiñano*
Mendilauta, 13, Zarautz
Tel. 943 13 00 00
Spitzenrestaurant, dem gleichnamigen Hotel angeschlossen und von TV-Koch Karlos Arguiñano begründet. Heute kreiert Mikel Mayán die Gerichte, Arguiñanos Tochter Eva kümmert sich um die Desserts. Liegt gleich hinter dem Strand von Zarautz.

### ► Erschwinglich

*Restaurante Itxas-Etxe*
Kaia, 1, Getaria
Tel. 943 14 08 82
Typisches Meeresfrüchte-Restaurant am Hafen von Getaria. Für den kleinen Hunger eignen sich diverse Tapas. Mit Terrasse.

*Restaurante Marina-Berri*
Puerto Deportivo
Zumaia, Tel. 943 86 56 17
Gepflegtes Tafeln an der Marina, je nach Jahreszeit stehen Kaninchen, Wildtaube und Hirschrücken auf der Speisekarte. Montags ist Ruhetag.

## ÜBERNACHTEN

### ► Luxus

*Hotel Castillo de Arteaga*
Gaztelubide, 7
Gautegiz-Arteaga
Tel. 946 27 04 40, Fax 946 27 03 40
www.castillodearteaga.com
Wohnen wie ein Schlossherr – auf diesem Kastell 5 km nördlich von Gernika. Zur Auswahl stehen 14 feudale Zimmer. Vier Sterne. Das angeschlossene Restaurant verspricht exquisiten Speisegenuss.

### ► Komfortabel

*Hotel Emperatriz Zita*
Avenida Santa Elena, s/n
Lekeitio
Tel. 946 84 26 55, Fax 946 24 35 00
www.aisiahoteles.com
Angenehmes Drei-Sterne-Haus am Strand. Wer ein paar Euro mehr investieren will, bucht ein Zimmer mit Meerblick (habitación vistas mar). Dem Hotel sind ein Restaurant und eine Cafeteria mit großer Terrasse angeschlossen.

### ► Günstig

*Pensión Txiki-Polit*
Musika Plaza, s/n, Zarautz
Tel. 943 83 53 57, Fax 943 83 37 31
www.txikipolit.com
Solide Bleibe in der Altstadt von Zarautz. Im angeschlossenen Restaurant kann man gut und recht günstig essen.

*An der Mündung des Río Oca*

## Sehenswertes an der Costa Vasca

★ **Strände von Orio und Zarautz**

Westlich von San Sebastián stimmt der nette Strand von Orio auf die abwechslungsreiche baskische Küste ein, deren längster Sandstrand gleich in **Zarautz** liegt. Der Strand des Ferienstädtchens (22 000 Einw.) ist mehr als 2 km lang und insbesondere unter Surfern beliebt; wegen unberechenbarer Strömungen und Wellen sollten Badende vorsichtig sein. Parallel zum Strand verläuft eine breite, angenehme Promenade mit reichlich Restaurants und Cafés.
Wichtigstes Bauwerk ist die gotische **Iglesia de Santa María la Real** am westlichen Ortsende, auch ein kleiner Streifzug durch die Altstadtgassen und über den Zentralplatz (Musika Plaza) lohnt sich.
Wanderer fahren ein Stück ins Inland in den kleinen **Parque Natural de Pagoeta** (1335 ha), wo man zwei Höhlen mit Wandmalereien und verschiedene Dolmen besichtigen kann. Das Besucherzentrum ist im Landhaus Caserío Iturraran untergebracht (im Sommer Di. bis So. geöffnet, sonst nur an den Wochenenden). Hier sollte man sich auch nach den aktuellen Besuchszeiten der Ferrería de Agorregi erkundigen, einer historischen Eisenschmiede.

★ **Getaria**

Zwischen Zarautz und dem 4 km entfernten Nachbarort Getaria (Guetaria; 3000 Einw.) verläuft eine sehenswerte Küstenstrecke. Gleich am Ortsanfang ist dem berühmtesten Sohn ein großes Denkmal gewidmet: **Juan Sebastián Elcano** (um 1486 – 1526, ► Berühmte Persönlichkeiten), der die legendäre Weltumseglung 1519 – 1522 nach dem Tod Magellans vollendete. Elcano war nicht der einzige wagemutige Seefahrer aus Getaria. Vor Jahrhunderten hatte der Walfang Tradition; noch heute ziert ein Wal das Ortswappen. Zwischen der Durchgangsstraße und dem Hafen liegt die kleine Altstadt, aus der die gotische Iglesia de San Salvador ragt. Der Sport- und Fischerhafen ist einer der größten an der baskischen Küste, zur Altstadtseite hin reihen sich Fischrestaurants auf. Natürliches Wahrzeichen ist der Monte San Antón, den man auch Mausfelsen (Ratón) nennt. Ein kleiner geschützter Strand wendet sich zur Ostseite hin.

★ **Zumaia**

Die Küstenstraße setzt sich zwischen Getaria und Zumaia fort und gibt schöne Blicke aufs Meer frei. An einem weit eingreifenden Buchteinschnitt mit der Mündung des Río Urola gerät die Playa de Santiago in Sicht, der erste Strand von Zumaia (Zumaya; 9000 Einw.). Bevor der Ort erreicht ist, liegt rechter Hand ein eher unscheinbares Landhaus in einer Grünanlage. Hier hatte der baskische Maler Ignacio Zuloaga y Zabaleta (1870 – 1945) lange Zeit sein Atelier, heute beherbergt das Anwesen das Museo Ignacio Zuloaga. Es ist **eines der interessantesten Kunstmuseen in ganz Nordspanien**. Obgleich es nur aus wenigen Räumlichkeiten besteht, sind hier wahre Schätze zu sehen: nicht nur Werke von Zuloaga selbst (unter anderem ein Selbstporträt von 1942), sondern auch von Francisco de Zurbarán (»Santa Ursula«), Luis de Morales (»La piedad«), El Greco (»Cristo en la Cruz«) und Goya (verschiedene Porträts). Hinzu kommen Marienskulpturen (13./14. Jh.), kunstvolle Holztruhen, silberbeschlagene Sessel, Vitrinen mit einer Kollektion aus Fächern, die Hauskapelle mit einem gekreuzigten Christus und einem Jakobus als Maurentöter (17. Jh.) sowie ein separates Räumchen mit Stierkampf-Andenken Zuloagas (Öffnungszeiten: April – Sept. Mi. – So. 16.00 bis 20.00; www.ignaciozuloaga.com).

★★ Museo Ignacio Zuloaga ►

## ? WUSSTEN SIE SCHON ...?

- ... dass der Jesuitengründer Ignatius von Loyola (1491 – 1556) aus dem Küstenhinterland von Zumaia stammte? 20 km südlich kann man in Loiola (Loyola, 1500 Einw.) das Geburtshaus des Heiligen, die Santa Casa, besuchen (S. 176). Gleich daneben erhebt sich die barocke Wallfahrtsbasilika, zu der eine breite Freitreppe hinaufführt. Blickfang ist die 65 m hohe Kuppel.

Sieht man einmal von einem kleinen Werft- und Industriesektor ab, bietet das weit auseinandergerissene Zumaia weitere interessante Ansichten: die Marina, den Flusshafen mit Bötchen in den verschiedensten Farben, die wehrhafte gotische Iglesia de San Pedro und den hübsch hergerichteten Hauptplatz (Amaia Plaza). An der Küste wenden sich bizarre Felsformationen (Flysch) ebenso nach Westen hin wie Zumaias zweiter Strand, die Playa de Itzurun, ein schmales Band, das unmittelbar an den Klippen verläuft. Weit draußen flitzen Surfer über die Wellen.

★ **Lekeitio**

Westlich von Zumaia windet sich die N-634 über den **Pass von Itziar** mit einem schönen Küstenblick in den Hafenort Deba, bevor es auf der GI-638 so richtig in ländliche Gefilde geht. Die kurvenreiche Strecke führt nun durch Kieferngebiete und zwei weitere Hafenorte, **Mutriku** und **Ondarroa**. Wesentlich attraktiver ist der Fischerhafen von Lekeitio (8000 Einw.), dessen Geschichte ins 14. Jh. zurückreicht. Zu einem schönen Tag gehören Spaziergänge rund um den Hafen und durch die kleine Altstadt. Bemerkenswertester Bau ist die spätgotische Iglesia de Nuestra Señora de Asunción mit ihrem Hauptretabel (16. Jh.). In Lekeitio stehen zwei Strände zur Wahl: die städtische Playa Isuntza und – jenseits der Mündung des Río Lea – die längere und ursprünglichere Playa Karraspio.

★ **Elantxobe und Playa de Laga**

Ab Lekeitio führt die BI-638 auf direktem Weg nach Gernika, doch wesentlich schöner ist es, sich auf abgeschiedenen Nebensträßchen in Küstennähe zu halten. Kiefern und Farnhaine säumen die Strecke über Ispaster und Ea, an manchen Häusern hängen Paprikastränge zum Trocknen aus. Bei Ibarranguelua führt ein Abstecher nach Elantxobe mit seinem winzigen Fischerhafen. Westlich des Kap Ogoño ist mit der Playa de Laga einer der attraktivsten baskischen Strände erreicht. Die bizarren Felskulissen sorgen für eine wildromantische Stimmung.

★ **Playa de Laida und Ría de Mundaka**

Das nächste Highlight, obgleich von ganz anderer Prägung, lässt nicht lange auf sich warten: die Playa de Laida. Dieser Strand, verbunden mit einem Dünensystem, wendet sich der Ría de Mundaka zu; auf der anderen Seite schweift der Blick hinüber nach Bermeo. Die Ría de Mundaka formt einen 12 km tiefen Einschnitt, in dem sich das Salz- mit dem Süßwasser des Río Oca mischt und als größtes Feuchtgebiet im Baskenland unter Schutz steht (bekannter Name: **Urdaibai**). Bezeichnend sind die Sandbänke und der Vogelreichtum.

**Cuevas de Santimamiñe**

An der Straße zwischen der Playa de Laida und Gernika ist bei Gautegiz-Arteaga linker Hand eine Abzweigung zu den Cuevas de Santimamiñe ausgewiesen; Mo. bis Fr. gibt es dort Führungen durch das Höhlensystem, pro Gruppe können höchstens 15 Besucher hinein. Nahe dem Höhlenparkplatz führt eine Schotterpiste, die später in einen schmalen Waldweg übergeht, zum 3 km entfernten Bosque Pintado, dem »Bemalten Wald«. Dieser hält, was er verspricht. Der zeitgenössische baskische Künstler **Agustín Ibarrola** hat hier in teils leuchtenden Farben die verschiedensten Kompositionen auf die Baumstämme aufgetragen. Da Ibarrola erklärter Gegner der Eta-Gewalt ist, kommt es in diesem einsamen Wald leider immer wie-

★

◄ Bosque Pintado

*Die Besucher sollten die markierten Standpunkte einnehmen, um die Kunstwerke richtig betrachten zu können.*

der zu nächtlichem Vandalismus. Für den größten Teil der Strecke zum Bosque Pintado benötigt man ein geländegängiges Fahrzeug. Am besten ist, man wandert dorthin.

**Gernika** Zu trauriger Berühmtheit gelangte Gernika (Guernica, Gernika-Lumo, 16 000 Einw.) während des Spanischen Bürgerkrieges, als die deutsche Legion Condor im April 1937 zur Unterstützung Francos einen Luftangriff startete und die Stadt mit ihren Bomben in Schutt und Asche legte. Annähernd 2000 unschuldige Menschen fanden den Abb. S. 54 ► Tod. Unter dem Eindruck der verheerenden Zerstörungen **schuf Pablo Picasso sein Monumentalgemälde »Guernica«**, das viele Basken gerne im Guggenheim-Museum in Bilbao sehen würden; ausgestellt ist und bleibt es im Kunstmuseum Reina Sofía in Madrid.

Seit ehedem ist das südlich der Ría de Mundaka gelegene Gernika bekannt als **»heilige Stadt der Basken«**. Bereits im Mittelalter fanden sich die abgesandten Vertreter aller Gemeindebezirke unter einer großen Eiche zu ihren allgemeinen Versammlungen (Juntas Generales) ein, um Probleme und Lösungen im Herrschaftsgebiet von Vizcaya zu debattieren; später gelobten die wechselnden Landesherrn unter der Eiche, die angestammten Sonderrechte zu achten.

Neben dem Landtag von Vizcaya, der Casa de Juntas, ist die **Eiche Gernikas** gleich doppelt zu sehen: der historische Stumpf in einem kleinen Ehrentempel und ein Ableger aus dem 19. Jh. als großer, stattlicher Baum. Das der Öffentlichkeit zugängliche Innere des Provinzparlaments ist mit Gemälden dekoriert, die historische Szenen und Porträts der Herren von Vizcaya zeigen. Nicht weit entfernt liegt ✶ das aufschlussreiche Museo Euskal Herria, das **Museum des Baskenlands**, in den Räumlichkeiten eines Barockpalastes – es macht eingehend mit baskischer Geschichte und Volkskunde vertraut. Hinter dem Museumsbau schließt sich der **Parque de los Pueblos de Europa** an. Der städtische Park (Allendesalazar, 5; Öffnungszeiten: Di. – Sa. 10.00 – 14.00 und 16.00 – 19.00, So. 11.00 – 15.00 Uhr) besitzt Monumentalskulpturen von Henry Moore (»Large figure in a shelter«) und Eduardo Chillida (»La casa de nuestros padres«).

Museo Euskal Herria ►

✶ **Bermeo** Nördlich von Gernika führt die Fahrt auf der BI-635 an der Westseite der Ría de Mundaka entlang. Erste Station ist der nette kleine Hafenort **Mundaka**, wesentlich geschäftiger geht es in Bermeo zu. Auch dort gibt es einen Hafen und überdies das Turmhaus Ercilla mit dem Fischermuseum (Museo del Pescador, tgl. geöffnet außer So. nachmittags und Mo.).

✶ **San Juan de Gaztelugatxe** Nordwestlich von Bermeo sticht das Kap von Matxitxako in die See, gleich dahinter führt ein Sträßchen meerwärts hinab zu einem Parkplatz, von wo Steinstufen zur alten Seefahrerkapelle San Juan de Gaztelugatxe hinaufführen. Der Ausblick auf die wilde Küste ist grandios. Letzte interessante Küstenstation ist **Bakio** mit seinem schönen Sandstrand, ehe es landeinwärts über Mungia nach ►Bilbao geht.

*Erst nach 231 Stufen erreicht man San Juan de Gaztelugatxe.*

# ★ Costa Verde

G–J 2

**Provinz:** Asturien (Asturias)

**Region:** Asturien
(Asturias; Autonome Gemeinschaft)

**Asturiens zergliederte »Grüne Küste«, die Costa Verde, macht ihrem Namen alle Ehre. Sie breitet sich zwischen den galicischen ►Rías Altas und der ►Costa de Cantabria aus. Westlichster Punkt ist die Ría de Ribadeo, östlichster Punkt die bei Unquera gelegene Ría de Tina Mayor. In den Küstenorten locken Bars und Restaurants mit einem durchweg reichen Angebot an Meeresfrüchten.**

## Die westliche Costa Verde

**✶ Ría de Ribadeo** Hinter dem tiefen Einschnitt der Ría de Ribadeo geht es auf der N-634 mit schöner Aussicht von der Brücke nach Asturien hinein, das sich auf dem ersten Teilstück als kleinparzelliges Küstenflachland mit Wiesen und Eukalyptushainen zeigt. Die Hügelketten ziehen sich zunächst weit ins Inland zurück, während die Gegend um **Tapia de Casariego** (4000 Einw.) zu ersten Strandabstechern verlockt; im Sommer herrscht reges Treiben. Bei der Weiterfahrt Richtung Navia sieht man Maisfelder und asturische Speicherbauten, die voluminöser wirken als die galicischen und in Quadratform gebaut sind. Bereits im Mittelalter wurde die Küstenstrecke von all jenen Jakobspilgern genutzt, die in Avilés von Bord gegangen waren und sich nun bis Galicien parallel zum Atlantik hielten.

**Navia** Navia (9000 Einw.) liegt an der schmalen Ría de Navia und zeigt sich mit seinem Flusshafen und den Altstadtgassen als lebhafte Kleinstadt.

✶ Castro de Coaña ► Ab Navia führt ein interessanter Abstecher etwa 5 km landeinwärts zum Castro de Coaña, einem gut erhaltenen **Dorf aus der Keltenzeit** (Mo geschl.). Zwischen Navia und Luarca empfiehlt sich ein Küstenschlenker über **Puerto de Vega**, wobei man typisches Wiesenland mit verstreut liegenden Gehöften und Villen durchfährt. In Puerto de Vega gibt es einen kleinen Fischerhafen und die barocke Iglesia de Santa Marina.

**✶ Luarca** Luarca (5000 Einw.) ist das vielleichst **malerischste Küstenstädtchen in Asturien**, da das Hafenbecken hier von schroffen Felshängen und hübschen Häuserzeilen umschlossen wird und sich nur mit einer schmalen Öffnung zum Meer hin wendet. Einst stachen von hier aus Walfangflotten in See. Ein Hafenbummel gehört einfach dazu. Vom oberen Teil des Ortes bietet sich – auf dem Weg zum Friedhof – eine schöne Aussicht.

*Besonders pittoresk: Luarcas Hafen*

Beachtung verdienen auch die Herrenhäuser der sogenannten »indianos«. So wurden jene genannt, die als gemachte Leute aus den Kolonien in ihre Heimat zurückkehrten und sich mit dem angehäuften Geld Paläste errichten ließen. Die bekanntesten örtlichen Herrenhäuser wurde Palacio de Marqués de Ferrera, Palacio de Sierra und Palacio de los Marqueses de Gamoneda genannt.

# COSTA VERDE ERLEBEN

## AUSKUNFT

***Oficina de Turismo***
Calle Caleros, 11
Luarca
Tel. 985 64 00 83
www.luarcaturismo.com

***Oficina de Turismo***
Parque Vallina
Villaviciosa
Tel. 985 89 17 59
www.villaviciosadeasturias.com

***Oficina de Turismo***
Paseo Princesa Letizia, s/n
Ribadesella
Tel. 985 86 00 38, Fax 985 86 03 51
www.ayto-ribadesella.es

## VERANSTALTUNGEN

Am ersten Samstag im August nehmen Tausende Kanuten den Descenso del Sella in Angriff, eine etwa 20 km lange Flussabfahrt von Arriondas nach Ribadesella. Die Traditionsveranstaltung wird von zahlreichen Sportfans verfolgt, Internetinfos unter www.descensodelsella.com.

## ÜBERNACHTEN / ESSEN

### ► Luxus

***Hotel Spa La Hacienda de Don Juan***
Calle Pidal, 29
Llanes
Tel. 985 40 35 58, Fax 985 40 06 65
www.haciendadedonjuan.com
Geschmackvoll aufbereitetes Wellnesshotel, vier Sterne. Mit Restaurant (s.u.). Außerhalb der Hochsaison Preiskategorie »Komfortabel«.

***El Cenador de la Hacienda***
Calle Pidal, 29
Llanes
Tel. 985 40 35 58
Zum Hotel Spa La Hacienda de Don Juan gehöriges Restaurant, das in einem verglasten Nebengebäude untergebracht ist. Hier wird der Gaumen mit Fisch- und Fleischgerichten verwöhnt. Beliebt ist das Degustationsmenü.

### ► Komfortabel

***Hotel Torre de Villademoros***
Villademoros, Cadavedo
Tel. 985 64 52 64
Fax 985 64 52 65
www.torrevillademoros.com
Sehr schöne Landhausunterkunft (10 Z.) auf etwa halbem Weg zwischen Luarca und Cudillero, Abzweigung von der N-632 Richtung Cadavedo. Weites Wiesengelände mit altem Wehrturm, durch und durch geschmackvolle Dekoration. Von Jan. bis März geschlossen. Dieses Hotel ist auch über die Landhotelkette Rusticae (www.rusticae.es) buchbar. Gutes Frühstück, Abendessen nach Vereinbarung.

***Casona de la Paca***
El Pito, Cudillero
Tel. 985 59 13 03
Fax 985 59 13 16
www.casonadelapaca.com
Familiär betriebenes Herrenhaus aus dem 19. Jh., freundliche Dekoration (Dez. – Febr. geschl.). Auch dieses Haus lässt sich über die Landhotelkette Rusticae (www.rusticae.es) buchen.

★ **Cudillero**

Eukalyptus und Kieferngebiete, Wiesen und schiefergedeckte Häuser sind Wegbegleiter in das Fischerstädtchen Cudillero (7000 Einw.), das sich mit seinen Häusern weit über die grünen Hänge oberhalb des Hafens ausbreitet. Östlich von Cudillero geht es über die Mündung des Río Nalón einer der schäbigsten Schwerindustriestädte Spaniens entgegen: **Avilés** (85 000 Einw.). Dauerhaft rauchende Schlote und beißender Gestank veranlassen zur Weiterfahrt nach ► Oviedo oder ►Gijón, wobei Gijón entweder direkt auf der Autobahn oder in einem weiten Bogen an der Küste entlang erreichbar ist. Wer sich für die Küstenvariante entscheidet, kehrt bald in idyllischeres Gelände mit grünen Hügeln, Wiesen und Wäldern zurück.

★ **Cabo de Peñas**

Das unter Naturschutz stehende Cabo de Peñas markiert den nördlichsten Punkt Asturiens und ist einen Abstecher wert; rundherum brechen sich die Wellen an Steilwänden und schroffen Felsnasen, die aus dem Meer lugen. An der Ostseite der Halbinsel dient das Hafen- und Strandstädtchen **Luanco** (11 000 Einw.) gestressten Städtern als Refugium, es ist allerdings nicht frei von Bausünden der Moderne. Zu den historischen Baudenkmälern gehören die Iglesia de Santa María (18. Jh.), der Palacio de Menéndez Pola (17./18. Jh.) und der um 1705 errichtete Uhrturm an der Plaza del Reloj. Das Museo Marítimo de Asturias (Mo. geschl.) beschäftigt sich mit der Geschichte der Seefahrt und dem Fischfang. Zwischen Luanco und ►Gijón liegen knapp 15 km; eine nennenswerte Ortschaft unterwegs ist **Candás**, wo die Seeleute in der Kirche ein angeblich aus Irland stammendes Christusbildnis verehren, El Cristo de Candás.

## Die östliche Costa Verde

★ **Ría de Villaviciosa**

Östlich von ►Gijón führt die N-632 von der Küstenlinie weg und durch typisch asturisches Wiesen- und Waldland an die Ría de Villaviciosa, die extrem stark vom Tidenhub betroffen ist.

★ Tazones, Playa de Rodiles ►

Am Ende der Ría lohnt sich ein Abstecher ins pittoreske Fischer- und Stranddorf Tazones; auch ein Schlenker um die Ostseite der Ría herum zur wildromantischen Playa de Rodiles lohnt sich. Der Küstenstrich rühmt sich, ein paar Brosamen spanischer Geschichte abbekommen zu haben, da hier im September 1517 das Schiff mit König Karl I. irrtümlich anlandete und der aus Gent stammende Herrscher erstmals spanischen Boden unter die Füße bekam.

**Villaviciosa und Umgebung**

Das angrenzende Städtchen Villaviciosa (15 000 Einw.) ist als regionales Produktionszentrum von Apfelwein (sidra) bekannt. Landeinwärts breiten sich die entsprechenden Obstwiesen aus, in den örtlichen Kneipen lässt sich die sidra perlfrisch kosten. Über die Altstadt von Villaviciosa verteilen sich einige verwinkelte Gassen und wappengeschmückte Häuser, ebenso die Iglesia de Santa María de la Oliva (12./13. Jh.) mit ihrem reich verzierten Portal. Hinter dem Rathaus breitet sich ein netter Platz mit Grünanlagen aus.

Knapp 10 km südwestlich (ausgeschilderte Abzweigung an der AS-113) erhebt sich die 893 geweihte Iglesia de San Salvador de Valdediós aus dem einsamen Wiesengrün – der Sakralbau ist eines der besten Beispiele asturischer Präromanik und zählt zum Verbund der von der UNESCO zum Weltkulturerbe ernannten Kirchen Asturiens. Östlich von Villaviciosa verhindern Klippen eine durchgängige Küstenstraße, so dass sich die N-632 durchs Landesinnere nach Colunga zieht.

★ ◄ Iglesia de San Salvador de Valdediós

**Lastres**

Ab dort führt ein Küstenabstecher in den netten Fischerort Lastres, der einst bekannt war für seine Walfänger. Die Erinnerung an anderes Getier wird auf einer Anhöhe nahe der Straße Colunga-Lastres lebendig: Dinosaurier. Im Museo Jurásico de Asturias (im Sommer tgl., sonst Mo. nachm. und Di. geschl.) dreht sich alles rund um die Riesenechsen, die auch in Asturien hausten.
Ein weiterer Ausflug ab Colunga führt über 500 m hinauf zum Mirador de Fito, einem Aussichtspunkt mit Blick auf die ►Picos de Europa.

★ ◄ Museo Jurásico de Asturias, Mirador de Fito

★ **Ribadesella**

★ ◄ Cueva Tito Bustillo

Kurvenreich zieht sich die Landstraße von Colunga ostwärts nach Ribadesella (6000 Einw.), gelegen an der Mündung des Río Sella. Der lange, geschwungene Sandstrand wird von einer Promenade flankiert, Hafen- und Altstadtzone verlocken zu einem Bummel. **»Schatz des Paläolithikums«** nennt sich die etwas außerhalb gelegene Cueva Tito Bustillo, ein Höhlensystem mit bis zu 25 000 Jahre alten Felsmalereien, die Tiermotive zeigen. Die Höhle hat nur zwischen Anfang April und Anfang September Mi. bis So. geöffnet, die tägliche Besucherzahl ist strikt reglementiert. Kontraste zu Höhlen- und Küstenansichten bietet die grandiose Bergwelt der ►Picos de Europa, die sich südwestlich von Ribadesella gut über Arriondas und Cangas de Onís ansteuern lässt.

*Sonnenanbeter am Strand von Ribadesella*

Bleibt man an der Küste, bieten sich zwischen Ribadesella und Llanes immer wieder Strandabstecher an. Hier sind vor allem der nette kleine Sandstrand Playa de Barro und die bereits zu Llanes gehörige Playa Sablón zu nennen. Im Rücken von **Llanes** (13 000 Einw.) steigt die Sierra de Cuera bis zu 1315 m hoch an, das Städtchen

**Llanes und Umgebung**

selbst hat maritimes Flair. Nicht nur die Stadtmauerreste und die Iglesia de Santa María (13. Jh.) locken die Besucher an, sondern auch der neu gestaltete Wellenbrecher mit seinen farbig bemalten Steinblöcken, bekannt als Cubos de la Memoria. Es handelt sich um ein Werk des baskischen Künstlers Agustín Ibarrola.

✶ Ría de Tina Mayor, Playa de Vidiago, Cueva del Pindal ►

Zwischen Llanes und dem natürlichen östlichen Grenze Asturiens, der malerischen Ría de Tina Mayor, liegen vereinzelte Strände wie die **Playa de Vidiago**. Unterhalb des Bauernortes Pimiango liegt der Zugang zur Cueva del Pindal mit prähistorischen Tierbildern (nur Mi. – So., max. 200 Besucher tgl.). Bei Unquera bietet sich eine erneute Gelegenheit, in die Bergwelt der ►Picos de Europa zu fahren.

# ✶ Estella (Lizarra)

P 4

**Provinz:** Navarra
**Höhe:** 452 m ü. d. M.
**Region:** Navarra (Autonome Gemeinschaft)
**Einwohnerzahl:** 13 000

**Estella sticht als größte Jakobspilgerstation im westlichen Navarra hervor. Dank der Vielzahl an Monumenten trägt das Städtchen im Volksmund den Beinamen »la bella«, »die Schöne«.**

**Geschichte und Gegenwart**

Estella, das auf einer kleinen baskischen Ansiedlung namens Lizarra fußt und diesen zweiten Namen noch heute trägt, erlebte seine offizielle Geburt Ende des 11. Jh.s als Gründung des navarresischen Königs Sancho Ramírez. Dieser kam der Notwendigkeit nach, zwischen Pamplona und Logroño eine Durchgangs- und Beherbergungsstation für Jakobspilger ins Leben zu rufen. Zahlreiche Zuzügler ließen die Siedlung beständig anwachsen, die es bis zum Ende des Mittelalters auf eine Rekordzahl von 21 Kirchen brachte. Das monumentale Gepräge drückt dem Städtchen noch heute seinen Stempel auf; dazu gehört auch die Pilgerbrücke über den Río Ega. Im Zentrum schlägt das Herz um die Plaza de los Fueros mit einladenden Terrassencafés.

## Sehenswertes in Estella

✶ **Iglesia de Santo Sepulcro**

Die Iglesia de Santo Sepulcro, die Kirche des Heiligen Grabes (12. – 14. Jh.), ist die erste im Stadtgebiet, die die Pilger von der Puente la Reina her erreichen. Die Hauptfassade zeigt die Reihe der Apostel, das Portal ist von einer Bischofs- und einer Pilgerskulptur eingerahmt. Das Tympanon zeigt als minutiöse bildhauerische Arbeit das Letzte Abendmahl, die Komposition ist vollkommen symmetrisch herausgearbeitet. Zu besichtigen ist die Kirche leider nicht.

✶ **Iglesia de San Pedro de la Rúa**

Oberhalb der Pilgergasse liegt die Kirche San Pedro de la Rúa (13. Jh.) mit mudejarem Dekor im Portal, zu dem eine breite Treppe hinaufführt, und einem hohen Wehrturm. Im Innern sind Skulptu-

*Über die Pilgerbrücke am Río Ega und durch Estella mussten sie alle, die Pilger auf dem Landweg nach Santiago de Compostela.*

ren des Gekreuzigten (14. Jh.) und des heiligen Petrus (17. Jh.) zu sehen, doch interessanter ist der in Teilen erhaltene romanische Kreuzgang mit der aus vier schmalen Einzelsäulen verflochtenen Säule. Kunstvolle Kapitelle zeigen u. a. die Martyrien des heiligen Andreas und des heiligen Lorenz. Was die Öffnungszeiten der Kirche betrifft, so wendet man sich an das unterhalb der Freitreppe gelegene Oficina de Turismo.

**Palacio de los Reyes de Navarra**

Der Palacio de los Reyes de Navarra ist seit alters her das wichtigste Zivilgebäude der Stadt, ein romanischer Bau, der den Königen von Navarra im Mittelalter als Palast diente und in Sichtweite der Iglesia de San Pedro de la Rúa liegt. An der Fassade sind zwei Kapitelle hervorzuheben: Eines zeigt den Kampf zwischen dem Helden Roland und dem Riesen Ferragut, ein anderes weiter oben Teufelsfiguren, die auf zwei Geizhälse warten. Im Innern ist die einstige königliche Pracht durch ein interessantes Museum abgelöst worden, das eine umfassende Werkschau des baskischen Malers **Gustavo de Maeztu y Whitney** (1887 – 1947) beherbergt (Öffnungszeiten: Di. – Sa. 11.00 bis 13.00, 17.00 – 19.00, So. 11.00 – 13.00 Uhr.).

**Iglesia de San Miguel**

Diese Wehrkirche liegt oberhalb des Altstadtviertels und wurde im 12. Jh. begründet. Der Besuch lohnt sich gleich doppelt: wegen des verglasten romanischen Figurenportals an der Südseite und des Wehrumlaufs mit schönem Ausblick auf der Nordseite.

# ESTELLA ERLEBEN

## AUSKUNFT

*Oficina de Turismo*
Calle San Nicolás, 1
Tel. 948 55 63 01
Fax 948 55 20 40
www.estella-lizarra.com

## ESSEN

### ► Erschwinglich

*Restaurante La Tasca*
Calle Navarro Villoslada, 1
Tel. 948 55 62 07
Nahe der kleinen Stierkampfarena findet man dieses urige Restaurant, das werktags (außer Di.) ein gutes Mittagsmenü auftischt und unter den Einheimischen sehr beliebt ist.

## ÜBERNACHTEN

### ► Günstig

*Hotel Yerri*
Avenida Yerri, 35
Tel. 948 54 60 34
Fax 948 55 50 81
Solide, schnörkellose Zwei-Sterne-Unterkunft nicht weit von der Plaza de Toro. Parkplatz und Restaurant vorhanden.

## Umgebung von Estella

**Monasterio de Santa María de Iranzu**

Etwa 10 km nördlich liegt das Monasterio de Santa María de Iranzu, zu dem die Anfahrt ab Abárzuza über ein schmales Sträßchen durch das Tal des Río Iranzu führt. Die Anlage zählte zum Verbund der mittelalterlichen Zisterzienserklöster Navarras und wurde 1176 gegründet. Sehenswert sind die Kirche und insbesondere der Kreuzgang (12. – 14. Jh.). Das Kloster ist im Regelfall täglich geöffnet, Informationen gibt es unter www.monasterio-iranzu.com.

**Der Jakobsweg von Estella nach Logroño** ✶

Fuente del Vino ►

Südwestlich von Estella führt der Jakobsweg beim Monasterio de Irache an die berühmte Fuente del Vino heran, die »Quelle des Weins«. Hier gibt es von den Bodegas Irache für Pilger und alle anderen Vorbeikommenden im »Hahnumdrehen« ein kostenloses Schlückchen Wein. Weitere interessante Anblicke bis Viana bieten der Burgberg von **Villamayor de Monjardín** und die romanische Templerkirche in **Torres del Río**. **Viana** besitzt eine charmante kleine Altstadt um das Rathaus und die Kirche Santa María, vor der eine Grabplatte an den Renaissancefürsten Cesare Borgia (1475 – 1507) erinnert. In den Bäckereien gibt es schmackhaftes Schmalzgebäck aus lokaler Produktion. Hinter Viana geht es geradewegs in die Rioja hinein und auf die nächste bedeutende Stadt ►Logroño zu.

*Am Weinbrunnen können sich die vorbeikommenden Pilger stärken.*

# Gijón

H 2

**Provinz:** Asturien
**Höhe:** Meereshöhe
**Einwohnerzahl:** 275 000

**Region:** Asturien (Asturias; Autonome Gemeinschaft)

**Bereits zu vorrömischen Zeiten bekannt und unter den Römern stark befestigt, hat sich die mit Abstand größte Stadt Asturiens zur regional maßgeblichen Industrie- und Hafenmetropole entwickelt und setzt einen starken Akzent an der ► Costa Verde. Das städtische Miteinander von Stränden, Kohlehafen, Vorortsiedlungen sowie Eisen- und Stahlindustrien wirkt mitunter befremdlich und macht Gijón nicht gerade zur Schönheit. Die Stadt wurde im Spanischen Bürgerkrieg stark zerstört. Trotzdem sollte man einige Sehenswürdigkeiten nicht verpassen.**

Gijón breitet sich kilometerlang am Atlantik aus. Die Küstenlinie wird vom Cerro de Santa Catalina mit dem Altstadtviertel Cimadevilla zerteilt. Westlich davon liegen der große Freizeithafen und die Playa de Poniente, dahinter beginnt die unansehnliche Zone der Werften und Industrien. Östlich des Cerro de Santa Catalina schließt sich die attraktive Bucht San Lorenzo mit der Playa de San Lorenzo und der Mündung des Río Piles an. Nordöstlich des Río Piles liegen mit der Playa de los Mayanes und der Playa del Cervigón zwei kleinere Strände.

## Sehenswertes in Gijón und Umgebung

★ Cimadevilla

Cimadevilla heißt das einstige Viertel der Fischer und Seeleute, in dem sich Gijón seinen ursprünglichsten Charakter bewahrt hat. Dieses Altstadtviertel liegt auf der zentralen städtischen Landzunge, die zum strategisch wichtigen Festungshügel, dem Cerro Santa Catalina (auch: Atalaya), hin ansteigt.

★ ◄ Plaza Mayor, Plaza Jovellanos

Wichtigste Plätze sind die Plaza Mayor mit dem 1861 – 1865 erbauten Rathaus und die Plaza Jovellanos, die den Namen des berühmtesten Sohnes der Stadt trägt: **Gaspar Melchor de Jovellanos** (1744 – 1811), Politiker und Dichter. In seinem Geburtshaus an der Plaza de Jovellanos ist das Museo de Jovellanos untergebracht, ein Kunstmuseum, das seine Schwerpunkte auf asturische Meister aus dem 19. und 20. Jh. legt (Mo. geschl.). Der römischen Vergangenheit spürt man in den Termas Romanas (1. – 4. Jh.; Mo. geschl.) am Campo Valdés nach. Zur Westseite hin endet das Cimadevilla-Viertel mit der Plaza del Marqués, an der sich neben der Colegiata de San Juan Bautista der sehenswerte Palacio de Revillagigedo (18. Jh., heute Ausstellungszentrum) erhebt. Dahinter beginnt der ansehnliche Puerto Deportivo, der Sporthafen.

★ ◄ Palacio de Revillagigedo, Puerto Deportivo

# GIJÓN ERLEBEN

## AUSKUNFT

*Oficina de Turismo*
Puerto Deportivo
Dársena de Fomento
Tel. 985 34 17 71, Fax 985 35 63 57
www.infogijon.com

Keltische Tradition: Dudelsackspieler

## VERANSTALTUNGEN

Gijóns größtes Stadtfest ist die Semana Grande in der ersten Augusthälfte.

## ESSEN

**► Fein & Teuer**

*Restaurante Casa Zabala*
Vizconde de Campo Grande, 2
Tel. 985 34 17 31
Seit 1923 einer der Klassiker der Meeresfrüchteküche in Gijón. Schöne Lage im historischen Cimadevilla-Viertel.

*Restaurante El Perro que Fuma*
Calle Poeta Ángel González, 18
Tel. 984 19 34 93
Im Viertel Viesques gelegen und weithin bekannt wegen der Kreativität von Meisterkoch Gonzalo Adaro. Reservierung empfohlen.

## ÜBERNACHTEN

**► Luxus**

*Parador de Gijón*
Parque Isabel la Católica, s/n
Tel. 985 37 05 11, Fax 985 37 02 33
www.parador.es
Hergerichtetes altes Mühlengelände in einem Park, vier Sterne. Mit hervorragendem Restaurant.

**► Komfortabel**

*Hotel La Ermita de Deva*
San Antonio, Deva
Tel. 985 33 34 22, Fax 985 33 34 82
www.laermitadeva.com
Geschmackvolle Landhaus-Unterkunft nur wenige Kilometer südöstlich der City – ein echtes Kleinod mit nur fünf Zimmern. Dieses Hotel ist auch über die Landhotelkette Rusticae (www.rusticae.es) buchbar.

★ **Pueblo de Asturias** Im östlichen Stadtbereich gelegen ist das volkskundliche Freilichtmuseum Pueblo de Asturias, zu dem mehrere Speicherbauten und ländliche Häuser gehören. Eine gesonderte Erwähnung verdient das **Museo de la Gaita** mit seiner Dudelsack-Kollektion (Mo. geschlossen).

**Jardín Botánico Atlántico** Ebenfalls im Osten Gijóns, nahe der Universidad Laboral, befindet sich der Jardín Botánico Atlántico, der Botanische Garten. Auf einer

*Am Sporthafen von Gijón geht es auch mal gemächlich zu.*

Fläche von 16 ha gedeihen rund 30 000 Pflanzen (Öffnungszeiten: Juni – Sept. Di. – So. 10.00 – 21.00, Okt, – Mai Di. – So. 10.00 – 18.00 Uhr).

Cabo de Torres

Im Nordwesten von Gijón schiebt sich das Cabo de Torres zwischen das erweiterte Stadtgebiet und die kleine Ría de Aboño. Vom Kap ragt der Leuchtturm **Faro del Cabo de Torres** auf (Mo. geschl.). Ebenfalls ausgeschildert ist der **Parque Arqueológico** Campa de Torres, eine ausgedehnte archäologische Zone mit Resten aus vorrömischen und römischen Zeiten (Mo. geschl.). Bereits im 5. Jh. v. Chr. sollen die asturischen Ureinwohner hier Metall geschmolzen haben.

# ★ Huesca

T 5

**Provinz:** Huesca
**Höhe:** 488 m ü. d. M.

**Region:** Aragón
**Einwohnerzahl:** 55 000

**Klein, aber fein ist diese aragonesische Provinzhauptstadt zwischen dem Ebro-Becken und den Vorpyrenäen. In die Gegend verirren sich nicht allzu viele Besucher – eigentlich schade, denn Sehenswertes und Ausflugsziele gibt es zuhauf.**

Geschichte – Legende – Gegenwart

Unter den Iberern und später unter den Römern besaß Huesca, das einstige Osca, große Bedeutung. Die Stadt reklamiert für sich, Wiege des heiligen Laurentius (San Lorenzo) gewesen zu sein, der Mitte des

## HUESCA ERLEBEN

### AUSKUNFT

*Oficina de Turismo*
Plaza López Allué, s/n
Tel. 974 29 21 70
Fax 974 29 21 54
www.huescaturismo.com

### VERANSTALTUNGEN

Das große Patronatsfest zu Ehren von San Lorenzo findet alljährlich vom 9. bis 15. August statt und wird von reichlich Tänzen und Musik begleitet. Bekannt sind auch die Karprozessionen.

### ESSEN

► **Fein & Teuer**
*Taberna de Lillas Pastia*
Plaza de Navarra, 4
Tel. 974 21 16 91
Exquisite Erlebnisgastronomie, die einen hohen Bekanntheitsgrad weit über die Stadtgrenzen hinaus genießt. Montagabends und Sonntags geschlossen.

### ÜBERNACHTEN

► **Komfortabel**
*Hotel Pedro I de Aragón*
Calle del Parque, 34
Tel. 974 22 03 00
Fax 974 22 00 94
www.gargallo-hotels.com
Ordentliches Drei-Sterne-Haus in zentraler Stadtlage. Mit einem sehr schönen Blick ins Grüne, auf den Stadtpark Miguel Servet. Ideal für Ausflüge in die Pyrenäen.

3. Jh.s in Rom sein Martyrium auf dem Rost erlitten haben soll. Im frühen Mittelalter rückten die Mauren an, die die in Resten erhaltenen Stadtmauern errichteten. Sie nannten die Stadt Wasqa und waren annähernd 400 Jahre lang präsent. Nach der Vertreibung der Mauren unter Pedro I. fungierte Huesca für die kurze Zeit zwischen 1096 und 1118 als Hauptstadt des Königreiches Aragonien.
Aus dem 12. Jh. ist die grausame Legende der **»Glocke von Huesca«** überliefert, die zu den bekanntesten in ganz Spanien zählt und vor dem realen Hintergrund der Nachfolgefrage des verstorbenen Königs Alfons I. des Kämpfers (Alfonso I el Batallador) spielt. Nach Alfons' Tod wurde der Thron 1134 von einem Kleriker bestiegen: von Ramiro II. dem Mönch (Ramiro II el Monje), der eigentlich in einem französischen Kloster lebte und dank päpstlichem Einverständnis die Krone gegen die Kutte tauschte. Gegen Ramiro jedoch erhoben sich bald aufrührerische Kräfte aus obersten Adelskreisen. Als sich die Sorge vor einer Intrige zuspitzte, blieb Ramiro nichts anderes übrig, als ein Exempel zu statuieren. Eines Tages lud er alle wichtigen Adeligen in seinen Palast nach Huesca ein, um eine geheimnisvolle »Glocke« zu enthüllen. In einem Nebenraum des Thronsaals empfing Ramiro einen Adeligen nach dem anderen – und ließ jeden umgehend enthaupten. Schließlich wurden die Köpfe der potenziellen Aufrührer in Form einer großen Glocke drapiert – die »Glocke von Huesca«. Diese Glocke, so heißt es, rettete Aragons innere Einheit.

Im Huesca von heute geht es weniger aufregend zu. Die Hauptstadt der gleichnamigen Provinz ist Verwaltungszentrum und Handelsplatz für die umliegenden landwirtschaftlichen Gebiete.

## Sehenswertes in Huesca und Umgebung

**Catedral**

Die gotische Kathedrale, deren Ursprung im 13. Jh. liegt, erhebt sich auf dem höchsten Punkt der Stadt, dort, wo archäologische Reste der Römer nachgewiesen worden sind und im Mittelalter die Hauptmoschee der Mauren stand. Die Arbeiten an der Kathedrale dauerten bis 1515. Zutritt verschafft das figurenreiche Hauptportal (14. Jh.).
Im Innern des dreischiffigen Baus sticht das aus Alabaster gearbeitete Hauptretabel hervor, das Damián Foment zwischen 1520 und 1533 schuf; im Mittelpunkt steht die Leidensgeschichte Jesu Christi. Der Gekreuzigte in der Capilla del Santo Cristo ist im Volksmund als »Christus der Wunder« (Cristo de los Milagros) bekannt; 1497 soll das Bildnis den Bewohnern Huescas auf wundersame Weise beigestanden und sie von einer Pestepidemie befreit haben. Das Chorgestühl wurde 1577 – 1591 aus Eichenholz geschnitzt. Der Kathedrale ist das **Museo Diocesano** (Diözesanmuseum; Öffnungszeiten stark wechselnd, Sa. nachm. und So. meist geschlossen) angegliedert.

*Vor der Kulisse der Mallos (S. 222)*

**Casa Consistorial** Das Rathaus, Casa Consistorial, ist im Renaissancestil gehalten (16. Jh.) und liegt gegenüber der Kathedrale. Die schaurige Legende der »Glocke von Huesca« wird im **Justizsaal** lebendig gehalten. Dort hängt das monumentale Gemälde »La Campana de Huesca«, 1880 vom spanischen Meister José Casado del Alisal gefertigt. Besichtigungen sind über das Tourismusbüro möglich; die Führungen starten meist um 12.00 und um 18.00 Uhr.

**Museo Arqueológico Provincial** Baugeschichtlich verschmelzen beim modern inszenierten Museo Arqueológico Provincial Gebäudeteile des Königspalastes aus dem 12. Jh. und des Universitätsgebäudes aus dem 17. Jahrhundert. Im Museum gibt es unter anderem Funde aus der Römerzeit. Ein kleiner Abgang führt vom einstigen Thronsaal hinab in den Glockensaal (Sala de la Campana), den **Schauplatz der blutigen Legende** der »Glocke von Huesca«. Das Museum liegt an der Plaza de la Universidad und hat montags nachmittags sowie sonntags geschlossen.

* Glockensaal ►

* **Iglesia de San Pedro el Viejo** In Huescas unterer Altstadt liegt die Iglesia de San Pedro el Viejo, eine Kirche romanischen Ursprungs (12. Jh.) mit einem sehenswerten Kreuzgang. Die Grabstätten von Alfons I. dem Kämpfer und Rami-

*Schon allein ihre Lage – einsam am Südabfall der Pyrenäen – macht den Besuch der Klosterburg von Loarre zu einem unvergesslichen Erlebnis.*

ro II. dem Mönch machen San Pedro el Viejo zum zweitwichtigsten königlichen Pantheon Aragoniens, das dahingehend in seiner Bedeutung nur vom Kloster San Juan de la Peña (► Ausflüge von Jaca) übertroffen wird. Wechselnde Öffnungszeiten, So. meist geschlossen.

**Castillo de Montearagón**

Aus einer rauen Gesteinslandschaft ragt 5 km östlich von Huesca das Castillo de Montearagón, eine trutzige Burg mit Abtei aus dem 11./12. Jahrhundert. Die Anlage liegt zum Teil in Ruinen, bietet aber trotzdem einen interessanten Anblick.

## Ausflüge von Huesca

**✶ Parque Natural de la Sierra y Cañones de Guara**

Im weiten Nordosten von Huesca beginnt der Parque Natural de la Sierra y Cañones de Guara, ein 47 453 ha großer Naturpark in den Vorpyrenäen, mit schmalen Schluchten, schroffen Felslandschaften, Flüssen, Waldgebieten, Höhlen und einer vielfältigen Vogelwelt. Das Schutzgebiet ist unter Wanderern beliebt, das Informationsbüro (Centro de Interpretación, Tel. 974 31 82 38) in Bierge zu finden. Am äußersten Südostrand des Naturparks liegt, an der Schlucht des Río Vero, der pittoreske Ort Alquézar. Dank seiner Steingassen und -häuser und der Monumente steht Alquézar unter Denkmalschutz. Die romanische Stiftskirche Santa María la Mayor, erwachsen aus den maurischen Befestigungsanlagen, besitzt einen interessanten Kreuzgang.

✶ ◄ Alquézar

**Arguis**

Knapp 20 km nördlich von Huesca liegt der kleine Ausflugsort Arguis, Namensgeber auch des angrenzenden Stausees (Embalse de Arguis). Ab Arguis bieten sich schöne Fernblicke.

**✶✶ Castillo de Loarre**

Weit oberhalb von Loarre beherrscht das Castillo de Loarre die Landschaft: Es sitzt vor den Kulissen der Sierra de Loarre spektakulär auf einem Felsmassiv. Die Architektur und die einsame Lage machen das Kastell zu einem der beeindruckendsten in ganz Spanien. Im Mittelalter zählte die im 11./12. Jh. im Zuge der Kämpfe gegen die Muselmanen errichtete Burg zum Verbund der romanischen Militärbauwerke. Die Entdeckungstour führt hinauf bis zur Torre del Homenaje, die Ausblicke sind grandios (Öffnungszeiten: Mitte März bis Mitte Sept. tgl. 10.00 – 14.00, 16.00 bis 20.00, sonst Di. – So. 10.00 – 13.30, 15.30 – 18.30, www.castillodeloarre.com).

Das nahe Dorf **Loarre** ist ebenfalls einen kleinen Streifzug wert, zumal es Unterkunft und Gastronomie bietet. In der örtlichen Iglesia de San Esteban ist ein romanischer Schrein mit Reliquien des hl. Demetrius (San Demetrio) zu sehen.

### ? WUSSTEN SIE SCHON ...?

- ... dass die stark bewehrten Türme und Mauern des Felsenkastells von Loarre schon als Hollywoodkulisse gedient haben? Starregisseur Ridley Scott filmte hier Teile seines Mittelalterepos »Königreich der Himmel« (2005) mit Orlando Bloom, Liam Neeson und Jeremy Irons.

**Ayerbe und Mallos de Riglos**

Das Castillo de Loarre liegt knapp 30 km nordwestlich von Huesca. Die Anfahrt ist gut kombinierbar mit Ayerbe (560 m ü. d.M.) bzw. der Weiterfahrt Richtung ►Jaca oder ►Pamplona.

Ayerbe bewahrt seinen Palacio de los Urriés (15. Jh.) als wichtiges historisches Bauwerk. Der örtliche Centro de Interpretación Santiago Ramón y Cajal steht ganz im Zeichen des Medizin-Nobelpreisträgers Ramón y Cajal (► Berühmte Persönlichkeiten), der in Ayerbe die meiste Zeit seiner Jugend verbrachte. Knapp 15 km nördlich türmen sich die rötlich schimmernden Felsformationen Mallos de Riglos wie Pyramiden auf; Kletterer finden hier ihr Dorado.

Abb. S. 219 ►

# ★ Jaca

S 4

**Provinz:** Huesca
**Höhe:** 820 m ü. d. M.
**Region:** Aragón
**Einwohnerzahl:** 14 000

**Die Lage am Rand der Pyrenäen und die Bedeutung als Pilgerstation prägen die alte aragonesische Hauptstadt Jaca bis heute. Die Altstadt macht einen heiter-beschaulichen Eindruck und konzentriert sich auf die Bereiche um die Kathedrale und die lang gestreckte Calle Mayor. In der Umgebung locken interessante Ziele inmitten einer wundervollen Natur.**

**Geschichte**

Noch bevor sich die Ströme der Jakobspilger ab dem Mittelalter vom nahen Somport-Pass hinab nach Jaca wälzten, hatte das Städtchen an den Ufern des Río Aragón seinen Eintrag ins Buch der Geschichte sicher: als eines, das 760 einen Vorstoß der Mauren entscheidend abwehrte. Im 11. Jh. fungierte Jaca kurze Zeit als Hauptstadt des Königreiches Aragonien, zur gleichen Zeit entstand die erste romanische Kathedrale Spaniens. Heute lebt Jaca zum Teil vom Tourismus. Jakobspilger – ob zu Fuß oder motorisiert – kommen und gehen, die nahen Berge sind im Winter Skigebiet und zwischen Frühjahr und Herbst Ausflugsziele der Naturliebhaber.

## Sehenswertes in Jaca

**★ Catedral de San Pedro**

In der Altstadt wendet sich die massig wirkende Kathedrale de San Pedro (11./12. Jh.) der Plaza de la Catedral zu. Sie gilt als erste romanische Kathedrale Spaniens, auch wenn sie vom 15. bis 18. Jh. erheblich erweitert wurde. Der Kathedralbau entstand in mehreren Etappen, die wichtigste währte von 1077 bis 1130. Aus den Anfangszeiten stammen der Grundriss, der Glockenturm, die Außenmauern sowie das Haupt- und das Südportal mit der Vorhalle. Das Tympanon des Hauptportals zeigt ein fein herausgearbeitetes Christusmonogramm, die Apsisfresken gehen auf Meister Manuel Bayeu zurück (1792/93). Im Altarbereich werden drei silberne Schreine mit Reliquien von

## JACA ERLEBEN

### AUSKUNFT

*Oficina de Turismo*
Avenida Regimiento de Galicia, 2
Tel. 974 36 00 98, Fax 974 35 51 65
www.jaca.es

### VERANSTALTUNGEN

Anfang Mai erinnern die historisch aufgezogenen Fiestas del Primer Viernes de Mayo an die legendäre Verteidigung der Stadt gegen die Mauren. Am 25. Juni findet ein Stadtfest mit Prozession zu Ehren der heiligen Orosia statt, in Jahren mit ungerader Jahreszahl (2009, 2011 etc.) Ende Juli oder Anfang August das Pyrenäen-Folklorefestival.

### ESSEN

**► Fein & Teuer**

*Restaurante La Cocina Aragonesa*
Paseo de la Constitución, 3
Tel. 974 36 10 50,
www.condeaznar.com
Feine Speisekarte mit aragonesischen Spezialitäten. Der stilvollste Teil des Restaurants, das dem Hotel Conde Aznar angegliedert ist, nennt sich der »Glasgarten« (Jardín de Cristal).

### ÜBERNACHTEN

**► Komfortabel**

*Gran Hotel*
Paseo de la Constitución, 1
Tel. 974 36 09 00
Fax 974 36 40 61
www.inturmark.es
Hier trifft man eine solide Drei-Sterne-Wahl, recht günstige zentrale Lage. Hauseigene Parkplätze. Während der Sommersaison kann

**! Baedeker TIPP**

**Einkehr mit Aussicht**

Im Arkadenbereich gegenüber der Kathedrale von Jaca kann man gut einkehren und das bunte Treiben beobachten.

gleich vier Heiligen aufbewahrt: von der städtischen Schutzpatronin Santa Orosia (Märtyrerin zu maurischen Zeiten), von San Indalecio (einen Schüler des Apostels Jakobus) sowie von den Brüdern San Voto und San Félix (legendäre Klostergründer von San Juan de la Peña).

Das angeschlossene **Museo Diocesano** (Diözesanmuseum) legt sich um den Kreuzgang und zeigt einen außergewöhnlichen Reichtum an Skulpturen und Wandmalereien aus dem Mittelalter (Öffnungszeiten: tgl. 11.30 – 13.30, 16.00 – 20.00; allerdings war das Museo Diocesano bei Redaktionsschluss wegen Renovierung auf unbestimmte Zeit geschlossen).

**★ Iglesia de San Salvador**

Die Iglesia de San Salvador ist die Klosterkirche der Benediktinerinnen in der Altstadt. Schmuckstück im Innern ist der romanische Sarkophag der Infantin Doña Sancha, Tochter des aragonesischen Königs Ramiro I.

**Puente de San Miguel** Die Puente de San Miguel ist eine denkmalgeschützte und mehrfach ausgebesserte Brücke über den Río Aragón. Im Mittelalter befand sich hier eine Einsiedelei. Interessant ist die asymmetrische Konstruktion; der höchste Bogen misst 17 Meter.

**Ciudadela** Die weit ausgreifende Zitadelle (Ciudadela) liegt etwas außerhalb des Stadtkerns und hat die Form eines fünfstrahligen Sterns. Angelegt wurde der Verteidigungsbau zu Zeiten von König Philipp II. in der zweiten Hälfte des 16. Jh.s, als von französischer Seite immer wieder die Gefahr von Invasionen drohte.

## Ausflüge von Jaca

*** Pass von Somport** Nördlich von Jaca zieht sich die N-330 durch das Tal des Río Aragón und windet sich aufwärts bis zum knapp 30 km entfernten Pass von Somport. Man folgt also einem Stück des Aragonesischen Jakobswegs in entgegengesetzter Richtung. Wie im Mittelalter auch heute kommen die Pilger von Frankreich her aus Oloron-Sainte-Marie herauf, während viele Motorisierte den modernen Somport-Tunnel nutzen.

An der Strecke zwischen Jaca und dem 1640 m hohen Pass von Somport liegen **Canfranc** und den Wintersportort **Candanchú**, das von Appartementblocks durchsetzt ist. An den Rand von Candanchú stößt das Ruinenfeld des Hospital de Santa Cristina, das mutmaßlich Ende des 11. Jh.s als eine der wichtigsten Versorgungsstationen der Pilger in den Pyrenäen gegründet wurde. Rund um den Pass von Somport genießt man ein traumhaftes Bergpanorama; es gibt einen kleinen Marienaltar. Zwischen der Passhöhe und Santiago de Compostela haben Jakobspilger jetzt noch 858 km vor sich.

### ? WUSSTEN SIE SCHON ...?

- ... dass sich in Canfranc, Ortsteil Canfranc-Estación, mit der »Estación Internacional« eines der kuriosesten Bahnhofsgebäude Spaniens befindet? König Alfons XIII. nahm den überdimensionierten Bau 1928 feierlich in Betrieb, doch verlor dieser schnell an Bedeutung. In die cinematografische Ewigkeit ging der Bahnhof 1965 ein, als hier Sequenzen des Welterfolges »Doktor Schiwago« gedreht wurden.

**** Monasterio de San Juan de la Peña** Eine Legende besagt, dass ein junger Mann namens Voto im frühen Mittelalter eine abgeschiedene Einsiedelei mit dem skelettierten Eremiten entdeckte. An dieser Stelle im Schutz eines Felsüberhangs begründete Voto gemeinsam mit seinem Bruder Félix das Monasterio de San Juan de la Peña (1115 m ü.d.M.), ein Kloster, dem bald ein bedeutender Ruf vorauseilte. Im weiteren Verlauf des Mittelalters unterstanden San Juan de la Peña mehr als 60 Klöster. Außerdem fand eine ganze Reihe aragonesischer Könige und Adeliger hier ihre letzte Ruhestätte. Die stark wechselnden Zugangszeiten erfährt man vorab am besten in der Oficina de Turismo in Jaca oder im Internet unter www.monasteriosanjuan.com. In der Regel gelten Folgende: Mitte

März – Ende Mai sowie Anfang Sept. – Mitte Okt. tgl. 10.00 – 14.00, 16.00 – 19.00; Juni 10.00 – 14.30, 16.00 – 20.00; Juli/Aug. tgl. 10.00 bis 14.30 und 15.30 – 20.00; Mitte Okt. – Mitte März Mi. – So 11.00 bis 14.00, 16.00 – 17.30 Uhr.

Die ursprünglichen Bauteile des Klosters stammen aus dem 10. bis 12. Jh. und gliedern sich in zwei Ebenen. Im unteren Bereich liegen der Konzilsaal (Sala de Concilios) und die kleine Kirche zu Ehren der heiligen Julián und Basilisa. Der Weg in den oberen Teil führt zu der 1094 geweihten Kirche, zum königlichen Pantheon und in den Kreuzgang, der sich eindrucksvoll zu den Felsgewölben hin öffnet.

Das Bergkloster liegt knapp 20 km südwestlich von Jaca. Ab der N-240 – das ist die Jakobswegstrecke Richtung Sangüesa und Pamplona – ist eine Abzweigung ausgeschildert. Dahinter passiert man bald die romanische Klosterkirche Santa Cruz de Serós, deren Besuch sich ebenfalls lohnt. An der Zufahrtstraße zum Kloster genießt man herrliche Aussichten auf die Berge.

*Die Kapitelle im Kreuzgang zeigen u. a. Szenen aus der Schöpfungsgechichte, hier einen schamhaften Adam.*

★★ **Parque Nacional Ordesa y Monte Perdido**

Ein Juwel unter Spaniens Schutzgebieten ist der von der Unesco zum **Weltnaturerbe** erklärte Parque Nacional Ordesa y Monte Perdido. Der 15 608 ha große Nationalpark liegt rund um den »Verlorenen Berg«, den 3355 m hohen Monte Perdido, und umfasst die wildromantischen Täler von Ordesa, Añisclo, Vineta und Gargantas de Escuaín. Die raue Gebirgswelt ist von Schluchten, Flüssen, Kaskaden sowie ausgedehnten Kiefern- und Buchenwäldern durchsetzt. Wildschweinen, Mardern, Füchsen, Gänsegeiern und Steinadlern bieten sich ideale Lebensräume.

Populäres Tor zum Nationalpark ist **Torla**, wo man Unterkünfte, Restaurants und ein ganzjährig geöffnetes Informationsbüro (Tel. 974 48 64 72, www.ordesa.net) findet. 8 km von Torla entfernt liegt der große Parkplatz **Pradera de Ordesa**, von wo aus man eine schöne Tageswanderung starten kann. Zum Endziel, dem Wasserfall Cola de Caballo, der am Ende des U-förmigen Talkessels von Ordesa abfällt, sind es etwa 10 km (einfache Strecke). Die Natur mit ihren Wasserläufen, Wäldern und vertikalen Felsflanken ist grandios – allerdings ist man vor allem im Sommer nicht allein auf weiter Flur. Um die Besucherströme einzudämmen, wird während der Karwoche, zwi-

*Der Nationalpark Ordesa y Monte Perdido zählt zu den überragenden Naturschönheiten Europas.*

schen Anfang Juli und Mitte September sowie in den kurzen Ferien zwischen dem 12. und 15. Oktober alles streng geregelt. Dann nämlich muss man in Torla sein Fahrzeug gebührenpflichtig abstellen und kommt nur per regelmäßigem **Shuttle-Bus** zum Startpunkt Pradera de Ordesa und wieder zurück (ebenfalls gegen Gebühr). Offiziell dürfen sich nur 1800 Personen gleichzeitig im Nationalpark aufhalten; wird diese Zahl überschritten, ist der Zugang erst wieder möglich, wenn Besucher den Park verlassen. Trainierte Bergwanderer besteigen den Gipfel des Monte Perdido; auf 2200 m Höhe steht das Refugio Góriz (Anfragen und Reservierungen Tel. 974 34 12 01).

★ **Jakobsweg von Jaca nach Sangüesa**

★★ Kloster von Leyre ►

★ Valle de Hecho, Valle de Ansó ►

Das dünn besiedelte aragonesische Vorpyrenäenland ist Kulisse für das 70-km-Stück nach Sangüesa, der ersten wichtigen Stadt in Navarra; in der Umgebung von Sangüesa sollte man sich weder die **Burg von Javier** noch **Sos del Rey Católico** noch das **Kloster von Leyre** entgehen lassen (►Pamplona, Aragonesischer Jakobsweg und die östlichen Pyrenäen). Die eigentliche Attraktion ist die Landschaft aus Berg und Tal, besonders schön auf halbem Weg zwischen Puente la Reina de Jaca und Yesa, wo die N-240 kilometerlang an den Ufern des Yesa-Stausees entlangführt. Wer sich zu den Natur- und Wanderfans zählt, wird unterwegs ab Puente la Reina de Jaca einen Abstecher in zwei schöne Pyrenäentäler einlegen: ins Valle de Hecho mit dem freundlichen Hauptort Hecho und ins benachbarte Valle de Ansó, das sich bis ins abgelegene Dorf Zuriza zieht.

# ★ Laguardia

04

**Provinz:** Álava (Araba)
**Höhe:** 635 m ü. d. M.
**Region:** Baskenland (País Vasco, Euskadi)
**Einwohnerzahl:** 1500

**Das ummauerte Städtchen ist ein Gedicht aus Stein, rundherum breiten sich die Weingärten der Rioja Alavesa aus.**

**Lage und Geschichte**

Warum Laguardia (übersetzt »die Wache«) so heißt, wird bereits aus weiter Ferne deutlich. In strategisch wichtiger Lage zwischen den Ufern des nahen Ebro und den Felsenflanken der Sierra de Cantabria ragt der mauerumkränzte Altstadthügel wie ein einsamer Wachposten empor. Diese wehrhafte Funktion hin zum Gebietsnachbarn Kastilien erfüllte Laguardia im Mittelalter als Vorposten des Königreiches Navarra.
Bereits in vorgeschichtlicher Ära besaß die Gegend einen großen Stellenwert, was zahlreiche Dolmen und das nahe bronzezeitliche Ausgrabungsareal La Hoya belegen. Weinbau und Tourismus machen heute die wirtschaftlichen Stützpfeiler aus. Die Mehrzahl der zahlreichen Besucher stellen die Spanier selber.

## Sehenswertes in Laguardia und Umgebung

**★ Altstadt**

Auf einem Höhenplateau liegt Laguardia, von wuchtigen Stadtmauern umgeben, deren Ursprung in die Herrschaftszeit des navarresischen Monarchen Sancho VII. (1194–1234) zurückreicht. Der schönste Zugang in die Altstadt ist jener gleich hinter den Parkplätzen an der Calle Sancho Abarca: die Puerta Nueva, auch Puerta de Carnicerías genannt, ein Stadttor aus dem 15. Jahrhundert.
Die beiden Bögen geben den Weg frei auf die Plaza Mayor mit den Arkaden und dem Rathaus, an dessen Fassade man sowohl auf den Wappenschmuck als auch auf das kleine **Glockenspiel** (12.00, 14.00, 17.00, 20.00 Uhr) mit seinen Trachtenfiguren achten sollte. Von der Plaza Mayor gehen lang gestreckte Gassen ab, die an kleinen Kneipen und Geschäften vorbeiführen. An Tagen mit wenigen Touristen fühlt man sich wie in frühere Zeiten versetzt.

**★ Bodegas**

Laguardia gebe es im Grunde zweimal, betonen die Einheimischen voller Stolz und meinen den versteckten Teil des Städtchens. Metertief unter Gassen und Plätzen verlaufen verschlungene Gänge, die einst Wehrcharakter hatten und heute vielfach als Weinlager genutzt werden. Nach traditioneller Methode stellt die altstädtische Bodega El Fabulista noch ihre Tropfen her. Der Saal mit dem Traubenbecken und der Presse ist außerhalb der Lese der Verkaufsraum, von dem aus es über Treppen abwärts in die Gänge geht. Hier sind ebenso regelmäßige Führungen angesetzt wie in der Bodega Carlos San Pedro Pérez de Viñaspre (►Laguardia erleben).

## LAGUARDIA ERLEBEN

### AUSKUNFT

*Oficina de Turismo*
Palacio Samaniego, Plaza de San Juan, s/n
Tel./Fax 945 60 08 45
www.laguardia-alava.com

### VERANSTALTUNGEN

Tänze und Musik bestimmen die Patronatsfeierlichkeiten von Laguardia, die Fiestas de San Juan y San Pedro zwischen dem 23. und 29. Juni.

### SHOPPING

Gute Möglichkeiten zum Weinkauf in den Weingeschäften (vinotecas) um die Plaza Mayor sowie in den Bodegas El Fabulista (Plaza San Juan) und Carlos San Pedro (Calle Páganos 44).

### BODEGAS

***Bodegas Ysios***
Laguardia
Besuche möglichst nach Voranmeldung (Tel. 945 60 06 40, www.bodegas ysios.com)
Führungen: Mo. – Fr. 11.00, 13.00, 16.00; Sa./So. 11.00, 13.00 Uhr

***Bodegas Marqués de Riscal***
Elciego
Besuche und Informationen zum Weingut nur nach Voranmeldung: Tel. 945 60 60 00, Fax 945 60 60 23, www.marquesderiscal.com.
Das aus 43 Luxuszimmern und -suiten bestehende Hotel ist der »Luxury Collection« von Starwood Hotels & Resorts angeschlossen (Tel. 945 18 08 80, Fax 945 18 08 81, www.starwoodhotels.com).

***Weitere Bodegas in Laguardia***
Bodega El Fabulista, Plaza de San Juan s/n, Tel. 945 62 11 92, Fax 945 60 01 10, www.bodegaelfabulista.com; Führungen Mo. – Sa. 11.30, 13.00, 17.30, 19.00; So. 11.30, 13.00 Uhr
Bodegas Carlos San Pedro Pérez de Viñaspre, Calle Páganos 44, Tel./Fax 945 60 01 46, www.bodegascarlos sanpedro.com; Öffnungszeiten: Di., Do., Fr. 10.00 – 13.00, Sa. 11.00 – 14.00, 17.00 – 20.00 Uhr

***Weitere Bodegas in Elciego***
Bodegas Domecq: Carretera Villabuena, Tel. 945 60 60 01, Fax 945 60 62 35, rioja@domecq.es.
Bodegas Diez Caballero: Calle Barrihuelo 73, Tel. 944 80 72 95, Fax 944 63 09 38, diez-caballero@terra.es.
Bodegas Valdelana: Calle Puente de Barricuelo 67, Tel. 945 60 60 55, Fax 945 60 65 87.
Bodegas Pago de Larrea: Calle Cantón de la Concepción 6, Tel./Fax 945 60 60 63, bodega@pagodelarrea.com.

Eine gute Übersicht über die Bodegas findet sich auf der Webseite von Elciego: www.elciego.com.

*Von Frank O. Gehry gestaltet: die Bodegas Marqués de Riscal*

## ESSEN

### ► Erschwinglich

***Restaurante Marixa***
Calle Sancho Abarca, 8
Tel. 945 60 01 65
Auf dem Altstadtplateau, aber außerhalb des Mauerrings gelegen. Dies erlaubt von den Tischen aus herrliche Panoramablicke. Hier pflegt man die regionale Küche, u. a. mit gegrilltem Zicklein.

### ► Preiswert

***Restaurante-Bar Biazteri***
Calle Mayor, s/n
Tel. 945 60 00 26
In unmittelbarer Nähe des Tourismusbüros kann man sich in der Kneipe Tapas schmecken lassen oder geht weiter hinten durch ins Restaurant. Rustikal, gemütlich, nicht überteuert. Sonntagabends geschlossen.

## ÜBERNACHTEN

### ► Komfortabel

***Hotel Villa de Laguardia***
Paseo de San Raimundo, 15
Tel. 945 60 05 60
Fax 945 60 05 61
www.hotelvilladelaguardia.com
Das moderne Vier-Sterne-Haus liegt unterhalb des Altstadtplateaus. Hauseigener Parkplatz, Restaurant.

### *Baedeker-Empfehlung*

***Nett gebettet***
Dass die Rioja Alavesa wie geschaffen ist für Individualisten, beweisen die zahlreichen Landhotels. Ein besonders schönes Drei-Sterne-Haus liegt an der Plaza Fermín Gurbindo im 270-Seelen-Ort Ábalos: das Hotel Villa de Ábalos (Tel. 941 33 43 02, Fax 941 30 80 23, www.hotelvilladeabalos.com). Die Zimmer haben dicke Steinwände, alles ist rustikal und komfortabel. Im Oktober stehen in der Regel drei Hotelwochenenden unter dem thematischen Stern der Weinlese.

### ► Günstig

***Pachico Martínez***
Calle Sancho Abarca, 20
Tel. 945 60 00 09
Fax 945 60 00 05
www.pachico.com
Einfaches 24-Zimmer-Haus in zentraler Lage.

**✶✶ Iglesia de Santa María de los Reyes**

Die Kirche Santa María de los Reyes (12. – 16. Jh.) liegt im Nordteil der Altstadt und ist eine der beeindruckendsten im Norden Spaniens. Im Vorbau erhebt sich in geballter farblicher Kraft das alte gotische Hauptportal, ein Meisterwerk aus Stein mit dem zentralen Bildnis der heiligen Maria. An den Seiten stehen die Apostelskulpturen auf Sockeln, das Tympanon zeigt Szenen aus dem Leben Mariens. Im Innern zieht der von Juan de Bascardo gestaltete Hochaltar (17. Jh.) die Blicke an (Öffnungszeiten: Mo. freier Zugang, aber unregelmäßig. Ansonsten Führungen Di. – Fr. 10.30 – 13.30 u. 16.30 – 18.30, Sa. 10.30 – 13.30 und 17.30 – 18.30, So. nur 10.30 – 13.30 Uhr).
Hinter der Kirche erhebt sich ein romanisch-gotischer Wehrturm, die Torre Abacial (13. Jh.). Auf dem Kirchenvorplatz, der mit Grün und Blumen liebevoll gestaltet ist, kommt ein Stück moderne Kunst zum Tragen. »Reisende« (Viajeros) hat der Bildhauer Koko Rico sein Miteinander aus kleinen Skulpturen genannt.

*Der Dolmen La Chabola de La Hechicera ist einer der größten im Baskenland.*

★ **Aussichtspunkte** Außerhalb der Stadtmauern bieten sich an zwei Stellen besonders lohnende Aussichten. Hinter der Puerta de Santo Cristo schweift der Blick westwärts über die Weingärten der Rioja Alavesa, ab dem Parkplatz nahe der Puerta Nueva/Puerta de Carnicerías öffnen sich die Weiten des Ostens mit zusätzlichem Ausblick auf die unterhalb liegenden Seen (Conjunto Lagunar de Laguardia).

**Villa Lucía** An der Ausfallstraße Richtung Logroño hat dieses »Themenzentrum des Weins« (Centro Temático del Vino) in einer ehemaligen Bodega seinen Sitz. Die Räumlichkeiten sind äußerst informativ aufbereitet und machen mit Rebsorten und -plagen ebenso vertraut wie mit wichtigen Gerätschaften. Für interaktive Abwechslung sorgen die Duftzylinder (Öffnungszeiten: Di.–So. 9.30–14.00, 16.30–20.00 Uhr). Wer zusätzlich eine Weinprobe arrangieren möchte, muss sich vorab anmelden (Tel. 945 60 00 32, Fax 945 60 01 08, www.villalucia.com).

**La Hoya** Das Leben der spanischen Altvordern bringen das archäologische Ruinenareal von La Hoya und der angeschlossene Museumsbau näher, etwa 1 km nordwestlich von Laguardia. Eine erste Ansiedlung dürfte es bereits in der Bronzezeit, also vor 3400 Jahren, gegeben haben. Danach entwickelte sich La Hoya als bedeutsamer Handels- und Kultplatz bis in die Eisenzeit hinein. Die Geschichte ist interessanter als die verstreut liegenden Fundamentreste. Das Museum zeigt Keramikfunde, Schautafeln und den Nachbau in Originalgröße eines strohgedeckten Hauses mit seinen Holzstützpfosten, den Schlafpritschen und lehmverkleideten Wänden (Öffnungszeiten: Mai – Mitte Okt. Di. – Fr. 10.00 – 14.00, 16.00 – 20.00, Sa. 11.00 – 15.00, So. 10.00 bis 14.00, sonst Di. – Sa. 11.00 – 15.00, So. 10.00 – 14.00 Uhr).

**Dolmen**

Über die Umgebung von Laguardia verteilen sich einige Dolmen, steinerne Grabmonumente aus dem 3./4. Jahrtausend v. Chr. An der A-124 nordwestwärts Richtung Samaniego sind kurze Abzweigungen zu den Dolmen El Sotillo und San Martín ausgewiesen, doch lohnender ist ein Abstecher zum Dolmen La Chabola de La Hechicera. Dieser liegt einsam in einer Felderlandschaft, ca. 5 km nordöstlich von Laguardia; die Zufahrt führt Richtung Elvillar, knickt mehrfach ab und ist beschildert.

✶ ◄ Dolmen La Chabola de La Hechicera

## ✶ Rioja Alavesa

Das Weinanbaugebiet der Rioja Alavesa umfasst rund 12 000 ha, über die sich **Hunderte Bodegas** verteilen. Die bis Haro reichenden kalkhaltigen Lehmböden und das gemäßigte Klima zwischen dem Ebro und der Sierra de Cantabria sorgen dafür, dass die Tropfen der Rioja Alavesa von Kennern in aller Welt geschätzt werden. Wie sie hergestellt, gelagert und abgefüllt werden, zeigen zahlreiche Weingüter, die ihre Tore für Besucher öffnen.

*Bei diesem Anblick steigt die Vorfreude auf künftige feine Tropfen.*

*Wellenförmig angeordnete Rohre bilden das Dach der Bodegas Ysios.*

**✶ Bodegas Ysios**

Manchmal gibt es sogar noch ein spektakuläres Plus, wie bei den Bodegas Ysios, die etwa 2 km nordwestlich von Laguardia liegen (beschilderte Zufahrt, ▸Laguardia erleben). Hier gehen moderne Architektur und erlesenes Bodegaflair Hand in Hand. Die Konstruktion mit ihrem Aufsehen erregenden Wellendach, das die umliegenden Bergketten widerspiegelt, geht auf Spaniens Stararchitekt **Santiago Calatrava** zurück. Der Haupteingang wendet sich zu einem Wassergraben und nach Laguardia hin. Im Innern erwartet Besucher eine topmoderne Bodega auf dem neuesten Stand der Technik, die sich ausnahmslos aus eigenem Anbau versorgt und rubinrote Reservas produziert. Dass nichts so ist wie andernorts, zeigen die horizontal platzierten Edelstahlbehälter und die insgesamt 1300 Eichenholzfässer, die hier nur ein kurzes Leben haben. Die ältesten Fässer sind drei Jahre alt, ein Drittel des Bestands wird jedes Jahr gewechselt und an Destillerien verkauft.

**✶ Bodegas Marqués de Riscal**

Auf dem hart umkämpften Weinmarkt haben sich nicht nur die Bodegas Ysios ihr architektonisches Markenzeichen verpasst. 5 km südwestlich von Laguardia, mitten im Nichts des Ortes Elciego, hat der nordamerikanische Architekt **Frank O. Gehry** avantgardistisch Hand angelegt: bei den Bodegas Marqués de Riscal, **Weingut und Luxushotel zugleich**. Mit asymmetrischen Wänden, spektakulären Linien und einem weithin sichtbaren Titandach hat Gehry, der Erbauer des Guggenheim-Museums in Bilbao, Kontraste zu den historischen Weinkellern gesetzt (▸Laguardia erleben).

**Bodegas in Elciego**

Der Ortskern von Elciego wird von seiner Renaissancekirche San Andrés bestimmt. Privatschilder weisen oftmals auf den Verkauf von Wein (»se vende vino«). Außer den Bodegas Ysios sind in Elciego weitere Bodegas jedweder Größe ansässig, die sich nach Voranmeldung besuchen lassen. Dazu zählen neben dem Kellereiriesen Bodegas Domecq auch die Bodegas Diez Caballero, die Bodegas Valdelana und die Bodegas Pago de Larrea (▸Laguardia erleben).

**Weitere Sehenswürdigkeiten**

Durch reiche Rebgärten führt die Fahrt ab Elciego über Villabuena de Álava, Samaniego und Ábalos bis nach Labastida. Zwischen Ába-

los und Labastida sollte man einen Abstecher in den Burg- und Kirchenort San Vicente de la Sonsierra und nach Briones mit seinem Weinmuseum einplanen (►Ausflüge ab Logroño).
In **Labastida** lohnt sich der Aufstieg durch den Ort bis zum Templo-Fortaleza del Santo Cristo, eine Wehrkirche mit Aussichtsplateau. Hier blickt man auch auf den zweiten markanten Kirchenbau, die Iglesia Nuestra Señora de la Asunción (16. – 18. Jh.). Knapp 20 km auf der Landstraße A-124 trennen Labastida vom östlich gelegenen Laguardia.

# ★★ León

H 4

**Provinz:** León
**Höhe:** 825 m ü. d. M.

**Region:** Kastilien-León (Castilla y León)
**Einwohnerzahl:** 150 000

**Die alte Königsstadt León erstrahlt im Glanz ihrer Sakralbauten, Pflichtstationen auch für Jakobspilger: die Kathedrale, die Stiftskirche San Isidoro, der einstige Klosterkomplex San Marcos. Kontrastreich geht es in den lebendigen Shopping- und Ausgehzonen zu, vor allem im »Feuchten Viertel«.**

**Geschichte und Gegenwart**

León heißt eigentlich »Löwe«, und dieses Tier ist auch im Regionalwappen zu sehen, doch im Falle der Stadt rührt der Name von einer Legion her, nämlich der VII. Römischen Legion, die hier ab 68 n. Chr. ihr befestigtes Lager aufschlug und für den Schutz der Goldtransporte verantwortlich war. Der Standort an den Ufern des Río Bernesga schien gut gewählt, klimatisch indes war León nicht die erste Wahl. Die Lage nahe dem Südfuß des Kantabrischen Gebirges brachte und bringt immer wieder schneidende, kühle Gebirgswinde mit sich. Im Sommer ist es heiß und trocken.
León erlebte seine Glanzzeit im 10. – 12. Jh. als zeitweilige Hauptstadt des gleichnamigen Königreiches und als Durchgangspunkt der Jakobspilger. Der mittelalterliche Pilgerführer Codex Calixtinus sprach von einer wohlhabenden Stadt, »angefüllt mit allen Arten von Gütern«. Heute erfüllt León als Hauptstadt der Provinz desselben Namens ihre Verwaltungsfunktionen und lockt viele Besucher an.

## Sehenswertes in León

**★★ Catedral de Santa María de Regla**

Wahrzeichen ist die Catedral de Santa María de Regla, ein gotischer Prachtbau auf dem historischen Altstadtplateau, an dem sich bereits römische Thermen und der mittelalterliche Königspalast von Ordoño II. befanden. Die Kathedrale wurde im Wesentlichen im 13./14. Jh. unter mehreren Baumeistern errichtet, die sich an französischen Vorbildern orientierten, zuvorderst Reims, Amiens und Chartres. Die Hauptfassade mit ihren unterschiedlich hohen gotischen Tür-

# LEÓN ERLEBEN

## AUSKUNFT

*Oficina de Turismo*
Plaza de la Regla, 3–4
Tel. 987 23 70 82
Fax 987 27 33 91
www.dipuleon.es

## VERANSTALTUNGEN

Wichtigste Feierlichkeiten im Jahreskalender sind die Karprozessionen (Höhepunkte am Gründonnerstag und Karfreitag), das etwa zehntägige Stadtfest Ende Juni (Fiestas de San Juan y San Pedro) und der Patronatstag zu Ehren des heiligen Froilán am 5. Oktober.

## SHOPPING

Die freundlichsten Shoppingzonen liegen um die Calle Ancha, besonders gemütlich geht es im Bereich der Gasse La Rúa zu.

## ESSEN

### ▸ Fein & teuer

① ***Restaurante Parador de San Marcos***
Plaza de San Marcos, 7
Tel. 987 23 73 00
Auch wenn man nicht im Parador absteigt – dieses Restaurant mit seinen vorzüglichen regionalen Spezialitäten ist eine Entdeckung wert.

### ▸ Erschwinglich

② ***Restaurante El Llar***
Plaza San Martín, 9
Tel. 987 25 42 87
Typisch leonesische Taverne mittendrin im »Feuchten Viertel«.

### ▸ Preiswert

③ ***Restaurante Catedral***
Calle Mariano Dominguez Berrueta, 17
Tel. 987 21 59 18
Wer ein gutes und preiswertes Mittagsmenü sucht, ist hier bestens aufgehoben.

## ÜBERNACHTEN

### ▸ Luxus

① ***Parador de San Marcos***
Plaza de San Marcos, 7
Tel. 987 23 73 00
Fax 987 23 34 58
www.parador.es
Ein herrschaftliches Entree, breite Aufgänge, der Kreuzgang, der mudejare Kapitelsaal – im einstigen Stammsitz der Jakobusritter erstrahlt vieles in alter Pracht und hat die fünf Hotelsterne rundum verdient. Nur der Anbau mit dem lang gestreckten Zimmertrakt ist neu. Man sollte auf jeden Fall ein Zimmer zur Flusssseite hin wählen, sonst schaut man schlechtestenfalls auf den hauseigenen Parkplatz.

② ***Hotel Alfonso V***
Calle Padre Isla, 1
Tel. 987 22 09 00
Fax 987 22 12 44
www.iova-sa.com
Angenehmes Vier-Sterne-Haus nahe dem Einstieg in die Fußgängerzone, von außen eher schmucklos, innen freundlich.

### ▸ Günstig

③ ***Hostal San Martín***
Plaza Torres de Omaña, 1
Tel. 987 87 51 87
Fax 987 87 52 49
www.sanmartinhostales.com
Einfache Bleibe in zentraler Altstadtlage. Moderne, helle Zimmer mit Bad, teilweise auch mit Balkon.. Nette Besitzer und guter Service. Das Frühstück wird extra berechnet.

*Die imposante Fassade gehört zu der Luxusherberge Parador de San Marcos.*

men, der 65 m hohen Torre de las Campanas und der 68 m hohen Torre del Reloj, wendet sich der freundlichen, weiten Plaza de la Regla zu.

Die drei Portale der Hauptfassade tragen reichen Skulpturenschmuck, der Mittelpfeiler zeigt ein Replikat der Virgen Blanca, der »Weißen Jungfrau«; das Original ist in der Zentralkapelle des Altarumgangs zu sehen. Etwas weniger Beachtung findet die Südfassade, die einen Pantokrator und eine Bischofsskulptur von San Froilán an der Mittelsäule zeigt. Als Patron der Diözese genießt der heilige Froilán (833 – 905) in León eine hohe Verehrung, der hier ab 900 bis zu seinem Tod das Bischofsamt bekleidete. Froiláns silberner Reliquienschrein, ein Werk von Enrique de Arfe, befindet sich unter dem Hauptaltar. Die prächtig bemalten Bildtafeln des Hauptretabels gehen auf Nicolás Francés zurück (15. Jh.) und zeigen u. a. Szenen aus dem Leben des heiligen Froilán und die Überführung des heiligen Jakobus mit dem Ochsenkarren.

Das eigentliche Wunderwerk der 90 m langen und 30 m breiten Kathedrale sind die 1800 m² Buntglasfenster (samt der großen Fensterrosen), die für die viel gerühmte **»Symphonie aus Licht und Stein«** sorgen, eine einzigartige Harmonie und Eleganz. Die Fenster sind bis zu 12 m hoch und datieren aus dem 13. bis 20. Jh.; zu den ältesten und farbenprächtigsten zählen jene im Altarumgang. Ebendort befinden sich auch das Grabmal des leonesischen Königs Ordoño II. (um 890 bis 924), die Capilla de la Virgen Blanca mit dem gotischen Marienbildnis und die Capilla de la Virgen de la Esperanza (Muttergot-

Öffnungszeiten:
Mo. – Sa.
8.30 – 13.30,
16.00 – 19.00
So. 8.30 – 14.30,
17.00 – 19.00
im Sommer bis
20.00 Uhr
www.catedral
deleon.org

tes-Skulptur mit der Leibesfrucht, 13. Jh.); die 1492 – 1505 erbaute Capilla de la Virgen del Camino bleibt Gottesdiensten vorbehalten. Beachtung verdienen weiterhin das Ende des 15. Jh.s aus Nussbaumholz geschnitzte Chorgestühl und das Nordportal, das deutliche Reste der Polychromie und eine weitere zentrale Marienskulptur zeigt. Gegenüber dem Nordportal geht es in den Kreuzgang hinein (Freskenreste) und ins Museo Catedralicio-Diocesano.

★ Museo Catedralicio-Diocesano ►

Dieses äußerst weitläufige Kathedral- und Diözesanmuseum erstreckt sich über zahlreiche Säle und Räumlichkeiten und zeigt eine Fülle an Skulpturen und Gemälden. Besonders interessant sind die Motive aus Altartafeln aus dem 14. Jh., die Episoden der Jakobuslegende zeigen, u. a. die Bootsüberfahrt mit dem Leichnam des Heiligen nach Galicien (Öffnungszeiten: Mo. – Fr. 9.30 – 13.30, 16.00 – 19.00, Sa. 9.30 – 13.30; im Sommer Mo. – Fr. 9.30 – 14.00, 16.00 – 19.30, Sa. 9.30 – 14.00, 16.00 – 19.00 Uhr).

## León *Orientierung*

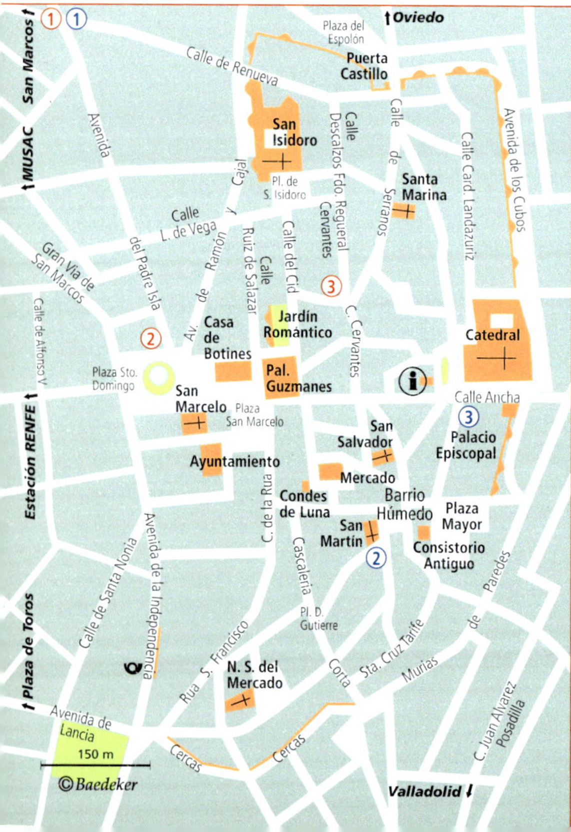


**Essen**

① Restaurante Parador de San Marcos
② El Llar
③ Catedral

**Übernachten**

① Parador de San Marcos
② Alfonso V
③ Hostal San Martín

★ Plaza Mayor

Der Plaza Mayor, dem Hauptplatz, kommt hier zwar nicht die Bedeutung zu wie in anderen spanischen Städten, doch die Arkadenumläufe und das alte Rathaus (17. Jh.) lohnen den Rundgang.
Mittwochs und samstags, jeweils vormittags bis etwa 14.00 Uhr, ist die Plaza Mayor Schauplatz eines **stimmungsvollen Bauernmarktes**. Hier bekommt man Gemüse, Würste und Käse in reicher Auswahl und zu recht günstigen Preisen.

★ Barrio Húmedo

Barrio Húmedo bedeutet »Feuchtes Viertel«, so genannt wegen der hiesigen Kneipenfülle, die ihren Höhepunkt rund um die Plaza de San Martín findet. Bei Häppchen-Streifzügen kann man den Errungenschaften der leonesischen Küche auf den Grund gehen, wobei Kutteln (callos) nicht jedermanns Geschmack sein dürften. Auf alle Fälle bekommt man in den meisten Kneipen kleine Tapas kostenlos und ungefragt zu Bier und Wein dazu.

★ Calle Ancha

Die Calle Ancha, die »breite Straße«, verbindet die Plaza de la Regla (Kathedrale) und die Plaza de Santo Domingo miteinander und ist als Fußgängerzone ausgewiesen. In ihrem unteren Teil Richtung Plaza de Santo Domingo konzentriert sich die Baukunst aus mehreren Jahrhunderten: der Palacio de los Guzmanes (16. Jh., heute Provinzverwaltung, sehenswerter Innenhof), die vom Jugendstilarchitekten **Gaudí** entworfene Casa de Botines (heute Bank, davor sitzt Gaudí in Bronze) und die Iglesia de San Marcelo, eine 1588 – 1628 an alter Stätte neu errichtete Backsteinkirche, in deren Innern die silbernen Reliquienschreine des heiligen Marcelo, seiner Frau Nonia und drei seiner Söhne zu sehen sind. San Marcelo, so ist überliefert, war ein Märtyrer aus römischen Zeiten, der 298 in Tanger enthauptet wurde.

★ Colegiata de San Isidoro

Die Colegiata de San Isidoro ist eine romanische Stiftskirche, in der die Gläubigen die sterblichen Überreste des Santo Martiño de León (1130 – 1203) und vor allem des San Isidoro de Sevilla (um 560 – 636) verehren, des heiligen Kirchenlehrers Isidor. Im Jahr 1063 wurden Isidors Reliquien aus Andalusien feierlich nach León überführt. Die Hauptfassade der Kirche wendet sich zur Plaza de San Isidoro hin und zeigt den Heiligen über der Puerta del Cordero als »Maurentöter«.
Neben dem zweiten Portal, der **Puerta del Perdón**, ist er als Bischof dargestellt. Diese Puerta del Perdón war eines von zwei Vergebungsportalen am Jakobsweg, wo schwer erkrankte Pilger ihren Ablass bekommen konnten, ohne weiter nach Santiago de Compostela ziehen zu müssen; das zweite Portal befindet sich an der Iglesia de Santiago in Villafranca del Bierzo (►Ponferrada. Jakobsweg).

★★ Panteón y Museo de San Isidoro

Ein Stück versetzt vom Haupteingang in die Colegiata de San Isidoro geht es zum Panteón y Museo de San Isidoro, dem wahren Juwel des Baukomplexes. Wegen seiner farbigen Fresken aus dem 12. Jh. trägt das königliche Pantheon den Beinamen **»Sixtinische Kapelle der ro-**

**manischen Malerei«**. An Wänden und Bogendecken sind bislang nicht restaurierte Motive des Pantokrators und des Kindermordes von Bethlehem, der Evangelisten und der Flucht nach Ägypten, des Letzten Abendmahls und der Kreuzigung Christi zu sehen. Eine Besonderheit ist der in einen Bogen platzierte Landwirtschaftskalender mit Szenen wie Saat, Ernte und herbstlicher Schweineschlachtung. Ihre Bedeutung verloren haben die Grabstätten von insgesamt 23 Mitgliedern des Königshauses, da hier die napoleonischen Truppen Anfang des 19. Jh.s wüteten.

Der weitere Rundgang führt in den Kreuzgang, in einen Ausstellungssaal mit dem goldüberzogenen Turmhahn der Kirche sowie über eine schmale Wendeltreppe hinauf in die Schatzkammer mit dem ursprünglichen Reliquienschrein des heiligen Isidor und dem wertvollen Achatkelch der Doña Urraca (beide 11. Jh.). Unter dem Dach befindet sich die kleine Bibliothek, u. a. mit einer mozarabischen Bibel aus dem 10. Jh.; im Vorraum der Bibliothek sind historische Gesangbücher ausgestellt (Öffnungszeiten: im Sommer Mo – Sa. 9.00 – 20.00, So. 9.00 – 14.00, sonst Mo. bis Sa. 10.00 – 13.30, 16.00 – 18.30, So. 10.00 – 13.30 Uhr).

! *Baedeker* TIPP

**Natur in León**

Über eine Gesamtlänge von mehreren Kilometern sind die auch gern von Joggern genutzten Fußgängerpromenaden beiderseits des Río Bernesga ansprechend gestaltet worden. Am Westufer des Flusses, gleich hinter der Puente de San Marcos, liegt der angenehme kleine Stadtpark, der Parque de Quevedo.

★ **Convento de San Marcos**

Einer der leonesischen Prachtbauten ist der etwas abseits der Kernstadt an der Plaza de San Marcos gelegene Convento de San Marcos, der im 16. Jh. als Stammhaus der Jakobusritter erbaut wurde. Die über 100 m breite Hauptfassade ist in platereskem Stil und im Bereich des Kirchenzutritts mit Muschelreliefs gestaltet worden. Über das Portal, das heute in einen Fünf-Sterne-Parador führt, prescht ein Jakobus als »Maurentöter«. Auf dem Vorplatz sitzt ein ausgepowerter Pilger in Bronze. Bei Redaktionsschluss stand die Verlegung des angegliederten Museums an (Informationen gibt es beim örtlichen Tourismusbüro).

**Museo de Arte Contemporáneo (MUSAC)**

Neuer Kulturpol der Stadt ist das Museo de Arte Contemporáneo, das Wechselausstellungen zeigende Museum für zeitgenössische Kunst. Es liegt an der Avenida de los Reyes Leoneses 24. Montags ist geschlossen.

## Ausflüge von León

★ **San Miguel de Escalada**

Die 27 km südöstlich von León gelegene Kirche von San Miguel de Escalada (10./11. Jh.) gilt in Nordspanien als eines der besten Beispiele für den mozarabischen Stil. Obgleich stark restauriert, sind der Portikus mit seinen hufeisenförmigen Arkaden und das stark ei-

*Beispielhaft für das moderne León ist sein Museum für zeitgenössische Kunst.*

ner Moschee gleichende Innere sehenswert. San Miguel de Escalada liegt in ländlicher Einsamkeit, Anfahrt entweder über Puente de Villarente oder Mansilla de las Mulas. Die Öffnungszeiten sind nicht immer zuverlässig, So. nachmittags und Mo. ist immer geschlossen.

**Monasterio de Santa María de Gradefes**

Knapp 40 km östlich von León entstand ab 1177 ein bedeutsames Zisterzienserinnenkloster, das Monasterio de Santa María de Gradefes. Höhepunkt ist der Altarumlauf in der Kirche. Besuche sind im Regelfall nur Sa. und So. von 10.30 bis 12.30 sowie von 16.30 bis 18.30 Uhr möglich.

**Nördliche Provinz León**

Nördlich von León zieht sich die N-630 in Richtung Oviedo der Kantabrischen Kordillere entgegen und erreicht nach 60 km den **Puerto de Pajares** (1379 m ü.d.M.), der die Provinzgrenzen von León und Asturien markiert und schöne Ausblicke bietet. So weit braucht man allerdings nicht zu fahren, um die touristisch meistbesuchte Sehenswürdigkeit im Norden der Provinz León anzusteuern: die Cueva de Valporquero (1309 m ü.d.M.), eine Tropfsteinhöhle mit prächtigen Formationen. Die Anfahrt erfolgt über La Vid (dort Abzweigung ab der N-630) und weiter über Vegacervera und Felmín (Öffnungszeiten: Mitte Mai – Ende Sept. tgl. 10.00 – 14.00, 15.30 bis 19.00; Anf. März – Mitte Mai, Anf. Okt. – Mitte Dez. nur Fr – So. 10.00 – 17.00 Uhr).

✶ ◀ Cueva de Valporquero

**Der Jakobsweg von León nach Astorga**

Für Pilger und Radler ist das 47-km-Stück Jakobsweg von León nach Astorga einer der unangenehmsten Abschnitte. Er verläuft zwar weitgehend flach, aber zum Teil direkt an der Landstraße N-120 entlang.

Motorisierte braucht dies nicht zu stören, denn sie kommen unterwegs fast automatisch an den beiden wichtigsten Stationen vorbei: dem modernen Marienheiligtum in (mit bronzenen Fassadenskulpturen Mariens und der Apostel von Bildhauer Jose Maria Subirachs) sowie der 20-bögigen Pilgerbrücke Puente de Órbigo zwischen dem gleichnamigen Puente de Órbigo und dem Hospital de Órbigo. San Justo de la Vega ist der letzte Ort vor dem weithin erkennbaren Altstadtplateau von ►Astorga.

★ Pilgerbrücke Puente de Órbigo ►

# ★★ Logroño

P 5

**Provinz:** La Rioja
**Höhe:** 384 m ü. d. M.
**Region:** La Rioja (Autonome Gemeinschaft)
**Einwohnerzahl:** 140 000

**Logroño nimmt die Besucher, so scheint es, mit seinen Ringen aus fantasielosen Neubauvierteln nicht gerade mit offenen Armen auf – aber der erste Eindruck täuscht. Auf den zweiten Blick ist die Hauptstadt der Rioja eine echte Entdeckung in Spaniens Norden, in der es weder an Ausgeh- und Shoppingzonen noch an regem Kulturleben mangelt.**

Für Jakobspilger ist Logroño der Auftakt für ein 65-km-Stück durch die Rioja, bereits im Mittelalter fanden hier Heerscharen von Wallfahrern Aufnahme. Die Geschichte der Gegend reicht in die vorchristlichen Zeiten der Urbevölkerung »berones« zurück, ehe diese von den Römern überlagert wurden. Strategisch bedeutsam ist seit ehedem die Lage am Río Ebro gewesen, den der Pilgerführer Codex Calixtinus im 12. Jh. wegen seines Fischreichtums und seines gesunden Wassers rühmte.

*Traubenstampfen beim traditionellen Weinlesefest im September*

Dies wirft ein Licht auf einen äußerst fruchtbaren Landstrich, in dem sich seit Jahrhunderten die Weinreben breit machen. Der Weinhandel hat der **Rioja** einen gewissen Wohlstand beschert. Heute dehnen sich die Anbauflächen westwärts von Logroño in die Rioja Alta (Obere Rioja; Richtung Haro), nordwestlich in die Rioja Alavesa (Alavesische Rioja, Richtung Laguardia) und südöstlich in die Rio-

# LOGROÑO ERLEBEN

## AUSKUNFT

***Oficina de Turismo***
Paseo del Espolón, 1
Tel. 941 29 12 60, Fax 941 29 16 40
http://lariojaturismo.com

## VERANSTALTUNGEN

***Theater und Konzerte***
werden im Teatro Bretón de los Herreros (Calle Bretón de los Herreros, Tel. 941 29 72 31) aufgeführt.

***Feste in Logroño***
Am 11. Juni steigen die Fiestas de San Bernabé in Erinnerung an eine lange Belagerung durch die Franzosen 1521 mit einer Prozession und Tänzen. Um den 20. September lockt das Weinlesefest (Fiestas de San Mateo) mit Traubenstampfen, Musik und typischen Tänzen.

***Feste in der Umgebung***
Haro ist bekannt für die Batalla del Vino, bei der am 29. Juni der Wein in Strömen fließt.
Anguiano macht mit seinen Stelzentänzern (Danzadores sobre zancos) alljährlich am 22. Juli sowie am letzten Samstag im September groß von sich reden.

## SHOPPING

Für einen Schaufensterbummel bestens geeignet ist die von Arkaden flankierte Calle de Portales, die an der Kathedrale vorbeiläuft (Fußgängerzone). Elegantere Geschäfte ziehen sich an der Gran Vía del Rey Don Juan Carlos I entlang. In der Altstadt lohnt die zwischen der Calle del Peso und der Calle de Sagasta liegende Markthalle (Mercado de Abastos) einen Besuch, vor allem, wenn man auf der Suche nach Hartwürsten, Schinken und Käse ist.

## FREIZEIT

*Baedeker-Empfehlung*

***Golfen bei Logroño***
Nahe dem Stausee La Grajera liegt der Golfplatz El Campo de Logroño. Das Areal ist öffentlich zugänglich, für Nicht-Mitglieder ist ein Greenfee preislich moderat und Mo. – Fr. immer günstiger als an den Wochenenden. Technische Daten:
18 Löcher, 6746 Meter, Par 72. Clubhaus mit Cafeteria, Pitch & Putt (Parque de la Grajera, Tel. 941 51 13 60, Fax 941 51 16 07, www.golflogrono.com).

## ESSEN

### ► Erschwinglich

① ***Entrevinos***
Calle Juan Lobo, 1
Tel. 941 25 66 35
Nouvelle Cuisine auf riojanisch, sehr stilvoll und mit edlem Ambiente, trotzdem nicht überteuert. Zu den Spezialitäten zählt das Rinderfilet auf Blätterteigkartoffeln und Schinkenspeck. Wer einen guten Tropfen kosten möchte, hat eine Auswahl von über hundert Weinen.

② ***Cecilio***
Calle del Peso, 5
Tel. 941 22 10 29
Traditionsrestaurant mit viel lokaler Kundschaft jeden Alters.

### ► Preiswert

③ ***Bar Lorenzo***
Calle del Laurel (Travesía, nahe Ecke Calle de San Agustín)
Einer der Kneipenklassiker in der beliebtesten Ausgehgasse der Stadt. Meistens herrscht drangvolle Enge, doch gerade das lieben die Einheimi-

schen! Spezialitäten sind die pinchos morunos, Spießchen mit mariniertem Fleisch.

### ÜBERNACHTEN

**► Komfortabel**

① ***Gran Hotel Ac La Rioja***
Calle Madre de Dios, 21
Tel. 941 27 23 50, Fax 941 27 23 51
www.ac-hotels.com
Das luxuriöseste Haus der Stadt, fünf Sterne und dennoch nicht übermäßig hochpreisig. Auf der Website findet man gelegentlich Sondertarife. Modern und stilvoll, mit Restaurant. Zum Service gehört die kostenlose Minibar.

② ***Hotel Los Bracos***
Calle Bretón de los Herreros, 29
Tel. 941 22 66 08, Fax 941 22 67 54
www.solmelia.com
Zentral gelegenes Vier-Sterne-Haus, von dem aus die Altstadt problemlos zu Fuß erreichbar ist.

**► Günstig**

③ ***Hostal Rioja Condestable***
Calle de Doctores Castroviejo, 5
Tel. 941 24 72 88
Fax 941 25 68 61
hosrioja@fer.es
Solides 14-Zimmer-Gasthaus in zentraler Lage, nicht weit vom Paseo del Espolón entfernt.

*Baedeker-Empfehlung*

***Im Zeichen des Weines***
steht das kleine Landhotel La Casa del Cofrade, ca. 13 km südlich von Logroño in Albelda de Iregua (Carretera de Nalda, km 9, Tel. 941 44 44 26, Fax 941 44 44 27, www.lacasadelcofrade.com; Kategorie: Günstig).
Hausgäste bekommen einen kostenlosen Rundgang durch die dem Hotel angeschlossenen Bodegas Vinícola Real. Kurios: Der Zutritt zur Halle mit Edelstahltanks geht von einem Zimmerflur ab. Die hier produzierte Marke ist mehrfach preisgekrönt worden und heißt »200 Monges«, was übersetzt 200 Mönche bedeutet – so viele Ordensbrüder muss es einst im örtlichen Kloster gegeben haben.

ja Baja (Untere Rioja, Richtung Alfaro) aus. Bereits über Logroños Außenbezirke verteilen sich gigantische Bodegas und liefern den edlen Rebensaft in die ganze Welt. Den Rotwein sollte man unbedingt in den örtlichen Lokalitäten probieren!
Dazu merkt man sich am besten die Calle del Laurel vor, **eine der schönsten Ausgehgassen Spaniens**, wo auf rund 300 Metern jede der rund 30 Kneipen ihre ureigene Tapas-Spezialität pflegt, ob gefüllte Paprika, geröstete Champignons auf Brot oder scharf zubereitete Kartoffeln. Doch nicht nur das macht Appetit auf Logroño: Die Altstadt ist wirklich zauberhaft, leicht überschaubar und mit sehr interessanten Monumenten sowie der ein oder anderen Kuriosität gespickt.

## Sehenswertes in Logroño

✶✶ **Altstadt**

Die geschäftige Altstadt legt sich um die von Arkaden gesäumte Calle de Portales, die Plaza de San Agustín mit dem barocken Palacio de

## Logroño Orientierung

**Essen**
1. Entrevinos
2. Cecilio
3. Bar Lorenzo

**Übernachten**
1. Gran Hotel Ac La Rioja
2. Los Bracos
3. Hostal Rioja Condestable

Espartero (Regionalmuseum, bei Redaktionsschluss auf unbestimmte Zeit geschlossen), die berühmte Kneipengasse Calle del Laurel und die Plaza del Mercado, den Vorplatz der Kathedrale.

**★ Kathedrale**

Öffnungszeiten: tgl. 9.00 – 13.00, 18.30 – 20.30

Als Nachfolgerin eines romanischen Baus entstand die 80 m lange Kathedrale Santa María de la Redonda zwischen dem 15. und 18. Jahrhundert. Die doppeltürmige Westfassade wendet sich zur weit ausgreifenden Platzseite hin und ist mit zahlreichen Nestern von Weißstörchen besetzt. Der meistbenutzte Kathedraleingang liegt an der Calle de Portales und gibt den Weg frei in ein Gotteshaus mit drei gleich hohen Schiffen von 27 m Höhe. Der Chor trennt den Hauptteil von der Capilla de los Ángeles mit dem von den Gläubigen stark verehrten Marienbildnis der Virgen de los Ángeles (15. Jh.) und der um 1770 von José de Vexes ausgemalten Kuppel. Der Haupttrakt wird vom Haupttretabel (17. Jh.) und seiner spätgotischen Marienfigur mit dem Kind bestimmt. Unter den zahlreichen Seitenkapellen in der Kathedrale sollte man auf die reich ausgeschmückte Reliquienkapelle (Capilla de las Reliquias) mit ihrem Renaissancegitter und auf die Capilla de la Piedad mit dem gotischen Marienbildnis und zwei großformatigen Ölgemälden achten.

*Kathedrale von Logroño*

Im Mittelpunkt dieser Gemälde, die ein Anonymus im 17. Jh. fertigte, steht die historische Gestalt des heiligen Francisco de Borja (1510 bid 1572). Eines der Bilder zeigt die **kuriose Szene der Sargöffnung von Königin Isabella** nach dem langen Transport der Verstorbenen von Toledo nach Granada – angesichts des starken Verwesungsgeruches halten sich die meisten der Umstehenden die Nase zu. Dies gab den Ausschlag für das berühmte Borja-Zitat (»Ich werde nie mehr einem Sterblichen dienen«), seine Hinwendung zu Gott und die damit verbundene Aufnahme in den Jesuitenorden. Diesen Moment gibt das zweite Gemälde wider, das Borja zusammen mit Ignatius von Loyola zeigt.

In der Kathedrale weiterhin zu beachten sind das von Juan Samsó gestaltete Grabmal des Generals und Politikers Baldomero Espartero (1793 – 1879) sowie ein der Schule Michelangelos zugeschriebenes kleines Kreuzigungsbild hinter dem Hauptaltar (streng gesichert hinter dickem Glas). Das düstere Innere wird während der Gottesdienste ins rechte Licht gesetzt, ansonsten helfen Münzeinwurfkästen.

**Weitere Kirchen**

★ Figurenportal ►

Zwischen der Calle de Portales und der Jakobswegroute durch die Stadt liegen zwei weitere bemerkenswerte Kirchen. Die **Iglesia de San Bartolomé** in einer Stilmischung aus Romanik und Gotik ist die älteste erhaltene Kirche der Stadt; das reizvolle Figurenportal zeigt das Martyrium des heiligen Apostels Bartholomäus, Namensgeber der Kirche. Wenige Gehminuten entfernt ragt die Kirche **Santa María del Palacio** mit ihrem 45 m hohen gotischen Spitzturm auf, den der Volksmund »Nadel« (aguja) genannt hat. Der Ursprung des Gotteshauses liegt im 12. Jh., der kastilisch-leonesische König Alfons VII. überschrieb es seinerzeit den Grabesrittern. Beide Kirchen sind im Regelfall nur vor und nach den Gottesdiensten zugänglich.

Streift man ein wenig weiter in den umliegenden Gassen umher, wird man sehen, dass es Logroño nicht leicht fällt, das reiche bauliche Erbe zu erhalten. Bei vielen Bauten hilft nur die Abrissbirne, andere vom Zahn der Zeit angenagte Gebäude warten dagegen auf ihre Sanierung.

**Der Jakobsweg durch Logroño**

**Puente de Piedra**, »Steinbrücke«, nennt man den Übergang, der sich in sieben Bögen über den träge dahinfließenden Río Ebro spannt und dessen mittelalterlicher Vorläufer vom heiligen Juan de Ortega konzipiert worden sein soll. Noch heute ziehen die Jakobspilger über die Brücke in die Stadt ein und setzen ihren Weg durch die lang gestreckten Gassenschneisen Ruavieja und Barriocepo fort. Auch für Nicht-Pilger lohnt sich der Weg, vor allem wegen der Iglesia de Santiago, dem Kirchenvorplatz mit der »Pilgerquelle« (Fuente de Peregrinos, 17. Jh.) und der kuriosen großen **Bodeneinlegearbeit eines »Gansspiels«** (Juego de la Oca). Im Mittelalter war dies ein beliebtes Brett- und Würfelspiel der Jakobspilger, bestehend aus 63 Feldern mit verschiedenen Bildmotiven, darunter Gans, Tod und Labyrinth. Hinter dem Platz ragt die massige Iglesia de Santiago auf, an der ein monumentales Barockrelief an der Südfassade Jakobus als Maurentöter zeigt. Das Kircheninnere ist ein architektonisches Meisterwerk der Renaissance, da es aus lediglich einem Schiff besteht. Zu beachten sind die farbigen Relieftafeln im Hauptretabel, die wundersame Szenen aus den Legenden um den hl. Jakobus zeigen (u. a. mit dem Zauberer Hermogenes) und – in recht drastischer Darstellung mit abgetrenntem Kopf in den Händen – das Martyrium des Apostels.

✶

◂ Iglesia de Santiago

! *Baedeker* TIPP

**Besonderer Bodega-Besuch**

Die außerhalb der Innenstadt gelegene Bodega Ontañón (Avenida Aragón 3, Tel. 941 23 42 00, www.ontanon.es) ist eine kuriose Mischung aus Weinlager und Kunstmuseum. Zwischen Fässern und Flaschenlabyrinthen sind monumentale Skulpturen des Bildhauers Miguel Ángel Sainz ausgestellt, die dem Leitmotiv »Mythologie« folgen. Führungen auf Englisch Di. – Sa. um 11.00, 12.00, 17.00, 18.00, So. 11.00, 12.00 Uhr.

Am Ende des Barriocepo-Viertels findet der Jakobsweg nahe der alten Tabakfabrik, dem heutigen Rioja-Parlament, seinen Abschluss. Dort ziehen die Pilger durch das kleine Stadtmauertor **Puerta del Revellín** aus der Altstadt hinaus. In diesem Bereich soll sich um 1440 ein Wunder ereignet haben, als der heilige Bernhardin von Siena auf seinem Jakobsweg durch die Stadt ein Kind zum Leben erweckte. Zwei Jahrhunderte vorher soll es an Franz von Assisi gewesen sein, bei seiner Santiago-Wallfahrt in Logroño ein Kind zu heilen – so zumindest will es eine weitere Überlieferung.

✶

**Paseo del Espolón**

Platanenreihen, Blumenbeete, Grünzonen, Bänkchen, Café – mitten im urbanen Strudel lassen es sich die Einheimischen auf dem Paseo del Espolón gut gehen. Das lang gestreckte Rechteck ist Treffpunkt Nr. 1 und mit seinem großen Tourismusbüro auch obligatorische Anlaufstelle für Besucher. Übermannsgroß ist General Baldomero Espartero (1793 – 1879) auf einem Reiterdenkmal allgegenwärtig.

## Umgebung von Logroño

★ **Embalse de la Grajera**

Logroños Naherholungsgebiet legt sich um den kleinen Stausee La Grajera (Embalse de la Grajera), wenige Kilometer südwestlich der Stadt. An den Seeufern, an denen auch ein Stück des Jakobsweges vorbeiführt, tummeln sich Enten und Schwäne. Wanderer und Jogger können den See umrunden, an den Wochenenden finden sich viele Einheimische gerne zum Picknicken ein.

★ **Clavijo**

Der von einer Burg gekrönte Bergsporn von Clavijo, rund 15 km südlich von Logroño, liegt in ländlichem Abseits und ragt einsam empor. Daher ist schon die Anfahrt ein Erlebnis, bei der die Anlage aus weiter Ferne erkennbar ist. Im Ortskern von Clavijo lässt man das Fahrzeug stehen und folgt einem Weg hinauf zur frei zugänglichen Burg, deren Reste sich über die Höhen ziehen und einen prächtigen Fernblick auf das Ebro-Becken erlauben.

*Trutzig: die Felsenburg von Clavijo*

Eine Legende, die von einer sagenhaften Schlacht Mitte des 9. Jh.s erzählt, hat Clavijo populär gemacht. Dabei sollen sich die Mauren und die von Asturien-Leóns König Ramiro I. angeführten Christen unerbittlich gegenübergestanden haben. In Anzahl und Bewaffnung waren die Christen weit unterlegen, so heißt es, und die Gegner anscheinend übermächtig. Die drohende Niederlage der christlichen Heere wandte im entscheidenden Augenblick kein Geringerer als der heilige Apostel Jakobus ab, der plötzlich hoch zu Pferde und mit schwingendem Schwert **als ritterlicher »Maurentöter«** (»matamoros«) erschien und einen muslimischen Glaubensfeind nach dem andern ins Jenseits beförderte. Die siegreiche Schlacht von Clavijo, so beschließt die Überlieferung, besiegelte gleichzeitig das Ende des sogenannten »Jungfrauentributs« (Tributo de las Cien Doncellas), den das Emirat von Córdoba jedes Jahr erfolgreich von den Christen des Nordens eingefordert hatte. Der Schlachtentriumph samt Apostelerscheinung dürfte jedoch nichts weiter als eine Erfindung des mittelalterlichen Klerus gewesen sein – der Faszination der Burganlage tut dies keinen Abbruch.

## Ausflüge von Logroño

Südlich von Logroño folgt die N-111 dem Tal des Río Iregua und führt über Torrecilla en Cameros und Villanueva de Cameros der Bergwelt der Sierra de Cebollera entgegen, deren höchste Punkte über 2100 m erreichen. In Villoslada de Cameros liegt das Besucherzentrum des Naturparks Sierra de Cebollera (Centro de Interpretación, Tel. 941 46 82 16, Mo. geschlossen), wo man sich nach den Wandermöglichkeiten erkundigen kann.

✶ **Sierra de Cebollera**

**! Baedeker TIPP**

**Camping Los Cameros**

Wer einen ruhigen, abgeschiedenen Ort in der Sierra de Cebollera sucht, ist auf dem Campingplatz Los Cameros gut aufgehoben. Er liegt rund 50 km südlich von Logroño bei Villoslada de Cameros am Oberlauf des Río Iregua, gehört zur ersten Kategorie und hat ganzjährig geöffnet (Carretera de la Virgen de Lomos de Orios, km 3, Villoslada de Cameros, Tel. 941 74 70 21, Fax 941 74 70 91, www.camping-loscameros.com).

**Rioja Alta**

Während man sich ▶Laguardia als das Zentrum der Weinbauregion Rioja Alavesa als gesondertes Ziel vormerken sollte, geht es westlich von Logroño durch die traumhaft schönen Weingärten der Rioja voran. Es ist das Gebiet der Oberen Rioja (Rioja Alta), das sich nun über Fuenmayor (Kirche Santa María, 16. Jh.) und Cenicero Richtung Haro spannt.

✶✶ ◀ Weingärten

Im Zeichen der Traditionen der alteingesessenen Weinbaufamilie Martínez Bujanda steht ein Besuch der Bodega Finca Valpiedra. Diese liegt an der Weinroute bei Cenicero, ist ausgeschildert und über einen zwei Kilometer langen Feldweg erreichbar. Das Besondere: Man kauft keine Trauben zu und legt alle Kraft in einen einzigen Rotwein. Der Tropfen entstammt einem 80-ha-Anbaugebiet, das sich in ausgedehnten Terrassen um eine Schleife des Ebro legt. Die Reben wachsen auf steindurchsetztem Grund, ein Vorteil, denn die Steine speichern Wärme und halten Regenwasser zurück. Das Weingut Valpiedra hat **Stil bis ins letzte Detail**, die Fässer lagern in einer lang gestreckten Säulenhalle. Warum der hier produzierte Spitzenwein Abnehmer in über 50 Ländern überzeugt, schmeckt selbst der Nichtfachmann bei der Probe sofort heraus. Vollfruchtig, sonnengereift, ein tiefes Rot mit langem Abgang. Wichtig ist, dass die Anfahrt nicht ab Fuenmayor, sondern ab Cenicero erfolgt. In der Regel gibt es täglich Führungen auf Englisch, doch dazu bedarf es einer kurzen Voranmeldung per Telefon oder Mail (Camino Montecillo, Fuenmayor, Tel. 941 45 08 78, Fax 941 45 08 75, www.martinezbujanda.com).

✶ ◀ Bodega Finca Valpiedra

Nächste Station nordwestlich von Cenicero an der N-232 ist Briones, das von der Ortskirche mit ihrem markanten Turm aus dem 18. Jh. überragt wird. Zu Füßen des freundlichen Dorfplateaus breiten sich riesige Rebgärten aus, in die ein Topziel eingefasst ist: das Museo de la Cultura del Vino, das Lebenswerk der Weinbaudynastie Vivanco.

**Briones**

✶ ◀ Weinmuseum

> **! Baedeker TIPP**
>
> **Schlemmen im Museum**
>
> Das dem Museo de la Cultura del Vino in Briones angeschlossene Restaurant (Tel. 941 32 23 40, restaurante@dinastiavivanco.es) ist ein Schlemmertempel erster Güte, das Niveau »Fein & teuer«. Während der Blick durch die großen Scheiben auf das Burgplateau von San Vicente la Sonsierra und die Sierra de Cantabria fällt, kommen Köstlichkeiten wie iberischer Schinken und gegrillte Lammkoteletts auf den Tisch. Dazu bestellt man am besten einen Crianza Dinastía Vivanco. Das Restaurant hat täglich außer So. abends und Mo. von 13.30 bis 15.30 sowie von 20.30 bis 22.30 Uhr geöffnet.

Unter freiem Himmel stimmen der »Bacchus-Garten« mit seinen über 220 Rebsorten und eine 7 t schwere Bronzeskulptur (Hand mit Trauben) auf das Museum ein, das in einen modernen architektonischen Mantel gehüllt ist und sich über 9000 m² Fläche erstreckt. Dort begibt man sich auf einen ausführlichen Spaziergang durch die Geschichte und Kultur des Weinbaus. Zu sehen gibt es historische Pressen, Behältnisse jeder Art und eine Kunstabteilung inklusive zweier Werke von Pablo Picasso. Außergewöhnlich ist auch das oktogonale Crianza-Lager der Bodega, in der modernste Technologie zum Einsatz kommt. Im Museum vervollständigen Schautafeln die Informationen. Am Ende warten eine kuriose Sammlung aus über 3000 Korkenziehern und eine kleine im Preis enthaltene Weinkostprobe (Öffnungszeiten: im Sommer Di. bis So. 10.00 – 20.00; sonst Di. – Do./So. 10.00 – 18.00, Fr./Sa. 10.00 bis 20.00 Uhr, www.dinastiavivanco.com).

**Abstecher**
★ San Vicente la Sonsierra ►

4 km nordöstlich von Briones erhebt sich das Burg- und Kirchenplateau des Örtchens San Vicente la Sonsierra, das alljährlich zu Ostern von sich reden macht. Gründonnerstag und Karfreitag peitschen sich hier vermummte Geißler ihre Rücken blutig.

6 km südöstlich von Briones erreicht man den Ort San Asensio mit dem Kloster **Santa María de la Estrella**, dessen Kreuzgang aus dem 15. Jh. datiert (Öffnungszeiten: Mo. – Sa. 9.00 – 13.00, 16.00 – 19.00 Uhr). Weiteres monumentales Wahrzeichen der Gegend um San Asensio ist die mittelalterliche **Felsenburg von Davalillo**.

★ **Haro**

Nordwestlich von Briones laufen die Weingärten auf das unangefochtene Zentrum der Rioja Alta zu: die 12 000-Einwohner-Stadt Haro (495 m ü.d.M.), die an der Mündung des Río Tirón in den Ebro liegt und mit einer riesigen Zahl an Bodegas aufwartet. Ende des 19. Jh.s nahm die Station für Weinbaukunde ihren Betrieb auf, die nach wie vor existiert. Diese Einrichtung, **Estación Enológica**, liegt an der Calle Bretón de los Herreros 4; angeschlossen ist ein jüngst renoviertes Weinmuseum (Museo del Vino).

Haros historisches Viertel, das den Spitznamen »Hufeisen« (Herradura) trägt, konzentriert sich auf einen recht kleinen Bereich um die Plaza de la Paz mit ihrem Musikpavillon und dem Rathaus (18. Jh.). Nicht weit davon liegt die ursprünglich aus dem 16. Jh. stammende **Iglesia de Santo Tomás**, die durch ihr plattereskes Portal von Felipe

*Wohin das Auge schaut: Weingärten der Rioja Alta*

de Bigarny und den über 60 m hohen Barockturm hervorsticht. In der kleinen Altstadt gibt es einige gut bestückte Weinläden und urige Kneipen.

Für Weinliebhaber wird es im außerhalb gelegenen Viertel Estación so richtig aufregend, wo mit den **Bodegas Muga** eine der größten und beeindruckendsten »Kathedralen des roten Goldes« ihre Pforten für Besucher öffnet (Barrio de la Estación, Haro, Tel. 941 31 18 25, Fax 941 31 28 67, www.bodegasmuga.com). Bei den regelmäßigen Führungen bekommt man die alten Fässerlager und die hauseigene Küferei zu sehen. International bekannt sind auch andere große Weinproduzenten, wie die **Bodegas Bilbaínas** (Estación, 3, Tel. 941 31 01 47, www.bodegasbilbainas.com). Allen Freunden des köstlichen Rebensaftes dürfte das Herz bluten, wenn sie an den 29. Juni denken. Dann findet bei Haro die berühmt-berüchtigte »Schlacht des Weins«, **Batalla del Vino**, statt, bei der Zehntausende Liter als Munition für eine Volksgaudi herhalten müssen.

## Der Jakobsweg bis Santo Domingo de la Calzada

**Navarrete**

Motorisierte trägt die Stadtautobahn Richtung Vitoria (Gasteiz) und Burgos aus dem Becken von Logroño heraus, unterwegs führt eine Ausfahrt an den Grajera-Stausee heran.

**! Baedeker TIPP**

**Reiten durch die Weingärten**

Geführte Ausritte durch die Weinberge bietet das schweizerisch-spanische Paar Katherina und Juan Manuel im Centro Hípico Navarrete (Término Los Gustales, Tel. 941 74 00 78, Mobil 617 35 48 73). Die ein- oder zweistündigen Touren richten sich an Anfänger. Vom Hof aus geht es an Rebstöcken entlang in die Hügel, die Ausblicke über das Ebro-Becken und die Berge sind grandios. Je nach Strecke reitet man an den Ufern des kleinen Sees Valbornedo vorbei, durch Kiefernhaine und über ein Stück uralten Jakobsweg. Für erfahrenere Reiter arrangieren die Gastgeber Wochenenden mit längeren Strecken inklusive Transport und Übernachtung.

Erste nennenswerte Station ist Navarrete, wo sich direkt am Pilgerweg und in Sichtweite des Ortes (etwa 1 km zurück Richtung Logroño) die Ruinen des mittelalterlichen Pilgerspitals San Juan de Acre befinden. Im Ortskern läuft die Pilgerstrecke an der barock ausgestalteten Iglesia de la Asunción vorbei.

Interessant ist auch der am Ortsausgang Richtung Nájera gelegene Friedhof, dessen Eingang sich mit dem hierher gebrachten Hauptportal des Spitals San Juan de Acre ziert. Daneben erinnert eine kleine Skulptur an den tragischen Tod der belgischen Jakobspilgerin Alice de Craemer.

★ **Nájera**

Rund 10 km westlich von Navarrete erreicht man Nájera (485 m ü.d.M.). Geschäftig ging es hier bereits im Mittelalter zu, als das heutige 7000-Einwohner-Städtchen den Königen von Navarra vorübergehend als Residenz diente. Nájera erstreckt sich entlang der Ufer des Río Najerilla und grenzt an die rötlichen Flanken eines von kleinen Höhlen durchlöcherten Sandsteinmassivs, an das die größte örtliche Sehenswürdigkeit angebaut ist: das Monasterio de Santa María la Real.

★ Monasterio de Santa María la Real ►

Um den Ursprung des Klosters rankt sich eine Legende um Navarras König García Sánchez III., der eines Tages auf der Jagd seinen Falken auf ein Rebhuhn ansetzte. Beide Vögel entdeckte er später friedlich beieinander in einer Höhle, wo er zudem auf wundersame Weise ein Marienbildnis vorfand. Dieses Geschehnis ist als **»Grottenmirakel von Nájera«** bekannt geworden und wurde dadurch verstärkt, dass der Monarch und seine Gemahlin Estefanía Berenguer de Foix an eben jener Stelle Mitte des 11. Jh.s das Kloster begründeten. Ein Rundgang führt in den plateresken Kreuzgang der Ritter (Claustro de los Caballeros) mit seinen Adelsgräbern hinein und in die von einfachen Kreuzgewölben überdeckte Klosterkirche (15. Jh.) mit ihrem Haupttretabel (17. Jh.). Eine Treppe führt hinauf zum Ende des 15. Jh.s prachtvoll geschnitzten Chorgestühl. Im hinteren Kirchenteil schließt sich das Königspantheon mit den Grabstätten des Gründerpaares, der navarresischen Monarchen Sancho IV. und Sancho VI. sowie einer Reihe von Prinzessinnen und Prinzen an. Besondere Aufmerksamkeit verdient der Sarkophagdeckel von Blanca de Navarra, ein Juwel der Romanik, in dessen Mittelpunkt der frühe Tod der Königsgemahlin von Sancho III. steht.

★ Sarkophagdeckel ►

Zwischen den Grabstätten hindurch betritt man die legendäre kleine Ursprungsgrotte (Öffnungszeiten: Di. – Sa. 10.00 – 13.30 sowie 16.00 – 18.00, So. 10.00

und 13.00, 16.00 – 18.00 Uhr.). Nájeras Altstadtgassen laden zu einem Bummel und die kleinen Kneipen zur Einkehr ein. Gut geeignet für eine Rast sind die grünen Uferzonen des Najerilla, ehe es auf der N-120 knapp 20 km weiter westwärts nach ►Santo Domingo de la Calzada geht.

! Baedeker TIPP

**Wandern auf dem Jakobsweg**

Warum nicht einmal eine Tageswanderung auf dem Jakobsweg einplanen? Ein besonders schönes, nicht übermäßig beschwerliches Stück führt von Nájera nach Santo Domingo de la Calzada, wobei man die Weinbaugebiete um Azofra durchstreift. Die Strecke ist 21 km lang und führt durch hügeliges Gebiet; Rückfahrt zum Ausgangspunkt im Linienbus oder Taxi.

**Anguiano und das Bergkloster Valvanera**

Rund 20 km südlich von Nájera liegt der kleine Ort Anguiano, dessen Attraktion seine **Stelzentänzer** (► Logrono erleben) sind, die alljährlich am 22. Juli sowie am letzten Samstag im September auftreten. Zu jeder Jahreszeit lohnt es sich, den Abstecher um 11 km zum Bergkloster Valvanera, wo die Gläubigen ein Bildnis der riojanischen Schutzheiligen Virgen de Valvanera verehren, auszuweiten.

# ★ Lugo

D 3

**Provinz:** Lugo
**Höhe:** 465 m ü. d. M.
**Region:** Galicien (Galicia)
**Einwohnerzahl:** 95 000

**Besuchermagnet ist die von der Unesco zum Weltkulturerbe erhobene römische Stadtmauer, doch auch die Altstadt hat ihren Reiz.**

Die Römer waren es, die Lugo maßgeblich ihren Stempel aufdrückten. Im Namen von Kaiser Augustus wurde Lugo, seinerzeit Lucus Augusti, 14 v. Chr. von Paulus Fabius Maximus offiziell begründet; einige Jahre vorher hatte es bereits ein Heerlager gegeben. Die heute größtenteils erhaltene Ringmauer wurde um 270 begonnen und zeugt von Lugos Bedeutung bei den Römern. Dank dieser wuchtigen Mauer gelang es den voranstürmenden maurischen Heeren unter Almanzor nicht, die Stadt 997 zu erobern – so zumin-

*Massive Stadtmauer aus der Römerzeit*

## LUGO ERLEBEN

### AUSKUNFT

*Oficina de Turismo*
Praza Maior, 27
Tel./Fax 982 23 13 61
www.concellodelugo.org

### VERANSTALTUNGEN

Bedeutsame Karprozessionen (vor allem Ostermontag), Fronleichnamsprozession und Stadtfest zu Ehren von San Froilán vom 4. bis 12. Oktober.

### ESSEN

**► Fein & Teuer**

① *Restaurante Verruga*
Calle Cruz, 12
Tel. 982 22 95 72
Familiär geführtes Traditionshaus in der Altstadt, das bereits 1951 seine Pforten für Liebhaber der galicischen Küche öffnete. Reichlich Meeresfrüchte, gute Weinauswahl (Sonntagabend und Montag geschlossen).

### ÜBERNACHTEN

**► Komfortabel**

① *Hotel Santiago*
Urbanización Bellvista
Carretera de Santiago, s/n
Tel. 982 01 01 01, Fax 982 01 01 20
www.hotelsantiago-sl.es
Etwas außerhalb gelegenes Vier-Sterne-Haus, 60 Zimmer, kleiner Swimmingpool.

dest will es die Überlieferung. Weitere Erbstücke aus der Römerzeit sind die Thermen (Termas Romanas) und eine Brücke über den Río Miño (Puente Romano).

Im Mittelalter etablierte sich Lugo als Station der Jakobspilger am sogenannten »Ursprünglichen Weg«, Camiño Primitivo. Heute erfüllt Lugo als Hauptstadt der gleichnamigen Provinz vielerlei politische und Verwaltungsfunktionen.

## Sehenswertes in Lugo

★★ **Muralla Romana**

Muralla Romana heißt zwar »Römische Stadtmauer«, doch im Mittelalter wurde sie erheblich ausgebessert und erneuert. Der monumentale Ringwall aus dem 3./4. Jh. fasst Lugos Altstadt komplett ein und ist auf seiner ganzen Länge von 2,1 Kilometern begehbar. Man sollte sich den Einstiegspunkt gut merken, denn viele Tore und Türme sehen ganz ähnlich aus.

Nahe der Kathedrale liegt die **Porta de Santiago** mit einem Motiv des Jakobus als »Maurentöter«. Für einen geruhsamen Mauerspaziergang sollte man mindestens eine Stunde einplanen.

★ **Catedral de Santa María**

Meister Raimundo do Monforte begann die Catedral de Santa María 1129 in romanischem Stil und mit dem Grundriss in Form eines lateinischen Kreuzes; das romanische Nordportal zeigt Christus in der Mandorla. Im langen Verlauf der Bauzeit kamen Elemente aus Gotik, Renaissance und Barock hinzu.

## *Lugo* Orientierung

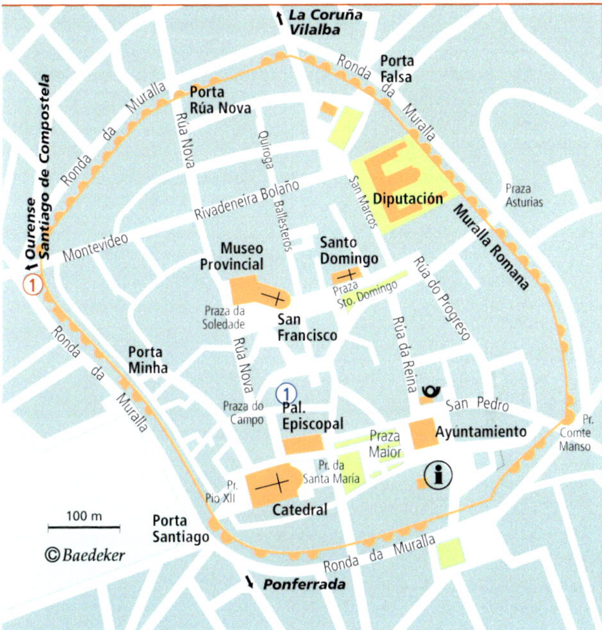


**Essen**

① Restaurante Verruga

**Übernachten**

① Hotel Santiago

Ein sehr schönes Beispiel für den überbordenden Barock ist die 1736 beendete Capilla de Nuestra Señora de los Ojos Grandes, in der die Gläubigen das Marienbildnis »Unserer Lieben Frau mit den großen Augen« verehren.

Eine eigene Kapelle ist auch **San Froilán** (833 – 905) gewidmet, der aus Lugo stammte und städtischer Patron ist. Die Capilla Mayor und der Kreuzgang datieren aus dem 18. Jahrhundert. Das Museo Diocesano zeigt den Domschatz.

**★ Praza Maior**

Auf der freundlichen Praza Maior schlägt das Herz der Altstadt. Hier liegen die Treffpunkte von Einheimischen und Besuchern in den Kneipen und Cafés des Platzes, hier sind der Musikpavillon und das Rathaus mit seiner Barockfront zu sehen.

**Durch die übrige Altstadt**

Lugos Hauptplatz, die Praza Maior, ist ein guter Ausgangspunkt, um sich durch die verwinkelte Altstadt treiben zu lassen, die sich durch ein lebhaftes, ursprüngliches Gepräge auszeichnet.

**★** ◄ Praza do Campo

Der nach Meinung vieler schönste Altstadtplatz ist die Praza do Campo mit Arkaden und zentralem Brunnen. An der lang gestreckten Praza do Santo Domingo erhebt sich der Ende des 13. Jh.s begründete Convento de Santo Domingo.

**✶ Museo Provincial** Das Museo Provincial liegt an der Praza de Soidade und zeigt seine Schätze in einem vormaligen Franziskanerkloster. Besonders schön ist der Kreuzgang (15. Jh.). Zu den sehenswerten Exponaten zählen Gemälde, Skulpturen, Münzen, Sonnenuhren und Keramik aus der berühmten galicischen Manufaktur Sargadelos (Öffnungszeiten: Juli/ Aug. Mo. – Fr. 11.00 – 14.00, 17.00 – 20.00, Sa. 10.00 – 14.00; sonst Mo. – Fr. 10.30 – 14.00, 16.30 – 20.30, Sa. 10.30 – 14.00, 16.30 – 20.00, So. 11.00 – 14.00 Uhr; www.museolugo.org).

## Ausflüge von Lugo

**Santa Eulalia de Bóveda** 14 km südwestlich liegt die kuriose Kirche Santa Eulalia, die aus einem spätrömischen Bau entstanden ist. Dieser war als Badehaus oder ein Nymphäum genutzt worden. Augenfällig sind der Hufeisenbogen und die Wandmalereien.

**Vilalba** Im 36 km nordwestlich von Lugo gelegenen Vilalba (480 m ü.d.M., 16 000 Einw.) geht es Anfang April beim Käsemarkt (Feira do Queixo) und am 21. Dezember beim Kapaunenmarkt (Feira do Capón) besonders lebhaft zu.

Vilalba ist der Hauptort der »Terra Chá«, des Flachen Landes der Provinz. Der spätmittelalterliche Burgturm im Ortskern befand sich einst im Besitz des mächtigen Andrade-Geschlechts und dient heute als Parador.

**✶ Mondoñedo** Der alte Bischofssitz Mondoñedo (200 m ü.d.M., 7000 Einw.) liegt im Norden der Provinz und hat das typische Flair eines galicischen Landstädtchens bewahrt. Zentrum ist die Praza de España, hervorstechendes Monument die 1219 begonnene Catedral de Santa María de la Asunción. Die majestätischen Kathedraltürme wurden erst im 18. Jh. hinzugefügt. Unterhalb der beiden Orgeln sind Wandmalereien (14. Jh.), im angeschlossenen Museo Catedralicio Exponate sakraler Kunst zu sehen.

# Ourense (Orense)

D 5

**Provinz:** Ourense
**Höhe:** 126 m ü. d. M.
**Region:** Galicien (Galicia)
**Einwohnerzahl:** 110 000

**Fernab der beliebten galicischen Südküste ist das von den Römern bereits wegen ihrer Thermen geschätzte Ourense – spanisch: Orense – von Touristenströmen unberührt. Die am Río Miño gelegene Provinzhauptstadt macht fürwahr einen provinziellen Eindruck. Allerdings hat die Altstadt ihren Reiz, auch wenn sie von Neubauzonen umgeben ist.**

## Sehenswertes in Ourense

★ **Ponte Romano**

Wahrzeichen von Ourense ist die »römische Brücke«, Ponte Romano, über den Río Miño, die zwar von den Römern angelegt, aber im Spätmittelalter erneuert wurde.

★ **Altstadt**

Zentrum der äußerst geschäftigen Altstadt ist die **Praza Maior** mit dem Rathaus (19. Jh.) und dem einstigen Bischofspalast, in dem heute das **Museo Arqueolóxico Provincial** untergebracht ist; die Exponate im Archäologischen Provinzmuseum reichen von der Vorzeit bis zur mittelalterlichen Sakralkunst (So. nachm. und Mo. geschl.). Ab der Praza Maior ist das Zentrum der kirchlichen Macht nicht weit: die Catedral de San Martiño. Die Ursprünge der Kathedrale reichen ins 12./13. Jh. zurück, die romanischen Portale entstanden unter compostelanischem Einfluss von Meister Mateo. Bildhauerisch herausragend ist die polychromierte »Paradiespforte«, Pórtico del Paraíso, mit dem heiligen Apostel Jakobus, Evangelisten und Propheten sowie den 24 Ältesten der Apokalypse. Im Innern schaut man zur spätgotischen Vierungskuppel (1499–1505) auf. Auch der Kreuzgang ist gotisch, während das Hauptretabel unter dem Einfluss der Renaissance steht und auf Cornelis de Holanda zurückgeht. Der Domschatz ist im integrierten **Museo Catedralicio** zu sehen.

★ ◄ Catedral de San Martiño

*Blick auf Ourense mit seinen vielfältigen Brücken*

## OURENSE ERLEBEN

### AUSKUNFT

*Oficina de Turismo*
Casa do Legoeiro
Ponte Romana
Tel. 988 37 20 20, Fax 988 21 49 76
www.turismourense.com

### VERANSTALTUNGEN

Am 11. November Festa dos Magostos mit Kastanienbraten, Wurst- und Kotelettgrillen.

### ESSEN

**► Fein & teuer**

① *Restaurante San Miguel*
Rúa San Miguel, 12–14
Tel. 988 22 07 95
Hier pflegt man mit Hingabe die hohe galicische Küche, zu der die große Weinauswahl gut passt.

**► Preiswert**

② *Porta da Aira*
Fornos, 2
Tel. 988 25 07 49
Traditionelle Tapas-Bar, die vor allem für ihre Huevos rotos (»kaputte Eier«) bekannt und beliebt ist.

### ÜBERNACHTEN

**► Komfortabel**

① *Hotel Eurostars Auriense*
O Cumial, 12
Tel. 988 23 49 00
Fax 988 24 50 01
www.eurostarshotels.com
4-Sterne-Haus (135 Z.) mit oftmals guten Preisofferten auf der Homepage. Das angeschlossene Restaurant pflegt die galicische Kochtradition.

*Pazo de Bentraces*
Bentraces
Tel. 988 38 33 81
Fax 988 38 30 35
www.pazodebentraces.com
Wer ländliche Unterkünfte liebt, wird dieses kleine Schmuckstück (7 km südwestlich von Ourense) zu schätzen wissen. Der einstige Herrensitz derer von Suárez de Tanxil blickt auf eine lange Vergangenheit bis ins 15. Jh. zurück, als hier eine Bischofsresidenz bestand. Nur sieben Zimmer, im Januar geschlossen. Das Hotel ist auch über die Landhotelkette Rusticae (www.rusticae.es) buchbar.

**As Burgas** An der südwestlich der Praza Maior gelegenen Praza As Burgas sprudeln die **Thermalquellen** As Burgas mit einer Temperatur von knapp 70 °C hervor (300 l/Minute). In römischer Zeit waren sie die Daseinsberechtigung von Ourense und stehen heute als »historischer Platz« unter Schutz.

**Convento de San Francisco** Ein weitere Besonderheit ist der Convento de San Francisco (14. Jh.) mit seinem filigranen gotischen Kreuzgang.

## Ausflüge von Ourense

**✶ Cañón del Sil** Etwa 20 km östlich liegt das dörflich geprägte Gebiet um Parada do Sil, wo sich der Río Sil seinen Weg durch die Felsen gräbt: im Cañón del Sil (auch: Garganta del Sil), auf den man einen guten Blick von

## *Ourense • Orense* Orientierung

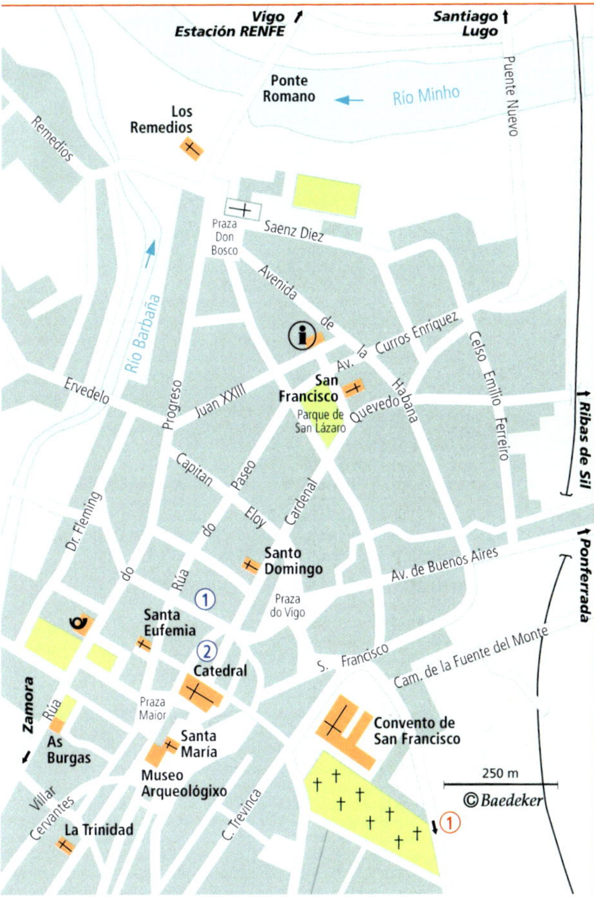


**Essen**

① San Miguel
② Porta da Aira

**Übernachten**

① Eurostars Auriense

diversen Aussichtspunkten hat. Eine traumhafte Bergunterkunft bietet der zur Gemeinde Luintra-Nogueira de Ramuín gehörige Parador de Santo Estevo. Das Vier-Sterne-Haus ist in der Klosteranlage des Mosteiro de Santo Estevo do Sil untergebracht, die seit dem 10. Jahrhundert dokumentiert ist (Tel. 988 01 01 10, Fax 988 01 01 11, www.parador.es).

**Mosteiro de Oseira**

Über Cea führt die Fahrt ins etwa 25 km nordwestlich von Ourense gelegene Mosteiro de Santa María de Oseira, ein stattliches Kloster im Grünen, dessen Leben im Mittelalter mit lediglich vier Mönchen begann. Im 12. Jh. führten Schenkungen von König Alfons VI. zum Aufschwung der Zisterzienserabtei, die später im Stil von Renaissance

*Atemberaubend: der Blick in die gigantische Schlucht des Sil*

und vor allem Barock aus- und umgebaut wurde. Nach einem vorübergehenden Ende des klösterlichen Lebens kehrten 1929 Zisterzienser aus Frankreich ins Kloster zurück und verhalfen ihm zu neuem Leben.

**✶ Monforte de Lemos**

Nordöstlich von Ourense hält sich die N-120 zunächst parallel zum Lauf des Río Miño und erreicht nach 40 km Monforte de Lemos (363 m ü.d.M., 20 000 Einw.). Der mittelalterliche Aufschwung des Städtchens war mit dem Herrschergeschlecht Castro und dem Aufstieg zur Grafschaft (Condado de Lemos) verbunden. Die Stärke der Befestigungsanlagen lässt sich an drei erhaltenen Stadttoren – Alcazaba, Cárcel Vieja und Nueva – ermessen. In der Oberstadt setzt das monumentale Ensemble aus der Torre del Homenaje, dem Mosteiro Benedictino de San Vicente do Pino (einstiges Benediktinerkloster, Ursprung im 10. Jh.) und dem Grafenpalast, Pazo Condal, einen Glanzpunkt. Heute befindet sich dort der Parador de Monforte de Lemos (Tel. 982 41 84 84, Fax 982 41 84 95, www.parador.es).
Gewaltige Ausmaße besitzt auch der Colegio de Nosa Señora da Antiga, ein einstiges Jesuitenstift, das Cardenal de Castro Ende des 16. Jh.s ins Leben rief und das wegen seiner Ausmaße gelegentlich als **»kleiner Escorial Galiciens«** tituliert wird. Das aus Nussbaumholz gefertigte Hauptretabel der Kirche geht auf Francisco de Moure zurück, Stolz der Pinakothek sind zwei Gemälde von Goya. Informationen erhält man im Oficina de Turismo (Campa da Compañía, s/n, Tel. 982 40 47 15, w.concellodemonforte.com).

## Südliche Provinz Ourense

★ **Celanova und tiefer Süden**

Celanova (519 m ü.d.M., 6000 Einw.), 26 km südlich von Ourense und über die OU-540 erreichbar, ist wegen seines Mosteiro de San Salvador bekannt. Die Klosteranlage wurde 936 von San Rosendo begründet, die unter Melchor de Velasco im Barockstil neu erbaute Kirche im ausgehenden 17. Jh. beendet. Überbleibsel des ursprünglichen Klosters ist die mozarabische Kapelle San Miguel.
Setzt man ab Celanova die Fahrt auf der OU-540 gen Süden über den Alto do Vieiro (850 m ü.d.M.) fort, ist die Gemeinde Bande erreicht. Wichtigstes Baudenkmal ist die Igrexa de Santa Comba, deren Wurzeln in westgotischen Zeiten im 7. Jh. liegen. Bande ist das Tor zum lang gestreckten Embalse das Conchas, der den Río Limia aufstaut, und einem wenig besuchten Naturpark im spanisch-portugiesischen Grenzgebiet, dem Parque Natural Limia-Serra do Xurés. Das Informationszentrum Casa del Parque befindet sich in Lobios (Tel. 988 44 80 48).

**Abstecher nach Verín**

Ein Abstecher ins 75 km südöstlich von Ourense entfernte Verín führt zunächst nach **Allariz**. Der historische Festungsort genoss im Mittelalter vom König gewährte Sonderrechte und wurde seinerzeit von einer 1,1 km langen Stadtmauer umschlossen. Ab dem 16. Jh. etablierte sich Allariz als bevorzugter Sitz des Landadels. Dem Convento de Santa Clara, 1268 begründet und Ende des 18. Jh.s erneuert, ist ein Museum mit Exponaten sakraler Kunst angeschlossen. Weitere Kirchen sind die Igrexa de Santiago (1119) und die barocke Igrexa de San Bieito.

**Verín** (445 m ü.d.M., 14 000 Einw.) liegt nahe der Grenze zu Portugal im Tal des Río Támega. In der grünen Hügellandschaft werden Rot- und Weißweine produziert, die eine eigene geschützte Herkunftbezeichnung (Denominación de Origen Monterrei) tragen.
Im nahen **Monterrei** gibt es die mittelalterliche Festung Castelo de Monterrei, die in einen dreifachen Mauerring eingefasst wurde. Aus der Ursprungszeit stammen auch die Türme Homenaje und Las Damas (14. Jh.), ab dem 16. Jh. entstand im Renaissancestil der Palacio de los Condes. Der Parador von Monterrei (Tel. 988 41 00 75, Fax 988 41 20 17, www.parador.es) ist in einem typisch galicischen Landsitz untergebracht.

*Blick auf die Dächer von Allariz*

# ★★ Oviedo

H 3

**Provinz:** Asturien (Asturias)
**Höhe:** 126 m ü. d. M.
**Einwohnerzahl:** 110 000

**Region:** Asturien
(Asturias; Autonome Gemeinschaft)

**Im Mittelalter war Oviedo eine regelrechte Bastion im Kampf gegen die Mauren, heute pflegt Asturiens Hauptstadt ein reiches Erbe an Monumenten und zählt zu den stimmungsvollsten Städten in Spaniens Norden.**

**Geschichte und Gegenwart**

Die eigentlichen Stadtbegründer waren zwei Mönche, Máximo und Fromestano, die 761 hier ein kleines Benediktinerkloster ins Leben riefen. Der Aufstieg Oviedos begann Anfang des 9. Jh.s mit der Er-

## *Oviedo Orientierung*

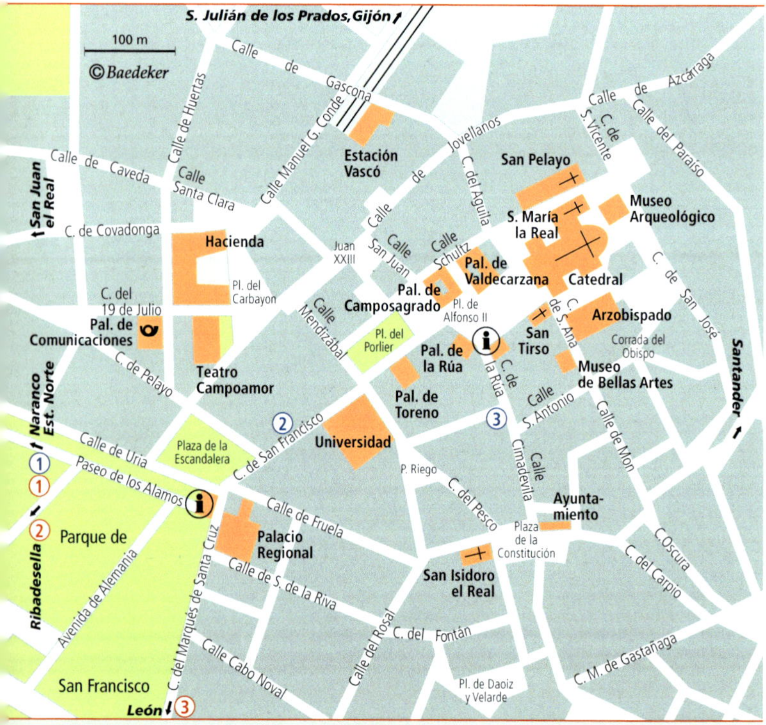


**Essen**
① Florencia
② Casa Fermín
③ RQR

**Übernachten**
① De la Reconquista
② Hotel M
③ Librettohotel

nennung zur Residenz der asturischen Könige. Insbesondere die Monarchen Alfonso II. und Ramiro I. verliehen Oviedo Prunk und Glanz und setzten sich gegen den maurisch dominierten Süden zur Wehr. Nach dem Tod von Alfonso III. (910) wurde der Hof nach León verlegt, was die Bedeutung der Stadt sinken ließ. Allerdings war Oviedo im Laufe des Mittelalters eine wichtige Station der Jakobspilger auf der sogenannten »Ursprünglichen Route«. Marksteine in der Geschichte waren die Gründung der Universität (1608), die Erhebung gegen die napoleonischen Truppen (1808) und der Bergarbei-

## OVIEDO ERLEBEN

### AUSKUNFT

*Oficina de Turismo*
Calle Marqués de Santa Cruz, s/n
Tel. 985 22 75 86, Fax 985 21 30 66
www.turismo.ayto-oviedo.es

### VERANSTALTUNGEN

Ende Mai Feria de la Ascensión (mit Viehmarkt und Folklore), Mitte Juli Festival de Jazz (Internationales Jazzfestival), um den 15. bis 20. September Fiestas de San Mateo (großes Stadtfest).

### ESSEN

#### ► Fein & Teuer

① *Restaurante Florencia*
Calle Gil de Jaz, 16
Tel. 985 24 11 00
Zum Hotel de la Reconquista gehöriges Restaurant, in klassisch-elegantem Stil gehalten. Der Schwerpunkt liegt auf regionaler Küche.

② *Restaurante Casa Fermín*
Calle San Francisco, 8
Tel. 985 21 64 97
Traditionsadresse der lokalen Gastronomie, seit Mitte der 1920er-Jahre in Betrieb. Sonntag ist Ruhetag.

#### ► Preiswert

③ *Restaurante RQR*
Calle Cimadevilla, 16,
Tel. 985 20 36 94
Mitten in der Fußgängerzone, schont den Geldbeutel.

### ÜBERNACHTEN

#### ► Luxus

① *Hotel de la Reconquista*
Calle Gil de Jaz, 16
Tel. 985 24 11 00, Fax 985 24 60 11
www.hoteldelareconquista.com
Den Rahmen für dieses Fünf-Sterne-Haus bildet das zum Nationalmonument erklärte Hospicio y Hospital del Principado de Asturias (18. Jh.).

#### ► Komfortabel

② *Hotel M*
Calle Comandante Vallespín, s/n
Tel. 985 27 40 60, Fax 985 23 78 09
www.mhotel.es
Modernes Designerhotel im Zentrum, das über ein Wellnesscenter verfügt. Preislich an der Obergrenze in dieser Kategorie und auch über die Kette Rusticae (www.rusticae.es) buchbar.

③ *Librettohotel*
Calle Marqués de Santa Cruz, 12
Tel. 985 20 20 04, Fax 985 22 15 54
www.librettohotel.com
Dieses 15-Zimmer-Hotel ist in einem Jugendstilgebäude untergebracht und zeichnet sich durch seine geschmackvolle Gestaltung aus. Vier Sterne, ebenfalls über die Kette Rusticae (www.rusticae.es) buchbar.

teraufstand (1934). Der Spanische Bürgerkrieg 1936 – 1939 führte zu schweren Zerstörungen. Die Ausbeutung der Kohlevorkommen hat Oviedo seine Rolle inmitten eines weitläufigen Bergbaugebietes zugewiesen. Auf den Gebieten der Kultur und der Wissenschaft richten sich alljährlich alle Augen auf Asturiens Hauptstadt, wenn die **Premios Príncipe de Asturias** vergeben werden. Ausgezeichnet werden herausragende intenationale Persönlichkeiten aus Kunst, Forschung und Sozialwissenschaften, aber auch Sportler.

## Sehenswertes in Oviedo und Umgebung

✶✶ **Catedral de San Salvador**

✶✶ Cámara Santa ►

Erbaut wurde die gotische Catedral de San Salvador über einem präromanischen Kirchlein, das König Fruela I. mutmaßlich schon 765 errichten ließ, und einem Nachfolgebau von Alfonso II. Überragt wird die Kathedrale vom hohen Hauptturm (16. Jh.) – ein weiterer geplanter wurde wegen Geldmangels nie errichtet. Das Innere wird beherrscht vom Hauptretabel in der Capilla Mayor, um 1520 unter Federführung von Giralte de Bruselas und Juan de Balmaseda entstanden. Im linken Seitenschiff bewahrt die Capilla de Santa Eulalia die Gebeine der heiligen Eulalia auf, die Capilla del Rey Casto diente als Grablege der asturischen Könige (Panteón Real). Ab dem südlichen Querschiff führt der Zugang in die präromanische Cámara Santa, die Heilige Kammer, von König Alfonso II. als Palastkapelle genutzt. Hier ist der Kathedralschatz mit besonders wertvollen und symbolträchtigen Stücken zu sehen: das **Cruz de los Ángeles** (»Engelskreuz« aus dem 9. Jh., gestiftet von Alfonso II.), das **Cruz de la Victoria** (dieses im 10. Jh. aufgearbeitete »Siegerkreuz« soll schon Pelayo im siegreichen Kampf gegen die Mauren dabei gehabt haben) und die silberbeschlagene **Arca Santa** (»Heilige Truhe«, 10. Jh.) mit Reliquien aus dem Heiligen Land. Einen Besuch verdient auch der im 14./15. Jh. erneuerte Kreuzgang (Öffnungszeiten: im Sommer Mo. bis Sa. 10.00 – 13.00, 16.00 – 19.00, sonst Mo. – Sa. 10.00 – 13.00, 16.00 – 18.00 Uhr).

*In der Altstadt von Oviedo: So gießt man die Sidra richtig ein.*

Oviedo lebt von der Altstadtstimmung in den Gassen und auf den schönen Plätzen. Den mit einem Brunnen aufgelockerten Kathedralvorplatz, die Plaza de Alfonso II el Casto, zieren der wappengeschmückte Palacio de Valdecarzana-Heredia (17./18. Jh.), die kleine Capilla de Balesquida (ursprünglich 13. Jh., erneuert ab dem 17. Jh.) und die stark restaurierte präromanische Iglesia de San Tirso. Hinter der Iglesia de San Tirso führt der Weg in die Calle de Santa Ana, wo das Museo de Bellas Artes (So. nachm. und Mo. geschl.) in einem Ensemble aus Palästen aus dem 17., 18. und 20. Jh. untergebracht ist; ein Schwerpunkt liegt auf der asturischen Kunst.

**In der übrigen Altstadt**

★ ◂ Plaza de Alfonso II el Casto

★ ◂ Museo de Bellas Artes

Westliche Nachbarin der Plaza de Alfonso II el Casto ist die Plaza de Porlier mit dem Palacio de Camposagrado (18. Jh.) und einer Bronzeskulptur von William Arrensberg (El Regreso, 1993). Dies ist nur eines von vielen Werken moderner Bildhauerei, die sich über die gesamte Stadt verteilen.

★ ◂ Plaza de Porlier

Ein längerer lohnender Spaziergang führt ab der Plaza de Alfonso II el Casto durch die lebhafte Fußgängerzone mit der Calle Cimadevilla, die auf die Plaza de la Constitución mündet. Dort erheben sich das Rathaus (17. Jh.) und die barocke Iglesia de San Isidoro el Real, ehe es weitergeht in eine besonders vitale Zone mit dem Markt, kleinen Geschäften, Arkaden und Restaurants: El Fontán und die Plaza Daoíz y Velarde. In den umliegenden urigen Kneipen fließt der Apfelwein in Strömen.

★ ◂ Plaza de la Constitución, El Fontán/ Plaza Daoíz y Velarde

★ **Iglesia de San Julián de los Prados**

Die kleine Iglesia de San Julián de los Prados liegt unmittelbar an der Ausfallstraße Gijón – Avilés und ist ein weiteres bezeichnendes Beispiel für die präromanische Baukunst aus dem 9. Jahrhundert. Entstanden während der Regentschaft von König Alfonso II., ist sie mit Maßen von 30 m x 25 m die größte erhaltene Kirche dieser Art in Asturien. Stark wechselnde Öffnungszeiten, meist nachmittags und sonntags geschlossen.

★ **Monte Naranco**

Nordwestlich der City erhebt sich der über 600 m hohe Monte Naranco, der von einem leuchtend weißen Christusmonument gekrönt wird und prächtige Ausblicke erlaubt. Im unteren Bergbereich liegen, nicht weit voneinander und etwa 3 km vom Zentrum Oviedos entfernt, die beiden **beeindruckendsten präromanischen Kirchen Asturiens** aus dem 9. Jh.: Santa María del Naranco und San Miguel de Lillo.

In großer Rechteckform ragt die Iglesia de Santa María del Naranco aus einem Wiesengelände unterhalb der Bergauffahrt. Ursprünglich diente der Sakralbau König Ramiro I. als Lustpalais: mit Bädern und Sälen im Unter- und einem prächtig überwölbten Festsaal im Oberbereich. Zu beiden Querseiten hin weisen dreibogige Vorgalerien. Erst im 10./11. Jh. wurde der kleine Palast in ein Gotteshaus umfunktioniert.

★★ ◂ Iglesia de Santa María del Naranco

Die Iglesia de San Miguel de Lillo liegt ein Stück oberhalb, zeichnet sich durch einen schlanken Aufriss, kunstvolle Steingitterfenster so-

★★ ◂ Iglesia de San Miguel de Lillo

*San Miguel de Lillo: ein Meisterwerk aus Stein*

wie im Eingangsbereich durch Gaukler- und Dompteurreliefs in byzantinischer Tradition aus. Im Innern blieben Freskenreste erhalten. Als Santa María del Naranco noch nicht in ein Gotteshaus verwandelt war, diente San Miguel de Lillo als königliche Kapelle. Die Anlage war ursprünglich viel größer, etwa zwei Drittel wurden mutmaßlich im 13. Jh. durch einen Erdrutsch zerstört. In der Regel gelten folgende Öffnungszeiten: Apr. – Sept. Mo. 10.00 – 13.00, Di. bis Sa. 9.30 – 13.00, 15.30 – 19.00, So. 10.00 – 13.00, sonst Mo. 10.00 bis 13.00, Di. – Sa. 9.30 – 13.00, 15.00 – 17.00, So. 10.00 bis 13.00 Uhr). Da sie öfter wechseln, sollte man sich vorab in der Oficina de Turismo erkundigen.

## Ausflüge von Oviedo

**✶ Weitere präromanische Kirchen**

Zum weiteren Verbund der von der UNESCO zum Weltkulturerbe erklärten präromanischen Kirchen Asturiens zählen die **Iglesia de Santa María de Bendones** (5 km südöstl. nahe der Straße nach Langreo; schön ornamentierte Steinfenster) und die **Iglesia de Santa Cristina de Lena** (40 km südl. bei Pola de Lena; Besonderheit sind hier die vier Fassadenvorbauten an jeder Seite).

**La Vega de Riosa**

Knapp 20 km südlich breitet sich um La Vega de Riosa ein ländliches grünes Gebiet mit schönen Bergpanoramen aus. In La Vega de Riosa startet ein 12,5 km langes Asphaltsträßchen ins Gebirge zum Berg Angliru, das bis zu 23,5 Prozent ansteigt und eine Höhendifferenz von über 1300 m überwindet. Hier stärken hartgesottene Bergspezialisten unter den Radlern ihre Muskeln, auch die Profis. Die Straße endet als Sackgasse auf einem großen Parkplatz. Unterwegs sind die Ausblicke über Berg und Tal grandios.

✶ Angliru ►

**✶ Museo de la Minería y de la Industria**

Das Museo de la Minería y de la Industria, das Bergbau- und Industriemuseum, macht mit historischem Gerät vertraut und bietet als Höhepunkt eine Führung durch einen unterirdischen Simulationsstollen. Um das etwa 35 km südwestlich in El Entrego gelegene Museum zu erreichen, wählt man die Anfahrt über Langreo (Öffnungszeiten: im Sommer Di. – Sa. 10.00 – 20.00, So. 10.00 bis 14.00, sonst Di. – Sa. 10.00 – 14.00, 16.00 – 19.00, So. 10.00 bis 14.00 Uhr; www.mumi.es).

Im interessant aufbereiteten Museo de la Sidra dreht sich alles rund um den asturischen **Apfelwein** (sidra). Man dafür allerdings in das 28 km östlich nach Nava fahren; man erreicht den Ort auf der N-634 über Pola de Siero inmitten eines alten Kohlreviers (Öffnungszeiten: im Sommer Di. 12.00 – 14.00, 16.00 – 19.00, Mi. bis Sa. 11.00 – 14.00, 16.00 – 20.00, So. 12.00 – 14.00, 17.00 – 20.00; sonst Di. – Fr. 11.00 bis 14.00, 16.00 – 19.00, Sa. 11.00 – 15.00, 16.30 bis 20.00, So. 11.00 – 14.00 Uhr; www.museodelasidra.com).

✶ **Museo de la Sidra**

Der 29 100 ha umfassende Parque Natural de Somiedo liegt im gebirgigen, wasserreichen Süden der Region und gilt als letztes großes Refugium von Braunbären auf der Iberischen Halbinsel. Der Naturpark erstreckt sich über fünf Flusstäler (Pola de Somiedo, Perlunes, Valle del Lago, Saliencia, Piegüeña) und reicht von Höhen um 400 m bis 2200 m ü.d.M. Er ist reich an Seen, Eichen- und Buchenwäldern. Vielerorts bieten sich gute Möglichkeiten zum Wandern, es gibt zahlreiche Landhausunterkünfte. Wichtigste Anlaufstelle für Besucher ist das Informationszentrum in Pola de Somiedo (Centro de Recepción y Interpretación, Calle Narciso Herrero Vaquero, Tel. 985 76 37 58).

✶ **Parque Natural de Somiedo**

# ★★ Pamplona (Iruña, Iruñea)

Q 4

**Provinz:** Navarra
**Höhe:** 449 m ü. d. M.
**Region:** Navarra (Autonome Gemeinschaft)
**Einwohnerzahl:** 195 000

**Ernest Hemingway und die wilde Stierfiesta im Juli haben der Hauptstadt der Autonomen Gemeinschaft Navarra weltweit einen hohen Bekanntheitsgrad beschert. Gleichzeitig ist Pamplona eine der schönsten Pilgerstädte am Jakobsweg, geprägt von einer stimmungsvollen Altstadt mit Kathedrale. Auch die Lage in der reizvollen Landschaft der Vorpyrenäen ist zauberhaft.**

Im altangestammten historischen Siedlungsgebiet der Basken hob der römische General Pompeius die Stadt um 75 v. Chr. aus der Taufe. Nach dem Ende der Römerherrschaft ging die über den Ufern des Río Arga gelegene Stadt, die auf Baskisch Iruña oder Iruñea heißt, in die Hände der Westgoten und später der Mauren über. 778 ließ Karl der Große die Festung schleifen, wobei ihm – einer lokalen Legende zufolge – kein Geringerer als der heilige Jakobus beigestanden haben soll. Nach dem erfolgreichen Abschluss der Reconquista stieg Pamplona im neu gegründeten Königreich von Navarra zum Sitz der Monarchen auf und besaß bis in die frühe Neuzeit hinein große Bedeutung. Dafür mitverantwortlich war auch der Jakobsweg, der mitten durch die Stadt führt.

Mit einem Auge hat Pamplona immer auf die nicht allzu ferne Grenze nach Frankreich geschielt, denn von dort drohte in der Geschichte

## PAMPLONA ERLEBEN

### AUSKUNFT

***Oficina de Turismo***
Calle Eslava, 1 (Ecke Plaza San Francisco)
Tel. 848 42 04 20
Fax 848 42 46 30
http://turismo.navarra.com

### SHOPPING

Junge Mode kann man in den Altstadtboutiquen an der Calle Mayor sowie bei Zara (Avenida Carlos III el Noble, 7) kaufen. Eine große Auswahl an Schuhgeschäften gibt es nahe dem Rathaus in der Calle Zapatería, mehrere Antiquitätenläden an der Plaza San José neben der Kathedrale, und in Murillo (Plaza San Nicolás) findet man eine gute Weinauswahl für jeden Geldbeutel, vor allem Tropfen aus Navarra und La Rioja.

### VERANSTALTUNGEN

Wichtigstes Fest ist die Fiesta de San Fermín (s. S. 268) vom 6. bis 14. Juli; Beginn ist am 6. Juli um 12.00 Uhr mittags. Heiligabend gibt es abends einen Festumzug durch das historische Viertel mit Tänzern, Musikanten und vielen Tieren (Ochsen, Pferde, Gänse, Schweine etc.). In der Silvesternacht stürzt man sich in der Altstadt kostümiert ins Nachtleben und feiert bis in die Morgenstunden.

*Mutig oder übermütig? Teilnehmer bei den Stierläufen an der Fiesta de San Fermín*

## ESSEN

### ► Fein & Teuer

① ***Restaurante Josetxo***
Plaza Príncipe de Viana, 1
Tel. 948 22 20 97
Speisetempel der Extraklasse. Sonntag ist Ruhetag, im August sind Betriebsferien.

### ► Erschwinglich

② ***Restaurante-Asador La Chistera***
Calle San Nicolás, 40 – 42
Tel. 948 21 05 12
Schmackhafte Fisch- und Fleischgerichte, in einer der belebtesten Kneipengassen der Stadt gelegen. Wenn es hier zu voll ist, findet man rundherum eine vergleichbare Auswahl.

### ► Preiswert

③ ***Restaurante Goal***
Calle Jarauta, 56
Tel. 948 22 67 96
Sehr schlicht. Mo. bis Sa. mittags gute preisgünstige Tagesmenüs. So. ist geschlossen.

## ÜBERNACHTEN

### ► Luxus

① ***Hotel Iruña Park***
Calle Arcadio Larraona, 1
Tel. 948 19 71 19, Fax 948 17 23 87
www.nh-hotels.com
Gepflegte vier Sterne, großer Block mit 225 Zimmern. Wird auch gerne von Geschäftsreisenden und Kongressteilnehmern gebucht. Etwas außerhalb der City.

### *Baedeker-Empfehlung*

***Parador de Fernando de Aragón***
Etwa 15 km südöstlich von Sangüesa liegt das bereits zu Aragonien gehörige Sos del Rey Católico, Geburtsort von König Ferdinand II. (1452 – 1516). Zum denkmalgeschützten Kern gehört der Parador de Fernando de Aragón, ein elegantes Vier-Sterne-Hotel. Kontakt und Reservierungen: Calle Sainz de Vicuña 1, Tel. 948 88 80 11, Fax 948 88 81 00, www.parador.es. Mit erstklassigem Restaurant.

### ► Komfortabel

② ***Hotel Reino de Navarra***
Calle Acella, 1
Tel. 948 17 75 75
Fax 948 17 77 78
www.abbareinodenavarrahotel.com
Modernes Drei-Sterne-Hotel gegenüber dem Yamaguchi-Park. Die Innenstadt liegt etwa 2 km entfernt.

### ► Günstig

③ ***Hotel Eslava***
Plaza Virgen de la O, 7
Tel. 948 22 22 70
Fax 948 22 51 57
www.hotel-eslava.com
Zwei-Sterne-Qualität zu vergleichsweise günstigem Preis, der sich während der Fiesta im Juli allerdings verdoppelt. Von außen recht unscheinbar. Gute Lage in der Innenstadt mit Nähe zur geschäftigen Calle Mayor und auch zum Taconera-Park.

er Stadt immer wieder Gefahr. Im Kampf gegen die feindlichen Franzosen wurde der heilige Ignatius von Loyola (►Berühmte Persönlichkeiten) 1521 hier schwer verwundet, 1808 fielen die napoleonischen Truppen in Pamplona ein. Heute geht es friedlicher zu, sofern sich nicht gerade ETA-Sympathisanten zu Kundgebungen und Krawallen versammeln.

**Fiesta de San Fermín**

Alljährlich zwischen dem 6. und 14. Juli platzt Pamplona aus allen Nähten, dann stehen Hotel- und Kneipenpreise auf ihrem Rekordhoch: bei der Fiesta de San Fermín, die Literatur-Nobelpreisträger Ernest Hemingway 1926 in seinem Roman »Fiesta« beschrieben hat. Ohne Hemingway hätte es dieses Ereignis sicher nicht zu Weltruhm gebracht, doch so folgen viele Fans des Meisters Spuren und finden sich zum »bullrunning« ein. Auf Spanisch heißt diese Stierhatz durch die Gassen **»encierro«**. Sie sorgt jeden Morgen um 8.00 Uhr für einen Höhepunkt der Fiesta. Sechs Kampfstiere sind es, die sich in Begleitung von Ochsen mit bimmelnden Glocken auf eine 850-m-Strecke von den Freiluftstallungen an der Cuesta de Santo Domingo bis zur Plaza de Toros begeben. Die Strecke ist hermetisch abgesperrt und steht doch jedermann offen – sofern man sich auf den Sprint mit Kampfstieren einlassen will und in den Augen der Polizei nicht auffällig alkoholisiert wirkt. Nach dem »encierro« müssen sich täglich einige Dutzend Leichtverletzte in ärztliche Behandlung begeben; in selteneren Fällen sind Schwerverletzte und sogar Tote zu beklagen. Ein selber tragisch Umgekommener ist der Namensgeber der Fiesta, nämlich der von den Römern hingerichtete heilige **Fermín**. Abgesehen vom Stiertreiben stehen reichlich Konzerte, Umzüge, Feuerwerk und tägliche Stierkämpfe auf dem Festprogramm. Es herrscht Feierlaune, Lärm und Trubel allerorten, ob tagsüber oder in der Nacht. Gerne verschwiegen wird, dass sich alkoholische Exzesse, Prostitution, Drogenhandel und Kleinkriminalität während der Fiesta häufen.

**! *Baedeker* TIPP**

**Rast im Hemingway-Café**

Ernest Hemingway ließ sich bei seinen Aufenthalten in Pamplona gerne im Café Iruña an der zentralen Plaza del Castillo nieder. Das Café ist auch in seinem Klassiker »Fiesta« verewigt. Altertümliches Hemingway-Flair spürt man im pflanzendekorierten Innenraum und auf der Terrasse, von der aus man dem bunten Treiben auf dem Platz zusehen kann.

## Sehenswertes in Pamplona und Umgebung

**✶ Catedral de Santa María la Real und Museo Diocesano**

Auf dem höchsten Punkt des Altstadtviertels, Navarrería, stand bereits zu Römerzeiten ein Tempel. Eine präromanische Kirche wurde 924 vom Heer des Emirs Abd ar-Rahman III. dem Erdboden gleichgemacht. Was folgte, waren zwei Nachbauten und die Anfänge der heutigen gotischen Catedral de Santa María la Real 1394. Stilfremd ist allerdings in der Außenansicht die klassizistische Hauptfassade mit ihren 50 m hohen Doppeltürmen, die 1783 unter Ventura Rodríguez begonnen wurden. Das Innere der Kathedrale glänzt in restaurierter Gotik, im Altarraum ist das versilberte romanische Marienbildnis Santa María la Real unter einem prachtvollen Baldachin zu sehen. Im Mittelschiff haben König Karl III. der Edle und seine Gattin Leonor ihre letzte Ruhe gefunden, das einzigartige Alabastergrabmal stammt von dem flämischen Bildhauer Jehan Lome (15. Jh.).

## *Pamplona · Iruñea* Orientierung

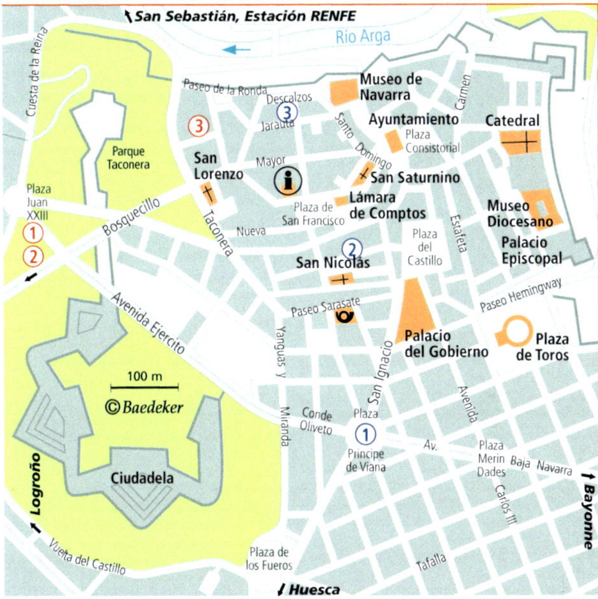


**Essen**

① Josetxo
② La Chistera
③ Goal

**Übernachten**

① Iruña Park
② Reino de Navarra
③ Eslava

★★ ◀ Kreuzgang

Im **Museo Diocesano** führt der Weg zunächst in den Kreuzgang, ein filigranes Juwel der Gotik mit der Grabkapelle des Bischofs Barbazán (14. Jh.). Das zum Teil noch ausgemalte Portal der Maria Beschützerin (Puerta del Amparo) führt in die Kathedrale, ein weiterer wichtiger Zugang in das einstige Refektorium. Dort liegt das eigentliche Herzstück des Diözesanmuseums; die Sammlung umfasst romanische und gotische Muttergottesskulpturen. Nebenan betritt man die vormalige Großküche, in der im Mittelalter die Speisen für entkräftete Jakobspilger zubereitet wurden; Wahrzeichen ist der 27 m hohe Hauptkamin.

Der **Eingang** zur Kathedrale befindet sich am Ende der Calle de la Curia, doch kommt man nur von einem Eingang in der Calle de la Dormitalería ins Museo Diocesano mit Kreuzgang und Domschatz (Öffnungszeiten: Mo. – Fr. 10.00 – 13.30, 16.00 – 19.00, Sa. 10.00 – 13.30; im Sommer ist Mo. – Fr. oft durchgehend geöffnet und Sa. bis 14.30 Uhr).

★ **Stadtmauern mit Aussicht**

Über die Plaza de San José gelangt man von der Kathedrale aus zu den Stadtmauern mit dem Baluarte (Bollwerk) Redín. Die kleinen Aussichtsplateaus geben den Blick auf die Berge frei und auf den unterhalb der Mauern verlaufenden Jakobsweg, den die Pilger von heute unverändert benutzen. Kurz zuvor erreichen sie an der Puente de la Magdalena die Stadt.

**Plaza del Castillo**

Besonderes Flair verströmt Pamplona auf der weit ausgreifenden Plaza del Castillo. Es ist ein typisch spanischer Treffpunkt, ein Platz mit Bänkchen, Platanen, Straßencafés, Musikpavillon und angrenzenden Kneipenzonen (Calle de San Nicolás). Hinter dem Palacio de Navarra (Regierungssitz, 19. Jh.) erreicht man den Paseo de Sarasate, eine Flaniermeile mit der mittelalterlichen Wehrkirche San Nicolás und dem **Monumento a los Fueros**. Eine Bronzestatue, die das befreite Navarra symbolisiert, hält dabei die verbrieften Sonderrechte des Landes (fueros) in der Hand. An der Plaza del Castillo beginnt auch die breite Fußgängerzone Avenida Carlos III el Noble, die sich am altehrwürdigen Teatro Gayarre vorbei bis zum Monumento a los Caídos spannt, einem pompösen Denkmal zu Ehren der Gefallenen im Spanischen Bürgerkrieg.

*Ein Rundgang durch die Altstadt beginnt an der Plaza del Castillo.*

**Museo de Navarra**

Oberhalb des Beginns der Stierlaufgasse Cuesta de Santo Domingo erhebt sich ein ehemaliger Krankenhausbau (16. Jh.), durch dessen wappenverziertes Portal es heute ins Museo de Navarra hineingeht. Das außerordentlich gut aufbereitete Regionalmuseum erstreckt sich über fünf Ebenen, die Exponate reichen von römischen Mosaiken bis zu moderner Kunst. Prunkstücke sind ein reich verziertes maurisches Elfenbeinkästchen (11. Jh.) und ein Goya-Porträt des Marqués de San Adrián (Öffnungszeiten: Di. – Sa. 10.00 – 14.00, 17.00 – 19.00, So. 11.00 – 14.00 Uhr; Sa. nachmittags und So. ist der Eintritt im Regelfall frei).

**Ayuntamiento**

Der Platz vor dem barocken Ayuntamiento, dem Rathaus, ist alljährlich Schauplatz der weindurchtränkten Eröffnung der Fiesta de San Fermín am 6. Juli um 12.00 Uhr mittags. Hinter dem Rathaus liegt die doppelgeschossige Markthalle; im unteren Bereich kann man in die kleine Fischsektion hineinschnuppern.

**Der Jakobsweg**

In der Pflasterstruktur vor dem Rathaus ist die berühmt-berüchtigte Stierlaufstrecke deutlich abgesetzt und an dieser Stelle ein kurzes Stück lang deckungsgleich mit dem Verlauf des Jakobsweges. Dieser führt an der benachbarten gotischen Wehrkirche San Saturnino vorbei und durch die lang gestreckte Calle Mayor aus dem historischen Viertel hinaus.

Wehrkirche San Saturnino ►

Am Ende der Calle Mayor erhebt sich die letzte Altstadtkirche, die Iglesia de San Lorenzo mit der Kapelle des San Fermín und dem Reliquienschrein des Heiligen. Gleich auf der anderen Straßenseite beginnen die Grünanlagen des Parque de la Taconera. Hier gibt es nicht nur breite Spazierwege, sondern auch Freiluftgehege mit Rehen und Hirschen. Auf dem weiteren Weg hinaus aus der Innenstadt läuft der Jakobsweg an ausgedehnten Wiesen entlang. Diese gehören zur Ciudadela, der sternförmigen Zitadelle, deren einstige Waffen- und Pulverlager als Ausstellungszentren fungieren. Der Haupteingang befindet sich an der Avenida del Ejército.

✶ ◄ Parque de la Taconera

✶ ◄ Ciudadela

**Monte San Cristóbal**

Pamplonas bewaldeter Hausberg liegt im Norden der Stadt. Ab Artika führt ein knapp 7 km langes Sträßchen hinauf, das auch gerne von Radlern benutzt wird. Endpunkt sind die alten Befestigungsanlagen. Rund um den Berg sind Wanderwege ausgewiesen.

**Museo Oteiza**

In Alzuza, 9 km östlich von Pamplona, hebt sich ein moderner Bau des Architekten Francisco Javier Sáenz de Oiza aus dem Ortsbild ab. Es ist das Museo Oteiza, das ganz im Zeichen der Werkschau des Bildhauers Jorge de Oteiza (1908 – 2003) steht (Öffnungszeiten: im Sommer Di. – So. 11.00 – 19.00, sonst Di. – Fr. 10.00 – 15.00, Sa. / So. 11.00 – 19.00 Uhr).

## ✶ Roncesvalles und Pass von Ibañeta

✶ **Roncesvalles**

Roncesvalles, 47 km nordöstlich von Pamplona, ist **eine der bedeutendsten Klosteranlagen am Jakobsweg** und Pflichtstation für all jene, die vom französischen Saint-Jean-Pied-de-Port her über die Py-

*Weidenallee bei Roncesvalles*

**! Baedeker TIPP**

**Wandern auf dem Jakobsweg**

Wer motorisiert unterwegs ist, aber zwischendurch den Jakobsweg ein Stück erwandern will, dem seien hier folgende schöne Abschnitte empfohlen: Roncesvalles – Espinal (13 km hin und zurück) oder Espinal – Alto de Erro (23 km hin und zurück).

renäen ziehen. Bei diesem Ausflug ab Pamplona folgt man also einem Stück Jakobsweg in entgegengesetzter Richtung. Die N-135 führt über Larrasoaña und Zubiri, beide mit kleinen Pilgerbrücken, und dann ins waldreiche grüne Gebirge hinauf.

In Burguete (Auritz) verengt sich die Straße zwischen massiven Steinhäusern und läuft die letzten 4 km durch eine schöne Allee auf Roncesvalles (Orreaga, 960 m ü.d.M.) zu. Das einstige Augustinerkloster ist eine ausgesprochen wuchtige Anlage. Die frühgotische Stiftskirche (13. Jh.) geht auf Navarras König Sancho VII. den Starken zurück. In der Kirche beeindrucken die Glasfensterpracht und das gotische Bildnis der Madonna von Roncesvalles unter ihrem prächtigen Baldachin. Während die Kirche jederzeit frei zugänglich ist, braucht man für die anderen Teile des Klosters ein Kombiticket. Damit hat man Eintritt in den Kreuzgang, den einstigen Kapitelsaal mit dem Grabmonument für Sancho VII. den Starken, die kleine Iglesia de Santiago, die Capilla Sancti Spiritus (Gebeinhaus für verstorbene Pilger) und das hervorragend bestückte Museo mit einem versilberten Evangeliarium romanischen Stils und dem sogenannten »Schachspiel Karls des Großen« (14. Jh.).

✶ Colegiata ►

✶ Kreuzgang ►

✶ Museo ►

**Ibañeta** 2 km oberhalb des Klosters von Roncesvalles erhebt sich der 1057 m hohe Pyrenäenpass Ibañeta. Im Jahr 778 geriet dort oben Roland, Gefolgsmann von Karl dem Großen, in einen tödlichen Hinterhalt; oberhalb des Parkplatzes erinnert das **Rolandsdenkmal** an die legendären Geschehnisse. Der Panoramablick auf die umliegende Gebirgslandschaft ist fantastisch. Viele Pilger legen kleine Kreuze aus Zweigen nieder (Öffnungszeiten: tgl. 10.00 – 14.00, 15.30 – 17.30, im Sommer bis 19.00 Uhr).

## ✶ Aragonesischer Jakobsweg und die östlichen Pyrenäen Navarras

Eine schöne Tour mit reichlich Kultur und Natur führt an den Aragonesischen Jakobsweg heran und in die östlichen Pyrenäentäler Navarras hinein, das Valle del Salazar und das Valle del Roncal. Unterkunft findet man vielerorts in Landhäusern (casas rurales; Reservierungsempfehlung); das umfassende Landhäuser-Verzeichnis von Navarra besorgt man sich am besten in der Oficina de Turismo in Pamplona.

✶ **Sangüesa** Südöstlich von Pamplona führt die neu ausgebaute N-240 über Monreal (Pilgerbrücke, Higa de Monreal 1289 m ü.d.M.) nach Liédena, wo eine kurze Abzweigung nach Sangüesa weist. Das freundliche 5000-Einwohner-Städtchen am Río Aragón (404 m ü.d.M.) heißt auf Baskisch Zangoza und ist seit dem Mittelalter bedeutende Pilgerstation am Aragonesischen Weg und in erster Linie wegen der **Iglesia de Santa María la Real** (12./13. Jh.) sehenswert. Das Südportal zählt zu den besten bildhauerischen Arbeiten in ganz Nordspanien, ein Ensemble mit Apostelfiguren und dämonischen Wesen, dem Jüngsten Gericht und Maria als Himmelskönigin. Im Kircheninnern verehren die Gläubigen ein gotisches Bildnis der heiligen Jungfrau und Gottesmutter. Das Oficina de Turismo liegt gleich gegenüber dem Südportal der Iglesia de Santa María la Real (Calle Mayor 2, Tel. und Fax 948 87 14 11.). Hier weiß man auch über die wechselnden Öffnungszeiten der Kirche Bescheid.

★★
◄ Südportal

*Im Castillo de Javier wurde der heilige Francisco Javier, der Schutzpatron Navarras, geboren.*

Ab Sangüesa führt ein ausgeschildertes Nebensträßchen 7 km weiter in den kleinen Ort Javier (476 m ü.d.M.), der von einem gewaltigen Castillo beherrscht wird. Man kann die mittelalterliche Felsenburg besichtigen, die ganz im Zeichen des heiligen Franz Xaver (span. San Francisco Javier; 1506 – 1552) steht, der hier geboren wurde und sich nach seiner Studienzeit in Paris als Jesuitenmissionar v. a. in Indien verdient machte (Öffnungszeiten: tgl. 10.00 – 13.30, 15.30 – 17.30, im Sommer bis 18.30 Uhr).

**Javier**

★
◄ Castillo de Javier

🕒

Ab Javier setzt man die Fahrt nach Yesa fort, erreicht dort wieder die N-240, biegt nach links ab und erreicht kurz darauf die Abzweigung zum Monasterio de Leyre. Alleine die Lage auf halber Höhe zwischen den schroffen Flanken der Sierra de Leyre und dem Stausee von Yesa ist prächtig. Die geschichtsträchtige Klosteranlage ist seit dem Mittelalter dokumentiert und wird heute von Benediktinern bewohnt. Ein Geheimtipp ist Leyre nicht mehr, häufig stauen sich die Besuchergruppen bei den obligatorischen Führungen. Ein echter Wermutstropfen, zumal sich das Personal häufig überlastet zeigt. Mit ihren wuchtigen Säulen und überhöhten Bögen ist die 1057 geweihte romanische Krypta ein kunsthistorisches Ereignis in ganz Nordspanien. Sehenswert ist auch das figurenreiche Speciosa-Portal der romanisch-gotischen Klosterkirche, von der eine ganz besondere Stimmung ausgeht – vor allem, wenn sich die Benediktiner zu ihren **gregorianischen Gesängen** einfinden. Hinter einem Seitengitter birgt eine Grabtruhe die Reste verschiedener Könige Navarras. Leyre ist verbunden mit einer der bekanntesten Legenden vom Jakobsweg.

★★
**Monasterio de Leyre**

★★
◄ Romanische Krypta

**! Baedeker TIPP**

**Übernachten im Klosterhotel**

Wer auf dieser Tour einen besonderen Platz zum Übernachten sucht, sollte die Hospedería de Leyre ins Auge fassen. Das Zwei-Sterne-Hotel liegt direkt neben dem Kloster von Leyre. Hier kann man die Einsamkeit am Abend so richtig genießen, wenn die letzten Besuchergruppen verschwunden sind (Tel. 948 88 41 00, Fax 948 88 41 37, www.hotelhospederiadeleyre.com).

Abt Virila, so heißt es, brach eines Tages in die Berge auf, schlief unter den Gesängen einer Nachtigall ein und wachte erst 300 Jahre später auf ... (Öffnungszeiten im Sommer: Mo. – Fr. 10.15 bis 14.00, 15.30 – 19.00, Sa./So. 10.15 – 14.00, 16.00 bis 19.00, sonst bis 18.00 bzw. 18.30 Uhr; www.monasteriodeleyre.com).

✶ **Valle del Roncal**

✶ Roncal, Isaba ►

Zurückgekehrt auf die N-240, geht es in östlicher Richtung über Yesa und Tiermas an den Ufern des Stausees von Yesa entlang, bis eine Abzweigung links über Sigües und Salvatierra dem Lauf des Río Esca folgt. Tief hinein geht es nun ins Valle del Roncal, ein traumhaft schönes Tal mit den urigen Steinorten Roncal (727 m ü.d.M.) und Isaba (813 m ü.d.M.). Kleine Restaurants und Kneipen animieren zur Einkehr, der hiesige Schafskäse genießt regionale Berühmtheit. Roncal ist außerdem bekannt als Geburtsort des Tenors Julián Gayarre (1844 – 1890), dem mit der Casa-Museo Julián Gayarre ein eigenes Museum gewidmet ist (Mo. geschl.). Auf dem örtlichen Friedhof wurde er begraben.

✶ **Valle del Salazar**

✶ Ochagavía ►

✶ Foz de Arbayún, Foz de Lumbier ►

Nordwestlich von Isaba knüpft die NA-140 über den Pass von Lazar an das nicht minder malerisch-grüne Nachbartal an, das Valle del Salazar. Mit Ochagavía (765 m ü.d.M.) ist der schönste Ort gleich zu Beginn erreicht, ehe das Sträßchen NA-178 in südlicher Richtung dem Lauf des Río Salazar folgt. Auf dem Weg nach Lumbier liegt linker Hand ein Panoramaparkplatz, der einen prächtigen Ausblick auf die tief eingeschnittene Schlucht von Arbayún (Foz de Arbayún) erlaubt. Eine zweite interessante Schlucht, die Foz de Lumbier, ist ab Lumbier ausgeschildert. Vom Wanderparkplatz aus kann man Gänsegeier beobachten und etwa 2 km durch die Schlucht hindurchgehen – dabei kommt man auch durch zwei einstige Bahntunnel. Zwischen Lumbier und Pamplona liegen knapp 40 Kilometer.

## Der Jakobsweg von Pamplona nach Estella

Südwestlich von Pamplona setzt sich der Camino de Santiago über den Höhenzug der Sierra del Perdón (Windräder) bis ins 25 km entfernte Puente la Reina fort, wo sich der Hauptjakobsweg und die Nebenroute des Aragonesischen Weges vereinen.

✶✶ **Santa María de Eunate**

Kurz bevor man den Ortsrand von Puente la Reina erreicht, führt ein ausgeschilderter Abstecher zur 4 km entfernten Santa María de Eunate. Dieses romanische Juwel (12. Jh.) liegt noch am Aragonesischen Weg, steht auf freiem Feld und wurde mutmaßlich von den

Tempelrittern begründet. Sehenswert sind der Arkadenumlauf, die Sparrenköpfe außen sowie die Alabasterfenster und das Replikat des romanischen Marienbildnisses im Innern der Kirche.

✶ **Puente la Reina**

Am Ortseingang von Puente la Reina (Gares, 2000 Einw., 347 m ü.d.M.) zeigt eine kleine moderne Pilgerskulptur die Vereinigung der beiden Jakobswegachsen an. Hinter der Iglesia del Crucifijo (mit einem gotischen Christuskreuz, 14. Jh.) zieht sich der Jakobsweg auf der Calle Mayor schnurgerade durch die Altstadt und führt an der Iglesia de Santiago vorbei. Ihr maurisch inspiriertes Stufenportal wendet sich zur Calle Mayor hin; im Innern verehren die Gläubigen das an der Nordwand postierte Bildnis des Schwarzen Jakobus (Santiago Beltza). Im Hauptaltar zeigen Relieftafeln Szenen aus dem Leben des Heiligen, z. B. die Erscheinung der »Säulenjungfrau« in Zaragoza und sein bevorstehendes Martyrium. Der Pilgerweg durch Puente la Reina findet seinen Abschluss mit der berühmten romanischen Brücke (11. Jh.), die sich über den Río Arga spannt.

✶ ◄ Iglesia del Crucifijo, Iglesia de Santiago

✶✶ ◄ Puente la Reina

Westlich von Puente la Reina führt der Jakobsweg 20 km weiter nach ► Estella. Unterwegs bestimmen Weingärten und die netten kleinen Orte Mañeru, Cirauqui und Lorca das ländliche Bild. In Cirauqui verläuft der Jakobsweg über eine alte Römerstraße.

## Südnavarra • Tudela

**Tafalla**

Der Süden Navarras ist ein landwirtschaftlich ergiebiges Gebiet. Hier werden Wein und Getreide angebaut, Obst und Gemüse vor allem in der südlichsten Zone, die Ribera genannt wird. 35 km südlich von Pamplona liegt die Kleinstadt Tafalla (10 000 Einw., 426 m ü.d.M.); in der örtlichen Kirche Santa María geht das Hauptretabel aus dem 16. Jh. auf den baskischen Bildhauer Juan de Anchieta zurück. Ab Tafalla lohnen sich zwei kleine Abstecher: in den Wehrort **Artajona** mit seinem Mauergürtel und der Wehrkirche **San Saturnino** (10 km nordwestlich) sowie – über San Martín de Unx – ins etwa 15 km östlich gelegene Ujué mit seiner romanisch-gotischen Festungskirche Santa María; in diesem Gotteshaus wird das Herz von Navarras König Karl II. aufbewahrt. In San Martín de Unx und Ujué bieten sich einige Landhäuser, Casas Rurales, für die Übernachtung an. In der Gegend werden v. a. Wein und Mandeln angebaut.

✶ ◄ Ujué

**Olite**

✶ ◄ Palacio de los Reyes de Navarra

5 km südöstlich von Tafalla ist das kleine Olite (380 m ü. d. M.) erreicht, das von den Mauern des Palacio de los Reyes de Navarra überragt wird. Einen Teil der prächtigen mediävalen Schlossanlage kann man besichtigen, ein anderer wird als komfortables Parador-Hotel genutzt (Plaza Teobaldos 2, Tel. 948 74 00 00, Fax 948 74 02 01, www.parador.es). Sehenswert sind auch die Plaza Carlos III el Noble und die Iglesia de Kirche Santa María la Real mit ihrem gotischen Portal. Außerdem gibt es ein **Weinmuseum** (Museo del Vino, So. nachm. geschl.).

✶ Bardenas Reales ▸

Zwischen Olite und Tudela, der zweitgrößten Stadt Navarras, breiten sich gen Osten die Bardenas Reales aus, ein unter Naturschutz stehendes Halbwüstengebiet (40 000 ha), in dem Wind und Erosion **bizarre Felsgebilde** modelliert haben. Einen ersten Eindruck von der Landschaft bekommt man von der einstigen Einsiedelei Nuestra Señora de Yugo aus, zu der östlich von Valtierra ein Sträßchen hinaufführt. Die nördlichen Ausläufer der Bardenas Reales reichen bis Carcastillo heran; dort ist auch das interessante Zisterzienserkloster Santa María de la Oliva zu finden, das im 12. Jh. von König García Ramírez begründet wurde.

✶ Santa María de la Oliva ▸

**Tudela**

Tudela (32 000 Einw., 263 m ü.d.M.) liegt 95 km südlich von Pamplona und ist eine vom Tourismus wenig berührte Stadt. Im Mittelalter lebten hier zeitweise Christen, Mauren und Juden friedlich zusammen. 1119 brachte König Alfons der Kämpfer die Stadt auf die Seite der Reconquista, an der Stelle der vormaligen Hauptmoschee wurde die romanisch-gotische Kathedrale Santa María erbaut; der Hochaltaraufsatz geht auf Pedro Díaz de Oviedo zurück. Es gibt zwar noch eine Reihe weiterer Gotteshäuser, wie die spätromanische Iglesia de la Magdalena, doch die Kathedrale ist noch heute die bedeutendste Sehenswürdigkeit in Tudela. Informationen zum Ort und der Umgebung erhält man in der Oficina de Turismo (Calle Juicio 4, Tel. / Fax 948 84 80 58, www.tudela.com).

✶ Tarazona ▸

Eine weitere interessante Kathedrale ist 20 km südwestlich in Tarazona (11 000 Einw., 475 m ü.d.M.) zu bestaunen; auffällig ist der Mudéjarstil. Ungewöhnlich präsentiert sich die alte Stierkampfarena (Plaza Vieja de Toros), die 1790 – 1792 in Form eines dreistöckigen Häuserachtecks erbaut wurde. Tarazona gehört bereits zur aragonesischen Provinz Zaragoza.

## Von Pamplona an die Atlantikküste

✶ **Parque Natural Señorío de Bértiz**

Rund 85 km trennen Pamplona von der Atlantikküste. Eine landschaftlich schöne Strecke dorthin ist die N-121-A, die durch Berg und Tal geht und gesäumt ist von Wäldern, Schaf- und Rinderweiden. Nach etwa der Hälfte der Distanz ist **Oronoz-Mugaire** erreicht, von wo ein kurzer Abstecher zum **Señorío de Bértiz** führt, einem historischen Landsitz mit Gärten aus dem 19. Jahrhundert. Dahinter beginnt der kleine Parque Natural Señorío de Bértiz, ein gut zugängliches **Naturschutzgebiet** mit Buchenwäldern und Wanderwegen.

Küstenwärts führt die N-121-A weiter durch das Flusstal des Río Bidasoa und erreicht auf der Höhe

! *Baedeker* TIPP

### Abstecher zu den »Hexenhöhlen«

In Oronoz-Mugaire führt die N-121-B nordostwärts ins grüne Tal des Río Baztán. Über Elizondo und den Otsondo-Pass geht es in das Bauerndorf Zugarramurdi, an dessen Rand Grotten liegen, die der Volksmund Cuevas de las Brujas (Hexenhöhlen) getauft hat. Früher sollen sich hier Hexen nachts versammelt haben.

*Die meisten Wanderer im Nationalpark Picos de Europa brechen vom Ercina-See aus auf.*

von Irún die Küste. **Hondarribia** (►Abstecher ab San Sebastián) heißt auf spanischer Seite der nächstgelegene ansprechende Küstenort; den schöneren und vor allem deutlich längeren Strand bietet allerdings **Hendaye**, das auf der französischen Seite liegt.

# ★★ Picos de Europa

J/K 3

**Provinzen:** Asturien (Asturias), Kantabrien (Cantabria), León
**Regionen:** Asturien (Asturias; Autonome Gemeinschaft), Kantabrien (Cantabria; Autonome Gemeinschaft), Kastilien-León (Castilla y León)

**Im Hinterland des Atlantiks ragt eine der attraktivsten Gebirgswelten Südwesteuropas bis zu 2648 m hoch auf: die zum Nationalpark erklärten Picos de Europa, ein Paradies für Naturliebhaber.**

## Östlicher und südlicher Teil

**Nach Potes**
★
◄ Desfiladero de la Hermida, Iglesia de Santa María de Lebeña

Der Einstieg in den Osten und Süden der Picos de Europa führt ab dem küstennahen Örtchen Unquera (► Costa Verde) über Panes und den Desfiladero de la Hermida durch das Tal des Río Deva. Unterwegs nach Potes lohnt sich ein kurzer Abstecher zur Iglesia de Santa María de Lebeña (10. Jh.), einer präromanischen Kirche mit mozarabischen Elementen.

## PICOS DE EUROPA ERLEBEN

### AUSKUNFT

***Oficina de Turismo***
Plaza de la Serna, s/n
Potes
Tel. 942 73 07 87
www.promoliebana.com

***Oficina de Turismo***
Plaza del Ayuntamiento, s/n
Cangas de Onís
Tel./Fax 985 84 80 05
www.cangasdeonis.com

***Centro de Información del Parque Nacional Picos de Europa***
Casa Dago
Avenida de Covadonga, s/n
Cangas de Onís
Tel. 985 84 86 14
www.picosdeeuropa.com

### KANU- UND BERGTOUREN

Populär sind Kanutouren auf dem Río Sella, die 14 km lange Strecke geht von Arriondas bis auf die Höhe von Llovio.
In Arriondas und Cangas de Onís haben sich Veranstalter mit Materialverleih und Transport auf die Nachfrage von Hobbykanuten eingestellt, darunter *Jaire* (Calle Juan Carlos I s/n, Arriondas, Tel. 985 84 14 64, www.canoasdelsella.com) und *Frontera Verde* (N-625, Arriondas, Tel. 985 84 14 57, www.fronteraverde.com).
Über Tourveranstalter wie Frontera Verde lassen sich auch Bergführer für den Nationalpark buchen, ohne die man komplizierte Routen in den Picos de Europa nicht angehen sollte. Über das Netz der Schutzhütten informiert der Centro de Información del Parque Nacional Picos de Europa in Cangas de Onís.

### ESSEN / ÜBERNACHTEN

#### ► Luxus

***Parador de Cangas de Onís***
Villanueva de Cangas
Tel. 985 84 94 02, Fax 985 84 95 20
www.parador.es
Zwischen Arriondas und Cangas de Onís gelegenes Vier-Sterne-Haus im einstigen Klosterkomplex von San Pedro de Villanueva, seit 1907 Nationalmonument. Isolierte Lage über den Flussufern, stilvoll bis ins letzte Detail. Auch das Restaurant ist eine Klasse für sich, zumal man hier die typischen Produkte der Gegend bekommen kann: Bohneneintopf (fabada), Apfelwein, exquisiter Cabrales-Käse.

#### ► Komfortabel

***Hotel Los Lagos***
Plaza del Ayuntamiento, 3
Cangas de Onís
Tel. 985 84 92 77, Fax 985 84 84 05
www.arceahoteles.com
Drei-Sterne-Hotel im Ortskern, Zimmer mit solider Einrichtung. Im angeschlossenen Restaurant Los Arcos legt man Wert auf die besondere Zubereitung und Präsentation der asturischen Gastronomie – Tradition in Kombination mit innovativen Noten.

***Parador de Fuente Dé***
Fuente Dé
Tel. 942 73 66 51
Fax 942 73 66 54
www.parador.es
Nicht zu verfehlender Großblock nahe der Seilbahnstation, drei Sterne. In den Monaten November bis Februar geschlossen. Im Restaurant typisch kantabrische Küche, zu der auch das Schweinefilet in Tresviso-Käse gehört.

★
◄ Monasterio de Santo Toribio

Potes (291 m ü.d.M., 2000 Einw.) ist der Hauptort des Landstriches Liébana, der in der Torre del Infantado (15. Jh.) sein wichtigstes Monument hat. Ab der Zufahrt Richtung Fuente Dé steigt ein Sträßchen in die Ausläufer des Monte Viorna zum Monasterio de Santo Toribio an, einem Kloster, dessen Ursprünge in westgotische Zeiten reichen. Die heutigen Bauteile sind romanisch-gotisch und barock. Die Gläubigen verehren hier das größte Teilstück des Golgatha-Kreuzes und den Mönch Beato de Liébana, der gegen Ende des 8. Jh.s seine berühmten »Kommentare zur Apokalypse« verfasste. Zudem kann man eine traumhafte Aussicht über Berg und Tal genießen.

! *Baedeker* TIPP

**Das leibliche Wohl**

Der Landstrich Liébana ist für seine kulinarischen Errungenschaften wie Käse, den bis zu 55 Prozent starken Tresterbranntwein (orujo) und einen deftigen Eintopf (cocido lebaniego) bekannt. Im westlichen Gebiet der Picos de Europa sind der asturische Eintopf (fabada), der Apfelwein (sidra) und der Blauschimmelkäse (queso de Cabrales) populär.

★★
**Fuente Dé**

Ein insgesamt 23 km langes Sträßchen trennt Potes von Fuente Dé (1070 m ü.d.M., 300 Einw.), das in grandioser Naturkulisse am Ende eines Hochtalkessels liegt. Hier hört die Straße auf, es verkehrt eine Seilbahn (Teleférico) – sturmfreie Tage vorausgesetzt, sonst fährt sie nicht – bis zum Mirador del Cable (1840 m ü.d.M.). In der Hauptsaison sollte man sich auf Andrang einstellen, doch das macht die Ausblicke von oben und während der Fahrt nicht minder beeindruckend! Im Sommer brechen Bergwanderer vom Mirador aus zu Touren durch das Zentralmassiv der Picos de Europa auf, z. B. zu den Horcados Rojos (2506 m) oder zurück ins Tal nach Espinama; detaillierte Gebietskarten und gute Ausrüstung sind unerlässlich.

★★
◄ Mirador del Cable

## Westlicher und nördlicher Teil

★
**Cangas de Onís**

Der klassische Einstieg in den Westen und Norden der Picos de Europa führt durch das beschauliche **Arriondas** (43 m ü.d.M., 5000 Einw.) und das Tal des Río Sella nach Cangas de Onís (64 m ü.d.M., 6000 Einw.). Arriondas und Cangas de Onís werden zur wärmeren Jahreszeit von vielen Naturfreunden als »Basislager« zu Ausflügen in den Nationalpark genutzt.

Cangas de Onís ist ein geschichtsträchtiger Ort, lag doch hier die mit Fürst **Pelayo** verbundene Keimzelle und erste Residenz des Königreiches Asturien. Immer wieder wird die sagenumwobene **Schlacht von Covadonga** ins Bewusstsein gerufen, bei der Pelayo und die Seinen im 8. Jh. erstmals die Mauren besiegten und damit den Grundstein der Reconquista legten. An der Ortseinfahrt schaut man rechter Hand auf eine Brücke (13. Jh.) über den Río Sella, in deren Mittelbogen eine übergroße Nachbildung jenes Siegerkreuzes hängt, das Pelayo bei der Schlacht getragen haben soll. Pelayo ist im Ortszentrum ein Denkmal gewidmet. Unterkünfte, Andenkenläden, Restaurants,

Cafés und Veranstalter von Aktivtourismus zeugen von der anziehungskraft der Kleinstadt. Wichtige Baudenkmäler sind die ursprünglich im 5. Jh. über einem Dolmen errichtete Ermita de Santa Cruz, der Palacio de Cortés (16. Jh.) und die moderne Iglesia Parroquial mit einem 33 m hohen Turm.

Cangas de Onís ist ein idealer Ausgangspunkt für Ausflüge. Bei dem nahen Cardes liegt die bereits von Altsteinzeitmenschen genutzte und ausgemalte **Cueva del Buxu** (max. 25 Personen/Tag), im 4 km östlich gelegenen Örtchen Soto de Cangas der Einstieg in die traumhafte Bergwelt.

* **Covadonga**

Erste Station Richtung Gebirge ist die **»Wiege Spaniens«**: Covadonga. In der viel besuchten Grotte, der Santa Cueva, fanden der legendäre Fürst Pelayo und seine Krieger Unterschlupf vor den anrückenden Mauren; heute sieht man hier sein Grabmal und eine Kapelle mit einem Marienbildnis. Die benachbarte große Basilika wurde Ende des 19. Jh.s erbaut.

* Mirador de la Reina, Lago de Enol ►

Hinter Covadonga geht es in Spitzkehren und Steigungen bis zu 18 Prozemt kontinuierlich aufwärts: bis zum Mirador de la Reina, dem »Aussichtspunkt der Königin«, und weiter bis zu zwei benachbarten Seen: dem Lago de Enol und dem auf 1135 m ü.d.M.

*Im Zeichen des Siegeskreuzes von Pelayo steht die Brücke in Cangas de Onís.*

gelegenen Lago de Ercina. Die Hochgebirgspanoramen sind einfach fantastisch! Wanderer finden ab hier gute Einstiege ins Gebirge. Das Seengebiet um den Lago de Enol und den Lago de Ercina ist am 25.Juli Schauplatz eines traditionellen Hirtenfestes, der **Fiesta del Pastor**.

✶✶
◄ Lago de Ercina

**Zu den Canales de Cabrales**
✶
◄ Tal des Río Cares

Ab Cangas de Onís führt die schöne Landstraße AS-114 rund 55 km ostwärts nach Panes an den nördlichen Ausläufern des Nationalparks entlang. Begleiter auf dem ersten Teilstück ist der Río Güeña in einem grünen Tal, das an manchen Sommertagen von Besucherströmen bevölkert wird. An der Strecke liegen mächtige Hänge, Dörfer im Wiesengrün der Hügel, Apfelgärtchen und Mauern aus aufgeschichteten Steinen. Besonders lohnende Ausblicke auf die Berge bieten sich hinter den Canales de Cabrales, ehe das Sträßlein an nackten Felshängen entlangführt. Nächste nennenswerte Station ist **Las Arenas de Cabrales**, eines der Zentren der hiesigen Käseproduktion (Queso de Cabrales). Malerisch wird es noch einmal im engen felsigen Tal des Río Cares: Es geht vorbei an bizarren Felsrücken, Stromschnellen, riesigen Steinplatten, Zacken und Zinnen. Hinter Trescares wird das Tal breiter, die Berge verlieren ihren überwältigenden Charakter. In Panes geht es über die N-621 entweder Richtung Küste oder in den Osten und Süden der Picos de Europa (s. o.).

! *Baedeker* TIPP

**Garganta del Cares**

Eine beliebte Wandertour führt durch die Garganta del Cares, eine wildromantisch-enge Schlucht, die südlich von Las Arenas de Cabrales beginnt. Ausgangspunkt der Wanderung ist Poncebos, Endpunkt ist Caín; für die einfache 11-km-Strecke sollte man 3 – 4 Stunden veranschlagen. Ab Poncebos gibt es eine Zahnradbahn (cremallera) nach Bulnes, einem weiteren beliebten Startpunkt von Bergwanderern.

# ✶ Ponferrada

F 4

**Provinz:** León
**Region:** Kastilien-León (Castilla y León)
**Höhe:** 544 m ü. d. M.
**Einwohnerzahl:** 64 000

**Ponferradas wechselvolle Vergangenheit reicht bis in vorrömische Zeiten zurück. Geblieben ist die Bedeutung als Zentrum des Landstrichs El Bierzo und als Pilgerstation am Jakobsweg. Wahrzeichen ist die Templerburg.**

**Lage und Geschichte**

Die strategisch günstige Lage nahe der Berge und am Zusammenfluss des Río Sil und des Río Boeza machten sich bereits Menschen in der vorrömischen Ära zunutze, ehe die Römer Ponferrada als befestigten Platz sicherten. Im Zuge des mittelalterlichen Aufschwungs der Jakobspilger ordnete Osmundo, der Bischof von Astorga, im 11. Jh.

## PONFERRADA ERLEBEN

### AUSKUNFT

*Oficina de Turismo*
Calle Gil y Carrasco, 4
Tel. 987 42 42 36
www.ponferrada.org

### VERANSTALTUNGEN

Ponferrada ist wegen seiner Osterprozessionen bekannt, speziell am Karfreitag die Procesión del Encuentro.
Anfang September finden die Patronatsfeierlichkeiten statt, die Fiestas Patronales de la Encina, mit Musik, Straßentheater und Feuerwerk.

### ESSEN

► **Erschwinglich**

*Taberna Los Arcos*
Plaza del Ayuntamiento, 4
Tel. 987 40 90 01
Dem zentral gelegenen Hotel Bierzo Plaza ist die Taberna Los Arcos angeschlossen. Das Restaurant ist im einstigen Weinlager untergebracht; die Bruchsteinbögen datieren aus dem 17. Jahrhundert. Ausgesprochen gemütliches Ambiente.

### ÜBERNACHTEN

► **Luxus**

*Baedeker-Empfehlung*

***Stilvolle Unterkünfte***
Aus der Vielzahl der Unterkünfte am Jakobsweg zwischen Ponferrada und Santiago de Compostela ragen zwei heraus: der *Parador in Villafranca del Bierzo* (Avenida Calvo Sotelo, Tel. 987 54 01 75, Fax 987 54 00 10, www.parador.es) und die *Pousada de Portomarin* in Portomarin (Avenida Sarria, Tel. 982 54 52 00, Fax 982 54 52 70, www.pousadadeportomarin.com).

► **Komfortabel**

***Hotel del Temple***
Avenida de Portugal, 2
Tel. 987 41 00 58, Fax 987 42 35 25
www.hoteltempleponferrada.com
Mittelalterlich anmutendes »Templerhotel« (111 Z.), die Vier-Sterne-Kategorie ist aber zu hoch gegriffen. Keine Zimmer zur Bahnhofsseite hin wählen! Mit Restaurant.

den Bau einer eisenverstärkten Flussbrücke an. So wurde Pilgern das Fortkommen erleichtert, vom 12. bis 14. Jh. genossen sie den Schutz der hier ansässigen Tempelritter. Die Bergbautradition, die die Römer mit der Ausbeutung der umliegenden Goldminen begannen, setzte sich später mit dem Abbau von Eisenerz fort und lockte viele Neusiedler nach Ponferrada. Der umliegende Landstrich El Bierzo ist äußerst fruchtbar, die nahe Bergwelt steigt bis 2000 m hoch auf.

## Sehenswertes in Ponferrada und Umgebung

✶ **Castillo de los Templarios**

So erhaben und mächtig das Castillo de los Templarios, die mediävale Burg der Tempelritter, wirken mag – die hoch über dem Einschnitt des Río Sil gelegene Anlage verlangt ständig nach Renovierungsarbeiten, die auch bei Redaktionsschluss noch andauerten (So. nachm.

*Umzug der »Tempelritter« in Ponferrada*

und Mo. geschl.). Die Burg ist mehrfach umgestaltet worden, die Bauteile der Templer datieren aus dem 12./13. Jahrhundert. Von Türmen und Wehrgängen bieten sich schöne Blicke auf Stadt und Umland.

**Plaza del Ayuntamiento**

Die Plaza del Ayuntamiento ist der wichtigste städtische Platz, an dem auch das 1692 – 1705 von Pedro de Arén erbaute Barockrathaus liegt. Auf derselben Platzseite schließt sich die Torre del Reloj an, der Uhrturm, der auf einem historischen Stadtmauertor sitzt. Das hier beginnende Gässchen heißt Calle del Reloj und führt auf die Basílica de la Encina zu.

✶ **Basílica de la Encina**

Die Basílica de la Encina wurde 1573 nach Plänen von Juan de Alvear im Renaissancestil begonnen. Aus der Bildhauerschule Gregorio Fernández stammt das 1630 – 1640 gearbeitete Hauptretabel, in den das Marienbildnis der Virgen de la Encina eingebettet ist. Die Überlieferung besagt, dass die Skulptur bei Rodungsarbeiten für die Templerburg im Stamm einer Steineiche (encina) aufgefunden wurde. Auf dem Vorplatz der Basilika zeigt eine moderne Bronzeskulptur den Augenblick dieses wundersamen Funds.

**Museen**

Nennenswert sind zwei Museen: das historisch-volkskundlich aufgezogene **Museo del Bierzo** in der Calle del Reloj und das Eisenbahnmuseum, **Museo del Ferrocarril**, außerhalb der Kernstadt an der Calle Vía Nueva. Beide Museen haben So nachmittags und Mo. geschlossen.

*Fantastisch und bizarr: Las Médulas*

★ **Iglesia de Santo Tomás de las Ollas**

Die nordöstlich der Stadt gelegene Iglesia de Santo Tomás de las Ollas (10.–12. Jh.) veranschaulicht die mozarabische Baukunst. Bemerkenswert sind die Hufeisenbögen und der ovale Grundriss des Altarraums (So. nachm. und Mo. geschl.).

★ **Peñalba de Santiago**

21 km südlich liegt an den Hängen der Montes Aquilianos der Bergort Peñalba de Santiago mit seiner mozarabischen Kirche (10. Jh.), Überbleibsel eines von San Genadio begründeten Klosters.

★★ **Las Médulas**

Rund 25 km südwestlich von Ponferrada öffnet sich das Tor zu einem der seltsamsten Landschaftsteile in Nordspanien: Las Médulas, von der UNESCO zum **Kulturerbe der Menschheit** ernannt. Pyramidenförmig ragen hier Bergspitzen empor, rostbraune Kuppen und Türme. Entstanden ist dies alles weder durch Vulkanismus noch Erosion, sondern durch Menschenhand. Es handelt sich um ein Goldminengebiet der Römer, die ohne Rücksicht auf Verluste ganze Berge aushöhlten, mit Wassermassen durchspülten und einsacken ließen. Ausgangspunkt zu Wanderungen ist das gleichnamige Örtchen Las Médulas, wo es auch ein kleines Informationszentrum gibt. Höher hinauf führt ein enges Sträßchen, das am Mirador de Orellán endet (Aussichtspunkt) und den Blick auf das beeindruckende Gesamtpanorama der bizarren Bergwelt ermöglicht.

## Der Jakobsweg von Ponferrada nach Santiago de Compostela

**El Bierzo**

Rund 230 Straßenkilometer verbleiben auf dem Jakobsweg von Ponferrada nach Santiago de Compostela, eine abwechslungsreiche Strecke mit kleinen Kulturschätzen, Wiesen- und Berglandschaften. Wie fruchtbar der Landstrich El Bierzo ist, zeigt sich auf dem Weg nach Villafranca del Bierzo: reichlich Weingärten, Walnuss-, Maronen- und Kirschbäume. **Cacabelos**, wo sich mitten im Ort ein Traubenpflücker-Denkmal erhebt, führt ein kurzer Abstecher zum Monasterio de Carracedo; die Gründung dieses Klosters ist bereits für das 10. Jh. dokumentiert.

✶ ◂ Monasterio de Carracedo

✶ **Villafranca del Bierzo**

Villafranca del Bierzo (501 m ü.d.M., 4000 Einw.) ist in eine herrliche Weingegend eingebettet und liegt im Tal des Río Valcarce. Im oberen Ortsteil, durch den der Pilgerpfad läuft, erhebt sich das im 16. Jh. von Pedro de Toledo erbaute Castillo, das Kastell der Markgrafen (nicht zu besichtigen). Etwa 300 m oberhalb erwartet Besucher ein Schmuckstück der Romanik: die Iglesia de Santiago (12. Jh.) mit der Puerta del Perdón, dem zweiten Ablassportal am Jakobsweg nach jenem an der Colegiata de San Isidoro in León. Jakobus, der Namensgeber des Kirchleins, ist gleich doppelt zugegen: als »Maurentöter« auf dem Relief an der Tür und als Skulptur im einschiffigen Innern.

✶ ◂ Iglesia de Santiago

Die weiteren nennenswerten Sehenswürdigkeiten verteilen sich über die Unterstadt: die Iglesia de San Francisco (13. bis 15. Jh.), die Iglesia de San Nicolás el Real (17. Jh.) sowie die Colegiata de Santa María de la Asunción (16. Jh.) mit der benachbarten Parkanlage.
Hinter Villafranca del Bierzo steigen Pilgerweg, Landstraße und Autobahn unablässig an und führen inmitten sattgrüner Umgebung von Kastilien-León nach Galicien hinein.

✶✶ **O Cebreiro und Umgebung**

Motorisierte folgen im Höhenort Pedrafita do Cebreiro den Jakobswegschildern wenige Kilometer weiter nach O Cebreiro (1300 m ü.d.M., 300 Einw.). Das Örtchen erstreckt sich über eine Passhöhe, gibt traumhafte Blicke in die Bergwelt frei und gilt als eine der frühesten Stätten organisierter Betreuung der Jakobuswallfahrer. Ein erstes Pilgerspital soll bereits im 9. Jh. begründet worden sein. Die präromanische Kirche bewahrt einen Kelch auf, der als **»Heiliger Gral Galiciens«** gilt und einst im Mittelpunkt eines Mirakels stand, bei dem sich der Wein in Blut verwandelte. Das romanische Marienbildnis wird während einer großen Wallfahrt am 8. September verehrt. Ansonsten sind für das Ortsbild die sogenannten »pallozas« charakteristisch, strohgedeckte Bruchsteinbauten, wie sie einst die Kelten errichteten.
Westlich von O Cebreiro geht es zunächst weiter durch die Bergwelt bis zum **Alto de San Roque** (1270 m ü. d. M.; Denkmal des heiligen Rochus als Pilger) und zum **Alto do Poio** (1335 m ü.d.M.), danach

kurvenreich abwärts bis **Triacastela** (650 m ü.d.M., 1500 Einw.). In Triacastela kann man sich die Iglesia de Santiago und den an die Kirche grenzenden Friedhof ansehen. Nächste bedeutsame Station ist das am Río Ouribio gelegene Örtchen **Samos** mit dem Monasterio de San Julián y San Basilisa, dessen Gründung mutmaßlich ins 6. Jh. zurückreicht. Zwischen dem 16. und 18. Jh. wurde das von Benediktinern genutzte Kloster umfassend erneuert, sehenswert sind die beiden Kreuzgänge. Über das Städtchen **Sarria** (450 m ü.d.M., 13 000 Einw.) geht es weiter durch das ländliche Galicien, in dem immer wieder die auf steinernen Stelzen stehenden Vorratsspeicher (**hórreos**) mit Kreuz- und Fruchtbarkeitssymbolen, die Wegekreuze (cruceiros) und die wiederaufgeforsteten Eukalyptuswälder auffallen.

✶ Iglesia de Santiago, Monasterio de San Julián y San Basilisa ►

✶ **Portomarin**

Die Landstraße LU-633 zieht sich ein Stück um den Embalse de Belesar herum, einen Stausee, der die Wasser des Río Miño aufnimmt, und erreicht über eine lang gestreckte Brücke Portomarin. Es ist **einer der niedrigsten Punkte am Jakobsweg** (370 m ü.d.M., 2000 Einw.). Das Ortsinnere zeigt sich mit Granitarkaden, dem Hauptplatz und der spätromanischen Wehrkirche San Xoán recht lauschig. Im Mittelalter lebten Templer und Johanniter in Portomarin.

**Nach Santiago de Compostela**

✶ Iglesia de San Salvador, Monte do Gozo ►

Hinter Portomarin steigt die LU-633 stetig an und erreicht bei Alto do Hospital die N-540, der man ein Stück Richtung Lugo folgt, bis die Links-Abzweigung auf die N-547 nach Santiago de Compostela ausgeschildert ist. Einige Kilometer vor Palas de Rei lohnt sich ein kurzer ausgewiesener 2-km-Abstecher auf einem schmalen Sträßchen nach Vilar de Donas. Besuchsziel ist die romanische Iglesia de San Salvador, das Überbleibsel eines Klosters, das zunächst von Nonnen geführt und 1184 den Jakobusrittern übergeben wurde. Dies erklärt die ritterlichen Grabstätten in der Kirche; auch das Portal und die Wandmalereien sind zu beachten.

Die Hauptstrecke nach Santiago de Compostela führt durch Palas de Rei, Melide (romanische Iglesia de Santa María mit Apsismalereien), Boente (in der Ortskirche an der Straße gibt es eine interessante Skulptur des pilgernden Jakobus in leuchtendrotem Gewand) und Arzúa (bekannt wegen der Käseproduktion). Letzte Station vor Santiago de Compostela ist der Monte do Gozo, der »Berg der Freude«, von wo aus bereits in der Ferne die Kathedraltürme auszumachen sind. Die beste Aussicht bietet das moderne Denkmal der beiden jubelnden Pilger, ein weiteres Monument erinnert an den Besuch von Papst Johannes Paul II.

! *Baedeker* TIPP

**Tourismus auf dem Land**

Südlich von Arzúa liegt ein früher wenig beachtetes ländliches Stück Galicien. Hier gibt es Wiesen, Weiden, Bauerndörfer und den großen Stausee von Portdemouros. In jüngerer Zeit ist die Gegend zu einem beliebten Ziel von Tourismus auf dem Land geworden, vor allem wegen der vielen Landhaus-Unterkünfte (Informationen und Vermittlung: Centro de Información y Acogida Turística, www.ocamino.com.)

# ★ Pontevedra

B 5

**Provinz:** Pontevedra
**Höhe:** 19 m ü. d. M.

**Region:** Galicien (Galicia)
**Einwohnerzahl:** 80 000

**Um das bereits zu römischer Zeit bekannte Pontevedra legt sich eine weite Schleife des Río Lérez, kurz bevor dieser die zu den ►Rías Baixas gehörige Ría de Pontevedra erreicht. Mit ihren Gassen, Plätzen, Kirchen und Granithäusern ist die Provinzhauptstadt in typisch galicischem Stil gehalten.**

## Sehenswertes in Pontevedra und Umgebung

★ Altstadt ★

◄ Pr. de la Herrería, Pr. da Estrela

Die Altstadt zeigt sich als denkmalgeschütztes Gesamtkunstwerk mit Granitarkaden, verschlungenen Gassen und kleinen Plätzen. Die schönsten Gassen Rúa Soportais und Rúa Figueroa zweigen ab dem Plätzedoppel Praza de la Herrería und Praza da Estrela ab, wo auch die kleinen Grünanlagen Jardines de Casto San Pedro und der Con-

*Pontevedra Orientierung*

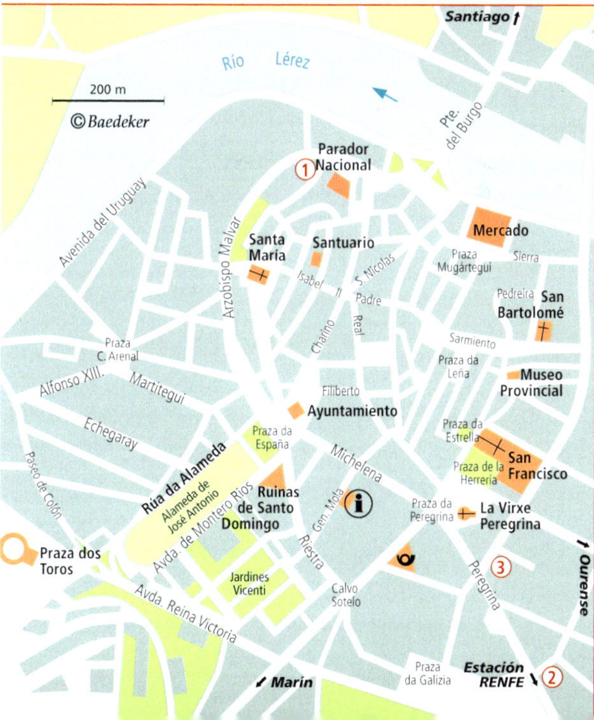


**Übernachten/ Essen**
① Parador de Pontevedra
② Galicia Palace
③ Rías Bajas

## PONTEVEDRA ERLEBEN

### AUSKUNFT

***Oficina de Turismo***
Calle General Gutiérrez Mellado, 1
Tel. 986 85 08 14
Fax 986 84 81 23
www.concellopontevedra.es

### VERANSTALTUNGEN

Anfang/Mitte August steigt Pontevedras großes Stadtfest, die Festas da Peregrina.

*Malerisch: Praza da Leña*

### ÜBERNACHTEN / ESSEN

#### ► Luxus / Fein & teuer

① ***Parador de Pontevedra***
Calle Barón, 19
Tel. 986 85 58 00, Fax 986 85 21 95
www.parador.es
Kultivierte Vier-Sterne-Eleganz herrscht in diesem städtischen Renaissancepalast. Die exzellente Küche beschränkt sich nicht auf die zu erwartenden Krustentiere und Fischgerichte; auch die Fleischgerichte sind wunderbar.

② ***Hotel Galicia Palace***
Avenida de Vigo, 3
Tel. 986 86 44 11
Fax 986 86 10 26
www.galiciapalace.com
Modernes Vier-Sterne-Haus in zentraler Lage. In der Nebensaison Preiskategorie »Komfortabel«.
Das angeschlossene Restaurante Peregrina legt seinen Schwerpunkt auf traditionelle galicische Küche, wobei Krake (pulpo a feira) und Seehecht (merluza) nicht fehlen dürfen.
Recht preisgünstig nimmt sich das Tagesmenü aus.

#### ► Komfortabel / Erschwinglich

③ ***Hotel Rías Bajas***
Calle Daniel de la Sota, 7
Tel./Fax 986 85 51 00
www.hotelriasbajas.com
Verlässliche Drei-Sterne-Qualität im Herzen der Stadt. Restaurant mit galicischen Spezialitäten und einer freundlich stilvollen Einrichtung.

vento de San Francisco (13./14. Jh.) zu finden sind. Bänkchen, Cafés und Platzterrassen verlocken zu einer Rast. Südlicher Platznachbar von Herrería-Estrela ist die Praza da Peregrina mit der Capela da Virxe Peregrina, die weniger wie eine Kapelle, eher wie eine Kirche wirkt. Mit der nach außen gewölbten Fassade und dem Bildnis der pilgernden Maria (Virxe Peregrina), Schutzpatronin der Provinz Pontevedra, ist es der wichtigste und zugleich architektonisch kurioseste Sakralbau der Stadt. Baubeginn war 1778 nach Plänen von Antonio de Souto, maßgeblich unterstützt von Bernardo José de Mier; der Barock vermischt sich hier mit Anklängen des Klassizismus.

✶ Capela da Virxe Peregrina ►

Ab der Praza da Estrela geht es durch die Gassen Figueroa oder Pasantería auf den schönsten altstädtischen Platz, die Praza da Leña. In der Mitte erhebt sich ein Steinkreuz, das benachbarte Museo Provincial (Provinzmuseum, So. nachm. und Mo. geschl.) ist in einem Komplex aus Adelshäusern (18. Jh.) untergebracht.

★ ◄ Praza da Leña, Museo Provincial

Dreh- und Angelpunkt außerhalb der Altstadt ist die Praza de España mit dem 1877–1890 erbauten Pazo do Concello (Rathaus) und der hier beginnenden Alameda, einer breiten Flanierpromenade, die an den Ruinen des Convento de Santo Domingo (14. Jh.) vorbeiläuft. Die Alameda ist ein beliebter Treffpunkt der Einheimischen. Besonders lebhaft geht es auch im flussnah gelegenen Mercado de Abastos zu; die Markthallen wurden 2003 von Architekt César Portela renoviert, das Angebot an Fisch und Meeresfrüchten ist überwältigend.

**Außerhalb der Altstadt**

★ ◄ Alameda

★ ◄ Mercado de Abastos

Ein beliebtes Naherholungsziel ist die Illa das Esculturas, die »Skulptureninsel« im Río Lérez. Zwölf renommierte Künstler aus dem In- und Ausland sind hier mit ihren Werken vertreten, darunter der deutsche Bildhauer **Ulrich Rückriem** (5 m hohe Stele ohne Titel), die US-Amerikanerin **Jenny Holzer** (acht Steinbänke, mit Sinnsprüchen versehen) und der Brite **Richard Long** (37 m lange kleine Mauer aus Granitstücken). Informationen und Bilder im Internet unter www.isladesculturas.com.

★ **Illa das Esculturas**

# ★★ Rías Altas

C–E 2/3

**Provinzen:** La Coruña, Lugo **Region:** Galicien (Galicia)

**Galiciens obere Meeresarme, die Rías Altas, beginnen östlich von ► La Coruña und ziehen sich mit ihren tiefen Einschnitten bis zur Ría de Ribadeo, wo die ► Costa Verde beginnt. Es ist eine wildromantische Landschaft, die sich aus tiefen Meereseinschnitten, Sandstränden, Klippen, Fischerstädtchen und Eukalyptuswäldern zusammensetzt. Charakteristisch für viele Orte sind die Glasfassaden der Häuser.**

## Sehenswertes an den Rías Altas

Im Osten von La Coruña führt die N-VI in einer Inlandsschleife über Betanzos an die Ría de Ares y Betanzos heran. In der 1219 über einer keltischen Siedlung begründeten Kleinstadt Betanzos (12 000 Einw.) sind zwei Kirchen erwähnenswert: die zum Nationalmonument erhobene **Iglesia de Santa María de Azogue** (14. Jh.) und die Iglesia de San Francisco (13./14. Jh.) mit dem Grabmal des Stifters, Graf Fernán Pérez de Andrade. Die Macht des mittelalterlichen Herr-

**Ría de Ares y Betanzos**

★ ◄ Betanzos

schergeschlechtes derer von Andrade führt weiter nördlich das **Castillo de Andrade** vor Augen, das den Hügel Peña Leboreira (309 m ü.d.M.) und das Tal von Pontedeume beherrscht.
Das Städtchen **Pontedeume** (9000 Einw.) liegt an der Mündung des Río Eumo in die Ría de Ares y Betanzos und sticht durch seine vielbogige Brücke hervor, deren Anlage ebenfalls auf das Andrade-Geschlecht zurückgeht.

**Ría de Ferrol** Auf der Höhe von Perlio ist der nächste Meeresarm erreicht: die von mehreren Festungen geschützte Ría de Ferrol. Die Form des Meeresarms regt die Fantasie an und wird gerne mit einem Degen verglichen, der im Festland steckt. **El Ferrol** (80 000 Einw.) ist Hafen- und Kriegsmarinestadt, die damit das militärische Erbe des bekanntesten

## RÍAS ALTAS ERLEBEN

### AUSKUNFT

*Oficina de Turismo*
Calle Ezequiel López, 17
Cedeira
Tel. 981 48 21 87, Fax 981 48 25 06
www.cedeira.org

*Oficina de Turismo*
Avenida Ramón Canosa, s/n
Viveiro
Tel. 982 56 08 79, Fax 982 56 11 47

*Oficina de Turismo*
Plaza de España, s/n
Ribadeo
Tel. 982 12 86 89
www.ribadeoturismo.com

### ÜBERNACHTEN / ESSEN

#### ► Luxus / Fein & teuer

*Parador de Ferrol*
Calle Almirante Fernánd. Martín, s/n
Tel. 981 35 67 20, Fax 981 35 67 21
www.parador.es
Maritim ausgestaltetes Drei-Sterne-Hotel mit Restaurant. Beim Genuss der Speisen ist der schöne Ausblick durch die Fensterfront inklusive.

*Parador de Ribadeo*
Calle Amador Fernández, 7
Tel. 982 12 88 25
Fax 982 12 83 46
www.parador.es
Hoch über der Ría de Ribadeo gelegenes Vier-Sterne-Haus, sehr schöne Aussichten, in der Nebensaison etwas günstiger. Die gute Bewirtung im Restaurant sollte man sich nicht entgehen lassen. Meeresfrüchte stehen dabei an erster Stelle, doch auch der gekochte Vorderschinken (lacón) und die Teigtaschen (empanadas) sind gefragt.

#### ► Komfortabel / Erschwinglich

*Casa do Merlo*
Calle Sargéndez, 4
San Miguel de Reinante, Barreiros
Tel. 982 13 49 06
Fax 982 13 49 07
www.casadomerlo.com
Freundliches restauriertes Landhaus aus dem 17. Jh. zwischen Foz und Ribadeo. Eine gute, nicht überteuerte Adresse. Dieses Hotel ist auch über die Landhotelkette Rusticae (www.rusticae.es) buchbar.
Das nächstgelegene Restaurant ist die auf Meeresfrüchte spezialisierte Sidrería Pipos (Playa de Longara, Tel. 982 12 45 84).

lokalen Sprosses aufrecht erhält: **Diktator Francisco Franco** (1892 bis 1975). Zu sehen gibt es in El Ferrol – bis auf das Altstadtviertel und den Fischerhafen – recht wenig, allerdings bietet der Parador ein angenehmes Quartier.

**✶✶ Ría de Cedeira**

Die Weiterfahrt nordostwärts führt durch ein von Speicherbauten, Rinderweiden und Eukalyptushainen durchsetztes Gebiet an die Ría de Cedeira; unterwegs bietet sich Gelegenheit zu Abstechern an die Strände Lago, Frouxeira und Valdoviño. In »W«-Form breitet sich die Ría de Cedeira äußerst malerisch aus und hat in Cedeira (7000 Einw.) ihren Hauptort. Der Weg führt an die gepflegten Promenaden, den Hafen oder zu den nahen Stränden Magdalena und Área Longa. Ein beschilderter 12-km-Abstecher leitet nach San Andrés de Teixido mit seinem Sanktuarium, in dem die Gläubigen eine Reliquie des heiligen Apostels Andreas verehren. »Niemand mehr darf ins Himmelreich eintreten, ohne einmal in San Andrés de Teixido gewesen zu sein« – keinem Geringeren als Jesus Christus legt eine Legende diese Worte in den Mund. Entsprechend groß ist die Bedeutung.

✶ ◄ Cedeira

✶ ◄ San Andrés de Teixido

*Charakteristisch für Galicien sind die tief eingeschnittenen Meeresbuchten, die Rías. Sie bieten Schutz vor der rauen See und laden – wie hier die hortensiengeschmückte Ría de Cedeira – zum Baden ein.*

★★ Serra da Capelada ► Nicht minder sehenswert ist die umliegende Landschaft mit der über 600 m hohen Serra da Capelada, in der viele **halbwilde Pferde** leben. Ende Juni ist die Serra da Capelada Schauplatz des großen **Curro da Capelada**, bei dem man halbwilde Pferde aus dem Gebirge in Koppeln (curros) treibt und ihnen die Mähnen stutzt.

★★ **Ría de Ortigueira** Nordöstlich von Cedeira schließt sich mit der Ría de Ortigueira der nächste Höhepunkt an, der den einen oder anderen an skandinavische Fjorde erinnern mag. Der Meeresarm ist Lebensraum zahlreicher Vogelarten, darunter sind Möwen, Reiher und Kormorane. An der Westflanke liegt Cariño, weiter draußen begrenzen die Kaps Ortegal und Estaca de Bares den weiten Meeresarmtrichter. Der hübsche Hauptort Ortigueira (8000 Einw.) liegt mit seinem Fischerhafen geschützt auf der Ostseite der Ría. Er besitzt weiße Häuser, verwinkelte Gassen, gepflegte Grünanlagen und die Praia Mourouzos.

★ Ortigueira ►

★ **Ría de Barqueiro** Nordöstlich von Ortigueira säumen Maisfelder, Eukalyptusforst, Rinder und Schafweiden das Sträßchen auf dem Weg an die schmale Ría de Barqueiro. Das pittoreske Fischerdorf O Barqueiro klebt zwischen Meer und Grün und wird von einem gewaltigen Bergrücken überragt; weiter nordwärts sticht die von einem Leuchtturm besetzte Landzunge von Bares in den Atlantik, **der nördlichste Punkt auf der Iberischen Halbinsel**. Hinter O Barqueiro geht es über den nächsten Hafenort O Vicedo Richtung Ría de Viveiro, nicht ohne ausgiebig die Landschaft zu genießen. Eine Kuppe gibt unterwegs eine traumhafte Sicht über die See, Buchteinschnitte, Felseninseln, Klippen und Landzungen frei.

★ O Barqueiro ►

★ **Ría de Viveiro** Auf der Höhe von Covas zeigt sich die Ría de Viveiro mit Strand und Promenade von einer besonders schönen Seite. Viveiro (15 000 Einw.) hat einen charmanten maritimen Charakter; schon im 18. Jh. liefen hier mit Leinen beladene Schiffe aus dem Baltikum ein. Charakteristisch sind die Häuser mit ihren Glasgalerien; die winzige Altstadt mit der Plaza Mayor beginnt gleich hinter der Porta da Vila. Mitte August findet in Viveiro das folkloristisch begleitete Patronatsfest statt.

★ Viveiro ►

**Weg nach Ribadeo** In Viveiro sind die spektakulärsten Meeresarme vorbei, doch die verbleibenden 70 km bis Ribadeo sind nicht frei von Attraktionen. Im Küstenhinterland säumen Eukalyptus, Fuchsien, Brombeeren, Ginster und Apfelbäume den Weg. Im auffällig lang gestreckten Hafen- und Strandstädtchen **Burela** haben die Berge bereits spürbar an Höhe verloren, die Küstenlinie ist felsig-zerklüftet. Fortan gibt es von der N-642 immer wieder Gelegenheit zu ausgewiesenen Strandabstechern. Im Hinterland von **Foz** hingegen führt ein ausgeschilderter Weg zur präromanischen **Iglesia de San Martín de Mondoñedo**, die zum Nationalmonument erklärt worden ist und bemerkenswerte Säulenkapitelle und Wandmalereien aufweist.

*Praia das Catedrais: Gewaltige schwarze Felsbögen ragen hier bei Ebbe aus dem Sand hervor. Bei Flut sind sie größtenteils vom Wasser bedeckt.*

Deutlich platzierte Hinweisschilde führen zum eigentlichen Höhepunkt der Strecke und zu einem großen Parkplatz: die Praia das Catedrais. Übersetzt heißt dies »Strand der Kathedralen«, da bei Ebbe gewaltige Felsbögen zurückbleiben und zugänglich sind. Wer sich zur wärmeren Jahreszeit in die Fluten stürzt, sollte hier besonders die Gewalt des Atlantiks nicht unterschätzen.

★★ ◄ Praia das Catedrais

Ribadeo (9000 Einw.), das letzte Städtchen der Rías Altas, schmiegt sich mit einem kleinen Hafen an die malerische Ría de Ribadeo, die ihrerseits die Wasser des Río Eo aufnimmt. Ribadeo wurde im 8. Jh. gegründet und war im Mittelalter für seine Walfänger bekannt; im 18. Jh. wurde das Fuerte de San Damían zum Schutz der Ría erbaut. Das Leben spielt sich rund um die zentrale Plaza de España ab, die Torre de los Moreno entstand um 1915 unter Jugendstileinfluss. Ostwärts von Ribadeo spannt sich eine lange Brücke, die Ponte dos Santos, über den Meeresarm nach Asturien an die ►Costa Verde.

★ **Ría de Ribadeo**

# ★★ Rías Baixas

A/B 4/5

**Provinzen:** La Coruña, Pontevedra **Region:** Galicien (Galicia)

**Galiciens »Untere Meeresarme«, die Rías Baixas (span. Rías Bajas), sind wesentlich stärker frequentiert als die ►Rías Altas. Dank ihrer herrlichen Strände und der Vielzahl an Unterkünften gehören die Gegenden um O Grove, Sanxenxo und Baiona zu den beliebtesten Feriengebieten Nordspaniens. Die vielerorts vorzüglichen Restaurants bieten von Jakobsmuscheln (vieiras) bis zu gedämpften Miesmuscheln (mejillones al vapor) eine reiche Palette am Meeresfrüchten an. Die größten Städte ►Pontevedra und ►Vigo sind gesondert beschrieben.**

## Sehenswertes an den Rías Baixas

**★★ Ría de Muros e Noia**

Nimmt man Santiago de Compostela als Ausgangspunkt, führt die Entdeckungstour der Rías Baixas zunächst 35 km südwestlich nach Noia an die Ría de Muros e Noia (►Ausflüge von Santiago de Compostela: Costa da Morte und Cabo Fisterra). Von dort führt die AC-550 an den Südufern der Ría entlang über Portosín nach Porto do Son, wo weiter südlich in Form des **Castro de Baroña** Siedlungsreste

Abb. S. 36 ►

*Fischereihafen an der Ría de Muros*

aus der Keltenzeit erhalten blieben. Über das südliche Ende dieser Península do Barbanza legt sich der Parque Natural Dunar de Corrubedo e Lagoas de Carregal e Vixán, ein 996 ha kleines **Naturschutzgebiet**, das sich zwischen Corrubedo und Aguiño ausbreitet, mehrere Flüsschen aufnimmt und sich aus Dünen, Sümpfen und Lagunen (Carregal, Vixán) zusammensetzt. Mit Glück lässt sich die vielfältige Vogelwelt auf mehreren ausgewiesenen Wegen beobachten.

✶ ◄ Península do Barbanza, Parque Natural Dunar de Corrubedo

Aguiño – und damit der Ría de Arousa vorgelagert – sind eine Reihe von Felseninseln, angeführt von der leuchtturmbesetzten Illa de Sálvora. Nordöstlich von Aguiño führt die weite Straßenschleife über Santa Uxia und A Pobra do Caramiñal um die Ría herum, wo an der Mündung des Río Ulla das Örtchen Catoira liegt. Die dortigen Tor-

✶✶ **Ría de Arousa**

✶ ◄ Torres del Oeste

## RÍAS BAIXAS ERLEBEN

### AUSKUNFT

*Oficina de Turismo*
Avenida Juan Carlos I, 37
Vilagarcía de Arousa
Tel./Fax 986 51 01 44
www.riasbaixas.net

*Oficina de Turismo*
Praza do Concello, s/n
Cambados
Tel. 986 52 07 86, Fax 986 52 48 66
www.cambados.info

*Oficina de Turismo*
Calle Madrid, s/n
Sanxenxo
Tel. 986 72 02 85, Fax 986 72 10 22
www.sanxenxo.org

*Oficina de Turismo*
Paseo da Ribeira, s/n
Baiona
Tel. 986 68 70 67, Fax 986 35 74 74
www.baiona.org

### ÜBERNACHTEN

► **Luxus**

*Parador de Cambados*
Paseo Calzada, s/n
Tel. 986 54 22 50, Fax 986 54 20 68
www.parador.es
Vier-Sterne-Haus, dessen Rahmen der altehrwürdige Pazo de Bazán bildet. Mit gutem Restaurant, in dem man unbedingt den fangfrischen Fisch und die Meeresfrüchte probieren sollte.

*Parador de Baiona*
Tel. 986 35 50 00, Fax 986 35 50 76
www.parador.es
Ins Festungsplateau integriertes Traumhotel mit Sommerpool, Restaurant und weitem Terrassenbereich – ein Parador der Extraklasse! Zur Hauptsaison empfiehlt sich eine rechtzeitige Reservierung. Nach den guten Meeresfrüchten im Restaurant sollte man den Jakobuskuchen (tarta de Santiago) probieren!

► **Günstig**

*Hospedería de Poio*
Monasterio de San Juan de Poio
Tel. 986 77 00 00, Fax 986 77 02 02
www.mercedarios.com
Große Klosterherberge zwischen Sanxenxo und Pontevedra, einfach eingerichtete Zimmer mit Bad zu äußerst günstigem Preis. Das Restaurant mag auf den ersten Blick etwas nüchtern wirken – doch auf die Qualität kommt es an!

res del Oeste wurden zur Verteidigung des Flusses gegen Normannen und Mauren errichtet. Sie sind Überbleibsel eines größeren Verbundsystems an Festungstürmen und immer Anfang August Schauplatz einer nachgestellten **»Wikingerschlacht«** (Batalla Vikinga).

Ab Catoira hält man sich fortan parallel zu den Ostausläufern der Ría de Arousa, in der die **Muschelzucht** mit künstlichen Inseln (bateas) besonders groß geschrieben wird. Im Sommer starten im Hafenstädtchen **Vilagarcía de Arousa** kurzweilige Bootsausflüge zu den bateas, meist mit Verkostung. Von Vilagarcías nahem Monte Lobeira bieten sich schöne Ausblicke, die bereits den in Vilagarcía geborenen Literaten Ramón del Valle-Inclán (1866 – 1936) begeisterten. Bei **Vilanova de Arousa** bietet sich ein Abstecher über die lang gestreckte Brücke auf die mitten in den Meeresarm greifende Illa de Arousa an, die im Sommer bei Campingfreunden hoch im Kurs steht. Wer mit Kindern unterwegs ist, kann den Nachwuchs direkt hinter dem Ende der Brücke reichlich Muscheln sammeln lassen.

✶ Illa de Arousa ►

Cambados (5000 Einw.) genießt seinen Ruf als selbst ernannte »Hauptstadt des Albariñoweins« und hat am Wein- und Seehandel sehr gut verdient. Im Regelfall findet hier Anfang August das große Weißweinfest statt, die **Festa do Albariño**. Der Ortsmittelpunkt von Cambados wird von der Praza Fefiñáns mit dem Pazo Fefiñáns-Figueroa (16./17. Jh.), Arkadenhäusern, Granitbauten und Weinhandlungen bestimmt. Über den Resten einer römischen Siedlung wurde die heute in Ruinen liegende Kirche Santa Mariña do Dozo (15. Jh.) erbaut.

✶ Cambados ►

## O Grove

Eine Nebenbucht der Ría de Arousa trennt Cambados von dem am Ende einer Halbinsel gelegenen O Grove (8000 Einw.), das mit seinen Miesmuscheln einen guten kulinarischen Ruf genießt. In der ersten Oktoberhälfte findet das zehntägige »Meeresfrüchtefest« **Festa do Marisco** statt. Ansonsten stehen zahlreiche Fischrestaurants zur Wahl; ein Verdauungsspaziergang führt an der Promenade entlang. Ähnlich durchkommerzialisiert, obgleich vor Jahren noch als Geheimtipp gehandelt, ist die **Illa da Toxa**, zu der ab O Grove eine kleine Brücke hinüberführt. Das große Wellnesshotel auf der Insel ist nur eine von mehreren Unterkünften. Zur wärmeren Jahreszeit kann arges Gedränge herrschen, Ausflugsbusse und Souvenirstände inklusive. Kurios ist die komplett mit hellen Schalen von Jakobsmuscheln belegte Ermita de San Sebastián.

✶ Ermita de San Sebastián ►

Ein weiterer Kurzausflug ab O Grove führt zum **Acquarium Galicia**, in dem sich galicisch-atlantisches Meeresgetier, aber auch tropische Fische tummeln (Punta Moreiras, Reboredo; Öffnungszeiten: Anf. Juni – Mitte Okt. tgl. 10.00 – 21.00, sonst Fr. – So.).

Nach Verlassen der Halbinsel von O Grove gen Süden breitet sich rechter Hand der Straße die schöne, raue Praia da Lanzada aus. Eine der zahlreichen eigenartigen Traditionen Galiciens legt Frauen mit Kinderwunsch nahe, sich hier bei einer Wallfahrt Ende August zum »Bad der neun Wellen« in die Fluten zu stürzen.

✶ Praia da Lanzada ►

*Die Playa Canelas bei Sanxenxo – ein malerischer Anblick*

Die große Hafen-, Strand- und Touristengemeinde **Sanxenxo** (17 000 Einw.) liegt bereits an der Ría de Pontevedra und fährt mit Abstand das größte Unterkunftangebot an den Rías Baixas auf. Im Sommer starten Bootsausflüge zur 6 km x 1,5 km kleinen felsigen Illa de Ons, die der Ría de Pontevedra vorgelagert liegt und Heimat vieler Seevögel ist. **Spuren der Kelten** (Castro do Alto) sind auf der zum Parque Nacional Islas Atlánticas gehörigen Insel ebenso zu finden wie die Strände Melide und Pereiró. Zwischen Sanxenxo und der Provinzhauptstadt ►Pontevedra sollte man sich Stopps in Combarro (schöne hórreos) und am Mercedarierkloster San Juan de Poio vormerken, dessen Vorläufer bereits zu westgotischen Zeiten gegründet worden sein soll.

★ **Ría de Pontevedra**

★ ◄ Illa de Ons

Südwestlich von Pontevedra führt die Anschlusstour über die Península de Morrazo, die die Ría de Pontevedra von der **Ría de Vigo** trennt. Der Ría de Pontevedra zugewandt liegen der Marine- und Fischereihafen Marín, die Praia de Mogor und die Praia de Lapamán sowie das alte Fischerstädtchen **Bueu**; auch ab Bueu starten im Sommer Bootstouren zur Illa de Ons. Das westlichste Ende der Península de Morrazo markiert der Faro do Cabo do Home, gleichzeitig der nächstgelegene Festlandspunkt zu den vogelreichen Ilas Cíes (►Ausflüge von Vigo).

★ **Península de Morrazo**

★ ◄ Ilas Cíes (Abb. S. 341)

✶ Cruceiro de Hío ► Einen künstlerischen Glanzpunkt setzt im kleinen Hío der Cruceiro de Hío, ein von Xosé Cerviño im 19. Jh. geschaffenes Granitkreuz mit dem Motiv der Kreuzabnahme – samt perfekt herausgearbeiteter Leiter! Über Cangas und Moaña geht die Fahrt an den Nordufern der Ría de Vigo entlang, die sich rückwärtig stark verengt und von der großen Puente de Rande überspannt wird. Die Muschelzucht in der Ría und die Handelsaktivitäten im großen Hafen von ►Vigo gehen Hand in Hand.

✶ **Ría de Baiona** ✶ Baiona ► Südwestlich von Vigo lässt man nach und nach den breiten Trichter der Ría de Vigo hinter sich und erreicht hinter Nigrán die schöne kleine Ría de Baiona. Das Hafenstädtchen Baiona (9000 Einw.) wurde schon im Mittelalter durch gewaltige Burganlagen geschützt und genoss königliche Privilegien. Im März 1493 lief hier unter dem Kommando von Martín Alonso Pinzón die legendäre Karavelle »Pinta« ein, wodurch Baiona, so heißt es, **als erste spanische Stadt Notiz von der Entdeckung der Neuen Welt durch Kolumbus nahm**. Das Ereignis der »Pinta«-Ankunft wird alljährlich Anfang März im Rahmen der **Festa da Arribada** begangen; eine Replik des Schiffes liegt an einem Steg. Baionas kleine Altstadt ist ebenso eine Entdeckung wert wie der von Burgmauern umkränzte Monte Real, der sich zur Westseite der Stadt hin erhebt. Um den unteren Teil des Festungshügels führt ein schöner Rundweg, oben liegt eines der besten Hotels der Paradores-Kette. Unterhalb der Burg liegt ein kleiner Strand, ein Ausflug führt zum Kloster Santa María de Oia (12./13. Jh.).

Zwischen Baiona und A Guarda (10 000 Einw.), dem letzten Städtchen vor dem spanisch-portugiesischen Grenzfluss Miño, verläuft eine traumhafte Küstenstraße, die allerdings im Sommer viel befahren sein kann. Die Küstenlandschaft trägt durchweg schroffen Charakter.

✶ Monte Santa Tegra ► Auf dem Monte Santa Tegra, oberhalb von A Guarda, liegen **interessante Reste einer Keltensiedlung**, die erst 1913 wiederentdeckt wurde. Die Ursprünge dürften in die Zeit um 500. v. Chr. zurückreichen, später machten sich die Römer die Anlage bis ins erste oder zweite nachchristliche Jahrhundert zunutze.

# ✶✶ San Sebastián (Donostia)

P 3

**Provinz:** Guipuzcoa (Gipuzkoa)
**Höhe:** Meereshöhe
**Region:** Baskenland (País Vasco, Euskadi)
**Einwohnerzahl:** 180 000

**Das altehrwürdige Seebad kultiviert Flair und Chic wie keine andere Stadt in Nordspanien. Die Lage am Atlantik und das Miteinander aus grünen Hügeln und Stadtstränden ist in jeder Hinsicht beneidenswert. Kein Wunder, dass sich hier schon im 19. Jh. das spanische Königshaus in seiner Sommerresidenz wohlfühlte.**

**Zauberhafte Lage**

Eine Insel, ein Fluss, zwei Atlantikbuchten, drei Berge – das geografische Antlitz von San Sebastián ist ein ganz besonderes. Im westlichen Teil fassen der Monte Igeldo und der Monte Urgull die »Muschelbucht«, Bahía de la Concha, ein, die wegen ihrer Form so genannt wird. Mitten in der Bucht liegt die felsige Isla de Santa Clara, während sich die beiden längsten Stadtstrände, die Playa de la Concha und die Playa de Ondarreta, vom Rand der Altstadt bis an die Ausläufer des Monte Igeldo spannen. Östlich des Monte Urgull unterbricht die Mündung des Río Urumea den durchgehenden Küstenverlauf, ehe sich die kleinere Playa de Zurriola an einer offeneren Bucht anschließt und auf den dritten Stadthügel, den Monte Ulía, zuläuft.

**Geschichte und Gegenwart**

Entstanden aus einer kleinen baskischen Fischersiedlung, wird San Sebastián 1014 als Sitz eines Klosters erstmals in einem Dokument erwähnt. Navarras König Sancho VI. erließ Ende des 12. Jh.s ein Sonderrecht, um den Hafen zu nutzen und auszubauen. Handel und Seehandelsbeziehungen brachten den Aufschwung der Stadt mit sich und lockten zahlreiche Zuzügler auch aus Frankreich an. Unliebsamere Gäste kamen 1808 aus dem Nachbarland: die napoleonischen Truppen, die bis zu ihrer kriegerischen Vertreibung durch eine Al-

*Bummel an der Concha von San Sebastián, der Königin der Seebäder an der Biskaya*

lianz aus Engländern und Portugiesen 1813 verheerende Schäden anrichteten. Im weiteren Verlauf des 19. Jh.s wuchs die Bedeutung San Sebastiáns. 1854 wurde Tolosa als Hauptstadt der baskischen Provinz Guipuzcoa abgelöst, ab 1885 begann die Königsfamilie, zunächst angeführt von Regentin María Cristina, ihre Sommer in San Sebastián zu verbringen. Die Geldelite rückte nach, 1887 wurde das Casino erbaut, Banken öffneten ihre Pforten, Hotels und Strände avancierten zu Tummelplätzen der High Society. Hier sind die Ursprünge von jenem San Sebastián zu suchen, das sich noch heute im Glanz seiner prachtvollen Promenaden und Bürgerhäuser sonnt und das man gerne mit dem etwas angestaubten Begriff Seebad tituliert.
Während der internationalen **Filmfestspiele** im September lebt zusätzlich Glamour auf, mitunter mit Weltstars aus Hollywood. Im Alltag ist es sehr schön, nachdem man den Strand genossen hat und herumflaniert ist, am Aband in die stimmungsvolle Altstadt einzutauchen. Bei all den Vorzügen ist San Sebastián gleichzeitig **eine der teuersten Städte Spaniens**.

## Sehenswertes in San Sebastián

**✶✶ Bahía de la Concha**

Sonnenanbeter, Jogger, Spaziergänger, Wassersportler – sie alle finden in der Bahía de la Concha, der »Muschelbucht«, zusammen. Auf Höhe des Palacio de Miramar, eines Palais mit Gärten in englischem Landhausstil, sind die beiden Strände Ondarreta und Concha voneinander getrennt. Westlich des Vorsprungs liegt die Playa de Ondarreta, die sich zum Monte Igeldo wendet und bis zum Paseo del Peine del Viento erstreckt. »Peine del Viento« bedeutet »Windkamm« und ist ein sehenswertes **Skulpturen-Ensemble**, das der baskische Metallbildhauer **Eduardo Chillida** auf die Felsen am äußersten Ende der Bucht platziert hat.
Die sichelförmig geschwungene Playa de la Concha dehnt sich Richtung Altstadt aus, oberhalb verläuft mit dem Paseo de la Concha die schickste Promenade der Stadt. Im geografischen Zentrum der Bucht liegt die kleine Isla de Santa Clara, eine 48 m hohe Felseninsel, die im Sommer vom Sporthafen aus mit Ausflugsbooten angesteuert wird.

**✶ Monte Igeldo**

Schönes Wetter vorausgesetzt, liegt einem vom Aussichtsberg Monte Igeldo aus die Bahía de la Concha als blauer Traum zu Füßen. Hier eröffnet sich **eines der schönsten Buchtpanoramen in ganz Spanien**. Man kann sowohl mit dem Auto wie auch mit der täglich verkehrenden Zahnradbahn (funicular) hierher gelangen.

**✶ Monte Urgull**

Der Monte Urgull stößt direkt an die Altstadt und lädt mit seinem vorbildlich aufgezogenen Wegenetz zu Entdeckungen ein. Im Grün des Hügels verästeln sich die Pfade in richtig einsame, romantische Winkel und führen sowohl zum sogenannten »Engländerfriedhof« als auch zu Festungsüberbleibseln des Castillo de Santa Cruz de la

## San Sebastián · Donostia Orientierung

**Essen**
① Arzak
② Akelarre
③ Mariñela

**Übernachten**
① María Cristina
② Abba de Londres (y de Inglaterra)
③ Parma
④ Nicol's

1 Basilica de Santa María del Coro
2 Museo de San Telmo
3 Plaza de la Constitución
4 Castillo de Santa Cruz de la Mota
5 Cementerio de los Ingeles
6 Museo Naval
7 Parque de Atracciones
8 Santa María

Mota. Die schönsten Aussichten genießt man rund um das 29 m hohe **Christusmonument**, ein Werk von Federico Coullaut-Valera (1912 – 1989). Um die Nordflanke des Monte Urgull läuft der ebenfalls begehenswerte Paseo Nuevo. Er führt an die Flussmündung des Urumea.

★ **Puerto**

Der Fischer- und Sporthafen (Puerto) mit seinen kleinen Bassins ist eine weitere angenehme Überraschung in der Innenstadt. Hier reihen sich stimmungsvolle Terrassen von Fischrestaurants auf, hier bieten sich einmal mehr gute Blicke über die Muschelbucht. Am Paseo del Muelle Nummer 24 liegt das **Museo Naval**, ein kleines Seeschifffahrtsmuseum mit Bootsmodellen (Öffnungszeiten: Di. – Sa. 10.00 – 13.30, 16.00 – 19.39, So. 11.00 – 14.00 Uhr).

★ **Aquarium**

Gleich hinter dem Fischerhafen warten Haie, Muränen, Rochen und Meeresschildkröten: im Aquarium, dessen Höhepunkt der Gang durch den Glastunnel ist, mitten durch das 2,5 Millionen-Liter-Ozenarium. Auch die tropische Fischwelt ist mit Chirurgen- und Kugelfischen vertreten. (Plaza Carlos Blasco de Imaz, 1; Öffnungszeiten: Mo. – Fr. 10.00 – 19.00, Sa./So. 10.00 – 20.00, im Hochsommer tgl. bis 21.00 Uhr, www.aquariumss.com).

# SAN SEBASTIÁN ERLEBEN

## AUSKUNFT

***Oficina de Turismo***
Reina Regente, 3
Tel. 943 48 11 66
Fax 943 48 11 72
www.donostia.org

## VERANSTALTUNGEN

Am 19./20. Januar steht das große Patronatsfest samt Trommelmarathon (Tamborrada) an. Mitte August ist die Große Festwoche (Semana Grande) terminiert. Im September finden die internationalen Filmfestspiele (Festival Internacional de Cine) statt; Informationen auch zu den Tickets für die Veranstaltungen im Internet unter www.sansebastianfestival.com.

## SHOPPING

Beliebte Shoppinggegenden liegen um das ehemalige Marktgebäude (Mercado La Bretxa; Alameda del Bulevard) sowie in der Zone zwischen den Plätzen Gipuzkoa und Buen Pastor.

## ESSEN

### ► Fein & teuer

① ***Arzak***
Avenida Alcalde Jose Elosegi, 273
Tel. 943 28 55 93
www.arzak.info
Begründet von Spitzenkoch Juan Mari Arzak, genießt dieses Restaurant den Ruf, eines der besten in Spanien zu sein. Ein wundervolles Menü kann schon mal einen dreistelligen Betrag kosten. So. abends, Mo. u. Di. geschlossen. Reservierung unbedingt erforderlich.

② ***Akelarre***
Paseo Padre Orkolaga, 56
Barrio Igeldo
Tel. 943 31 12 09
www.akelarre.net
Fernsehkoch Pedro Subijana und sein Team sind Meister ihres Fachs, ihrer Kreativität sind keine Grenzen gesetzt. Ein gastronomisches Erlebnis! Dringend reservieren. Sonntagabend, Mo. u. Di. geschlossen.

### ► Erschwinglich

③ ***Mariñela***
Paseo del Muelle, 15
Tel. 943 42 13 88
Am Fischerhafen gelegen, Fisch und Meeresfrüchte prägen die Speisekarte.

## *Baedeker-Empfehlung*

***Tapas-Tour***
Die Altstadtkneipen von San Sebastián wetteifern auf besondere Art um ihre Kundschaft. Welche Bar hat die pfiffigsten Tapas? Wer zeigt die besten Tapas-Auslagen? Kenner schwärmen von den landesweit leckersten Häppchen, die natürlich ihren Preis haben. Eine Tapas-Tour durch das historische Viertel bürgt auf jeden Fall für Hochgenuss.

## ÜBERNACHTEN

► **Luxus**

① ***Hotel María Cristina***
Calle Oquendo, 1
Tel. 943 43 76 00, Fax 943 43 76 76
www.mariacristina.es
Innen modernisiertes Aushängeschild der guten alten Zeit, häufig Quartier prominenter Gäste. Zentrale Lage; fünf Sterne.

② ***Hotel Abba de Londres y de Inglaterra***
Calle Zubieta, 2
Tel. 943 44 07 70, 943 44 04 91
www.hlondres.com
Erste Adresse an der Hauptpromenade. Hier spürt man ganz speziell das Flair des altehrwürdigen Seebades, besonders wenn man sich ein Zimmer mit Blick auf die Bucht gönnt.

► **Komfortabel**

③ ***Hotel Parma***
General Jauregui, 11
Tel. 943 42 88 93, Fax 943 42 40 82
www.hotelparma.com
Die privilegierte zentrale Lage zwischen der Altstadt und der Playa de la Zurriola gibt hier den Ausschlag für eine Empfehlung dieses Zwei-Sterne-Hotels.

④ ***Hotel Nicol's***
Paseo Gudamendi, 21
Tel. 943 21 57 99
Fax 943 21 17 24
www.hotelnicols.com
Gute Zwei-Sterne-Adresse für all jene, die lieber abseits des Innenstadttrubels übernachten möchten. Restaurant und Parkplatz. Über den Winter meist geschlossen.

✱ **Altstadt**

Das Herzstück der Altstadt, die **Plaza de la Constitución**, diente vormals als Schauplatz von Stiergefechten – das verraten die Nummern über den Balkonen, die seinerzeit als Logen vermietet wurden. Rund um das Platzrechteck und in den nahen Fußgängergassen wie Fermín Calbetón locken einladende Tapas-Bars. Schönste Altstadtkirche ist die **Iglesia de Santa María**, deren Barockfront eine Skulptur des heiligen Stadtpatrons Sebastian ziert. An der Plaza de Zuloaga liegt das einstige Dominikanerkloster, in dem heute das Museo de San Telmo untergebracht ist. Interessant sind die Volkskundeabteilung und die Gemäldegalerie, die u. a. wertvolle Werke von El Greco, Alonso Cano und Ignacio Zuloaga zeigt. (Öffnungszeiten: Di. – Sa. 10.30 – 13.30, 16.00 – 19.30, So. 10.30 – 14.00 Uhr).

✱ ◄ Museo de San Telmo ⌚

✱ **Playa de la Zurriola**

Der ans östliche Stadtviertel Gros grenzende Sandstrand Playa de la Zurriola wird ebenfalls von einer ausgedehnten Promenade flankiert. Auf dem Wasser sieht man häufig Myriaden von Surfern über die Wellen flitzen. Eingefasst von Promenaden erhebt sich bei der Flussmündung des Urumea ein gewaltiger Block des spanischen Architekturstars Rafael Moneo: der Kongress- und Musikpalast **»Kursaal«**.

**KutxaEspacio de la Ciencia** ⌚

Das interaktive Wissenschaftsmuseum liegt im Südteil der Stadt. Angeschlossen ist ein Planetarium (Mikeletegi Pasealekua, 43; Öffnungszeiten: Di. – Sa. 10.00 – 19.00, So. 11.00 – 19.00, im Sommer bis 20.00 Uhr; www.miramon.org).

## Ausflüge von San Sebastián

**★★ Museo Chillida-Leku**

Über weite Wiesenzonen und das historische Landgut Zabalaga verteilen sich die Exponate des Museo Chillida-Leku, ein außergewöhnliches Museum, das ganz im Zeichen der **ständigen Werkschau des Bildhauers Eduardo Chillida** (1924 – 2002) steht. Aus der Reihe der Freiluftskulpturen sticht das 9 m hohe Werk »Auf der Suche nach dem Licht« (Buscando la luz) hervor. Das Museum liegt etwa 10 km südlich von San Sebastián bei Hernani, Barrio Jáuregui 66 (Öffnungszeiten: im Sommer Mo. – Sa. 10.30 – 20.00, So. 10.30 – 15.00, sonst nur Mi. – Mo. 10.30 – 15.00 Uhr). Es gibt Audioguides auf Deutsch, Informationen unter www.museochillidaleku.com.

**★ Pasajes de San Juan / Pasai Donibane**

Der 1000-Einwohner-Ort liegt 6 km östlich am Handelshafen von San Sebastián und macht aus der Ferne keinen berauschenden Eindruck. Das jedoch ändert sich, wenn man die schmale Hauptgasse durchstreift. Hier herrscht zuweilen noch die gute alte Fischerstimmung; zudem reihen sich Meeresfrüchte-Restaurants aneinander.

**★ Hondarribia**

Das 20 km östlich gelegene Hondarribia steht in der Reihe der beliebtesten baskischen Strand- und Ferienstädtchen (15 000 Einw.) weit oben und bietet ganz unterschiedliche Facetten. Da ist die Altstadt mit ihren Gassen, Kneipen und der urtümlichen Plaza de Armas mit massiger Wehrburg (heute Parador-Hotel), da sind aber auch die Promenaden am Meer und an der Mündung des Río Bidasoa oder der Jacht- und der Fischerhafen. Hinter dem Sandstrand sind die Großparkplätze ein Indiz für den sommerlichen Ansturm.

Monte Jaizkibel ►

Ausgeschilderte Sträßchen winden sich zum Kap Higuer (Leuchtturm) und ins Küstengebirge des Monte Jaizkibel (543 m ü.d.M.) hinauf, wo der Platanenplatz vor der Wallfahrtskirche Guadalupe ein lohnendes Panorama bietet. Im Innern des Bergheiligtums verehren die Gläubigen das **Bildnis einer schwarzen Madonna**.

Strandziele westlich von San Sebastián findet man bei ►Costa Vasca.

# ★★ Santander

M 3

**Provinz:** Kantabrien (Cantabria) **Region:** Kantabrien
**Höhe:** Meereshöhe **Einwohner:** 190 000

**Kantabriens Hauptstadt genießt einen Ruf als traditionelles Seebad. Ihre Strände und Promenaden gehören zu den schönsten in Nordspanien. Diese und auch hochkarätige sommerliche Kulturereignisse locken Besucher aus aller Welt an. Kein Wunder, dass Santander immer dann genannt wird, wenn es in Spanien um Städte mit der höchsten Lebensqualität geht.**

*Leuchtturm auf den Klippen: Cabo Mayor bei Santander*

**Handelsplatz und Seebad**

Santander liegt an einer tief ins Land eindringenden, von Strand- und Dünenzonen umrahmten Bucht. Diese geschützte Lage machten sich bereits die Römer bei der Anlage ihres Hafens namens Portus Victoriae zunutze. Kastiliens Könige Sancho II. (1068) und Alfonso VIII. (1187) gestanden Santander weitgehende Privilegien zu. Dies beflügelte die Entwicklung der Seehandelsaktivitäten. Über Santander wurden Agrarprodukte aus Kastilien nach England und Flandern verschifft.

Im Mittelalter bestand in Santander ein Kloster zu Ehren der römischen Märtyrer San Emeterio und San Celedonio, deren geköpfte Häupter, so besagt eine Legende, einst auf wundersame Weise in die Bucht gespült worden waren. Bis heute verehrt man ihre Reliquien. Santander ist seit alters her auch Station der Jakobspilger auf dem Küstenweg nach Santiago de Compostela.

Im 16. Jh. wurde die Stadt von mehreren Pestepidemien heimgesucht. Nach zwei Seuchen 1529 und 1531 waren nur noch 187 von ursprünglich 641 Häusern bewohnt. Viele Bauten wurden vorsorglich zerstört. 1570 machte König Philipp II. Santander zum Flottenstützpunkt. Ab 1778 kam der Seehandel mit den Kolonien in Übersee in Schwung. Die kontinuierliche wirtschaftliche Entwicklung führte zur Gründung der mächtigen Banco de Santander (1857) und ermöglichte den Eisenbahnanschluss (1866), was wiederum für ein rasches Aufblühen des Tourismus sorgte.

## SANTANDER ERLEBEN

### AUSKUNFT

***Oficina de Turismo***
Paseo de Pereda, s/n
Tel. 942 20 30 00, Fax 942 20 30 05
www.turismodecantabria.com

### VERANSTALTUNGEN

Mitte Juli steigt das historische Badefest Baños de la Ola. Rund um den 25. Juli zeigt sich Santander mit den Fiestas de Santiago und Ende August mit den Fiestas de San Emeterio y San Celedonio in Feierlaune. Über den ganzen Monat August werden im Rahmen eines Sommerfestivals hochkarätige Kultur-Events (Tanz, Theater, Konzerte) geboten.

### ESSEN

#### ► Fein & teuer

① ***El Puntal***
Paseo Pérez Galdós, 28
Tel. 942 27 25 50
www.hotelreal.es
Das sehr stilvolle Spitzenrestaurant gehört zum Hotel Real. Wahrlich königlich werden hier regionale Spezialitäten zubereitet.

#### ► Erschwinglich/Fein & teuer

② ***Machinero***
Calle Ruiz de Alda, 16
Tel. 942 31 49 21
www.machinero.com
Küche mit Tradition, aber auch mit modernem Touch. Sonntag ist Ruhetag.

### ÜBERNACHTEN

#### ► Luxus

① ***Hotel Real***
Paseo Pérez Galdós, 28
Tel. 942 27 25 50
Fax 942 27 45 73
www.hotelreal.es
Traditionsreiche Adresse der Fünf-Sterne-Kategorie mit dem Zusatz »Gran Lujo«. Das Hotel wurde 1917 eröffnet, um illustre Gäste aus dem Umfeld der königlichen Familie zu beherbergen.

#### ► Komfortabel

② ***Hotel El Central***
Calle General Mola, 5
Tel. 942 22 24 00
Fax 942 36 38 29
www.elcentral.com
Drei-Sterne-Haus in zentraler Lage. Ihr Geld wert sind im obersten Stockwerk die Zimmer mit einem fantastischen Meerblick. In der Nebensaison purzeln die Preise ganz erheblich.

Ende des 19. Jh.s wurde Santander Sommerresidenz des spanischen Königshauses. 1912 war der königliche Palast fertiggestellt. Jetzt kam die Entwicklung der Stadt zum mondänen Seebad so richtig in Schwung. 1932 gab es »kulturellen Rückenwind« durch die Gründung der Sommeruniversität, die nach dem Literaten und Philosophen Marcelino Menéndez Pelayo (► S. 308) benannt ist. Im Frühjahr 1941 wurde die Stadt von einem heftigen Orkan getroffen, der in der Altstadt eine Feuersbrunst auslöste. Danach erfolgte ein planmäßiger Wiederaufbau. In der zweiten Hälfte des 20. Jh.s entwickelte sich Santander dank seines Hafens auch zu einem lebhaften Industriestandort (u. a. Chemie, Schiffbau).

## *Santander* Orientierung

**Essen**
① El Puntal
② Machinero

**Übernachten**
① Real
② El Central

## Sehenswertes in Santander

★ **Catedral de Nuestra Señora de la Asunción**

Die wehrhaft wirkende Kathedrale wurde über der einstigen Klosterkirche San Emeterio und San Celedonio errichtet, was ihre Aufteilung in eine Ober- und eine Unterkirche erklärt. Die um 1200 entstandene Unterkirche besteht aus der gedrungenen **Cripta del Cristo**, die ein Bildnis des Gekreuzigten über dem Altar zeigt und die Reliquien der heiligen Emeterio und Celedonio aufbewahrt.
Die eigentliche Bischofskirche (Oberkirche) datiert aus dem 13./14. Jh. und wurde nach dem Stadtbrand von 1941 wieder aufgebaut. Sehenswert sind der **Kreuzgang** und das von dem Bildhauer Victorio Macho gestaltete **Mausoleum für Marcelino Menéndez Pelayo**). Öffnungszeiten der Kathedrale: Di. – So. 10.0 – 13.30, 16.00 bis 19.30 Uhr; Mo. und während Gottesdiensten keine Besichtigung.

**Umgebung der Kathedrale**

Östlich schließen sich die hübsch gestalteten Gartenanlagen der **Jardines de Pereda** und eine **Promenade** an. Letztere verläuft an der Bucht entlang bis zum kleinen Sporthafen **Puerto Chico**. Im nahen **Museo de la Prehistoria** (Calle Casimiro Sainz; So. nachmittag u. Mo. geschl.) sind Exponate aus der Vorzeit zu sehen.
Wendet man sich von den Jardines de Pereda der Stadtseite zu, erreicht man bald die arkadengesäumte **Plaza Porticada** sowie – durch

die Calle Juan de Herrera oder die Calle Rualasal – den Rathausplatz und die **Markthallen** mit ihrer imposanten Fischabteilung.

**Biblioteca y Casa-Museo de Menéndez Pelayo**

In der Altstadt (Calle Gravina) findet man das vormalige Wohnhaus des berühmten Philosophen und Literaturhistorikers **Marcelino Menéndez Pelayo** (1856 – 1912) und seine mit knapp 42 000 Bänden ausgestattete Bibliothek. Architekt Leonardo Rucabado hat diese im neobarocken Stil gehalten. Über die wechselnden Öffnungszeiten informiert das Oficina de Turismo (►Auskunft).

**Museo Municipal de Bellas Artes**

Gleich in der Nachbarschaft gibt es mit dem städtischen Museum der Schönen Künste ein weiteres repräsentatives Bauwerk des Architekten Leonardo Rucabado. Es ist 1917 – 1923 nach seinen Plänen entstanden. Hier sind nicht nur Werke regional bedeutsamer Maler zu sehen, sondern auch Arbeiten flämischer, italienischer und spanischer Meister des 17. bis 20. Jahrhunderts. Höhepunkt der Sammlung ist ein **Goya-Porträt von König Fernando VII.** (Öffnungszeiten: Sommer Mo. – Fr. 10.30 – 13.00, 16.00 – 19.00, Sa. 10.30 – 13.00; Winter Mo. – Fr 10.00 – 13.00, 17.00 – 20.00, Sa. 10.00 – 13.00 Uhr).

*Playa Bisquinis an der Halbinsel La Magdalena*

**Museo Marítimo del Cantábrico**

Zwischen der Altstadt und der Península de la Magadalena liegt dieses modern gestaltete meereskundliche Museum. Hier wird umfassend informiert über das **Leben im Meer**. Reichlich historisch unterlegtes Anschauungsmaterial illustriert den Fischfang und die wirtschaftliche Entwicklung an der kantabrischen Küste (San Martín de Bajamar; Öffnungszeiten: Mai – Mitte Sept. tgl. 10.00 – 21.00, übrige Zeit tgl. 10.00 – 19.00 Uhr).

**✶ Península de la Magdalena**

Wälder und Wiesen, Spazierwege, herrliche Ausblicke über die Bucht – die Halbinsel östlich der Kernstadt ist für Einheimische und Besucher gleichermaßen attraktiv. Der **Palacio Real de la Magdalena**, der einstige Sommerpalast des spanischen Königshauses, der 1912 nach Plänen der kantabrischen Architekten Javier González Riancho und Gonzalo Bringas Vega auf dem höchsten Punkt der Halbinsel fertiggestellt worden ist, dient heute als Rahmen für Kurse der Sommeruniversität Menéndez Pelayo.
Auf dem Weg zur Halbinsel gibt es einen kleinen Tierpark und Schiffsnachbauten, die an Francisco de Orellana erinnern, den spanischen Entdecker des Amazonas.

! *Baedeker* TIPP

**Ausflug ans Cabo Mayor**

Im Norden der Stadt, in der Nähe des Fußballstadions »El Sardinero«, weist ein Straßenschild in Richtung Cabo Mayor, auf dem ein weithin sichtbarer Leuchtturm blinkt. Von der dortigen kleinen Aussichtspromenade hat man einen tollen Blick auf die wildromantischen Felsen und Klippen am Meer sowie auf den Eingang der Bucht von Santander.

**✶ Stadtstrände**

**✶✶** ◂ Playa El Sardinero

Die Península de la Magdalena unterteilt die beiden Strandzonen von Santander. Sie beginnen im Stadtzentrum mit der **Playa de los Peligros**. Es folgt die **Playa de la Magdalena**. Nördlich der Halbinsel breitet sich dann die **Playa El Sardinero** als einer der schönsten und bekanntesten Strände Spaniens aus. Parallel verlaufen Promenaden und Grünanlagen. Für mondänes Flair sorgen noble Hotels und Restaurants sowie das Gran Casino.

## Umgebung von Santander

**Museo Etnográfico**

Wenige Kilometer südlich von Santander, in Muriedas, zeigt ein volkskundliches Museum in der Casona de Velarde alte landwirtschaftliche Geräte, Jagdutensilien und Gebrauchskeramik (Calle Héroes del 2 de Mayo; Öffnungszeiten Di. – Sa. 10.00 – 13.00, 16.00 bis 19.00, So. 11.00 – 14.00 Uhr).

**✶ Parque de la Naturaleza Cabárceno**

17 km südlich von Santander breitet sich dieser Natur- und Wildpark in einem früheren Eisenerzbergbaugebiet aus. Auf einer Fläche von 750 ha leben viele verschiedene Tiere, darunter auch Elefanten, Löwen und Giraffen. Regelmäßig sind Vorführungen mit Seelöwen und Greifvögeln zu sehen (Anfahrt via Obregón oder Cabárceno; Öffnungszeiten: tgl. 9.30 – 18.00, im Sommer bis 19.00 Uhr).

# ★★ Santiago de Compostela

B 4

**Provinz:** La Coruña (A Coruña)
**Höhe:** 260 m ü.d.M.
**Region:** Galicien (Galicia)
**Einwohner:** 95 000

**Die Kathedrale mit dem vermeintlichen Grab des Apostels Jakobus macht Santiago de Compostela zum wichtigsten Wallfahrtsziel in Spanien. Zu Recht ist die herrliche Altstadt von der UNESCO zum Weltkulturerbe erklärt worden.**

**Regensattes Grün**

Santiago de Compostela, das nicht nur Pilgerziel, sondern auch Hauptstadt der Autonomen Gemeinschaft Galicien ist, liegt in einem weiten grünen Hügelland, das in jüngerer Zeit hauptsächlich mit Eukalyptus wieder aufgeforstet worden ist. Santiago ist eine der regenreichsten Städte Spaniens. Das erklärt beispielsweise auch den reichen Moosbelag an der Kathedrale. Die Armada der Stadtführer weiß um die wechselnden klimatischen Einflüsse – selbst an sonnigen Tagen bricht kaum jemand ohne Regenschirm zur Arbeit auf ...

*Endlich am Ziel: Pilger vor der Kathedrale von Santiago de Compostela*

Dritter Wallfahrtsort der Christenheit

Die Ursprünge und die Entwicklung der Stadt sind aufs Engste mit der Legende um den heiligen Jakobus verbunden, der hier von zwei treuen Jüngern, Athanasius und Theodorus, im Jahr 44 n. Chr. in einem Waldstück begraben worden sein soll. Anfangs, so besagt die Überlieferung, gab es am Grab ein kleines Heiligtum, das jedoch immer mehr in Vergessenheit geriet. Im 9. Jh. war es Einsiedler Pelagius, der über den Wäldern dieser Gegend mysteriöse Lichter sah und den nächsten erreichbaren Bischof, Theodemir, verständigte. Theodemir entdeckte dann – hier schwankt die Quellenlage zwischen 813 und 830 – das Grab des Apostels wieder. Aus heutiger Sicht werfen kritische Stimmen ein, dass der mysteriöse Grabesfund – zum Zweck der Stärkung der Reconquista – eine reine Erfindung von Klerus und Königshaus war. Das jedoch kann bis heute nicht die Ströme der Wallfahrer bremsen.
Im Mittelalter stand Santiago de Compostela hinter Rom und Jerusalem an dritter Stelle der Wallfahrtsziele der Christenheit. Heute kommen in manchen Jahren – speziell während der »Heiligen Jahre«, wenn der Jakobustag, der 25. Juli, auf einen Sonntag fällt – über 10 Mio. Besucher in die Stadt. Das nächste »Heilige Jahr« steht 2010 an.

Studentenstadt

Santiagos Bedeutung erschöpft sich nicht allein in seiner Funktion als Wallfahrtsort und Hauptort der Region Galicien, es ist darüber hinaus einer der beliebtesten Studienorte auf der Iberischen Halbinsel. Gegenwärtig lassen schätzungsweise rund 30 000 Studierende die Kultur- und Kneipenszene florieren.

## Sehenswertes in Santiago de Compostela

★★ Altstadt, Jakobsweg

Ab dem Monte do Gozo (►Ponferrada, Jakobsweg) erreichen die Pilger von Osten her Santiago de Compostela und kämpfen sich dann einige Kilometer vorwärts bis an den Rand der Altstadt. An der **Porta do Camiño**, wo einzig der Name ein früheres Stadttor verrät, geht es hinein in die Fußgängerzone bis zur **Praza de Cervantes**, wo dem Dichter Cervantes ein Denkmal gesetzt ist. Auf diesem ersten Teilstück Richtung Kathedrale hat man bereits Bekanntschaft gemacht mit den typischen Gassen und Granitbauten der von der UNESCO zum Weltkulturerbe erhobenen Altstadt. Doch wo liegt die nahe, von dieser Stelle aus nicht mehr sichtbare Kathedrale? Das haben sich in der Vergangenheit wohl Heerscharen von Wallfahrern gefragt, weshalb die angrenzende Gasse **Rúa do Preguntoiro** heißt – die »Fragegasse«! Durch diese geht es allerdings nicht, sondern durch die **Rúa Acibechería** hinab und – hinter einem Linksknick – durch die **Via Sacra** auf die **Praza da Quintana** (s. unten). Hier hat man endlich die berühmte Bischofskirche erreicht.

★★ Catedral de Santiago

Das erste nachweisbare Heiligtum um das Grab des Apostels Jakobus wurde im 9. Jh. auf Betreiben von König Alfonso II. errichtet. Anno 997 wurde es allerdings durch die Truppen des muslimischen Feld-

# CATEDRAL DE SANTIAGO

★★ **In der Kathedrale von Santiago de Compostela endet die Pilgerreise auf dem Jakobsweg. Ziel der Gläubigen ist das Grab des Apostels Jakobus (span. Santiago Apóstol) bzw. die Apostelfigur in der Capilla Mayor über dem Grab, die am Ende der Reise umarmt wird. Das beeindruckende Bauwerk wurde im 16. und 17. Jh. von außen umgestaltet, im Inneren jedoch herrscht reinste Frühromanik.**

*Die Porta Santa wird nur in einem Heiligen Jahr geöffnet, also wenn der 25. Juli auf einen Sonntag fällt.*

**① Claustro**
Vom 1521 bis 1586 in platereskem Stil erbauten Kreuzgang, einem der größten und schönsten in Spanien, gehen die Zugänge zum Teppichmuseum und zur archäologischen Abteilung ab.

**② Portal**
Eine 1606 angelegte Freitreppe führt zum Portal der Kirche. Darunter befindet sich das romanische Gewölbe der Catedral Vieja, dem ältesten noch erhaltenen Teil (11. Jh.) der Kathedrale.

**③ Krypta**
Unter dem Altar der Capilla Mayor geht es hinab zur Krypta mit den Gräbern des Jakobus und seiner Schüler Theodorus und Athanasius; die silberne Kassette mit den Gebeinen des Apostels wurde im 19. Jh. gefertigt.

**④ Kuppel**
In der 1445 vollendeten Vierungskuppel erkennt man die 1604 angebrachte Vorrichtung zum Schwingen des Weihrauchfasses »Botafumeiro«. Es existieren zwei Exemplare dieser Fässer; sie werden im Museum aufbewahrt.

**⑤ Capilla del Sagrado Corazón**
Eine hohe, runde Marmorkuppel im linken Seitenschiff überspannt die Capilla del Sagrado Corazón mit Bischofsgräbern.

**⑥ Capilla de la Concepción**
Sie birgt das Grabmal des Chorherrn Rodríguez von Cornelis de Holanda.

**⑦ Capilla de Mondragón**
Die Capilla de Mondragón im rechten Chorumgang ziert eine herrlich gearbeitete Decke.

**⑧ Capilla de San Fernando**
Hier ist der Kirchenschatz (Tesoro) untergebracht. Unter den Ausstellungsstücken (v. a. Prunkgewänder und Silberarbeiten) ragt eine silberne Custodia von Antonio de Arfe (1545) hervor.

**⑨ Bibliothek**
Wer sich für schöne große Gesangbücher und Handschriften interessiert, ist in der Bibliothek im Kreuzgang richtig.

*Der Jakobus-Tag (25. Juli) wird mit einem Stadtfest und mit Feuerwerk festlich begangen.*

*Nur noch das romanische Südportal (Puerta de las Platerías) ist in seiner ursprünglichen Gestalt erhalten. Die Abbildung zeigt König David.*

*Die Pórtico de la Gloria ist das erste Ziel der Jakobspilger ...*

*... bevor sie die Apostelfigur von hinten umarmen.*

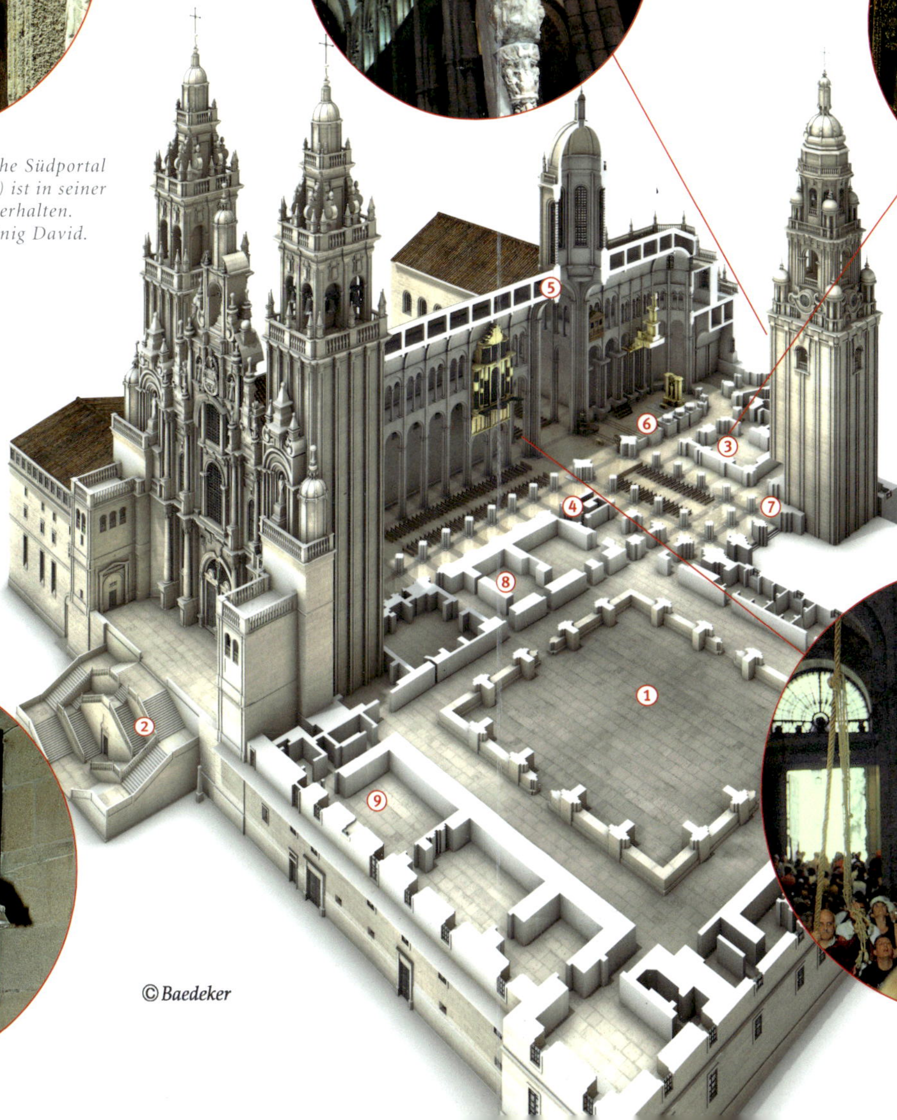

*Überall in der Kathedrale begegnet man dem heiligen Jakobus, auf dessen Grab die Kirche ja auch angeblich einst gebaut wurde. Hier ist er als Ritter und Maurentöter dargestellt, manchmal tritt der Apostel Jesu Christi auch als Pilger in Erscheinung.*

*Am Namenstag des Apostels, am 25. Juli, wird eine feierliche Messe gelesen, während der das 1,5 m hohe und 50 kg schwere Räucherfass »Botafumeiro« geschwenkt wird. Es hängt an einem 35 m langen Seil vom Kirchenschiff herab und verteilt beim Schwenken seinen Weihrauch.*

herrn Almanzor zerstört. Eine Überlieferung will jedoch wissen, dass Almanzor die Grabstelle des Apostels selbst verschonen ließ.

★★ Pórtico de la Gloria ► Mit dem Bau der romanischen Basilika wurde 1075 begonnen. Überwältigender Höhepunkt wurde der Pórtico de la Gloria, das nach Westen ausgerichtete »Tor der Herrlichkeit« des Baumeisters Mateo. Dieser erhielt 1168 von König Fernando II. den Auftrag zur Fertigstellung der Basilika und vollendete 1188 – unterstützt durch zahlreiche weitere Steinmetze – den dreibogigen Portikus. Im 18. Jh. integrierte der barocke Granitvorbau über der Praza do Obradoiro (s. u.) den Torvorbau in die Kirche und förderte seinen Erhalt.

Die aus Marmor gearbeitete Mittelsäule symbolisiert die **Wurzel Jesse**, in die alle Pilger nach altem Ritus ihre Finger legen. Über der Wurzel Jesse begrüßt Apostel Jakobus die Pilger mit einem Stab und einer Schriftrolle in den Händen. Über der Figur des Christus im Tympanon sind die 24 Ältesten der Apokalypse mit Musikinstrumenten zu erkennen. Die Skulpturen an den Seiten stellen Apostel und alttestamentarische Figuren dar: rechts Petrus, Paulus, Jakobus und Johannes (ohne Bart); links Moses, Jesaja, Daniel und Jeremias. Das verschmitzte Lächeln des ebenfalls bartlosen Daniel gilt als erstes Lächeln der Romanik.

> **? WUSSTEN SIE SCHON ...?**
>
> - ... dass ein weiterer alter Brauch besagt, jeder Pilger müsse seinen Kopf dreimal sanft gegen die untere Rückseite des Portikus stoßen? Er soll so ein wenig vom Genius des Baumeisters Mateo aufnehmen.

Vierungskuppel ► Hinter dem Portikus bietet sich die beste Gesamtansicht auf die 94 m lange Kathedrale, die den Grundriss eines lateinischen Kreuzes hat. Die Vierungskuppel ist 33 m hoch und weist zwei Besonderheiten auf: das aufgemalte **»Auge Gottes«** auf dem zentralen Schlusstein sowie eine Metallaufhängung mit einem Seil, an das bei festlichen Anlässen der berühmte **Weihrauchwerfer** (botafumeiro) gebunden wird. Um ihn in Schwung zu bringen, sind acht Seilhelfer nötig. Dann zischt er mit hohem Tempo über die Köpfe der Gläubigen im Querschiff hinweg.

Altarraum ► Der Altarraum über dem Grab des Apostels ist zwar romanischen Ursprungs, die überbordende Ausschmückung jedoch barock. Jaspis, Silber und Alabaster wurden im 17. Jh. bei der figurenreichen Ausgestaltung des Hochaltars verwendet. Im Zentrum fällt stets ein besonderes Licht auf die sitzende Figur des Jakobus, die seit 1211 dokumentiert ist und im 16. Jh. in ein Pilgergewand gehüllt wurde. Über einen schmalen Zugang kann man vom Altarumgang in den **Hochaltar** aufsteigen und die **Jakobusfigur** von hinten umarmen. Eine weitere schmale Treppe führt unter den Hochaltar in einen kleinen Vorraum, von wo aus man durch ein Gitter auf den silbernen **Reliquienschrein des heiligen Jakobus** blickt.

Pilgermesse ► Vormittags herrscht in der Kathedrale der meiste Betrieb. Dann drängen sich hier zahllose geführte Besuchergruppen. Um 12.00

## *Catedral de Santiago de Compostela* Orientierung

1 Freitreppe
2 Obradoirofassade
3 Pórtico de la Gloria
4 Torre de la Carraca
5 Torre de las Campanas
6 Biblioteca
7 Sala Capitular
8 Torre de la Corona
9 Torre del Tesoro
10 Museumseingang
11 Sacristía
12 Tesoro
13 Vestíbulo
14 Capilla de las Reliquias
15 Puerta de las Platerías
16 Torre del Reloj
17 Capilla del Pilar
18 Capilla de Mondragon
19 Capilla de San Pedro
20 Puerta Santa
21 Capilla del Salvador
22 Capilla de N. Sra. Blanca
23 Capilla de San Juan
24 Capilla de la Corticella
25 Capilla de San Andrés
26 Capilla de San Fructuoso
27 Capilla del Espíritu Santo

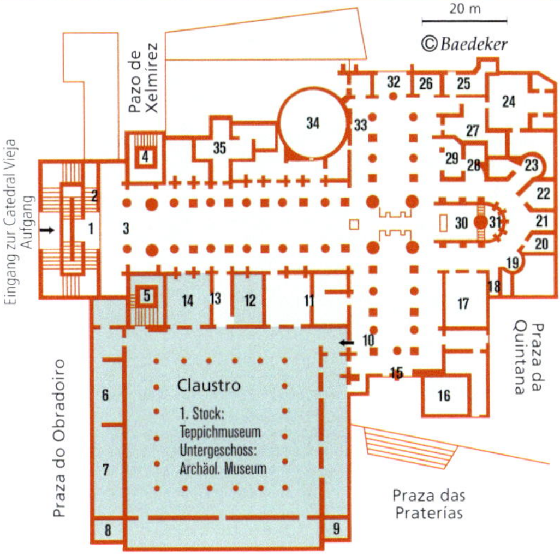


28 Capilla de San Bartolomé
29 Capilla de la Concepción
30 Capilla Mayor
31 Apostelfigur mit Aufgang, darunter Krypta
32 Puerta de la Parroquia
33 Capilla de Santa Catalina
34 Capilla del Corazón
35 Capilla del Cristo de Burgos

Uhr mittags steht die traditionelle Pilgermesse an. Bei entsprechendem Andrang erfolgt auch eine Video-Übertragung in die Seitenschiffe.

★★ ◄ Museo da Catedral

Eingänge ins Museo da Catedral findet man entweder im Innern der Kathedrale oder an der Praza do Obradoiro. Beginnt man den Besuch des Museums am Eingang an der Praza do Obradoiro, ist auf der gleichen unteren Ebene der nachgebaute steinerne Chor des Baumeisters Mateo zu sehen. Ferner ist hier die Archäologische Abteilung angesiedelt. In den Sälen der oberen Geschosse sind **Skulpturen, Reliefs sowie Gobelins** nach Vorlagen von Rubens und Goya ausgestellt. Auch den berühmten »Weihrauchwerfer« kann man anschauen. Im höchsten Teil des weitläufigen und verwinkelten Gebäudekomplexes gibt es einen **Außengang**, von dem aus sich ein herrlicher Blick auf die Praza do Obradoiro (s. unten) bietet.

Der Museumsbesuch beinhaltet ferner Zugänge zu dem im Renaissancestil erbauten **Kreuzgang** (schöner Blick auf die Türme), zur **Schatzkammer** sowie zur **Reliquienkapelle mit der königlichen Grablege**. Dort haben die Könige Fernando II. und Alfonso IX. ihre letzte Ruhe gefunden, dort ist auch eine Reliquie mit dem Haupt von Jakobus dem Jüngeren ausgestellt (Öffnungszeiten: Mo. – Sa. 10.00 bis 14.00 u. 16.00 – 20.00, So. 10.00 – 14.00 Uhr).

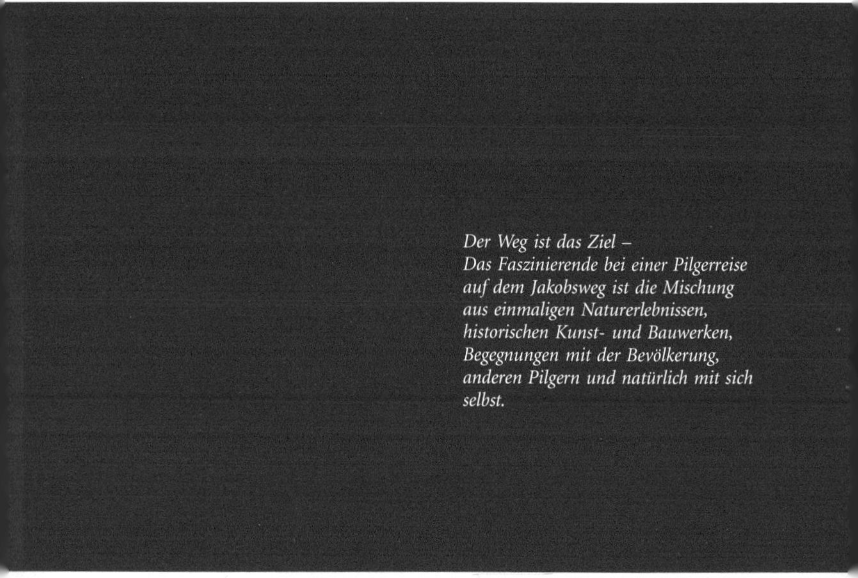

*Der Weg ist das Ziel – Das Faszinierende bei einer Pilgerreise auf dem Jakobsweg ist die Mischung aus einmaligen Naturerlebnissen, historischen Kunst- und Bauwerken, Begegnungen mit der Bevölkerung, anderen Pilgern und natürlich mit sich selbst.*

# PILGERN ZUM GRAB DES JAKOBUS

**Der Jakobsweg war im Mittelalter die Route der Wallfahrer aus Mitteleuropa zum Grab des Apostels Jakobus (Santiago Apóstol) in Santiago de Compostela. Er ist gesäumt von romanischen Klöstern, Stiften, Kapellen, Hospitälern und Rasthäusern, die zu einem guten Teil heute noch erhalten sind und ein einzigartiges Zeugnis ablegen von einem der bedeutendsten Pilgerwege der Christenheit.**

Der Pilgerweg geht zurück auf die »Entdeckung« des Apostelgrabs im westlichen Teil Galiciens um das Jahr 813. Der Überlieferung nach soll Jakobus den Auftrag erhalten haben, **Hispanien zu missionieren**, weshalb er an der galicischen Küste bei Ulla gelandet sein soll. Nach mehrjährigem Aufenthalt kehrte er nach Palästina zurück, wo ihn König Herodes Agrippa 44 n. Chr. ermorden ließ. Seine Anhänger entführten den Leichnam und brachten ihn auf ein Schiff, das, von einem Engel geleitet, wiederum in Galicien landete. Dort wurde der Apostel begraben, sein Grab aber geriet in Vergessenheit. Ein Einsiedler, geleitet von einem Stern, entdeckte es wieder, woraufhin Alfons II. an dieser Stelle eine Kirche errichten ließ, um die schließlich das heutige Santiago de Compostela entstand.

In der Schlacht von Clavijo im Jahr 844, so die Legende, tauchte der Apostel zu Pferde auf und führte die christlichen Heere zum Sieg gegen die Mauren. Seither trägt er den Beinamen »matamoros«, der Maurentöter, und wird als Ritter zu Pferde dargestellt.

## Ein Wallfahrtsort entsteht

Die ersten Pilger aus Mitteleuropa wanderten Mitte des 10. Jh.s. von Frankreich über die Pyrenäen nach Santiago de Compostela, unter ihnen sehr viele Franzosen, weshalb der Weg auch Camino Francés (Französischer Weg) genannt wird. Die **Blütezeit der Wallfahrt** fiel zwischen Anfang des 11. Jh.s und des 12. Jh.s, als die heiligen Stätten Jerusalems wegen der moslemischen Herrschaft dort nicht zugänglich waren. Danach versiegte der Pilgerstrom mehr und mehr, und die im späten Mittelalter entlang der Wege ihr Unwesen treibenden Räuberbanden, die oft als Pilger verkleidet die echten Wallfahrer ausraubten, taten ein Übriges, um den Weg zum Apostelgrab zu einem großen Wagnis zu machen. Als 1589 eine englische Flotte unter **Sir Francis Drake** vor der galicischen Küste auftauchte, brachte man die Reliquien aus Santiago de Compostela an einen Ort, der so sicher war, dass man ihn nicht mehr wiederfand. Damit war das Ende der Pilgerzüge gekommen. Erst 1879 wurden die Reliquien wiederentdeckt, und nachdem sie Papst Leo XIII. als echt anerkannt und gebilligt hatte, wurde erneut zu Wallfahrten aufgerufen.

## Die Pilger

Aus aller Herren Länder pilgerten die meisten Gläubigen aus tiefer Frömmigkeit nach Santiago de Compostela, nicht wenige darunter, um Buße zu tun; doch gab es auch solche wie den französischen Dichter François Villon (1431–1463), der sich dem lukrativen Geschäft des **Pilgerausraubens** hingab. Denn die Pilger waren leicht zu erkennen: Sie wanderten aus Sicherheitsgründen meist in Gruppen, trugen Überrock, Umhang, Pilgerstock, einen ledernen Beutel, eine Kürbisflasche und auf dem Kopf einen breitkrempigen, vorne hochgeschlage-

*Die Jakobsmuschel, das Wahrzeichen des Pilgerwegs, vor der Templerfestung von Ponferrada*

nen Hut, an dem ihr Wahrzeichen, die Jakobsmuschel (vieira), befestigt war. Diese geht zurück auf den Ritter Pimentel, der bei der Verfolgung von Mauren durch einen Meeresarm schwimmen musste und mit Muscheln bedeckt wieder herauskam. Am Weg fanden dfdie Pilger Kirchen und von Mönchen eigens für sie eingerichtete Spitäler und Rasthäuser, um die herum sich im Laufe der Zeit Wirtshäuser, Werkstätten und Läden ansiedelten, woraus Städte wie Puente la Reina und Santo Domingo de la Calzada entstanden. Für die Sicherheit der Pilger und die Instandhaltung der Wegmarkierung sorgten **Tempel- bzw. Santiagoritter**. Verlauf, Einkehrmöglichkeiten, Sehenswürdigkeiten, Gefahren und auch die halsabschneiderischen Wirte beschrieb der französische **Mönch Aimerico Picaud** in der ersten Hälfte des 12. Jh.s im »Liber Sancti Jacobi« (Buch vom hl. Jakob bzw. Calixtinischer Kodex), in dem er auch sämtliche Geschichten über den Heiligen zusammentrug und allerlei praktische Ratschläge gab, mithin einen echten Reiseführer schrieb. Am Ziel angekommen, berührten die Pilger zuerst mit der Stirn die Säule des Apostels Jakobus an der Pórtico de la Gloria in der Kathedrale von Santiago de Compostela als Zeichen des Dankes. Besonders erstrebenswert für die Gläubigen war und ist eine Pilgerfahrt im **Heiligen Jahr**, das immer dann ausgerufen wird, wenn der 25. Juli, der Jakobustag, auf einen Sonntag fällt (nächstes Heiliges Jahr: 2010).

## Pilgern heute

Auch heute noch pilgern jedes Jahr Tausende Gläubige die knapp 800 Kilometer auf dem spanischen Teil des Jakobswegs, also von Roncesvalles am Fuß der Pyrenäen nach Santiago de Compostela (► Praktische Informationen, Pilgern).

★★ **Praza do Obradoiro**

Die Praza do Obradoiro breitet sich zu Füßen der nach Westen gerichteten Hauptfassade der Kathedrale aus. Um den weiten Platz – er gilt als einer der schönsten in ganz Spanien – gruppieren sich repräsentative Bauten. Sie scheinen die Existenz und die wirtschaftliche Basis der Stadt zu versinnbildlichen: Religion (Catedral de Santiago, Pazo de Gelmírez), Tourismus (Hotel Parador dos Reis Católicos), Bildung (Colexio de San Jerónimo) sowie Politik und Verwaltung (Pazo de Raxoi).

Die Praza do Obradoiro besteht jedoch nicht aus geballter Baukunst allein. Zwischen Pazo de Raxoi und dem Parador dos Reis Católicos schweift der Blick weit ins Hügelgrün – und außerdem wimmelt es immer und überall vor Menschen. Ermattete Pilger, Reisegruppen, kirchliche Würdenträger, Musiker, Straßenkünstler – ein faszinierendes Kommen und Gehen!

Alles beherrschend und himmelstürmend verdeckt die **Hauptfassade** den romanischen Pórtico de la Gloria des Meisters Mateo. Dieser schützende Granitvorbau geht auf die Jahre 1738–1750 und Baumeister Fernando de Casas y Novoa zurück.

Ebenfalls romanischen Ursprungs sind die nach barockem Zeitgeschmack umgestalteten Zwillingstürme. Der dazwischenliegende Mittelteil wirkt wie ein gigantischer Retabel aus Stein, in einer Nische steht der heilige Jakobus als Pilger.

Eine **Renaissancetreppe** führt vom Platz hinauf zur Kathedrale. Unten an der Treppe geht es in die **Krypta** unter dem Pórtico de la Gloria hinein. Die Krypta, die erste in Galicien mit einem Rippengewölbe, geht ebenfalls auf Meister Mateo zurück.

◄ Pazo de Gelmírez

Auf der gleichen Platzseite schließt der Pazo de Gelmírez an. Der romanische Palast ist nach dem einflussreichen Kirchenfürsten Diego Gelmírez (um 1065–1140) benannt, der einer der wichtigsten Unterstützer des Jakobuskultes und zwei Jahrzehnte lang der erste Erzbischof von Santiago de Compostela war. Der verwinkelte Gebäudekomplex ist heute museal hergerichtet. Sein architektonischer Höhepunkt ist der 30 m lange Festsaal mit Kreuzrippengewölbe.

★★ ◄ Parador dos Reis Católicos

Die Nordseite der Praza do Obradoiro wird von der plateresken Fassade des einstigen Königlichen Spitals eingenommen, das von den Katholischen Königen gestiftet und mit dessen Bau 1501 nach Plänen von Enrique Egas begonnen wurde. Heute ist hier ein luxuriöser Parador eingerichtet.

◄ Colexio de San Jerónimo

In den Colexio de San Jerónimo (16. Jh.) an der Südseite des Platzes ist das Portal des historischen Pilgerspitals der Praza da Inmaculada integriert worden. Auf dem Prachtbau **Pazo de Raxoi** des 18. Jh.s an der Westseite steht die gigantische Skulptur des Jakobus als »Maurentöter«. Der Palast mit breiter Fasade dient heute als Rathaus und Sitz der galicischen Regierung.

★ **Praza das Praterías**

Am »Platz der Silberschmiede« hatte einstmals diese Handwerkszunft ihre Werkstätten. Im unteren Teil des südlichen Kathedralvorplatzes plätschert der **Pferdebrunnen**, dahinter erhebt sich die barocke **Casa**

*Pferdebrunnen (Praza das Praterías)*

**do Cabildo** (Haus des Domkapitels). Schräg gegenüber, in der zu Beginn der Rúa do Vilar gelegenen **Casa do Deán** (Haus des Dekans, 18. Jh.), befindet sich das **Pilgerbüro**, wo sich Jakobspilger die berühmte Compostela-Urkunde abholen können. Die **Freitreppe** oberhalb des Pferdebrunnens führt an der zur Kathedrale gehörigen Fachada del Tesoro (Schatzfassade, 16. Jh.) vorbei und auf die einzige erhaltene romanische Kathedralfassade zu, die Porta das Praterías. Mit deren Bau wurde mutmaßlich im Jahre 1103 begonnen. Mit einem musizierenden König David, Geometrie- und Pflanzenmotiven sowie Heiligen und Engeln zeigt die Porta das Praterías ein überwältigendes Dekor. In den Giebelfeldern sind Szenen aus dem Leben Christi zu sehen.

★★ Porta Praterías ►

★ **Praza da Quintana**

Die Praza da Quintana ist der östliche Kathedralvorplatz, der einst von einem Friedhof eingenommen wurde. Hier wird in »Heiligen Jahren« der **Zugang zur Porta Santa** (Heilige Pforte) geöffnet, die in den Altarumgang der Kathedrale führt. Beiderseits der im 17. Jh. gestalteten Heiligen Pforte sind paarweise angeordnete Figuren – zwölf auf jeder Seite – zu sehen, die aus dem – zerstörten – romanischen Chor von Meister Mateo (12. Jh.) stammen und Apostel sowie Persönlichkeiten aus dem Alten Testament darstellen. Über der Porta Santa dürfen sich die Gläubigen von drei Figuren herzlich begrüßt fühlen, die der Bildhauer Pedro del Campo um 1694 angefertigt hat: Apostel Jakobus in Pilgerpose und seine etwas kleiner dargestellten Jünger Athanasius und Theodorus.

Die lang gestreckte Gebäudefront gegenüber gehört zum **Convento de San Paio de Antealtares**, heute ein Nonnenkloster, durch dessen Kirche (18. Jh.) oberhalb des breiten Treppenaufgangs ein kleines Museum für Sakralkunst (Museo de Arte Sacro, So. geschl.) zugänglich ist.

Zur Südseite hin wird die Praza da Quintana von der **Casa da Conga** (Haus der Kanoniker, 18. Jh.), zur Nordseite hin von der **Casa da Parra (**Haus der Weinreben, ausgehendes 17. Jh.) abgeschlossen.

**Praza da Inmaculada**

An der Praza da Inmaculada, dem nördlichen Kathedralvorplatz, wurde das ursprüngliche romanische Paradiesportal durch die barock-klassizistische **Porta da Azabachería** ersetzt.

Auf der Gegenseite des Platzes erhebt sich der gewaltige **Convento de San Martiño Pinario**, im 17./18. Jh. als Benediktinerkloster erbaut

## *Santiago de Compostela* Orientierung

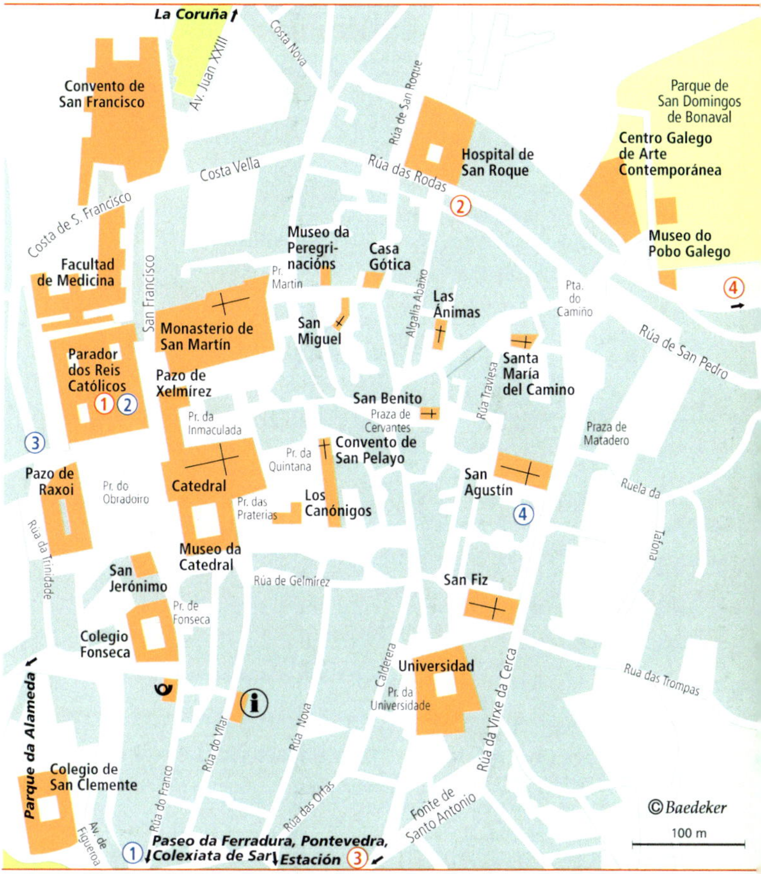


**Essen**
① Toñi Vicente
② Parador Hostal dos Reis Católicos
③ Las Huertas
④ El Hispano

**Übernachten**
① Parador dos Reis Católicos
② Sino
③ Hespería Gelmírez
④ Monte do Gozo

und heute als Priesterseminar genutzt. Da auch in Spanien Priestermangel herrscht, kommen viele Nachwuchskräfte u.a. aus Lateinamerika. Wer die Klosterkirche besuchen will, muss einen weiten Bogen um den Gebäudekomplex herum bis zur Praza de San Martiño Pinario schlagen. Ansonsten geht es ab der Praza da Inmaculada abwärts durch einen langen Durchgang, in dem Dudelsackspieler eine gute Akustik finden, auf die Praza do Obradoiro (► S. 319).

# SANTIAGO DE COMPOSTELA ERLEBEN

## AUSKUNFT

*Oficina de Turismo*
Rúa do Vilar 30–32
Tel./Fax 981 57 65 86
www.santiagoturismo.com
www.turgalicia.es
Auskunftsbüros gibt es auch am Flughafen und am zentralen Bus-Terminal (Avenida de Xoan XXIII).

## VERANSTALTUNGEN

In der zweiten Julihälfte dreht sich alles um die Patronatsfeierlichkeiten zu Ehren des heiligen Jakobus. Diese von Konzerten und folkloristischen Darbietungen begleiteten Fiestas del Apóstol erreichen – beginnend in der Nacht zuvor – am 25. Juli ihren Höhepunkt mit einem großen Feuerwerk sowie einer imposanten Licht- und Ton-Schau.

## SHOPPING

*Mercado de Abastos*
Der Markt im Südteil der Altstadt (Praza de Abastos) ist einer der schönsten seiner Art in Nordspanien. In den Hallen riecht es nach frischem Fisch, Würsten, Käse und Kräutern. Es gibt auch Freiluftstände. Besonders lebhaft geht es samstagvormittags bis gegen 14.00 Uhr zu.

*Innenstadt*
In der geschäftigen Innenstadt gilt es, kitschige Souvenirs »made in China« von wirklich guten Sachen zu unterscheiden. Ein wertvolles Mitbringsel ist beispielsweise in Galicien geklöppelte Spitze. An den Vorplätzen der Kathedrale (Praza das Praterías, Durchgang Praza da Inmaculada/ Praza da Quintana) pflegen Juweliere die Silberschmucktraditionen. Begehrt sind auch Schmuckstücke aus Gagat (span. »azabache«, dt. auch »Pechkohle« oder »Trommelstein«). Dieser gut schnitzbare, tief schwarze amorphe Kohlenstoff wird auch als Stein der Reisenden und Heilstein geschätzt.

## ESSEN

### ▶ Fein & teuer

① *Toñi Vicente*
Avenida de Rosalía de Castro, 24
Tel. 981 59 41 00
Absolut empfehlenswert: moderne galicische Spitzenküche!

② *Restaurante Parador Hostal dos Reis Católicos*
Praza do Obradoiro, 1
Tel. 981 58 22 00
Im »Untergrund« des Fünf-Sterne-Paradors wird höchste Kochkunst zelebriert. Natürlich gibt es hier auch beste landestypische Gerichte.

### ▶ Erschwinglich

③ *Las Huertas*
Rúa Las Huertas, 16
Tel. 981 56 19 79
Dieses Haus in zentraler Lage tischt eine große Bandbreite an Fisch- und Fleischgerichten auf. Gutes Preis-Leistungs-Verhältnis.
Besonders günstig ist das einfache Tagesmenü, doch es gibt auch preiswerte Meeresfrüchteplatten für zwei Personen.

### ▶ Preiswert

④ *Mesón El Hispano*
Praza de Abastos, 7
Tel. 981 56 18 50
Wer mittags auf ein preisgünstiges, aber dennoch schmackhaftes Menü Appetit hat, ist direkt an den Markthallen gut aufgehoben. Viele Einheimische speisen dort. Sonntag Ruhetag.

Feudale Unterkunft im Parador von Santiago

## ÜBERNACHTEN

### ▶ Luxus

① ***Parador dos Reis Católicos***
Praza do Obradoiro, 1
Tel. 981 58 22 00, Fax 981 56 30 94
www.parador.es
Santiagos mit fünf Sternen gekrönte Vorzeigeherberge steht direkt am Hauptplatz der Stadt. Die Zimmertrakte legen sich um insgesamt vier Innenhöfe. Auch Nicht-Hotelgästen sei eine Pause in der nicht einmal überteuerten Cafeteria des Hauses empfohlen.

### ▶ Komfortabel

② ***Hotel Sino***
Praza Algalia de Arriba, 5
Tel. 981 55 44 36, Fax 981 55 24 55
www.sino-compostela.com
www.rusticae.es
Ein wenig abseits und doch mittendrin – ein nettes kleines Designerhotel mit 15 Zimmern. Die ältesten Bauteile stammen von einem typischen Stadthaus des 18. Jahrhunderts. Eine besondere Erwähnung verdient das vorzügliche Restaurant.

③ ***Hotel Hespería Gelmírez***
Rúa do Hórreo, 92
Tel. 981 56 11 00
Fax 981 55 52 81
www.hesperia.com
Drei-Sterne-Haus (138 Z.) in der Nähe des Parlaments. Bis zum Beginn der Altstadt-Fußgängerzone geht man gut 5 Minuten leicht bergauf. Auf der Homepage der Hespería-Hotelkette sollte man auf die mitunter recht günstigen Angebote achten.

### ▶ Günstig

④ ***Ciudad de Vacaciones Monte do Gozo***
Carretera Aeropuerto, km 2
Monte do Gozo
Tel. 981 55 89 42, Fax 981 56 28 92
www.cvacaciones-montedogozo.com
Etwa 6 km östlich der Innenstadt, an den Hängen des Monte do Gozo, liegt dieses Mega-Quartier mit seinen lang gestreckten gleichförmigen Zimmerpavillons. Hier finden auch viele Jakobspilger Unterkunft. Die Zimmer sind recht einfach ausgestattet.

**★ Rúa do Franco, Rúa do Vilar, Rúa Nova**

Diese drei parallel verlaufenden Gassen gehen südlich des Kathedralbezirks ab. Als echte **Lebensadern der Altstadt** sind sie von Arkaden, Granithäusern, Souvenirshops und Einkehrmöglichkeiten gesäumt. Speziell in der Rúa do Franco reihen sich Café an Café und Restaurant an Restaurant. Zu Beginn der Rúa do Franco liegen die mit Kamelien bestandene **Praza de Fonseca** und der **Colexio de Fonseca** (16. Jh.) mit seinem schönen Innenhof. Am Ende ist es nicht weit bis zum Parque da Alameda (s.u.).

**★ Museo das Peregrinacións**

Dieses »Museum der Pilgerschaften« ist in der Casa Gótica (14. Jh.) untergebracht und ganz auf die Jakobuswallfahrt ausgerichtet. Hier erfährt man viel Wissenswertes zu Hintergründen und Entwicklung der Wallfahrten. Zahlreiche bildhauerische Arbeiten aus dem 12. bis 19. Jh. ergänzen die Ausstellung (Rúa de San Miguel; Öffnungszeiten: Di. – Fr. 10.00 – 20.00, Sa. 10.30 – 13.30, 17.00 – 20.00, So. 10.30 bis 13.30 Uhr; www.mdperegrinacions.com).

**★★ Parque da Alameda**

An die südwestliche Altstadt grenzt dieser seit dem 19. Jh. beliebte Stadtpark. Nicht etwa die kleine Anhöhe mit der **Igrexa de Santa Susana** (17./18. Jh.) bietet den schönsten Ausblick, sondern die Promenade **Paseo da Ferradura**, die sich zur Altstadtseite hinwendet. Ganz am Ende genießt man eine großartige Aussicht über die Ziegeldächer hinweg auf die Hauptfassade der Kathedrale.
Auf der anderen Parkseite, am Paseo das Letras Galegas, erinnert ein Denkmal an die Dichterin **Rosalía de Castro** (1837 – 1885; ► Berühmte Persönlichkeiten).

**★ Convento de San Domingos de Bonaval**

Das einstmals außerhalb der östlichen Stadtmauern angesiedelte Dominikanerkloster soll im 13. Jh. vom hl. Dominikus persönlich gegründet worden sein. Heute beherbergt es das **Museo do Pobo Galego**, das mit Exponaten zu Fischfang, Handwerk und Traditionen umfassende Bilder galicischer Volkskunde vermittelt (Rúa de Ramón del Valle Inclán, s/n; Öffnungszeiten: Mo. – Sa. 10.00 – 14.00, 16.00 bis 20.00, So. 11.00 – 14.00 Uhr; www.museodopobo.es).
Ein besonderer Eingang führt in die gotische Klosterkirche **Igrexa de San Domingos de Bonaval** nebenan. Hier befindet sich der **Panteón de Galegos Ilustres**, in dem bedeutende galicische Persönlichkeiten – darunter auch die Dichterin Rosalía de Castro – beigesetzt sind.

**Centro Galego de Arte Contemporánea**

In der Nachbarschaft des Dominikanerklosters erhebt sich der moderne Block des galicischen Zentrums für Zeitgenössische Kunst, in dem hochkarätig bestückte Wechselausstellungen gezeigt werden (Öffnungszeiten: Di. – So. 11.00 – 20.00 Uhr; www.cgac.org).

**★ Colexiata de Sar**

Die romanische Stiftskirche südlich des Stadtzentrums an der Rúa do Sar do Afora trägt den Namen des nahen Flüsschens Sar. Ein Baufehler hat dazu geführt, dass sich die Säulen im Innern des Gotteshauses geneigt haben. Um das Bauwerk vor dem Einsturz zu bewah-

*Kulinarische Souvenirs*

ren, wurden im 18. Jh. an der Außenseite Strebepfeiler angebracht. Beachtung verdienen auch der romanische Kreuzgang und eine Sammlung sakraler Kunst (Öffnungszeiten: Mo. – Sa. 10.00 – 13.00 u. 16.00 – 19.00 Uhr

## Umgebung von Santiago de Compostela

★ **Padrón**

Etwa 20 km südwestlich von Santiago de Compostela liegt Padrón (10 000 Einwohner), das römische Iria Flavia, am **Río Ulla** bzw. am Weg zu den Rías Baixas. Laut Überlieferung soll das legendäre Engelsschiff mit den sterblichen Überresten des heiligen Apostels Jakobus an einem Stein am Flussufer festgemacht haben, der heute als Pedrón oder »Jakobusstein« bekannt ist. Dieser mit einer unvollständigen Inschrift versehene Stein liegt heute unter dem Hauptaltar der örtlichen Iglesia de Santiago. Die treuen Begleiter des Jakobus, Athanasius und Theodorus, suchten von hier aus eine würdige letzte Ruhestätte für ihren Herrn.

Der historische Zufall wollte es, dass im kleinen Padrón zwei große literarische Persönlichkeiten geboren wurden: Galiciens Vorzeige-Literatin **Rosalía de Castro** (1837 – 1885; ► Berühmte Persönlichkeiten) und der 1989 mit dem Literaturnobelpreis ausgezeichnete Romancier **Camilo José Cela** (1916 – 2002; ► Berühmte Persönlichkeiten). Die Spuren von Rosalía de Castro lassen sich in dem nach ihr benannten Casa-Museo verfolgen (So. nachm. u. Mo. geschlossen; www.rosaliadecastro.org). Celas Erbe hält die Fundación de Camilo José Cela wach (Fr. nachmittags sowie Sa./So. geschlossen; www.fundacioncela.com).

## Ausflug an die Costa da Morte

**Küste des Todes**

Rund 120 Straßenkilometer sind es von Santiago de Compostela westwärts bis zum Cabo Fisterra, dem sagenumwobenen Kap am »Ende der Welt«, das die galicische »Todesküste« Costa da Morte beherrscht.

**★★ Ría de Muros e Noia**

Das erste Teilstück führt 35 km weit durch Hügelland und Eukalyptusgrün an die tief ins Land eindringende Ría de Muros e Noia mit dem Hafenstädtchen **Noia** (13 000 Einwohner). Schon zu römischer Zeit war dieser Siedlungsplatz unter dem Namen Noega bekannt. Im Mittelalter kam der Ort unter dem Einfluss von Santiago de Compostela und wegen seines geschützten Hafens zu Blüte und Wohlstand. Dies lässt sich noch heute an der Vielzahl der Adelshäuser ablesen. Wichtigstes Baudenkmal ist die romanische Iglesia de Santa María A Nova. Die ältesten Grabsteine auf dem nebenan gelegenen Friedhof sind bereits im 10. Jh. angefertigt worden.

Hinter Noia überspannt eine lange Brücke den **Río Tambre**, ehe sich die Straße in weiten Schleifen um die Ría legt. Man durchfährt Eukalyptus- und Kiefernwälder, kommt durch Orte wie A Serra de Outes und erhascht immer wieder Blicke auf die Ría und die auf ihr schwimmenden künstlichen Muschelzuchtinseln (bateas).

### ? WUSSTEN SIE SCHON ...?

- ... dass diese Muschelzuchtinseln eigentlich aus Eukalyptusholz gefertigte Flöße sind? An langen Seilen unter Wasser wachsen Miesmuscheln monatelang bis zur Verzehrgröße heran.

**★ Muros**

In dem 4000 Einwohner zählenden schönsten Ort an der Strecke bieten sich Spaziergänge an rund um den Fischerhafen, hinüber zum Rathaus sowie durch die schmalen Gassen hinter der Durchgangsstraße. Zur Essenszeit sollte man in einem der netten Fischrestaurants genüsslich speisen. Im Sommer werden gelegentlich Bootstouren zu den Muschelzuchtinseln angeboten.

**★ Praia de San Francisco**

Westlich von Muros ist bald die Mündung der Ría erreicht, die sich mit der Praia de San Francisco verabschiedet, einem traumhaft schönen kleinen Sandstrand, den man allerdings leicht übersieht. Der Strand liegt knapp 4 km hinter Muros unterhalb der Straße. Ein Kiefernwäldchen versperrt ein wenig die Sicht.

**Punta Carreiro**

Die Punta Carreiro trennt die Ría de Muros e Noia von der offenen See, davor liegt die von der Straße aus einsehbare **Laguna Xarfas Louro**, ein unter Naturschutz stehendes Paradies für Wasservögel.

**★ Carnota**

In Lira bietet sich ein wunderbarer Panoramablick auf die weit geschwungene Bucht von Carnota, an der es auch einen weitläufigen Sandstrand gibt. Die über 30 m langen historischen **Getreidespei-**

**cher** (hórreos) von Lira und Carnota sind die größten in Galicien. Der Speicher von Carnota wurde im 18. Jh. mit Granitsteinen errichtet. Der Rundbau davor ist ein Taubenturm.

**O Pindo, Ezaro**

Diese beiden freundlichen Strandorte liegen an den Ausläufern der Ría de Corcubión. Über die Ría hinweg blickt man auf das Cabo Fisterra, das »Ende der Welt«.

**Cée-Corcubión**

Auf der Weiterfahrt gelangt man in diesen Doppelort, von dessen Eisenhütte Abgasfahnen aufsteigen. Man nimmt jetzt Kurs auf das »Ende der Welt«. Unterwegs führt eine Abzweigung zur **Praia da Langosteira**.

**Fisterra**

✶✶

◂ Cabo Fisterra

Schließlich erreicht man den Fischerhafen Fisterra (5000 Einwohner). Rund um den Hafen gibt es einfache Fischrestaurants. Ein Denkmal erinnert an die galicischen Auswanderer. An der Ortsmitte führt das Sträßchen an der romanischen Kirche Santa María das Areas vorbei und windet sich dann zum Cabo Fisterra (Cabo Finisterre) hinauf. Unterwegs schweifen die Blicke über das offene, häufig windgepeitschte Meer und die schroffe Felsenküste, die den Beinamen **Costa da Morte** (Küste des Todes) trägt. Diesen Namen hat sie wegen der zahlreichen Schiffsunglücke, die sich hier im Laufe der Jahrhunderte ereigneten, erhalten. Viele Boote sind an den Klippen zerschellt und untergegangen.

*Träumen am Cabo Fisterra mit Blick auf die wilde Küste und den weiten Ozean*

Von einem Parkplatz am Ende der Straße geht man zu Fuß weiter zum Leuchtturm und den verschiedenen Aussichtspunkten hoch über dem Kap. Heute knüpfen viele Jakobspilger an die mittelalterlichen Traditionen an und ziehen ab Santiago de Compostela in 3 bis 4 Tagesmärschen hier her, wobei sich der größte Teil der Pilgerstrecke nicht mit der Variante für Autofahrer deckt und mit 85 km deutlich kürzer ist.

# ✶✶ Santillana del Mar

M 3

**Provinz:** Kantabrien (Cantabria) **Region:** Kantabrien
**Höhe:** 80 m ü. d. M. **Einwohner:** 4000

**Nur wenige Kilometer von der reizvollen ►Costa de Cantabria entfernt liegt dieses malerische Städtchen, das mit seinen mittelalterlichen Gassen, trutzigen Herrenhäusern und seiner imposanten Kollegiatskirche wahrlich ein Gesamtkunstwerk ist. Und damit nicht genug: Nur 2 km südlich der Stadt ist mit den altsteinzeitlichen Höhlenmalereien von Altamira eines der großartigsten Kulturzeugnisse der Welt erhalten.**

**Uralter Lebensraum**

Die Geschichte dieser Gegend begann vor etwa 20 000 – 15 000 Jahren, als Menschen der Altsteinzeit eine Höhle – heute bekannt als **Cueva de Altamira** – mit einzigartigen Zeichnungen und Gravuren verzierten (s. S. 330). Die Geschichte der Stadt Santillana begann jedoch erst im 8./9. Jh. mit der **Niederlassung von Mönchen**, die in ihrem Kloster Reliquien der heiligen Märtyrerin Juliana aufbewahrten. Diese zogen im Mittelalter zahlreiche Jakobspilger an, die auf der Küstenroute nach ► Santiago de Compostela unterwegs waren. Im 13. Jh. erhielt der Ort das Stadtrecht. Zwei Jahrhunderte später wurde Santillana del Mar **Adelsssitz**, nachdem sich der große spanische Dichter **Lope de Vega** (1398 – 1458) den Titel eines Marqués de Santillana im Kampf gegen die Mauren erworben hatte. Etliche Landadlige kamen jetzt hier her und bauten sich Paläste und Residenzen.

## Sehenswertes in Santillana del Mar

**✶✶ Stadtrundgang**

Ein Spaziergang durch den für den Verkehr gesperrten Stadtkern macht deutlich, warum man Santillana durchaus als »mittelalterliches Gesamtkunstwerk« bezeichnen kann: gepflasterte Gassen, mit prächtigen Wappen verzierte Adelshäuser, Fassaden, Fenster und Balkone mit reichlich Blumenschmuck sowie eine Vielzahl von umtriebigen kleinen Geschäften und zahlreiche hübsche Kneipen bzw. Restaurants. Die **Calle Santo Domingo** führt am **Palacio de los Benamejís** vorbei zur **Plaza Ramón Pelayo**. Dieser wichtigste Platz der

## SANTILLANA DEL MAR ERLEBEN

### AUSKUNFT

*Oficina de Turismo*
Calle Jesús Otero, 20
Tel. 942 81 88 12
Fax 942 84 02 65
www.santillana-del-mar.com

### VERANSTALTUNGEN

Umzug am Vortag des Dreikönigstages (5. Januar), Patronatsfest (Fiesta de Santa Juliana; 28. Juni), Fiestas de San Roque (Mitte August). Torrelavega, 7 km südöstlich von Santillana del Mar, wäre eigentlich kaum der Rede wert, gäbe es dort nicht am Mittwochvormittag den großen Viehmarkt namens Mercado Nacional de Ganado.

### SHOPPING

In den Altstadtgassen gibt es zahlreiche Geschäfte, die feines Kunsthandwerk, originelle Geschenkartikel und kulinarische Köstlichkeiten feilbieten.

### ESSEN

**▶ Fein & teuer**

*Restaurante Parador de Santillana Gil Glas*
Plaza Ramón Pelayo, 11
Tel. 942 02 80 28
Vorzüglich zubereitete Spezialitäten der regionalen Küche genießt man in einem herrschaftlichen Haus aus dem 17./18. Jahrhundert.

### ÜBERNACHTEN

**▶ Luxus**

*Parador de Santillana*
Plaza Ramón Pelayo, s/n
Tel. 942 81 80 00, Fax 942 81 83 91
www.parador.es
Hier nächtigt man stilvoll im Ambiente eines altehrwürdigen kantabrischen Herrenhauses.

Stadt wird von einer Reihe bemerkenswerter Gebäude umrahmt. Dazu gehören das **Rathaus** (18./19. Jh.), der **Torre del Meriño** (14. Jh.), der **Torre de Don Borja** (15. Jh.) und die **Casas del Águila y la Parra** (16./17. Jh.). Die **Calle El Racial** und die **Calle del Río** führen an weiteren Herrenhäusern wie der **Casa de los Cossío y Quevedo** vorbei zur Kollegiatskirche.

**★ La Colegiata**

Das romanische Gotteshaus ist der kunsthistorische Höhepunkt der Stadt. Es nimmt die gesamte Nordseite der Plaza de la Colegiata ein. Erbaut wurde die Kirche im 12. Jh. über einem Vorgängerbau, der die Gebeine der hl. Juliana bewahrte. Über dem Hauptportal ist das Bildnis der Heiligen zu sehen. In dem mit Kreuzrippengewölbe gotisch gestalteten Inneren befindet sich der **Sarkophag der hl. Juliana**. Ein Retablo mit Gemälden von Jorge Inglés (1453), eine silberne Altarblende sowie romanische Skulpturen am Hauptalter verdienen ebenfalls Beachtung.

**★★ ◄ Kreuzgang**

Besonders sehenswert ist der romanische Kreuzgang (12./13. Jh.), der zu den schönsten seiner Art in Nordspanien zählt. Doppelsäulen mit fein skulptierten Kapitellen tragen die drei erhaltenen Gänge.

**Plaza de las Arenas** Hinter der Colegiata schließt sich dieser Platz mit dem **Palacio de los Velarde** (16. Jh.) an. Der Weg zurück durch den Stadtkern führt durch die besonders stimmungsvolle **Calle Cantón**.

**Museen in der Stadt** An der Durchgangsstraße Santander – Comillas liegt der **Convento de Regina Coeli** (16. Jh.), ein vormaliges Dominikaner- und späteres Klarissinnenkloster, das heute das **Museo Diocesano** mit Objekten sakraler Kunst beherbergt.

Im Stadtkern gibt es das **Museo de la Inquisición** (Inquisitionsmuseum mit martialischen historischen Folterwerkzeugen) und das **Museo Jesús Otero**, das Werke des einheimischen Bildhauers Jesús Otero (1908 – 1994) zeigt.

**Zoo** Der am südlichen Stadtrand gelegene Zoo von Santillana del Mar wird privat geführt. Auf rund 60 000 m² Fläche tummeln sich Raubkatzen und Orang-Utans, Nutrias und Flamingos, Iberische Wölfe und kleine Przewalski-Pferde (Öffnungszeiten: tgl. 9.30 Uhr bis Einbruch der Dunkelheit; www.zoosantillanadelmar.com).

## ★★ Cuevas de Altamira

**Altsteinzeitliche Höhlenmalereien** Nur 2 km südlich des mittelalterlichen Städtchens bewahren die Höhlen von Altamira eines der großartigsten Kulturzeugnisse der Menschheit, verbergen sich darin in ihnen doch **vor etwa 20 000 – 15 000 Jahren** von Menschen der Altsteinzeit geschaffene Felsbilder, die in ihrer Darstellungsweise und Farbkraft einzigartig sind. Allerdings ist die originale, von der UNESCO zum Kulturerbe der Menschheit erhobene Höhle nicht mehr für die Öffentlichkeit zugänglich, da die fragilen altsteinzeitlichen Kunstwerke allmählich durch das Kondenswasser der Atemluft der vielen Besucher zerstört würden. Dafür hat man vor einigen Jahren nur wenige Schritte von der richtigen Höhle entfernt ein Museum mit einer Nachbildung der weltberühmten Höhle und ihres sehenswerten Wandschmuckes eröffnet (►S. 331).

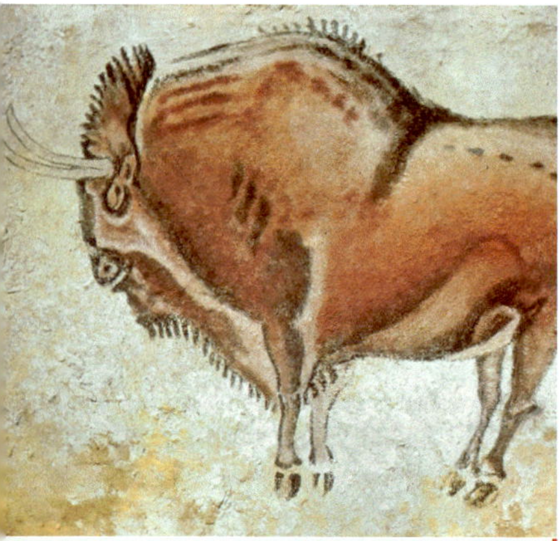

*Wisent in der »Sixtinischen Kapelle der Felsmalerei«*

Die Höhlen wurden erst 1869 zufällig von einem Jäger entdeckt. In der Folgezeit erforschte der Besitzer des Geländes, **Don Marcelino Sanz de Sautuola**, das unterirdische Felslabyrinth und entdeckte auch die Säle mit den uralten Malereien und Gravuren. 1879 erkannte seine achtjährige Tochter an der Höhlendecke Stiere. Die Einschätzung des Grundherrn, Zeugnisse einer prähistorischen Kultur gefunden zu haben, wurde von der Fachwelt heftigst angezweifelt. Erst als man 1901/1902 im südfranzösischen Font-de-Gaume ähnliche Bilder entdeckte, hat man die Echtheit der Höhlenmalereien von Altamira nicht mehr bestritten. Sie werden in der Mehrzahl auf das ausgehende Magdalénien (ca. 17 000 bis 12 000 Jahre alt) datiert. Einige primitivere Zeichnungen sind jedoch noch einige Tausend Jahre älter.

Die schönsten Malereien schufen die Menschen der Altsteinzeit in der **Sala de Pinturas** (Saal der Malereien), die heute als **»Sixtinische Kapelle der Felsmalerei«** bezeichnet wird. Die Decke des 9 m x 18 m großen Saales ist mit mehrfarbigen, teilweise recht plastischen Tierdarstellungen versehen, u. a. mehrere Wisente, ein rotes Wildpferd, ein Wildschwein und eine Hirschkuh.

Die Künstler der Steinzeit nutzten die Struktur des Untergrundes und den Schattenwurf, um räumliche Eindrücke und Bewegungseffekte hervorzurufen. Vorherrschende Farben sind Rot, Ocker und Braun, die man aus mit Wasser vermischten Mineralien gewann und mit dem Finger, einem Stift, einem Federkiel oder direkt abgerieben auftrug. Die Umrisse der Tiere sind mit Holzkohle ausgeführt. Einige Bilder sind durch Ritzen oder Abschaben des felsigen Malgrundes in ihrer Wirkung verstärkt.

! *Baedeker* TIPP

**Tickets reservieren**

Da der Zutritt in die Neocueva begrenzt ist, empfiehlt sich vor allem während der Hauptsaison eine Vorbestellung der Eintrittstickets: Tel. 942 81 81 02; http://museodealtamira.mcu.es).

✶ **Museo de Altamira**

2 km südwestlich von Santillana del Mar vermitteln das Museo de Altamira und der **Nachbau der Höhle von Altamira**, die sog. **Neocueva**, Eindrücke vom Leben in der Altsteinzeit. Natürlich sind hier auch exakte Kopien der Felsmalereien in der echten Höhle zu sehen (Öffnungszeiten: Mai – Okt. Di. – Sa. 9.30 – 20.00, So., Fei. 9.30 bis 15.00, Nov. – April Di. – Sa. 9.30 – 18.00, So., Fei. 9.30 – 15.00 Uhr).

# ✶✶ Santo Domingo de la Calzada

05

**Provinz:** La Rioja
**Höhe:** 638 m ü. d. M.
**Region:** La Rioja
**Einwohner:** 6000

**Das Hühnermirakel hat dem Städtchen internationale Berühmtheit beschert, der Hühnerstall in der Kathedrale macht das nach dem gleichnamigen Heiligen benannte Santo Domingo de la Calzada zum Top-Reiseziel. Eine vergleichbar kuriose Sehenswürdigkeit findet man sonst nirgendwo.**

**Eine wundersame Story** Diese mittelalterliche Legende kennt in Spanien jedes Kind. Sie beginnt in einem örtlichen Gasthof, wo eine Magd einem jungen Pilger nachstellt. Dieser widersetzt sich ihrem fleischlichen Verlangen, worauf sie aus Rache einen silbernen Becher in seinem Gepäck versteckt. Der Bursche wird zu Unrecht des Diebstahls bezichtigt und auf richterliches Geheiß erhängt. Als seine Eltern auf dem Jakobsweg weiterziehen wollen, stellen sie fest, dass ihr Sohn am Galgen noch lebt und stürzen zum Hause des Landrichters. Dieser ist gerade im Begriff, einen gebratenen Hahn und eine Henne zu verspeisen. Ungläubig erwidert er, dass der Junge so lebendig sei wie das Federvieh auf seinem Teller. Im selben Moment erheben sich die Tiere und fliegen davon ...

In Angedenken an das Hühnermirakel, das in seiner Frühform in Toulouse als Galgenwunder (ohne Hühnerzutaten) in die Welt gesetzt wurde, ist in der hiesigen Kathedrale der Hühnerstall zu sehen.

## ? WUSSTEN SIE SCHON ...?

- ... dass die Nester der Weißstörche die Wahrzeichen der Stadt sind? Man sieht sie vor allem auf den Stadtmauerresten und dem einstigen Franziskanerkloster.

**Die Pilger und der Heilige** Die Stadtgeschichte ist eng mit dem Pilgerkult und der Figur des Einsiedlers Domingo de la Calzada (1019 – 1109) verknüpft, der den unschuldig Erhängten gestützt haben soll. Belegt ist, dass er sich für die Belange der Wallfahrer einsetzte, ihnen das Fortkommen erleichterte und eine Brücke über den Río Oja baute. Im Jahr 1232 wurde die Kirche mit dem Grabmal des Heiligen zur Kathedrale erhoben.

**Die Stadt heute** Die Bevölkerung von Santo Domingo de la Calzada lebt heute in erster Linie von Einkünften aus dem Tourismus und von einer florierenden Landwirtschaft im Umland.

## Sehenswertes in Santo Domingo de la Calzada

**✶ Altstadt** Durch die Altstadt ziehen sich die lange Schneise der Calle Mayor sowie die Promenade Paseo del Espolón. An der Plaza de España fällt das Rathaus mit seiner eindrucksvollen Arkadenfront auf. An der Plaza del Santo stehen das einstige Pilgerhospiz (heute Parador) und die spätgotische Kapelle Nuestra Señora de la Virgen de la Plaza. Hier ragt auch der 70 m hohe Turm (18. Jh.) in den Himmel, der getrennt von der Kathedrale steht und weithin als Wahrzeichen der Stadt zu sehen ist.

**✶✶ Kathedrale** In Bezug zur bescheidenen Größe der Stadt wirkt die zwischen dem 12. und 18. Jh. entstandene Kathedrale überproportioniert. Sie ist nicht weniger als 62 m lang und 31 m breit. Stilistisch präsentiert sich das Gotteshaus als Mixtur von der Romanik bis zum Barock.

Der **Kreuzgang** (Zutritt gebührenpflichtig) ist als museale Einrichtung mit wertvollen Objekten sakraler Kunst hergerichtet. Eine Ma-

# SANTO DOMINGO DE LA CALZADA ERLEBEN

## AUSKUNFT

*Oficina de Turismo*
Calle Mayor, 70
Tel. 941 34 12 30, Fax 941 34 12 31
www.rioja.org

## VERANSTALTUNGEN

Zwischen dem 10. und 15. Mai werden die bunten Patronatsfeierlichkeiten zu Ehren des heiligen Santo Domingo de la Calzada von Tanz, Musik und Umzügen begleitet. Eine Prozession und Tänze bestimmen auch den 18./19. September bei den Fiestas de Gracias y San Jerónimo Hermosilla.

## ESSEN

### ► Fein & teuer

*Restaurante Parador de Santo Domingo de la Calzada*
Plaza del Santo, 3
Tel. 94 34 03 00
Sehr geschmackvoll zubereitete regionale Spezialitäten und hervorragende Weine werden in gediegenem Ambiente geboten.

### ► Preiswert

*Casa Madariaga*
Plaza de España, 7
Tel. 941 34 01 30
Einen Steinwurf von der Kathedrale entfernt gibt es mittags leckere Tagesmenüs.

## ÜBERNACHTEN

### ► Luxus

*Parador de Santo Domingo de la Calzada*
Plaza del Santo, 3
Tel. 941 34 03 00, Fax 941 34 03 25
www.parador.es
Dieses einstige Pilgerspital liegt gegenüber der Kathedrale und präsentiert sich heute als stilvoller Vier-Sterne-Parador. Besondere Höhepunkte sind ein prunkvoll dekorierter Saal und das Restaurant. Gag am Rande: Die Zimmernummern sind mit hölzernen Hühnern dekoriert.

*Parador de Santo Domingo – Bernardo de Fresneda*
Plaza de San Francisco
Tel. 941 34 11 50
Fax 941 34 06 96
www.parador.es
Der zweite Parador der Stadt nimmt die Räumlichkeiten des einstigen Franziskanerklosters ein, das Ende des 16. Jh.s nach Plänen von Juan de Herrera erbaut wurde. Dieser Parador besitzt einen Stern weniger als der Erstgenannte und ist etwas preisgünstiger. Ebenfalls mit Restaurant. Nov. – Feb. geschlossen.

### ► Komfortabel

*Baedeker-Empfehlung*

***Gut gebettet***
In die Klosteranlage von Yuso ist die Hostería del Monasterio de San Millán integriert, ein Vier-Sterne-Haus mit Restaurant. Während der Hauptsaison sollte man unbedingt reservieren: Tel. 941 37 32 77, Fax 941 37 32 66, hospederia@sanmillan.com, www.emeieme.com

rienskulptur in einer stark gesicherten Vitrine zeigt die Gottesmutter beim Stillen ihres Kindes. Ein von Alonso Gallego 1525 gefertigtes Ölgemälde zeigt den heiligen Vitores de Cerezo, der nach seinem Martyrium buchstäblich noch mit dem eigenen Kopf unter dem Arm weitergepredigt haben soll. In den angrenzenden Räumen sind Silberschmiedearbeiten zu sehen und in kleinen Grabkapellen ruhen regional bedeutsame Adelige.

*Ein kleiner Stall in der Kirche erinnert an das Hühnerwunder.*

Betritt man beim Kassenbereich vom Kreuzgang aus die Kathedrale, so gelangt man rechts durch eine Tür (nicht immer offen) in die einstigen Wehrgänge und auf eine Plattform, von der aus man einen schönen Blick auf den Turm und die Reste der Stadtmauer genießen kann.

Im Inneren der Kathedrale versperrt zunächst einmal der plateреske **Chor** den freien Blick. Von den zahlreichen **Seitenkapellen** verdient die des in Nordvietnam hingerichteten Märtyrers San Jerónimo Hermosilla (1800 – 1861) Beachtung. Sein Totenschädel wird in einem Schrein aufbewahrt. Bemerkenswert ist auch die Jakobuskapelle mit einer Darstellung des Apostels als »Maurentöter«.

Öffnungszeiten: Mo. – Sa. 9.30 – 13.30 u. 16.00 – 18.30

Im **nördlichen Querschiff** steht der stattliche **Hauptaltar**, ein prachtvolles Renaissancewerk von Damián Forment. Die Szenen aus dem Leben Christi und Mariens hat Andrés de Melgar geschaffen. Im Altaraum befinden sich die ältesten romanischen Bauteile sowie ein Relief, das den musizierenden König David darstellt.

Besonders eindrucksvoll sind das **Mausoleum** des Santo Domingo de la Calzada sowie der **Hühnerstall** über dem Abgang zur Gruft des Heiligen. Die liegende Skulptur ist romanischen Stils, das von Juan de Rasines ausgeführte Alabastermausoleum ist der Spätgotik zuzurechnen. Eingefasst ist eine kleine Skulptur, die den Heiligen im Pilgergewand und mit zwei Hühnern zeigt. Das lebende Federvieh scharrt, gackert und kräht in einem Glaskasten unter gotischer Halbbogenzier.

Hinweise für Besucher ►

Wegen des museal hergerichteten Kreuzgangs wird eine Eintrittsgebühr erhoben. Foto- und Filmaufnahmen sind strengstens verboten. Sonntags wird nicht harsch kontrolliert, der Zugang ist frei. Man kann sich die Kathedrale samt Hühnerstall vor und nach den Gottesdiensten ansehen. Der Kreuzgang bzw. das Museum sind sonntags allerdings geschlossen.

## Umgebung von Santo Domingo de la Calzada

★ **Zisterziense-rinnenabtei von Cañas**

Etwa 10 km südöstlich von Santo Domingo de la Calzada liegt eine der wichtigsten Sehenswürdigkeiten der Rioja in unscheinbarer ländlicher Umgebung: die Zisterzienserinnenabtei von Cañas. Welche Pracht sich in diesem Dorf hinter Klostermauern verbirgt, ist vom schlichten Äußeren her nicht zu ermessen (Öffnungszeiten: Di. – Sa. 11.00 – 13.30 u. 16.00 – 18.00, So. 11.00 – 13.30 u. 16.00 – 18.00, im Sommer bis 19.00 Uhr).
Die Klosterstiftung geht auf Felipe Díaz de Haro und seine Gemahlin Aldonza Ruiz de Castro zurück. Das klösterliche Leben begann in der zweiten Hälfte des 12. Jahrhunderts. Die Hauptsehenswürdigkeiten gruppieren sich um den Kreuzgang. Im Kapitelsaal befindet sich das prächtige gotische Grabmal der Doña Urraca. In weiteren Räumen sind wertvolle Gemälde, Skulpturen und Reliquien untergebracht. So man daran glaubt, blickt man in einer Vitrine auf einen Hufeisenabdruck des Pferdes vom heiligen Jakobus ... Durch Alabasterfenster flutet das Licht in die wunderschöne **Klosterkirche**, deren Höhepunkte ein Marienbildnis und ein von Andrés de Melgar und Guillén de Holanda geschaffenes Renaissance-Retabel sind.

★ **San Millán de la Cogolla**

Knapp 20 km südöstlich von Santo Domingo de Calzada liegt San Millán de la Cogolla. Auch hier geht der Ortsname auf einen Heiligen zurück. Millán (dt. Emilian bzw. Aemilian) lebte zwischen 473 und 574 und rief mit dem kleinen **Bergkloster von Suso** eines der bedeutendsten geistigen und wissenschaftlichen Zentren seiner Zeit ins Leben. Dort wurde der wundertätige Heilige auch begraben, bis er im 11. Jh. ins neu gegründete **Talkloster Yuso** überführt wurde. Beide Klöster gehören zum Weltkulturerbe der UNESCO vor allem wegen ihrer historischen Bedeutung. Denn die hiesigen Schreibstuben gelten als »Wiege der spanischen Sprache«.

*Buchkunst aus dem Kloster Yuso*

Während das kleinere Kloster von Suso archaisch wirkt und interessante mozarabische Bögen aufweist, handelt es sich bei Yuso um eine größere Klosteranlage mit einem großen Kreuzgang und einer reich dekorierten Sakristei, mit Museumsräumen und einer dem heiligen Millán geweihten Kapelle. In der Klosterkirche, die heute von Augustinern genutzt wird, sind mehrere wertvolle Gemälde von Fray Juan de Ricci zu sehen. Die wesentlichen Bauteile des Klosters Yuso datieren aus dem 16. bis 18. Jh. (Öffnungszeiten: Kloster Yuso:

Okt. – April Di. – So. 10.00 – 13.00 u. 16.00 – 18.00, Mai – Sept. Di. bis So. 10.30 – 13.30 u. 16.00 – 18.30 Uhr; Kloster Suso: Okt. bis Ostern Di. – So. 9.30 – 13.30 u. 15.30 – 18.00, Ostern – Sept. Di. – So. 10.00 – 13.30 u. 16.00 – 18.30 Uhr).

Hinweis ► Im Ticketpreis von Suso ist die Auffahrt im Kleinbus enthalten. Nimmt man dies nicht wahr, hat man eine kleine Wanderung durch den Wald vor sich.

★ **Ezcaray**

Knapp 15 km südlich von Santo Domingo de la Calzada erreicht man die recht urige Ortschaft Ezcaray mit ihren Steinhäusern und holzgestützten Arkaden. Ein Beispiel gotischer Baukunst ist die Kirche Santa María la Mayor. Ezcaray liegt bereits im Schatten der imposanten **Sierra de San Lorenzo**, die auch als »Dach der Rioja« bekannt ist und bis zu 2271 ü. d. M. aufragt.

Im 12 km weiter südöstlich gelegenen **Valdezcaray** erstreckt sich das weit und breit einzige Wintersportgebiet. Hier sind mehr als 20 Kilometer Skipisten ausgewiesen.

## Auf dem Jakobsweg von Santo Domingo de la Calzada nach Burgos

Von Santo Domingo de la Calzada sind es rund 70 km in südwestlicher Richtung bis ►Villafranca Montes de OcaBurgos, der nächsten bedeutenden Station auf dem Jakobsweg. Die Etappe nach Villafranca Montes de Oca führt durch dünn besiedeltes Gebiet und vorbei an riesigen Getreidefeldern. Im Ort Belorado ist die kleine Plaza Mayor beachtenswert und in Tosantos die Felsenkapelle. **Villafranca Montes de Oca** war zu westgotischen Zeiten ein bedeutender Bischofssitz. Dort hat man die Rioja bereits verlassen und befindet sich in der kastilisch-leonesischen Provinz Burgos.

Hinter Villafranca **Montes de Oca** windet sich die N-120 auf diesen bewaldeten und verbuschten Höhenzug hinauf. Hier wurden im Mittelalter viele Jakobspilger Opfer von Wegelagerern. Aus dem Codex Calixtinus ist eine Legende vom heiligen Jakobus überliefert, der hier auf verzweifeltes Flehen einer Mutter ein plötzlich verstorbenes Kind ins Leben zurückholte. In den Montes de Oca überqueren Auto- und Motorradfahrer den **Pedraja-Pass** (1150 m ü. d. M.) und sehen kurz darauf am Straßenrand die Reste der Einsiedelei **Valdefuentes**.

★ **San Juan de Ortega**

Einige Kilometer weiter gibt es rechts eine ausgeschilderte Abzweigung nach San Juan de Ortega. Der kleine Ort trägt den Namen des gleichnamigen Heiligen, der 1080 – 1163 lebte und die Tradition der Pilgerversorgung seines leuchtenden Vorbilds Santo Domingo de la Calzada fortsetzte. In der romanisch-gotischen Klosterkirche befindet sich das Grabmal des **Juan de Ortega**. Vielen Jakobspilgern bleibt dieses Gotteshaus wegen der besonders stimmungsvollen Abendgottesdienste in Erinnerung. Auf dem lang gestreckten Kirchenvorplatz lädt ein kleines Café zur Rast ein.

Zurück auf der N-120 Richtung Burgos weist ein Schild in **Ibeas de Juarros** auf die archäologischen Ausgrabungsareale (yacimientos) der **Sierra de Atapuerca** hin. Da hier Reste des **Homo antecessor** genannten rund 800 000 Jahre alten Frühmenschen gefunden wurden, ist Atapuerca in die UNESCO-Liste des Weltkulturerbes eingetragen worden (Führungen: April – Okt., in der Hauptreisezeit tgl., sonst meist nur an Wochenenden; www.atapuerca. com).

★ Atapuerca

# Vigo

B 5

**Provinz:** Pontevedra
**Höhe:** 31 m ü. d. M.
**Region:** Galicien (Galicia)
**Einwohner:** 310 000

**Galiciens größte Stadt verdankt ihr Wachstum dem Fischfang und der Muschelzucht, dem Schiffbau, der Automobilindustrie und vor allem ihrem Hafen, der als einer der besten Naturhäfen Südwesteuropas gilt und bereits seit dem Altertum genutzt wird. Touristisch ist Vigo nur bedingt attraktiv. Interessanter sind die Ausflüge, insbesondere an die Strände der ►Rías Baixas**

*In Vigo sollte man unbedingt leckere Meeresfrüchte probieren.*

## VIGO UND UMGEBUNG ERLEBEN

### AUSKUNFT

*Oficina de Turismo de Vigo*
Rúa Cánovas de Castillo, 22
Tel. 986 43 05 77
Fax 986 43 00 80
www.turismodevigo.org

*Illas Cíes, Parque Nacional Islas Atlánticas*
www.noticiasgalicia.com/islas
http://reddeparquesnacionales.mma.es/parques/cies

### VERANSTALTUNGEN

Im Juni/Juli internationales Jazzfestival; Mitte Juli Festas do Carme im benachbarten Bouzas mit großen pyrotechnischen Spektakeln.

### BADESTRÄNDE

Zum Baden fährt man an die gut erreichbaren Strände Alcabre, Samil, Coruxo, Canido, O Bao und Saians.

### ÜBERNACHTEN/ESSEN

► **Luxus**

① *Hotel Pazo de los Escudos*
Avenida Atlántida, 106
Tel. 986 82 08 20
Fax 986 82 08 00
www.pazolosescudos.com
Vigos Prachthotel ist in einem Palais aus dem 19. Jahrhundert untergebracht, das Tradition und moderne Eleganz vereint. Fünf Sterne. In der Kategorie der Premium-Zimmer genießt man den Blick aufs Meer. Das angeschlossene Restaurante »Alcabre« ist ebenfalls eine Klasse für sich und für seine hervorragenden galicischen Spezialitäten bekannt.

► **Komfortabel**

*Parador San Telmo*
Tui, Avenida Portugal
Tel. 986 60 03 00
Fax 986 60 21 63
www.parador.es
Sehr angenehme Vier-Sterne-Unterkunft in einem nachgebildeten historischen Landsitz. Mit einem großzügigen schön gestalteten Garten und einem guten Restaurant.

② *Hotel América*
Calle Pablo Morillo, 6
Tel. 986 43 89 22
Fax 986 43 70 56
www.hotelamerica-vigo.com
Drei-Sterne-Haus in zentraler Lage. Schnörkellose Mittelklasse.

③ *Hotel 3 Luces*
Calle Cuba, 19
Tel. 986 48 02 50
Fax 986 48 33 27
www.hotel3luces.com
Solide 3-Sterne-Herberge mit 70 Zimmern und kleinem, aber feinem Restaurant.

**Geschichte** Nach der Zerstörung durch Almanzor im Jahr 997 wurde Vigo erst im 12. Jh. wieder besiedelt. Vier Jahrhunderte später blühte die Hafenstadt durch den Amerikahandel auf. Doch wurde sie infolgedessen mehrfach von Piraten heimgesucht. Im Jahr 1588 tauchte sogar **Francis Drake** hier auf.

## *Vigo* Orientierung

**Übernachten/Essen**

① Hotel Pazo de los Escudos

② América

③ 3 Luces

## Sehenswertes in Vigo

**O Berbés und Umgebung**

O Berbés ist das **historische Fischerviertel**, das hinter dem Hafengebiet mit seinen Gässchen bis zur klassizistischen **Colexiata de Santa María** ansteigt. Nahe am Meer geht es rund um die Rúa Real, die Praza de Compostela und den Mercado (Markt) recht geschäftig zu. Aus Kneipen und Restaurants wehen verführerische Düfte von Meeresfrüchten. Im Oberen Bereich von O Berbés beginnen nahe der Colexiata de Santa María die moderneren Geschäftsareale, speziell im Umfeld der Rúa do Principe.

**Monte O Castro** Südlich der Innenstadt erhebt sich der Monte O Castro, ein Hügel (125 m ü. d. M.), den bereits die Kelten besiedelten. Im Zentrum der weitläufigen Grünanlage liegt das **Castelo de Castro**, eine Befestigungsanlage aus dem 17. Jahrhundert.

✶ **Museo Municipal Quiñones de León** Tief im Süden der Stadt schließt sich mit dem **Parque de Castrelos** ein weiterer Park an. Im Mittelpunkt steht der **Pazo de Castrelos** (18. Jh.), der heute das Museo Municipal Quiñones de León beherbergt. In den drei Abteilungen Archäologie, Geschichte und Kunst sind mancherlei Kostbarkeiten zu sehen. Außerdem finden hier Wechselausstellungen zu diversen Themen statt (Öffnungszeiten: Di. – Fr. 10.00 – 13.30 u. 17.00 – 20.00, Sa. 17.00 – 20.00, So./Fei. 10.00 bis 13.30 Uhr; www.museodevigo.org).

**Mirador de la Guia** Ganz in der Nähe, nordöstlich der Stadt, bietet sich vom Mirador de la Guia ein zauberhafter Blick über die Ría und die vorgelagerten Illas Cíes.

## Umgebung von Vigo

✶ **Illas Cíes** In den Oster- und Sommerferien starten Ausflugsboote zu den Illas Cíes am Eingang der Ría de Vigo. Die schroffen, inzwischen unter Naturschutz gestellten Inseln wurden schon von den Kelten aufgesucht (Castro As Hortas). Sie gehören heute zum Parque Nacional Islas Atlánticas, nicht zuletzt deswegen, weil hier vielerlei Vögel beobachtet werden können, darunter auch etliche Möwenarten.

Der höchste Punkt liegt auf der nördlichen **Illa de Monte Agudo** (197 m ü. d. M.). Die lang gestreckte **Praia de Rodas** verbindet die Illa de Monte Agudo mit der **Illa do Faro**. Den südlichen Abschluss des Archipels bilden die große **Illa de San Martiño** und die kleine **Illa de Boeiro**.

### ? WUSSTEN SIE SCHON ...?

- Zu Beginn des Spanischen Erbfolgekrieges (1702) griff eine englisch-holländische Flotte die spanische Silberflotte im Hafen von Vigo an und raubte einen Teil der Schätze; der Rest versank in der tiefen Bucht und ist bis heute nicht gehoben worden.

✶ **Tui** Ein Ausflug in die 25 km südlich gelegene alte Bischofsstadt Tui (span. Tuy) lohnt sich in erster Linie wegen der Catedral de Santa María, die zu den imposantesten Wehrkirchen Spaniens zählt. Auf dem höchsten Punkt der Altstadt wendet sich die 1225 von Bischof Egea geweihte Kathedrale (Baubeginn 1120) mit ihren zinnenbesetzten Türmen zum Vorplatz hin. Ein spitzbogiges Portal gibt den Weg frei in die Vorhalle. Im Tympanon ist eine Darstellung der Anbetung der Heiligen Drei Könige zu sehen. Im Innern des Gotteshauses verdienen das Ende des 17. Jh.s geschnitzte Chorgestühl, das Retablo de la Expectación (18. Jh.) sowie der Domschatz Beachtung. Gotisch präsentiert sich der Kreuzgang.

✶ Catedral de Santa María ▸

*Ilas Cíes: beschwerlicher Weg zum Leuchtturm*

Am Wochenende nach Ostern begeht Tui sein großes Patronatsfest zu Ehren von **San Telmo**, eines Dominikaners und Wanderpredigers, der 1246 hier verstarb. An der Stelle seines Sterbehauses steht die 1769 – 1803 erbaute Capela de San Telmo.

Den Río Miño (galicisch Minho) an der spanisch-portugiesischen Grenze überspannt eine 333 m lange **Eisengitterbrücke**, die der berühmte Franzose **Gustave Eiffel** konstruiert hat und die 1886 dem Verkehr übergeben worden ist. Sie verbindet Tui mit dem portugiesischen Nachbarort Valença.

★ ◀ Ponte Internacional

Wegen der Ausblicke über die Flusslandschaft lohnt sich ein Abstecher in einen kleinen Naturpark nördlich der Stadt, der zum **Monte Aloia** (629 m ü. d. M.) ansteigt.

# ★ Vitoria (Gasteiz)



**Provinz:** Álava (Araba)
**Höhe:** 765 m ü. d. M.
**Region:** Baskenland (País Vasco, Euskadi)
**Einwohner:** 240 000

**Die Hauptstadt der Autonomen Gemeinschaft Baskenland breitet sich in einem weiten grünen Becken aus, das von den Hängen der Montes de Vitoria im Süden bis zu einem Stauseengebiet im Norden reicht. Für Touristen interessant ist die spinnennetzartig angelegte Altstadt mit ihren Gassen und Baudenkmälern.**

## *Vitoria · Gasteiz* Orientierung

1 El Portalón
2 Torre de los Anda
3 Torre de Doña Otxanda
4 Palacio Escoriaza-Esquivel
5 Palacio de Montehermoso
6 Palacio de los Álava-Esquivel
7 Casa del Cordón
8 Estación de Autobuses
9 Los Arquillos
10 Gobierno Civil
11 Plaza de España

**Essen**
① Asador Matxete
② Parador de Argómaniz
③ Virgen Blanca
④ Café Plaza

**Übernachten**
① Gran Hotel Lakua
② Ciudad de Vitoria
③ Canciller Ayala

**Stadt in voller Blüte**

Heute zählt Vitoria zu den wohlhabendsten Städten in ganz Spanien. Dies verdankt es vor allem seiner Bedeutung als Industriestandort. In Vitoria werden Fahrzeuge, Nahrungsmittel, Textilien sowie Erzeugnisse aus Metall und Holz hergestellt. Auch der Tourismus wächst stetig. Nicht zu unterschätzen für die wirtschaftliche Entwicklung ist die Funktion der Stadt als regionaler Parlaments- und Regierungssitz. Ausufernde Neubauquartiere deuten auf weiteres Wachstum hin. Das Umland hingegen hat sich mit Wäldern, Weiden, Getreide- und Kartoffelfeldern sein ländlich-agrarisches Gepräge erhalten.

**Geschichte**

Historischer Vorläufer der nach Bilbao zweitgrößten Stadt von Euskadi war eine kleine baskische Siedlung namens **Gasteiz**. Im Jahr 1181 erhielt der Ort unter Navarras König Sancho VI. den Namen Vitoria (Sieg) und bekam Sonderprivilegien zugestanden. In der Folgezeit stritten Navarra und Kastilien um den Ort wegen dessen strategisch bedeutsamer Lage. 1431 bekam Vitoria das Stadtrecht, 1483 bestätigte Königin Isabella von Kastilien die Sonderrechte.

Für einen markanten Einschnitt in der Stadtgeschichte sorgten die **Truppen Napoleons**, der das Baskenland in den Mittelpunkt kriegerischer Auseinandersetzungen rückte. Im Juni 1813 schlugen die

# VITORIA ERLEBEN

## AUSKUNFT

*Oficina de Turismo*
Plaza del General Loma, 1
Tel. 945 16 15 98, Fax 945 16 11 05
www.vitoria-gasteiz.org/turismo

## VERANSTALTUNGEN

Vitoria ist ein feierfreudiges Pflaster. Höhepunkte im Festkalender sind der Karneval, das Internationale Spiele-Festival (2. Junihälfte; www.festival-dejuegos-jolasjaialdia.com), das Internationale Jazzfestival (Anf./Mitte Juli; www.jazzvitoria.com), das Patronatsfest (Anf. Aug.) zu Ehren der Virgen Blanca (Laternenprozession am Abend des 4. Aug.), das Azkena Rock Festival (Ende Aug./Anf. Sept.; www.azkenarockfestival.com) und der Mittelalterliche Markt (letztes September-Wochenende).

## SHOPPING

Im Großkaufhaus El Corte Inglés (Calle de La Paz/Plaza de Santa Bárbara Vitoria) findet man alles unter einem Dach. Besonders belebte Bereiche der Fußgängerzone sind die Calle Siervas de Jesús und die Calle Postas 4, wo es auch verführerisch duftendes Backwerk gibt.

## ESSEN

### ► Fein & teuer

① *Asador Matxete*
Plaza del Machete, 4 – 5
Tel. 945 13 18 21
Stilvolles Altstadtrestaurant nahe der Plaza de la Virgen Blanca (So. abend u. Mo. geschlossen).

② *Parador de Argómaniz*
Carretera N-I, km 363, Argómaniz
Tel. 945 29 32 00
Gourmets ist dieses Lokal einen Abstecher in den 12 km östlich gelegenen Ort Argómaniz wert: köstliche regionale Spezialitäten in historischem Ambiente.

### ► Erschwinglich

③ *Restaurante Virgen Blanca*
Plaza de la Virgen Blanca, s/n
Tel. 945 28 61 99
Hier gibt es werktags ein schmackhaftes Mittagsmenü inklusive Wein.

### ► Preiswert

④ *Café Plaza*
Calle Postas, 5, Tel. 945 13 98 51
Hier gibt es nicht nur Kaffee und Kuchen, sondern auch anständige Tellergerichte und Salate.

## ÜBERNACHTEN

### ► Luxus

① *Gran Hotel Lakua*
Calle Tarragona, 8
Tel. 945 18 10 00, Fax 945 18 11 00
www.granhotellakua.com
Das »Erste Haus am Platz« (5 Sterne) hat 147 Zimmer und Suiten sowie ein vorzügliches Restaurant.

② *Hotel Ciudad de Vitoria*
Portal de Castilla, 8
Tel. 945 14 11 00, Fax 945 14 36 16
www.hoteles-silken.com
Vier-Sterne-Komfort nahe am Parque de la Florida. Die Zimmer sind sehr geräumig, in der Pianobar ist häufig Livemusik zu hören.

### ► Komfortabel

③ *Hotel Canciller Ayala*
Calle Ramón y Cajal, 5
Tel. 945 13 00 00, Fax 945 13 35 05
www.nh-hoteles.com
Zentral in der Nähe des Parque de la Florida liegt dieses Vier-Sterne-Haus, von dem aus sich die Stadt problemlos zu Fuß erkunden lässt.

Truppen des Herzogs von Wellington die von Marschall Jourdan geführten Franzosen unweit südlich von Vitoria und zwangen sie damit zum Rückzug aus Spanien. Im weiteren Verlauf des 19. Jh.s, vor allem zu Zeiten der Karlistenkriege, setzte eine wirtschaftliche Erholung ein. Viele Menschen zogen nun vom Lande in die Stadt.
Im Jahr 1980 wählte das baskische Parlament Vitoria zur Hauptstadt von Euskadi, was einen neuerlichen wirtschaftlichen Aufschwung und einen weiteren Bevölkerungszuwachs hervorrief.

## Sehenswertes in Vitoria

**✶ Plaza de la Virgen Blanca**

Der nach der »Weißen Jungfrau«, der Schutzheiligen der Stadt benannte und von Häusern mit gläsernen Veranden umgebene Platz vermittelt zwischen dem historischen Stadtkern und der südlichen Erweiterung der Innenstadt. Auf dem Platz erinnert das Monumento a la Batalla de Vitoria an den Sieg über die Franzosen (1813). Alljährlich im August ist die Plaza Brennpunkt der Feierlichkeiten zu Ehren der Virgen Blanca.

*Wahrzeichen Vitorias: das Schlachtendenkmal*

Eine Treppe führt vom Platz hinauf zu diesem Gotteshaus. Unter einer Glashaube vor dem Portikus der Hauptfassade der **Iglesia de San Miguel Arcangel** ist ein spätgotisches Bildnis der »Weißen Jungfrau« zu sehen. Im Inneren sticht der von Gregorio Fernández 1624 – 1632 geschaffene Retablo am Hochaltar hervor. Der Virgen Blanca ist eine besondere Kapelle geweiht. Die bemalte Skulptur stammt aus dem 19. Jahrhundert.
Auf der Höhe des Portikus beginnen die malerischen **»Los Arquillos«** genannten Arkadengänge. Sie wurden 1787 – 1802 erbaut. Dahinter schließt sich die geradezu dörflich wirkende **Plaza del Machete** mit ihren schönen Glasveranden an.

**✶ Plaza de España**

Die Plaza de la Virgen Blanca ist durch eine Passage mit der östlich gelegenen und von hübschen Arkaden umgebenen Plaza de España verbunden. Hier steht auch das Rathaus. Dieser Platz wurde 1782 – 1794 nach Plänen von Justo Antonio de Olaguibel in neoklassischem Stil angelegt.

Vorbei am Postgebäude führt der Weg durch die angenehm gestaltete Fußgängerzone zwei Ecken weiter bis zur Plaza de los Fueros. Luis Peña Ganchegui und der baskische Metallbildner Eduardo Chillida gaben dem »Platz der Sonderrechte« Ende der 1970er-Jahre sein heutiges Aussehen.

**Plaza de los Fueros**

Von der Plaza de la Virgen Blanca führen Vitorias typische lange Gassen in die Altstadt. Sie tragen nach wie vor die Namen alter Handwerkszünfte: Calle Correría (Riemenmachergasse), Calle Zapatería (Schuhmachergasse) und Calle Herrería (Schmiedgasse). Letztere läuft an der **Iglesia de San Pedro** (14. Jh.) vorbei.

**Altstadtgassen**

In seinen alten Gassen zeigt sich Vitoria von seiner ursprünglichsten Seite, hier gehen Kneipenkultur und Geschäftssinn Hand in Hand. Es erstaunt ein ums andere Mal, wie viele Geschäfte aus der »guten alten Zeit« bis heute überlebt haben. Aber wie lange noch? Auch das Miteinander aus Tradition und Moderne überrascht: auf der einen Seite Stadtmauerreste, auf der anderen die Getrenntmüllsammlung mit unterirdischen Transportbändern.

In einem historischen Adelshaus aus dem 16. Jh. in der Calle Correría 116 ist das kleine Archäologische Museum (**Museo de Arqueología**) mit Funden aus der Region untergebracht (Öffnungszeiten: Di. bis Fr. 10.00 – 14.00 u. 16.00 – 18.30, Sa. 10.00 – 14.00, So. 11.00 bis 14.00 Uhr).

Einen kurzen Schlenker lohnt das Naturwissenschaftliche Museum (**Museo de Ciencias Naturales**), das in einem architektonisch bemerkenswerten Turmhaus aus dem 16. Jh. eingerichtet ist. In den Abteilungen Geologie, Zoologie und Botanik ist viel Interessantes zu sehen (Calle Siervas de Jesús 24; Öffnungszeiten: Di. – Fr. 10.00 – 14.00 u. 16.00 – 18.30, Sa. 10.00 – 14.00, So. 11.00 – 14.00 Uhr).

In der Nähe des Museo de Arqueología liegt die ausgesprochen malerische Plaza de la Burullería. Beachtenswerte Bauten sind hier die Torre de los Anda (15. Jh.), das alte Postgebäude El Portalón (15./16. Jh.) und natürlich die mächtige Catedral de Santa María mit ihrem annähernd 60 m hoch aufragenden Turm.

*** Plaza de la Burullería**

Der Volksmund nennt die Kathedrale Santa María auch Catedral Vieja (Alte Kathedrale), da ihre baulichen Wurzeln in die Gotik zurückreichen. An und in dem Gotteshaus sind aufwendige Restaurierungs- und Ausgrabungsarbeiten im Gange.

Das Renaissancepalais Bendaña, 1525 im Auftrag von Juan López de Arrieta in der Calle Cuchillería 54 erbaut, beherbergt eine der kuriosesten Sehenswürdigkeiten Nordspaniens: das Museo Fournier de Naipes, das Spielkartenmuseum. Es ist benannt nach der Familie Fournier, die im 18. Jh. von Frankreich nach Spanien kam. Heraclio Fournier begründete 1868 in Vitoria eine erste Druckerwerkstatt, in der auch Spielkarten hergestellt wurden. Heraclios Enkel Félix begann 1916 mit dem Aufbau einer Spielkartensammlung.

**** Museo Fournier de Naipes**

*In Vitoria unvermeidlich: die Baskenmütze*

Was hier zusammengetragen ist, versetzt nicht nur Spezialisten in Erstaunen. Da gibt es **die älteste bekannte Spielkarte Europas** (»Italia 2«, 14. Jh.), wertvolle Kartensets aus Deutschland und Frankreich, sowie Designs von historischen Burgen und Landkarten und sogarvon Salvador Dalí.
All die Kartensets und -serien an den Wänden und in Vitrinen erlauben eine Reise durch die Jahrhunderte. Im Eingangsbereich sind historische Druckmaschinen ausgestellt (Öffnungszeiten: Di. bis Fr. 10.00 – 14.00, 16.00 – 18.30, Sa. 10.00 – 14.00, So. 11.00 bis 14.00 Uhr; Fotografieren ist übrigens streng verboten!)

**Parque de la Florida** Am Rand der Altstadt erstreckt sich dieser beliebte Park, der im 19. Jh. angelegt worden ist. Hier trifft man sich zum Plausch auf der Bank, zum kurzen Spaziergang durch ein Stück Natur oder zur Einkehr ins Parkcafé. An manchen Wochenenden gibt es Konzerte im Musikpavillon. An der Nordostflanke des Parks steht das **Parlamentsgebäude des Baskenlands**. Dahinter liegt die Plaza del General Loma mit dem Tourismusbüro.

**Catedral de María Inmaculada** ★ Museo Diocesano de Arte Sacro ▶ Nordwestlich des Parque de la Florida fällt die in pompöser Neugotik errichtete Catedral de María Inmaculada ins Auge. Sie ist auch als Catedral Nueva (Neue Kathedrale) bekannt. Mit ihrem Bau wurde 1907 begonnen. Fertiggestellt hat man das Gotteshaus aber erst 1969. Ein Teil der Kirche dient als Diözesanmuseum für Sakrale Kunst. Es ist eines der besten seiner Art in Nordspanien. Die Sammlung umfasst gotische Marienskulpturen (14. Jh.), mittelalterliche Grabstelen, liturgische Gewänder, silberne Kreuze und Kelche sowie die Renaissanceretabel San Nicolás de Bari und San Blas. Einzigartig sind die um 1520 in einer flämischen Schule entstandenen Reliquienbüsten aus bemaltem Eichenholz (Öffnungszeiten: Di. – Fr. 10.00 bis 14.00 u. 16.00 – 18.30, Sa. 10.00 – 14.00, So. 11.00 – 14.00 Uhr).

**Museo de Armería** Setzt man den Spaziergang vom Parque de la Florida in südlicher Richtung auf dem Paseo de la Senda fort, so gelangt man hinter der Bahnunterführung ins Universitäts- und Villenviertel der Stadt. Im hiesigen Museo de Armería verdienen speziell die mittelalterlichen Waffen und Ritterrüstungen Beachtung (Paseo de Fray Francisco de Vitoria, 3; Öffnungszeiten: Di. – Fr. 10.00 – 14.00 u. 16.00 – 18.30, Sa. 10.00 – 14.00, So. 11.00 – 14.00 Uhr).

★ **Museo de Bellas Artes**

Gepflegtes Grün umgibt das Museum der Schönen Künste, das in Räumlichkeiten des 1912 im Neorenaissancestil erbauten Palacio de Augusti eingerichtet ist. Ausgestellt sind insbesondere Werke baskischer Maler, darunter auch Arbeiten von Pablo Uranga (1861 – 1934) und Fernando de Amárica (1866 – 1956). Die Abteilung »Costumbrismo vasco« beschäftigt sich mit baskischer Volkskunst und Brauchtum des 19. und 20. Jahrhunderts. Ein Renaissanceretabel von Ribera de Valderejo ziert die Kapelle des Palacio. Weitere Kunstwerke sind in einem modernen Anbau zu sehen (Paseo de Fray Francisco de Vitoria, 8; Öffnungszeiten: Di. – Fr. 10.00 – 14.00 u. 16.00 – 18.30, Sa. 10.00 – 14.00, So. 11.00 – 14.00 Uhr).

★ **Artium**

In einer kunstbegeisterten Region, wo Bilbao sein Guggenheim-Museum und Eduardo Chillida bei San Sebastián sein eigenes Museum bekommen hat, wollte die Hauptstadt des Baskenlandes nicht zurückstehen. Artium heißt das hiesige Zentrum für zeitgenössische baskische Kunst. Es wurde zu Beginn des 21. Jh.s eröffnet und lockt Besucher mit einem breit gefächerten Kulturprogramm inklusive Wechselausstellungen an (Calle Francia 24; Öffnungszeiten: Di. – Do. u. So. 11.00 – 20.00, Fr., Sa. 11.00 – 20.30 Uhr; www.artium.org)

## Umgebung von Vitoria

**Anillo Verde**

Vitoria rühmt sich seines Anillo Verde (Grüner Ring), der die Stadt umgibt und aus mehreren Parkanlagen besteht. Dazu zählen der Parque de Salburua im Osten, der Parque de Olarizu im Süden und der Parque de Zabalgana im Westen.

**Stauseen**

Etwa 10 km nördlich der Stadt beginnt ein weiteres Naherholungsgebiet mit den beiden Stauseen Ullibarri und Urrunaga. Hier kann man schöne Wanderungen und Radtouren unternehmen.

**Wallfahrtskirche von Armentia**

In Armentia, 4 km südwestlich von Vitoria, lockt die Basílica de San Prudencio seit dem Mittelalter Wallfahrer an und wird von den Gläubigen wegen ihres Schutzheiligen Prudencio verehrt.

★ **Wallfahrtskirche von Estíbaliz**

10 km östlich von Vitoria ist das Gotteshaus von Estíbaliz ein Kleinod der Romanik. Kunsthistorisch interessant sind das reich dekorierte Südportal, das Taufbecken sowie das Marienbildnis Nuestra Señora de Estíbaliz. Im benachbarten Kloster leben noch ein paar Benediktinermönche.

**Iruña-Veleia**

Etwa 10 km westlich von Vitoria erreicht man Iruña-Veleia, wo auf einem weitläufigen Areal Reste einer größeren römischen Siedlung ausgegraben sind (Lage: zwischen Trespuentes und Villodas; Anfahrt beschildert; Öffnungszeiten: Mai – Mitte Okt. Di. – Fr. 11.00 – 14.00 u. 16.00 – 20.00, Sa. 11.00 – 15.00, So. 10.00 – 14.00, übrige Zeit Di. bis Sa. 11.00 – 15.00, So. 10.00 – 14.00 Uhr; www.veleia.com).

**Mendoza**

Aus dem dörflichen Bild von Mendoza ragt weithin sichtbar ein mittelalterlicher Turmbau namens Torre de los Mendoza, der heutzutage das Wappenmuseum der baskischen Provinz Álava beherbergt (Museo de Heráldica Alavesa; Öffnungszeiten: Di. – Fr. 11.00 – 14.00, 16.00 bis 20.00, Sa. 11.00 – 15.00, So. 10.00 – 14.00 Uhr).

**Parque Natural Gorbeia**

Passionierte Bergwanderer mögen diesen 20 016 ha großen Naturpark, der sich etwa 20 km nordwestlich von Vitoria ausbreitet. Er ist gut über die N-622 (Richtung Bilbao) erreichbar. Das Schutzgebiet ist nach dem 1482 m hohen Berggipfel benannt. Für die Wanderung vom Informationszentrum Baias bei Sarria auf den Gorbeia-Gipfel braucht man etwa 3 Stunden.

**Ausflug in den Parque Natural Valderejo**

Diese Tour, die im Wesentlichen der Landstraße A-2622 folgt, führt in den entlegenen Westen des Baskenlandes und endet im Parque Natural Valderejo (s. unten). Getreidefelder säumen den Weg, Hügel, winzige Dörfer, Klatschmohn, Ginster, Brombeersträucher, Steineichen und zwischendurch erfrischendes Grün.

Eine Zwischenstation ist **Salinas de Añana**, wo man bereits von der Straße aus die historischen Salinen mit ihren rechteckigen Trockenbecken und balkengestützten Balkonen bzw. Terrassen sehen kann. Oberhalb des Ortes liegt der Convento de San Juan de Acre, ein kleines Kloster aus dem 14. Jh., in dem heute Johanniterinnen wohnen.

★ Parque Natural Valderejo ►

Rund 60 km westlich von Vitoria erreicht man den 3400 ha großen Naturpark Valderejo. Dieser umfasst einen aus Kalkstein aufgebauten Bergzug, wundervolle Pinien-, Buchen- und Eichenwälder und bietet etwa 200 Gänsegeiern einen idealen Lebensraum. Ausgangspunkt aller Unternehmungen ist die Casa del Parque, das Informationszentrum in Lalastra (Mo. geschl., Tel. 945 35 31 46, www.valpuesta.com/valderejo/).

Ca. 3 km sind es von der Casa del Parque bis hinauf zur alten Einsiedlerkapelle San Lorenzo. Der mühsame Aufstieg wird mit herrlichen Ausblicken über Berg und Tal belohnt. Zumindest mit einem Fernglas lassen sich häufig **Gänsegeier** beobachten.

> ! *Baedeker* TIPP
>
> **Lohnende Wanderung**
>
> Im Parque Natural Valderejo führt eine schöne, nicht allzu anstrengende Wanderung ab der Casa del Parque durch Wiesen- und Waldgebiete in die malerische Schlucht des Río Purón (insg. 11 km).

★ **Parque Natural Izki**

Ein weiteres kleines Naturparadies ist dieser 40 km südöstlich von Vitoria gelegene Naturpark. Zunächst fährt man bis nach Elorriaga, wo man auf die A-132 Richtung Estella abzweigt. Dann geht es weiter über den knapp 900 m hohen Azazeta-Pass und über Maestu. Endstation ist Korres mit dem Informationszentrum des Naturparks (Mo. geschl., Tel. 945 41 05 02). In Korres beginnen einige markierte Rundwege. Charakteristisch für die Vegetation in dem über 9000 ha großen Schutzgebiet sind Steineichen, Pyrenäeneichen und Buchs.

*Wanderfreunde finden im Izki-Nationalpark mehr als ein Dutzend beschilderte Wege.*

**Fahrt von Vitoria nach Pamplona**

Knapp 95 km trennen Vitoria von ►Pamplona, der Hauptstadt Navarras. Die gut ausgebaute N-I/N-240 A garantiert rasches Fortkommen. Sie führt durch eine ausgesprochen reizvolle Landschaft, die von sattgrünen Wiesen und Weiden sowie kleinen Dörfern vor der bizarren Kulisse der Kalksteingebirge **Sierra de Aralar** und der Sierra de Urbasa geprägt ist. Unterwegs lohnt sich ein Abstecher bei Salvatierra-Agurain zur Kirche **San Martín in Gazeo** (unregelmäßig geöffnet) mit ihren gotischen Wandfresken. Ein weiterer Abstecher bei Huarte-Araquil (Uharte-Arakil) führt hinauf in die Sierra de Aralar zum mittelalterlichen **Santuario San Miguel de Aralar** (unregelmäßig geöffnet).

# ★★ Zaragoza (Saragossa)

S 6

**Provinz:** Zaragoza
**Region:** Aragón
**Höhe:** 200 m ü. d. M.
**Einwohner:** 700 000

**Zahlreiche Monumente, darunter auch solche aus der Römerzeit und der maurischen Epoche, spiegeln die mehr als 2000-jährige Geschichte von Aragoniens Hauptstadt wider. Die Basílica de Nuestra Señora del Pilar zählt zu den bedeutendsten Gotteshäusern ganz Spaniens. Im Jahr 2008 ist die Metropole am Río Ebro Schauplatz einer Weltausstellung.**

Heute präsentiert sich Zaragoza als modernes Verwaltungs-, Industrie-, Gewerbe- und Dienstleistungszentrum, das unaufhaltsam wächst und wächst. Dies gilt auch für die Besucherzahlen. Mittlerweile kann die Stadt rund 150 Hotels, Gasthäuser und Pensionen mit über 14 000 Gästebetten vorweisen. Wer das pralle Leben sucht, findet es auf den Plätzen um die Basilika und die Kathedrale sowie im Kneipenviertel El Tubo.

**Expo 2008** Was 1851 in London begann, setzt sich 2008 in Zaragoza fort: die Weltausstellung, die »Expo«. Sie findet vom 14. Juni bis 14. September 2008 auf einem riesigen Gelände am Ebro statt, das auch als Mäander von Ranillas bekannt ist. Viele Länder, Regionen, Firmen und Organisationen präsentieren ihre neuesten Errungenschaften. Leitthema der 93-tägigen Schau ist das Element Wasser. Im Zuge der Vorbereitungen auf die »Expo 2008« hat Zaragoza neue Wahrzeichen und Attraktionen bekommen: den 73 m hohen Torre del Agua (Wasserturm), das hypermoderne Aquarium, den futuristischen, von der aus dem Irak stammenden Stararchitektin Zaha M. Hadid entworfenen Pabellón Puente (Brückenpavillon) sowie ausgedehnte Garten- und Grünanlagen (aktuelle Informationen: www.expozaragoza2008.es).

**Geschichte** Vorläuferin der heutigen Großstadt war eine Siedlung der Iberer namens Salduba. Im Jahr 24 v. Chr. gründeten die Römer dann ihre Siedlung **Caesaraugusta**. Eine Legende berichtet von der **Mission des Apostels Jakobus**, der anno 40 hier eingetroffen und von der heiligen Muttergottes persönlich getröstet worden sein soll. Denn trotz aller Verkündigungsmühen war Jakobus bis dahin in Spanien wenig Erfolg beschieden. Deshalb, so heißt es, kam ihm Maria noch zu ihren eigenen Lebzeiten nahe – auf einer Säule, von Engeln getragen. Sie ermutigte den Apostel zu weiteren Unternehmungen. Außerdem bat sie ihn, über der Säule (pilar) ihr zu Ehren ein Heiligtum zu errichten. Jakobus kam dem Wunsch nach, legte den Grundstein zu Spaniens erstem **Marienheiligtum** und gewann in Caesaraugusta auch einige Anhänger für den christlichen Glauben. Legende und Gegenwart verschmelzen, wenn man sich vor Augen hält, dass die »Jungfrau von der Säule«, Virgen del Pilar, noch heute in der alles beherrschenden Basílica de Nuestra Señora del Pilar verehrt wird. Außerdem ist Maria die Schutzheilige der Stadt, in deren Zeichen das Patronatsfest im Oktober steht.

Prägend für die weitere Stadtgeschichte wurde die über 400-jährige **Herrschaft der Mauren**, die kurz nach ihrem Einfall 711 die Ufer des Ebro erreichten. Erst **1118 gelang die Rückeroberung unter Alfons I.** dem Kämpfer, der Zaragoza zur Hauptstadt des Königreiches Aragonien machte. Durch die Heirat Ferdinands II. von Aragonien mit Isabella I. von Kastilien (1469) und die damit einhergehende Begründung des spanischen Staates büßte Zaragoza zwar an Bedeutung ein, blieb aber eine feste Größe im Nordosten der Iberischen Halbinsel.

# ZARAGOZA ERLEBEN

## AUSKUNFT

*Oficina de Turismo*
Plaza del Pilar, s/n
Tel. 976 20 12 00, 902 20 12 12
Fax 976 72 12 81
http://turismo.ayto-zaragoza.es

Büro an der Glorieta de Pío XII
Torreón de la Zuda
Tel. 976 20 12 00

Büro im Flughafen
Tel. 976 78 01 44

Büro im Bahnhof Zaragoza-Delicias
Tel. 976 32 44 68

## VERANSTALTUNGEN

Tradition haben der Karneval, die Karprozessionen und das Internationale Folklorefest (Encuentro Internacional de Folclore) im September. Die mit Abstand wichtigsten Feierlichkeiten sind die von Konzerten, Folklore und vielen anderen Sport- und Kulturveranstaltungen begleiteten Fiestas del Pilar um den 12. Oktober. Im November findet das Internationale Jazzfestival statt.

## SHOPPING

Beliebt sind die Trödel- und Allerleimärkte, vor allem El Rastro (So. vormittags an der Plaza de Toros), El Mercadillo (Mi. vormittags u. So. vormittags am Pabellón Príncipe Felipe) und der Mercado de Antigüedades (Antiquitäten; So. vormittags auf der Plaza de San Bruno).

## ESSEN

### ▶ Fein & teuer

① *Restaurante Goyesco*
Calle Manuel Lasala, 44
Tel. 976 35 68 70
Bestens speist man hier in der Nähe von Kongresspalast und dem Fußballstadion La Romareda. Marktfrisch sind die Zutaten (So. Ruhetag).

### ▶ Erschwinglich

② *La Rinconada de Lorenzo*
Calle Salle, 3
Tel. 976 55 51 08
Das bei Einheimischen beliebte Lokal ist bekannt für seine typisch aragonesische Küche (So. abends u. Mo. geschlossen).

## ÜBERNACHTEN

### ▶ Luxus

① *Hotel Boston*
Avenida de las Torres, 28
Tel. 976 59 91 92
Fax 976 59 74 10
www.hotelboston.es
Fünf-Sterne-Eleganz, die schon in der großen Eingangshalle beginnt. Mit Pianobar, einer Cafeteria und Restaurant.

### ▶ Komfortabel

② *Hotel Ramiro I*
Calle Coso, 123
Tel. 976 29 82 00
www.hotelramiro1.com
Ordentliches Drei-Sterne-Haus in zentraler Lage, 69 Zimmer.

### ▶ Günstig

③ *Hotel San Jorge*
Calle Mayor, 4
Tel. 976 39 74 62
Fax 976 39 85 77
www.zaragoza-ciudad.com/hotelsanjorge
Einfaches Altstadthotel (1 Stern). Die zentrale Lage mag die recht kleinen Zimmer und den fehlenden Komfort aufwiegen. Die Basilika liegt wenige Gehminuten entfernt.

## Sehenswertes in Zaragoza

★★ **Basílica de Nuestra Señora del Pilar**

Zwischen dem Ebro und der Plaza del Pilar im Zentrum der Altstadt stechen die Türme und Kuppelspitzen der Basílica de Nuestra Señora del Pilar hervor. Das Wahrzeichen der Stadt ist nicht weniger als 132 m lang und 67 m breit. Es wird von vier Ecktürmen eingefasst, die Kuppeln sind mit Azulejos (Kacheln) belegt. Die Legende um Jakobus und Maria (s.o.) weist zwar auf einen Ursprung im 1. Jh., es folgten jedoch Um- und Erweiterungsbauten.

★★ Capilla de Nuestra Señora del Pilar ►

Die heutige von Barock und Klassizismus geprägte Gestalt der Basilika geht im Wesentlichen auf das 17. – 19. Jh. zurück. 1674 hatte das Domkapitel ein neues Projekt abgesegnet. Federführende Baumeister wurden Felipe Sánchez und Francisco Herrera d. J.; Mitte des 18. Jh.s setzte Ventura Rodríguez die Bauarbeiten fort.

*Die Basilika de Nuestra Señora del Pilar ist ein Juwel des Barock.*

Im Innern wirkt die 1765 vollendete Kapelle zu Ehren der »Heiligen Jungfrau auf der Säule« wie eine Kirche in der Kirche. Die reiche Ausstattung umfasst drei Altäre sowie viel Silber und Marmor. Die Marienskulptur ist aus Alabaster gefertigt. Die Deckengemälde stammen von Antonio González Velázquez, Thema ist das leibhaftige Auftreten der Muttergottes in Zaragoza. Weitere Gewölbemalereien gehen auf Francisco Bayeu und **Francisco de Goya** zurück. Der herrliche Hochaltar stammt aus der Werkstatt des Renaissancemeisters Damián Forment. Der Basilika ist ein **Museum** (Museo Pilarista) angeschlossen, das Votivgaben und Entwürfe für die Deckenfresken zeigt. Auch eine **Turmbesteigung** ist möglich und lohnt sich wegen des tollen Panoramarundblicks.

Öffnungszeiten der Basilika: tgl. 6.00 – 21.30 Uhr; Öffnungszeiten des Museo Pilarista: 9.00 – 14.00 u. 16.00 – 18.00 Uhr; Turmbesuch: Sommer tgl. außer Fr. 9.30 – 14.00 u. 16.00 – 19.00, übrige Zeit tgl. 9.30 – 14.00 u. 16.00 – 18.00 Uhr.

★ **Lonja**

Zwischen 1451 und 1551 entstand das Renaissancepalais der Lonja, der einstigen Warenbörse. Heute dient das Gebäude, das sich ebenfalls zur Plaza del Pilar hinwendet, als Kulturzentrum, in dem auch Wechselausstellungen stattfinden (Öffnungszeiten: Di. – Sa. 10.00 bis 14.00, 17.00 – 21.00, So. 10.00 – 14.00 Uhr).

★ **Catedral de San Salvador/La Seo**

Ein weiteres Beispiel bombastischer Kirchenbaukunst erhebt sich an der Plaza de la Seo: die Catedral de San Salvador, die man auch kurz »La Seo« nennt. Historische Vorläufer dieses Gotteshauses waren ein römischer Tempel, eine westgotische Kirche und die Hauptmoschee der Mauren. Die Außenansicht zeigt einen sehr schönen Mudéjarstil mit Azulejos-Dekoration und einen 60 m hohen Turm.
Mit dem Bau der gotischen Kathedrale wurde im 12. Jh. begonnen, doch die Erweiterungen und Umbauten zogen sich bis ins 18. Jh. hin. Im Kircheninneren verdienen Beachtung: die platereske Kuppel, der Chor mit einem spätgotischen Gestühl und vor allem das Retablo Mayor, ein spätgotisches Alabasterretabel aus dem 15. Jh., an dessen Entstehung u. a. die Künstler Pere Johan und Ans Piet d'Anso mitgewirkt haben. In der Sakristei ist das Museo Capitular eingerichtet, das den Kirchenschatz aufbewahrt.
Besichtigungszeiten: Sommer tgl. 10.00 – 19.00, Sa. u. So. nur während der Messen geschlossen; übrige Zeit Di. – Fr. 10.00 – 14.00 u. 16.00 – 18.00, Sa 10.00 – 13.00 u. 16.00 – 18.00, So. 10.00 – 12.00 u. 16.00 – 18.00 Uhr.

## *Zaragoza* *Orientierung*

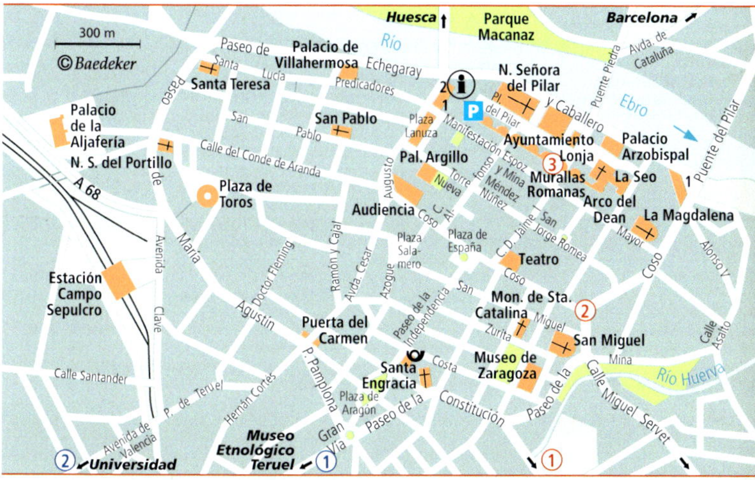


1 Römische Mauern
2 Torreón de la Zuda

**Essen**
① Goyesco
② La Rinconada de Lorenzo

**Übernachten**
① Boston
② Ramiro I
③ San Jorge

**Museo de Tapices**

Dieses der Kathedrale angeschlossene Museum besitzt eine außergewöhnliche Kollektion von Gobelins. Ausgestellt sind fünf Dutzend Wandteppiche aus dem 15.–17. Jh., darunter auch Meisterwerke aus Brüssel und Tournai (Öffnungszeiten: Di.–Sa. 10.00–14.00 u. 16.00–18.00, So. 10.00–14.00 Uhr).

**Römisches Erbe**

Das römische Erbe von Caesaraugusta ist an einigen Stellen in der Stadt sichtbar. Von den römischen Stadtmauern, die einst 3 km lang und von mehr als 100 Wachtürmen durchsetzt waren, sind Teile an der Avenida de César Augusto zu sehen. Reste der Thermen (Museo de las Termas Públicas) sind in der Calle de San Juan zu sehen. An der Plaza de la Seo befand sich einst das Forum (Museo del Foro). Die Überbleibsel der römischen Hafenanlagen am Fluss sind heute als Museo del Puerto Fluvial an der Plaza de San Bruno zugänglich. Wichtiger Hinweis: Die römischen Bauzeugnisse sind sonntagnachmittags u. montags geschlossen.

## ? WUSSTEN SIE SCHON ...?

- ... dass Francisco de Goya (1746–1828) ständiger Begleiter in Zaragoza ist? An der Plaza de las Catedrales ist er als Skulptur des katalanischen Bildhauers Frederic Marès (1908) zugegen, in der Basilika sind Gewölbemalereien von ihm zu sehen, das Museo Camón Aznar (Calle Espoz y Mina 23, So. nachm. und Mo. geschl.) hat ihm einen eigenen Saal gewidmet. Auch im Museo de Zaragoza (Plaza de los Sitios, So. nachm. und Mo. geschl.) ist Goya in der Abteilung der Schönen Künste vertreten.

**Palacio de la Aljafería**

Dieser Palast gilt als Paradebeispiel hispano-maurischer Architektur des 11. Jh.s und ist das einzige erhaltene Beispiel seiner Art in Zaragoza. Nach der Reconquista wurde die maurische Residenz mehrfach umgestaltet, unter anderem von Pedro IV. und den Katholischen Königen. Ab dem Spätmittelalter residierte hier das Tribunal der Inquisition. Teile des Gebäudes werden heute vom aragonesischen Parlament genutzt (Calle Diputados; Öffnungszeiten: April–Mitte Okt. So.–Mi. 10.00–14.00, 16.30–20.00, Fr. 16.30–20.00, sonst Mo. bis Mi. 10.00–14.00, 16.00–18.30, Fr. 16.00–18.30, So. 10.00–14.00 Uhr).

## Auf Goyas Spuren

**Cartuja de Aula Dei**

Dieses **Kartäuserkloster** liegt 12 km nördlich von Zaragoza zwischen den Ortschaften Montañana und Peñaflor. Die Klosterkirche wurde 1774 von Goya mit Wandmalereien ausgeschmückt, die das Leben der Muttergottes zum Thema haben.

**Remolinos**

In Remolinos (228 m ü. d. M.), 31 km nordwestlich von Zaragoza, ist die Kuppel der **Dorfkirche** mit vier Fresken von Goya versehen (1772). Dargestellt sind die vier heiligen Kirchenväter Augustinus (San Agustín), Ambrosius (San Ambrosio), Hieronymus (San Gerónimo) und Gregor (San Gregorio).

*Der Aljafería-Palast dient heute als Sitz des Regionalparlaments von Aragonien und ist das einzige erhaltene maurische Bauwerk in Zaragoza.*

Diese Heiligenmotive wiederholen sich in der **Ermita Nuestra Señora de la Fuente** in Muel, einem 27 km südwestlich von Zaragoza gelegenen Ort, der auch für sein Töpferhandwerk bekannt ist. Goya bekam 1770 den Auftrag, das dortige kleine Gotteshaus mit Fresken auszuschmücken. **Muel**

Ein weiteres Pflichtziel für Goya-Jünger ist die 44 km südöstlich von Zaragoza gelegene Ortschaft Fuendetodos (780 m ü. d. M.). Hier erblickte Francisco de Goya am 30. März 1746 das Licht der Welt. Der Ort bewahrt das Andenken an seinen berühmtesten Sohn in dem als Museum zugänglichen **Casa Natal de Goya** (Öffnungszeiten: Di. – So. 11.00 – 14.00, 16.00 – 19.00 Uhr; www.fuendetodos.org/casa.html). **★ Fuendetodos**
Im benachbarten **Museo del Grabado** sind etliche Arbeiten Goyas zu sehen (Calle Zuloaga; Öffnungszeiten: Di. – So. 11.00 – 14.00, 16.00 bis 19.00 Uhr; www.fuendetodos.org/museo.html).

# BEGRIFFE AUS RELIGION, KUNST UND ALLTAGSLEBEN

**Albergue de peregrinos** Pilgerherberge
**Alto** Passhöhe
**Año Santo** Heiliges Jahr; immer dann, wenn der Jakobustag, der 25. Juli, auf einen Sonntag fällt
**Archivolten** Bogenläufe an romanischen und gotischen Portalen
**Arca** Kasten, Truhe
**Arco** Torbogen
**Arqueta** Kästchen
**Artesonado**Reich dekorierte Kassettendecke, typisch für den Mudéjar-Stil
**Ayuntamiento**Rathaus
**Bahía** Bucht
**Baluarte** Bollwerk
**Basílica** Basilika
**Biblioteca** Bibliothek
**Botafumeiro** Weihrauchgefäß in der Kathedrale von Santiagode Compostela
**Cabo** Kap
**Calle** Straße
**Callejón** Gasse
**Camino Aragonés** Aragonesischer Jakobsweg mit Pyrenäenübergang Somport
**Camino de Santiago** Jakobsweg
**Camino Francés** Französischer Jakobsweg, Hauptstrecke nach Santiago de Compostela mit Pyrenäenübergang Ibañeta; Vereinigung mit dem Camino Aragonés in Puente la Reina
**Capilla** Kapelle
**Cartuja** Kartause
**Casa** Haus, Adelshaus
**Casa-Museo** Kombination aus einstigem Wohnhaus und Museum einer berühmten Persönlichkeit
**Castillo** Kastell
**Catedral** Kathedrale
**Cementerio** Friedhof
**Cerro** Hügel
**Ciudadela** Zitadelle
**Cimborrio** Vierungskuppel
**Claustro** Kreuzgang
**Codex Calixtinus** Sammelwerk zum Jakobsweg und zum Jakobuskult, im 12. Jahrhundert entstanden und offiziell Papst Kalixt II. zugeschrieben
**Colegiata (galicisch: Colexiata)** Stiftskirche
**Convento** Kloster, Konvent
**Coro** Chor
**Costa** Küste
**Credencial** Pilgerausweis
**Cripta** Krypta

**Crucero** Querschiff
**Cruz** Kreuz
**Cueva** Höhle
**Custodia** Monstranz
**Desfiladero** Engpass
**Ermita** Einsiedelei
**Fiesta (galicisch: Festa)** Volksfest
**Fiestas Patronales** Patronatsfeierlichkeiten
**Foz** Schlucht
**Fuente** Brunnen
**Fuerte** Befestigungsanlage
**Fundación** Stiftung
**Garganta** Schlucht
**Hospital de peregrinos** Pilgerspital
**Hospitalero** Ehrenamtlicher Pilgerherbergswirt
**Iglesia (galicisch: Igrexa)** Kirche
**Isla (galicisch: Illa)** Insel
**Jardín** Garten, Park
**Judería** Mittelalterliches Judenviertel
**Kapitell** Oberer Teil einer Säule, bei romanischem und gotischem Stil formenreich verziert
**Lago** See
**Laguna** Lagune
**Macizo** Gebirgsmassiv
**Maßwerk** Bauornament der Gotik, vor allem in Fensteröffnungen
**Mirador** Aussichtspunkt
**Monasterio (galicisch: Mosteiro)** Kloster
**Monte** Berg
**Monte do Gozo** »Berg der Freude«, erster Pilgerausblick auf die Kathedrale von Santiago de Compostela
**Mozarabischer Stil** Im Mittelalter Baustil (Frühromanik, Romanik) der unter maurischer Herrschaft lebenden Christen
**Mudéjar-Stil** Im Mittelalter Baustil (Gotik) unter christlicher Herrschaft lebender Mauren
**Murallas** Stadtmauern
**Nave** Kirchenschiff
**Palacio** Palast
**Panteón** Pantheon
**Parroquia** Pfarrkirche
**Península** Halbinsel
**Pico** Bergspitze
**Plateresker Stil** Filigraner Baustil mit reichen Ornamenten; der Ausdruck ist angelehnt an die Arbeit der Silberschmiede (plateros)
**Playa (galicisch: Praia)** Strand
**Plaza (galicisch: Praza)** Platz
**Pórtico de la Gloria** »Tor der Herrlichkeit«, romanisches Hauptportal der Kathedrale von Santiago de Compostela, im 12. Jahrhundert als Werk von Meister Mateo entstanden

**Puente** Brücke
**Puerta (galicisch: Porta)** Pforte, Tor, Stadttor
**Puerta del Perdón** Ablassportal (am Jakobsweg in León und Villafranca del Bierzo)
**Puerta Santa** die Heilige Pforte im Südteil der Kathedrale von Santiago de Compostela, nur in Heiligen Jahren geöffnet
**Puerto** Passhöhe
**Punta** Landspitze
**Reconquista** Cchristliche Rückeroberung der ab 711 von Mauren besetzten Gebiete Spaniens; endete 1492 mit dem Fall von Granada
**Relicario** Reliquienschrein
**Reliquias** Reliquien
**Retablo** Retabel, Altaraufsatz, geschmückt mit Gemälden oder Skulpturen
**Ría** Flussmündung in eine tief ins Land reichende Meeresbucht
**Río** Fluss
**Rollo de justicia** historischer Gerichtspfeiler
**Rosetón** Fensterrose in Kirchen
**Rúa** Straße, Gasse
**Sacristía** Sakristei
**Sala Capitular** Kapitelsaal, Sitzungssaal in einem Kloster
**Santiago** Heiliger Jakobus (Jakobus der Ältere)
**Santiago Matamoros** Der heilige Jakobus als »Maurentöter«, oft in bildhauerischen Arbeiten und quer durch alle Stilrichtungen zu sehen
**Santuario** Sanktuarium
**Sierra** Gebirge
**s/n (sin número)** Ohne Hausnummer - Abkürzung bei spanischen Adressenangaben
**Torre** Turm
**Torreón** Festungsturm
**Tympanon** Bogenfeld über dem Türsturz, meist mit Reliefs ausgefüllt
**Valle** Tal
**Vidrieras** Fenster, Kirchenfenster

# REGISTER


A Coruña **79, 187**
A Guarda **298**
Ábalos **232**
Abendessen **81**
Abenteuersport **125**
Adler **27**
Agrotourismus **122**
Aguilar de Campóo **180**
Aguiño **295**
Aizkorri-Massiv **21**
Aja **199**
Albariñowein **296**
Alfaro **185**
Alfons X. der Weise (König) **55**
Allariz **259**
Alonso, Fernando **61**
Alquézar **221**
Altamira **49, 328, 330331**
Alto Campoo **125**
Alto de San Roque **285**
Alto do Hospital **286**
Alto do Poio **285**
Altsteinzeit **280, 328, 330**
Angliru **264**
Anguiano **251**
Anreise **70**
Apfelwein **85**
Apotheken **94**
Aquakultur **33**
Aragón **19**
Aranda de Duero **179**
Arbayún **274**
Archäologie **217**
Arena **78**
Arguis **221**
Armentia **347**
Arnedillo **186**
Arnedo **186**
Arriondas **279**
Artajona **275**
Artesonados **51**
Artxanda **166**
Ärzte **94**
Arzúa **286**
Astorga **143, 156, 239**
Asturien **21**
Atxaga, Bernardo **59**
Auritz **272**
Auskunft **74**
Autofabriken **35**
Autoreisezüge **71**
Autovermieter **130**
Avilés **22, 210**
Ayerbe **222**
Azazeta-Pass **348**
Aznar, José María **46**
Azulejos **51**

Badeurlaub **76**
Bahnreisen **70**
Bahía de la Concha **300**
Baiona **79, 153, 294, 298**
Bakio **77, 206**
Bardenas Reales **20, 151, 276**
Baroja, Pío **58**
Basken **31, 37**
Baskenland **20**
Batalla Vikinga **296**
Batasuna **32**
Bayeu, Francisco **353**
Bären **27**
Behinderte **80**
Berceo, Gonzalo de **55**
Bergbau **34**
Bermeo **205206**
Berria **78**
Berühmte Persönlichkeiten **61**
Betanzos **289**
Bevölkerung **28**
Bilbao **20, 146/147, 159, 201**
Bilbo **159**
Biskaya **20**
Blaue Flagge **77**
Blutalkohol **129**
Boadilla del Camino **182**
Bécquer, Gustavo Adolfo **58**
Bodegas **227, 245, 247, 249**
Bodegas Marqués de Riscal **232**
Bodegas Ysios **148, 232**
Bodenschätze **22**
Boente **286**
Borgia, Cesare **61, 214**
Bosque Pintado **205**
Botschaften **74**
Braunbären **26**
Briones **233, 247248**
Bueu **297**
Bulnes **281**
Buntglasfenster **52**
Burela **292**
Burgos **142, 168, 249**
Burguete **272**

Cabo de Peñas **210**
Cabo de Torres **217**
Cabo do Home **297**
Cabo Finisterre **327**
Cabo Fisterra **196, 197, 326, 327**
Cabo Mayor **305, 309**
Cabo Ogoño **77**
Cabo Touriñán **197**
Cacabelos **285**
Caesaraugusta **352**
Calahorra **183**
Calatrava, Santiago **54, 161, 232**
Caleruega **179**
Camariñas **196**
Cambados **79, 296**
Cambre **196**
Camino de Santiago **s. Jakobsweg**
Campa de Torres **217**
Camping **122**
Canales de Cabrales **281**
Candanchú **150, 224**
Candás **210**
Canfranc **224**
Cangas de Onís **145, 279**
Cantabria **21**
Cardes **280**
Carnota **326**
Carrión de los Condes **182, 183**
Cartuja de Aula Dei **354**
Cartuja de Miraflores **177**
casas rurales **272, 275**
Castelo de Monterrei **259**
Castillo Davalillo **248**
Castillo de Javier **273**
Castillo de Loarre **150, 220, 222**
Castillo de Montearagón **221**
Castrillo de los Polvazares **158**
Castrillo de Matajudíos **182**
Castro As Hortas **340**
Castro de Baroña **295**
Castro de Coaña **208**
Castro do Alto **297**
Castro, Rosalía de **58, 61, 325**
Castro-Urdiales **146, 197**
Castrojeriz **142, 182**
Catoira **296**
Caín **281**

Cañas 142, 335
Cañón del Sil 256
Cedeira 144, 145, 291, 292
Cela, Camilo José 58, 62, 325
Celanova 259
Cenicero 247
Cerro de Santa Catalina 215
Chillida, Eduardo 54, 164, 206, 300, 304
chorizo 85
churros con chocolate 85
Cirauqui 275
Clavijo 246
Cóbreces 199
cocido maragato 159
Codex Calixtinus 182, 233, 240
Cée-Corcubión 197, 327
Cola de Caballo 225
Combarro 297
Comillas 78, 197, 199
Convento de San Antón 181
Cordillera Cantábrica 19, 21
Cornago 151, 187
Corrubedo 295
Cosa, Juan de la 199
Costa da Morte 24, 196, 197, 326, 327
Costa de Cantabria 21, 197
Costa Vasca 20, 77, 201
Costa Verde 22, 78, 145, 207
Covadonga 38, 279, 280
Covarrubias 179
Covas 292
Cruceiro de Hío 298
Cruz de Ferro 159
Cudillero 79, 210
Cueva de Altamira 328
Cueva de Covalanas 200
Cueva de la Lastrilla 197
Cueva de Valporquero 239
Cueva del Buxu 280
Cueva del Cuco 197
Cueva del Pindal 212
Cueva El Soplao 201
Cueva Tito Bustillo 211
Cuevas de Altamira 330
Cuevas de San Clemente 180
Cuevas de Santimamiñe 205
Cuevas del Monte El Castillo 200

d

Deba 204
Delfine 27
Deutschen Welle 101
Dinosaurier 186, 211
Doktor Schiwago 224
Dolmen 49, 203, 227, 231
Dolmen El Sotillo 231
Dolmen La Chabola de La Hechicera 230, 231
Dolmen San Martín 231
Dolores Ibárruri Gómez 43
Domingo de la Calzada 332
Donostia 20, 149, 298
Drake, Francis 338
Díaz de Vivar, Rodrigo 62
Dudelsack 216
Dunas de Liencres 78

e

Ebro 19, 147, 184, 201, 217, 227, 231, 247, 248
Ebro-Stausee 180, 201
Eiffel, Gustave 341
Ein- und Ausreise-bestimmungen 73
Einwanderer 30
Eisenbahn 129
Eisenzeit 230
El Acebo 159
El Bierzo 281282
El Cid 55, 62, 171/172, 174, 178
El Entrego 264
El Ferrol 291
El Ganso 159
El Villar 187
Elantxobe 205
Elcano, Juan Sebastián 62, 203
Elciego 232
Elektrizität 81
Elorriaga 348
Embalse de Alloz 20
Embalse de Arguis 221
Embalse de Belesar 286
Embalse de Ebro 180, 181
Embalse de Itoiz 20
Embalse de la Grajera 246
Embalse de Yesa 20
Embalse Grajera 249
Enciso 187
Energie 35
Erbfolgekrieg, spanischer 40
Ermita Nuestra Señora de la Fuente 354
Essen 81
Estella 141, 212
Estíbaliz 347
ETA 43, 111, 165
Eukalyptus 26
Euro 94
Euskadi 20
Euskera 31
Exemplare 26
Ezaro 327
Ezcaray 336

f

Fauna 26
Feiertage 88
Felipe (Kronprinz) 66
Felmín 239
Felsmalereien 49
Ferdinand II. von Aragón 40
Fernsehen 101
Feste 88, 90
Feve 71, 130
Fiesta de San Fermín 268
Film 100
Fischfang 3233
Fisterra 327
Flora 26
Fluggesellschaften 71
Flughäfen 71
Foncebadón 159
Fontibre 181
Foster, Sir Norman 54
Foz 292
Foz de Arbayún 20, 274
Foz de Lumbier 20, 274
Franco y Bahamonde, Francisco 42, 63, 291
Franz Xaver 273
Fremdenverkehrsämter 74
Frómista 182
Fuendetodos 355
Fuenmayor 247
Fuente del Vino 214
Fuente Dé 146, 279
Fußball 124

g

Gaita 216
Galego 31

Galicien **23, 31**
Galizano **78**
García Guereta, Ricardo **157**
Gares **141, 275**
Garganta del Cares **281**
Garganta del Sil **256**
Garganta La Yecla **179**
Gargantas Sil **258**
Gasteiz **147, 249, 341, 342**
Gaudí, Antoni **53, 157, 200**
Gautegiz-Arteaga **205**
Gayarre, Julián **274**
Gänsegeier **27, 348**
Gehry, Frank O. **54, 160, 161, 232**
Geldautomaten **94**
Generation von 98 **58**
Gernika **42, 53, 149, 206**
Gernika-Lumo **206**
Geschäftszeiten **109**
Geschichte **37**
Gesundheit **94**
Getaria **203**
Gijón **22, 145, 210, 215**
Gold **34**
Golf **125**
González, Felipe **46**
Gorbeia **348**
Goten **38**
Gotik **51**
Goya, Francisco de **53, 353, 354**
Grajera-Stausee **246, 249**
Grau, Juan Bautista **157**
gregorianische Gesänge **179, 273**
Guernica **54, 206**
Guetaria **203**

Haro **231, 248**
Haustiere **73**
Hecho **226**
Hemingway, Ernest **265, 268**
Hendaye **277**
Herkulesturm **187, 190, 191**
Hernani **304**
Herodes Agrippa I. **39**
Hexenhöhlen **276**
Higa de Monreal **272**
Hl. Dominikus **179**
Homo antecessor **37, 337**
Hondarribia **77, 149, 277, 304**
Hontanas **181**
Horcados Rojos **279**
Hortigüela **179**
Hotel **121**
Huesca **150, 217**
Hío **298**
Hórreos **49, 286, 297, 327**
Höhlen **200, 203, 211, 239, 276, 280, 330**
Höhlen von Altamira **330**
Höhlenmalerei **37, 328**
Hühnermirakel **331, 334**

Ibarrola, Agustín **205, 212**
Ibañeta **272**
Ibeas de Juarros **337**
Iberern **37**
Igea **151, 187**
Iglesia de Santo Tomás de las Ollas **284**
Ignatius von Loyola **64, 174**
Ilas Cíes **297**
Illa A Toxa **153**
Illa da Toxa **296**
Illa das Esculturas **289**
Illa de Arousa **152, 296**
Illa de Boeiro **340**
Illa de Monte Agudo **340**
Illa de Ons **297**
Illa de Sálvora **295**
Illa de San Martiño **340**
Illa do Faro **340**
Illas Cíes **153, 340**
Induráin, Miguel **65**
Industrie **35**
Inlandflüge **130**
Internetcafés **107**
Iria Flavia **325**
Iruña **265**
Iruña-Veleia **347**
Iruñea **265**
Irún **277**
Isaba **274**
Isabella I. von Kastilien **40**
Izki (Naturpark) **126**

Jaca **150, 222, 226**
Jakobsweg **105, 125, 136, 140, 158, 168, 172, 181, 212, 214, 222, 225, 226, 233, 239, 240, 251, 265, 270, 272, 274, 281, 285, 286, 336**
Jakobus **39, 136, 157, 197, 265, 310, 335, 352**
Jakobusstein **152**
jamón **85**
Javier **273**
Javier, Francisco **63**
Jovellanos, Gaspar Melchor de **58, 215**
Juan Carlos I. **43**

Kantabrien **21**
Kantabrische Kordillere **21**
Kap Ogoño **205**
Kap von Matxitxako **206**
Karl der Große **272**
Karl V. **40**
Kastilien **22**
Kastilien-Kanal **23**
Kelten **49, 208, 285, 295, 297, 298, 340**
Keltiberern **37**
Kinder **94**
Klima **24**
Kloster von Leyre **274**
Klosterläden **110**
Klöppelspitzen **196**
Knigge **97**
Kohle **34**
Kolumbus, Christoph **40, 173, 298**
Koons, Jeff **164**
Korres **348**
Krankenhäuser **94**
Krankenversicherung **73**
Kreuzgänge **52**
Kunst **49**
Kunsthandwerk **109**

La Coruña **144, 187**
La Cuesta **187**
La Hoya **227, 230**
La Senoba **187**
La Vega de Riosa **264**
La Vid **239**
La Yecla **179**
Labastida **232, 233**
Lago de Enol **280**

Lago de Ercina **281**
Laguardia **148, 227**
Laguna Xarfas Louro **326**
Landflucht **30**
Landschaften **19**
Landwirtschaft **32**
Langreo **264**
Laredo **77, 146, 197**
Larrasoaña **272**
Las Arenas de Cabrales **281**
Las Huelgas **177**
Las Médulas **143, 284**
Lastres **211**
Legion Condor **42**
Leihwagen **130**
Lekeitio **77, 205**
Lerma **178**
Leuchtturm **192, 217**
León **142, 181, 233, 239**
León (Provinz) **22**
Liébana **279**
Lira **327**
Literatur **98**
Lizarra **141, 148**
Llamazares, Julio **59**
Llanes **211**
Loarre **221**
Logroño **20, 141, 148, 240, 249**
Lorca **275**
Los Cayos **187**
Loyola **204**
Loyola, Ignacio de **64, 204**
Luanco **210**
Luarca **145, 208**
Lugo **251, 286**
Lumbier **274**

m

Macho, Victorio **180**
Maestu **348**
Maeztu y Whitney, Gustavo de **213**
Maeztu, Gustavo de **54**
Magellan, Fernando **62**
Mallos **219**
Mallos de Riglos **222**
Manjarín **159**
Mansilla de las Mulas **183, 239**
Maragatería **156**
Mauren **38, 352**
Maurentöter **157**
Mañeru **275**
Medien **101**
Meeresfrüchte **207, 296, 337**
Megalithgräbern **49**
Melide **286**
Mendoza **348**
Menéndez Pelayo, Marcelino **306**
Mesa de los Tres Reyes **19**
Meseta **19, 2223**
Miesmuscheln **153**
Mietwagen **130**
Millán **335**
Mineralwasser **85**
Minho **24**
Mittagessen **81**
Miño **153**
Molinaseca **159**
Monarchie **31**
Monasterio de Irache **214**
Monasterio de las Huelgas **177**
Monasterio de Leyre **150, 273**
Monasterio de San Juan de la Peña **221, 224**
Monasterio de San Pedro de Arlanza **179**
Monasterio de San Pedro de Cardeña **178**
Monasterio de Santa María de Gradefes **239**
Monasterio de Santa María de Iranzu **214**
Monasterio de Santa María la Real **250**
Monasterio de Santo Domingo de Silos **178**
Monasterio Valvanera **251**
Mondoñedo **254**
Moneo, Rafael **54**
Monforte de Lemos **258**
Monreal **272**
Monte Aloia **341**
Monte do Gozo **286**
Monte Gorbeia **21**
Monte Igeldo **300**
Monte Jaizkibel **304**
Monte Lobeira **296**
Monte Naranco **263**
Monte Perdido **19**
Monte San Antón **204**
Monte San Cristóbal **271**
Monte Santa Tecla **153**
Monte Santa Tegra **298**
Monte Urgull **300**
Monterrei **259**
Montes Aquilianos **284**
Montes de León **23, 158**
Montes de Oca **336**
Mosteiro de Santa María de Oseira **257**
Mostelares **182**
mozárabes **50**
mozarabischer Stil **50**
mudejarer Stil **50**
Muel **354**
Mungia **206**
Muriedas **309**
Muros **143, 326**
Muscheln **34**
Mutriku **205**

n

Nájera **250, 251**
Najerilla **251**
Nationalparks **101**
Naturraum **19**
Naturschutzgebiete **101**
Nava **265**
Navarra **19**
Navarrete **249, 250**
Navia **208**
Nebel **26**
Neocueva **331**
Niederschläge **25**
Nigrán **298**
Noia **294, 326**
Noja **78, 199**
Notrufe **104**

o

O Barqueiro **292**
O Cebreiro **143, 285**
O Grove **79, 152, 294, 296**
O Pindo **327**
O Vicedo **292**
Ochagavía **274**
Ochoa, Severo **65**
Olite **151, 275, 276**
Olmillos de Sasamón **142, 181**
Oloron-Sainte-Marie **224**
Ordesa **19**
Orense **254**
Orio **77, 203**
Oriñón **197**
Oroel **150**
Oronoz-Mugaire **276**

Orreaga **140, 272**
Ortega, Juan de **336**
Ortigueira **144, 292**
Ortiz Rocasolano, Letizia **66**
Osca **217**
Oteiza, Jorge de **271**
Otsondo-Pass **276**
Ourense **254**
Oviedo **22, 145, 260**

Padrón **152**
Palas de Rei **286**
Palencia **180**
Pamplona **20, 140, 148, 150, 225, 265, 274**
Panes **281**
Pannenhilfe **131**
Papamoscas **169**
Parada do Sil **256**
Parador **121, 178**
Pardo Bazán, Emilia **58, 190**
Parque de la Naturaleza Cabárceno **309**
Parque Nacional
- Islas Atlánticas **297, 340**
- Ordesa y Monte Perdido **225, 226**
- de la Sierra y Cañones de Guara **221**
- de Pagoeta **203**
- de Somiedo **265**
- de Corrubedo e Lagoas de Carregal e Vixán **295**
- Dunas de Liencres **199**
- Gorbeia **348**
- Izki **348**
- Marismas de Santoña **199**
- Señorío de Bértiz **276**
- Valderejo **348**
Parteien **32**
Pasai Donibane **304**
Pasajes de San Juan **304**
Pass von Ibañeta **272**
Pass von Itziar **204**
Pass von Lazar **274**
Pass von Somport **224**
País Vasco **20**
Pedrafita do Cebreiro **285**
Pedraja-Pass **336**
Pedreña **199**
Pelayo **38, 66, 2792, 80, 308**
Pelota **125**
Península de la Magdalena **309**
Península de Morrazo **297**
Península do Barbanza **295**
Perlio **290**
Peña Leboreira **290**
Peña Trevinca **23**
Peñalba de Santiago **143, 284**
Pflanzen **26**
Philipp II. **40**
Picasso, Pablo **53, 187, 206**
Pico de Aneto **19**
Pico de Oroel **19**
Picos de Europa **21, 277**
Picos de Europa (Nationalpark) **126**
Picos de Urbión **20**
Picos des Europa **21**
Pilgerbrücke **212, 240, 272**
Pilgern **104**
Pimiango **212**
Pinzón, Martín Alonso **298**
Pita, María **188**
Poio **153**
Politik **31**
Poncebos **281**
Ponferrada **143, 281**
Ponte dos Santos **293**
Pontedeume **290**
Pontevedra **287**
Portdemouros **286**
Porto do Son **294**
Portomarin **286**
Portosín **294**
Post **107**
Potes **277, 279**
Pradera de Ordesa **226**
Praia da Langosteira **327**
Praia das Catedrais **145, 293**
Praia de San Francisco **326**
Preise **108**
Premios Príncipe de Asturias **262**
Puente Colgante **166**
Puente de Órbigo **240**
Puente de Villarente **239**
Puente la Reina **141, 274, 275**
Puente la Reina **226**
Puente Viesgo **200**
Puerto de Pajares **239**
Puerto de Vega **208**
Punta Carreiro **326**
Puntón de Guara **19**
Pyrenäen **19, 226**
Pyrenäenfrieden **40**

Quintanilla de las Viñas **180**

Rábago **201**
Rabanal del Camino **159**
Ramales de la Victoria **200**
Ramón y Cajal, Santiago **67, 222**
Rauchen **97**
Reconquista **38, 265**
Regentage **25**
Regionen **19**
Reinosa **181**
Reisezeit **108**
Reiten **125, 250**
Religion **30**
Remolinos **354**
Renfe **71, 129**
Rettungsdienste **104**
Ría de Aboño **217**
Ría de Ares y Betanzos **289, 290**
Ría de Arousa **152, 295, 296**
Ría de Baiona **298**
Ría de Camariñas **79, 196**
Ría de Cedeira **79, 291**
Ría de Corcubión **327**
Ría de Corme e Laxe **79, 196**
Ría de Ferrol **290**
Ría de Mundaka **77, 205, 206**
Ría de Muros e Noia **294, 326**
Ría de Ortigueira **79, 292**
Ría de Pontevedra **153, 287, 297**
Ría de Ribadeo **79, 207, 208, 289, 293**
Ría de San Vincente **146**
Ría de Tina Mayor **207, 212**
Ría de Vigo **153, 297, 340**
Ría de Villaviciosa **210**
Ría de Viveiro **79, 292**
Rías **19, 24, 196**
Rías Altas **144, 289, 293**
Rías Baixas **24, 294, 297**
Rías Bajas **294**
Rías Gallegas **24, 144**
Ribadeo **292, 293**
Ribadesella **78, 145**
Ribadesella **211**
Ribera **20, 275**
Río Aragón **224**

Río Arga **275**
Río Arlanzón **168, 178**
Río Baztán **276**
Río Bidasoa **276, 304**
Río Cares **281**
Río Cidacos **184, 186**
Río Deva **277**
Río Ega **212**
Río Eo **293**
Río Esca **274**
Río Eumo **290**
Río Gállego **19**
Río Güeña **281**
Río Iregua **247**
Río Lérez **287, 289**
Río Meruelo **159**
Río Miño **24, 153, 254, 255, 258, 286, 298**
Río Nalón **210**
Río Nervión **160**
Río Oca **203**
Río Oka **205**
Río Pas **201**
Río Piles **215**
Río Purón **348**
Río Salazar **274**
Río Sella **211, 279**
Río Sil **256**
Río Tambre **326**
Río Támega **259**
Río Tirón **248**
Río Ulla **152, 325**
Río Urola **204**
Río Valcarce **285**
Rioja **20, 141, 147, 183, 186, 240, 335**
Rioja Alavesa **230, 231, 240**
Rioja Alta **240, 247, 248**
Rioja Baja **242**
Ris **78**
Rivera, Miguel Primo de **42**
Römer **233, 251, 281, 284**
Roland **174, 272**
Romanik **51**
Roncal **274**
Roncesvalles **140, 271**
Rucabado, Leonardo **308**
Rundfunk **101**

S

Sada **196**
Sáenz de Oiza, Francisco Javier **271**
Sahagún **183**
Saint-Jean-Pied-de-Port **271**
Salinas de Añana **348**
Salvatierra **274**
Samaniego **232**
Samos **286**
San Amaro **175**
San Andrés de Teixido **145, 291**
San Asensio **248**
San Fermín **176, 178**
San Francisco Javier **273**
San Juan de Gaztelugatxe **149, 206**
San Juan de la Peña **150, 221, 224**
San Lesmes **174**
San Lorenzo (Berg) **20**
San Martín de Unx **275**
San Martín in Gazeo **349**
San Miguel de Escalada **238**
San Miguel de Lillo **263**
San Millán de la Cogolla **141, 176, 335**
San Sebastián **20, 77, 149, 201, 298**
San Vicente de la Barquera **78, 146, 197, 200, 201**
San Vicente de la Sonsierra **233**
San Vicente la Sonsierra **248**
Sangüesa **150, 225, 272**
Santa Catalina de Somoza **159**
Santa Eulalia de Bóveda **254**
Santa María de Eunate **274**
Santander **78, 146, 304**
Santiago de Compostela **143, 144, 310**
Santillana del Mar **146, 199, 328**
Santo Domingo de Guzmán **176, 179**
Santo Domingo de la Calzada **141, 176, 251, 331**
Santo Domingo de Silos **142, 178**
Santoña **199**
Santuario de Nosa Señora da Barca **196, 197**
Santuario San Miguel de Aralar **349**
Sanxenxo **79, 153, 294, 297**
Saragossa **349**
Sardinero **78**
Sarria **286, 348**
Schiffbau **35**
Schinken **85**
Schlacht von Vitoria **42**
Schwebebrücke **166**
Schwerindustrie **35**
Seebäder **76**
Serra da Capelada **24, 145, 292**
Serra, Richard **164**
serrano **85**
Shopping **109**
Sicherheit **111**
sidra **85, 210, 262, 265**
Sierra de Aralar **349**
Sierra de Atapuerca **337**
Sierra de Cantabria **227, 231**
Sierra de Cebollera **20, 247**
Sierra de la Guara **19**
Sierra de Leyre **273**
Sierra de San Lorenzo **336**
Sierra de Urbasa **349**
Sierra del Perdón **274**
Sigües **274**
Sinovas **179**
Societas Jesu **64**
Somo **199**
Somport **19, 150, 224**
Sonnenschein **26**
Souvenirs **109**
Spanischer Bürgerkrieg **42, 206, 215**
Spanischer Erbfolgekrieg **40**
Sport **124**
Sprache **112**
Sprachkurse **127**
Steinbutt **34**
Steinkohle **35**
Steinzeit **49, 197**
Stierfiesta **265**
Straßenverkehr **128**
Strände **76**
Stromnetz **81**
Suances **199**
Suárez, Adolfo **46**
Sueben **38**
Suso **141, 335**

T

Tafalla **275**
Tapas **81, 82**
Tapia de Casariego **208**
Tápies, Antoni **164**
Tarazona **276**

Taxi 130
Tazones 210
Telefon 107
Tempelritter 159, 275, 281, 282, 283
Terra Chá 254
Terroranschläge 111
Tierra de Campos 182
Tomeo, Javier 58
Torla 225
Torre de Hércules 187, 190, 191
Torrecilla en Cameros 247
Torrelavega 329
Torres del Río 214
Touren 134
Tourismus 35
Touristenbüros 74
Transcantábrico 130
Transición 46
Trescares 281
Tresterbranntwein 85
Triacastela 286
Trinken 81
Trinkgeld 98
Tudela 151, 276
Tui 153, 340

Ujué 275
Übernachten 121
Unamuno, Miguel de 58
Unquera 207, 277
Urdaibai 205

Valdecevillo 187
Valdefuentes 336
Valderejo 126
Valdezcaray 336
Valle de Ansó 226
Valle del Roncal 272, 274
Valle del Salazar 272, 274
Valle-Inclán, Ramón 58, 296
Vega, Lope de 328
Vegacervera 239
Veranstaltungskalender 88
Vergünstigungen 108
Verkehr 128
Verkehrsregeln 129
Verín 259
Viana 214
Vigo 153, 337
Vilagarcía de Arousa 296
Vilalba 254
Vilar de Donas 286
Villabuena de Álava 232
Villafranca del Bierzo 285
Villafranca Montes de Oca 336
Villalcázar de Sirga 182, 183
Villamayor de Monjardín 214
Villanueva de Cameros 247
Villaviciosa 210
Villoslada de Cameros 247
Vimianzo 196
Virgen del Camino 240
Virgen del Campo 187
Vitoria 20, 147, 249, 341, 349
Viveiro 144, 292
Vogelinseln 153
Volksgruppen 31
Vorpyrenäen 217, 265

Wandern 125
Wassersport 125
Wassertemperaturen 109
Wein 86, 110
Weinbau 32, 184, 227, 232, 240
Weißstörche 186, 332
Westgoten 38
Wintersport 125
Wirtschaft 32

Yesa 226, 273
Yesa-Stausee 226
Yuso 141, 335

Zapatero, José Luis Rodríguez 47
Zaragoza 19, 151, 349
Zarautz 77, 201, 203
Zeit 131
Zeitungen 101
Zink 35
Zollbestimmungen 73
Zubiri 272
Zugarramurdi 276
Zuloaga y Zabaleta, Ignacio 204
Zuloaga, Ignacio 54
Zumaia 77, 204
Zumaya 204
Zunzunegui y Loredo, Juan Antonio de 58
Zuriza 226
Zuschauersport 124
Zweiter Weltkrieg 42

# BILDNACHWEIS

akg S. 145 li., 330, vordere Umschlaginnenseite
akg/(c) Sucession Picasso/VG Bild-Kunst, Bonn 2007 S. 54
Baedeker-Archiv S. 1, 13, 41, 55, 69, 167, 209, 333
HB/Renckhoff S. 4, 7 (2x), 10, 15 ob., 16 mitte, 21, 23, 52, 84, 91, 92, 110, 121, 139, 141 (2x), 144, 145 re., 146, 155, 162, 165, 173, 175, 177, 178, 180, 181, 184, 186, 190, 196, 198, 200, 203, 207, 211, 213, 216, 217, 244, 246, 262, 264, 271, 277, 280, 288, 299, 305, 312 (2x), 313 (4x), 314, 335, 344, 355, hintere Umschlagklappe
BA Huber S. 51
BA Huber/Da Ros S. 140 li., 317
BA Huber/Fantuz Olimpio S. 78, 297
BA Huber/Gräfenhain S. 5, 8, 11, 16 unt., 36, 48, 134 re., 158, 163 unt. re., 208, 219, 291, 293, 294
BA Huber/R. Schmid S. 34, 86
Dieterich S. 87, 147
Drouve S. 27, 28, 96, 135 re., 143, 205, 214, 230, 240, 270, 320, 334, 349
Gill S. 57, 58
IFA Bilderteam S. 132/133
Interfoto/Asia S. 39
Janicke S. 163 mitte
laif S. 176
laif/Cover S. 2, 83, 89, 151 unt. li., 195, 251, 255, 259, 266, 283, 318, 341, 352, 355
laif/Eid S. 149 unt. re., 154/155, 225
laif/Eisermann S. 18
laif/Gonzalez S. 9, 15 mitte, 17, 83, 126, 134 li., 140 re., 149 ob., 152 re., 163 (ob. 2x), 164, 220, 235, 310, 325
laif/hemis S. 56
laif/Hemispheres S. 16 oben, 103, 201, 226, 323, 327
laif/Modrow S. 346
laif/Raach S. 6, 249
laif/RAPHO S. 193
laif/REA S. 14, 228, 231, 232
laif/Redux Pictures S. 163 unt. li.
laif/TOP S. 15 unt., 135 li., 302
laif/Tophoven S. 85, 195, 308
mauritius/age S. 12/13, 123, 151, 152 li., 239, 284, 337, hintere Umschlagaußenseite
mauritius/imagebroker S. 68/69
look/Richter S. 258
Necke S. 273
picture-alliance/Aldai S. 47
picture-alliance/Herrero S. 44, 45
picture-alliance/KPA S. 64
picture-alliance/Okten S. 60
picture-alliance/Rodriguez S. 67
picture-alliance/Zaglitsch S. 59
Reich S. 133, 313 mi. ob.
Span. Fremdenverkehrsamt S. 22
Whitestar S. 137

Titelbild: Pilgerstäbe und Jakobsmuscheln (HB-Verlag)

# VERZEICHNIS DER KARTEN & GRAFISCHEN DARSTELLUNGEN


Top-Reiseziele **3**
Klimadiagramm Santiago de Compostela **25**
Lage in Spanien **29**
Provinzen **31**
Spanischer Bürgerkrieg **43**
Puente Colgante (3D) **57**
Jakobsweg **105**
Tourenübersicht **134/135**
Tour 1 **140**
Tour 2 **144**
Tour 3 **147**
Tour 4 **149**
Tour 5 **152**
Bilbao **160/161**
Guggenheim-Museum (3D) **162**
Burgos, Kathedrale **169**
Burgos **171**
La Coruña **189**
León **236**
Logroño **243**
Lugo **253**
Ourense **257**
Oviedo **260**
Pamplona **269**
Pontevedra **287**
San Sebastián **301**
Santander **307**
Santiago de Compostela, Kathedrale **315**
Santiago de Compostela **321**
Vigo **339**
Vitoria **342**
Zaragoza **350**
Überblickskarte **Umschlagklappe hinten**


# IMPRESSUM


**Ausstattung:**
192 Abbildungen, 33 Karten und grafische Darstellungen, eine große Reisekarte
**Text:**
Cristina Doria Olaso mit Beiträgen von Reinhard Zakrzewski
**Bearbeitung:**
Baedeker-Redaktion
(Beate Szerelmy, Helmut Linde)
**Kartografie:**
Franz Huber, München;
MAIRDUMONT, Ostfildern (Reisekarte)
**3D-Illustrationen:**
jangled nerves, Stuttgart
**Gestalterisches Konzept:**
independent Medien-Design, München
(Kathrin Schemel)

**Sprachführer** in Zusammenarbeit mit Ernst Klett Sprachen GmbH, Stuttgart, Redaktion PONS Wörterbücher

**Chefredaktion:**
Rainer Eisenschmid,
Baedeker Ostfildern

1. Auflage 2008

**Urheberschaft:**
Karl Baedeker Verlag, Ostfildern

**Nutzungsrecht:**
MAIRDUMONT GmbH & Co KG; Ostfildern



Printed in China
Gedruckt auf 100% chlorfrei gebleichtem Papier

# BAEDEKER VERLAGSPROGRAMM

- Malediven
- Mallorca
- Malta • Gozo • Comino
- Marokko
- Mecklenburg-Vorpommern
- Menorca
- Mexiko
- Moskau
- München
- Namibia
- Neuseeland
- New York
- Niederlande
- Norwegen
- Oberbayern
- Oberitalienische Seen • Lombardei • Mailand
- Österreich
- Paris
- Peking
- Piemont
- Polen
- Polnische Ostseeküste • Masuren • Danzig
- Portugal
- Prag
- Provence • Côte d'Azur
- Rhodos
- Rom
- Rügen • Hiddensee
- Sachsen
- Salzburger Land
- St. Petersburg
- Sardinien
- Schottland
- Schwäbische Alb
- Schwarzwald
- Schweden
- Schweiz
- Sizilien
- Skandinavien
- Slowenien
- Spanien
- Spanien • Norden • Jakobsweg
- Sri Lanka
- Stuttgart
- Südafrika
- Südengland
- Südtirol
- Sylt
- Teneriffa
- Tessin
- Thailand
- Toskana
- Tschechien
- Tunesien
- Türkei
- Türkische Mittelmeerküste
- Umbrien
- Ungarn
- USA
- USA • Nordosten
- USA • Südwesten
- Usedom
- Venedig
- Vietnam
- Weimar
- Wien
- Zypern

# LIEBE LESERINNEN, LIEBE LESER,

**ein herzliches Dankeschön, dass Sie sich für einen Baedeker Allianz Reiseführer entschieden haben. Er wird Sie zuverlässig auf Ihrer Reise begleiten und Sie nicht im Stich lassen.**
**Natürlich beschreibt er die wichtigen Sehenswürdigkeiten, aber er empfiehlt auch die nettesten Kneipen und Bars, dazu Hotels für den großen und kleinen Geldbeutel, gibt Tipps für Restaurants, Shopping und für vieles mehr, was eine Reise zum Erlebnis macht. Dafür hat die Autorin Cristina Doria Olaso Sorge getragen, die immer wieder für Sie durch Nordspanien gereist ist und all ihre Kenntnisse in diesen Reiseführer gepackt hat.**

Trotzdem: Die Erfahrung zeigt, dass Fehler und Änderungen nach Drucklegung, für die der Verlag keine Haftung übernehmen kann, nicht ausgeschlossen werden können. Für Kritik, Berichtigungen und Verbesserungsvorschläge sind wir Ihnen außerordentlich dankbar. Schreiben Sie uns, mailen Sie uns oder rufen Sie an:

▶ **Verlag Karl Baedeker GmbH**
Redaktion
Postfach 3162
D-73751 Ostfildern
Tel. (0711) 4502-262, Fax -343
E-Mail: info@baedeker.com

Besuchen Sie uns auch im Internet unter www. baedeker.com. Hier finden Sie jeden Monat den aktuellen Reisetipp der Redaktion und das gesamte Verlagsprogramm. Hier können Sie auch lesen, wer Karl Baedeker war und wie er seinen ersten Reiseführer geschrieben hat. Mit seinen über 175 Jahren ist der Karl Baedeker Verlag der älteste Reiseführer-Verlag der Welt.

**www.baedeker.com**

## ZU GEWINNEN: STADTREISE NACH LONDON

**Unter allen Einsendungen verlost der Verlag am Jahresende – unter Ausschluss des Rechtswegs – eine Städtekurzreise für zwei Personen nach London.**
**Freuen Sie sich auf ein spannendes Wochenende in London. Natürlich ist ein Baedeker Allianz Reiseführer London auch dabei!**